职业技能等级认定培训教材

企业人力资源管理师

（一级）

上海企业人力资源管理师职业技能等级认定培训教材编审委员会　组织编写

中国劳动社会保障出版社

图书在版编目（CIP）数据

企业人力资源管理师.一级/上海企业人力资源管理师职业技能等级认定培训教材编审委员会组织编写.--北京：中国劳动社会保障出版社，2024.--（职业技能等级认定培训教材）.-- ISBN 978-7-5167-6559-3

Ⅰ. F272.92

中国国家版本馆 CIP 数据核字第 2024WN6854 号

中国劳动社会保障出版社出版发行

（北京市惠新东街 1 号　邮政编码：100029）

*

北京市科星印刷有限责任公司印刷装订　　新华书店经销

787 毫米×1092 毫米　16 开本　23.25 印张　449 千字

2024 年 8 月第 1 版　　2024 年 8 月第 1 次印刷

定价：75.00 元

营销中心电话：400-606-6496

出版社网址：http://www.class.com.cn

版权专有　　侵权必究

如有印装差错，请与本社联系调换：(010) 81211666

我社将与版权执法机关配合，大力打击盗印、销售和使用盗版图书活动，敬请广大读者协助举报，经查实将给予举报者奖励。

举报电话：(010) 64954652

编审委员会

主　　任　朱庆敏
副 主 任　顾卫东　任余礼
委　　员　（按姓氏笔画排序）
　　　　　马一明　王　振　乔　聪　肖文高　何培亚
　　　　　宋安祥　金志伟　周学东　徐伟中　郭庆松
　　　　　唐宁玉　唐炎华　陶　静

编审人员

总 主 编　王　振
副总主编　任余礼
主　　编　王　振　朱庆敏　张亚平　吴文艳
编　　者　（按姓氏笔画排序）
　　　　　王良志　许为民　吴文艳　张燕娣　陈　坤
　　　　　陈国政
主　　审　肖文高

前言
Preface

为促进新时代高技能人才队伍建设，深化人才评价机制改革和健全完善技能人才职业技能等级制度，加快推进职业技能等级认定工作，进一步规范培训管理，提高培训质量，上海企业人力资源管理师职业技能等级认定培训教材编审委员会组织有关专家编写了企业人力资源管理师职业技能等级认定培训教材（以下简称教材）。

教材紧贴《企业人力资源管理师国家职业技能标准（2019年版）》要求，在结构上按照职业功能模块编写，不但有助于读者通过等级认定，而且有助于读者真正掌握本职业的核心技术与操作技能。

教材在编写过程中得到了上海市技师协会等单位的大力支持与协助，在此一并表示衷心的感谢。

教材编写是一项探索性工作，由于时间紧迫，不足之处在所难免，欢迎各使用单位及个人对教材提出宝贵意见和建议，以便教材修订时补充更正。

Contents

目录 | 企业人力资源管理师（一级）

第一篇　人力资源规划

第一章　战略人力资源管理 ... 002
- 第一节　战略人力资源管理概述 ... 005
- 第二节　企业战略与人力资源战略 ... 012
- 第三节　企业组织能力建设 ... 026
- 第四节　企业文化塑造 ... 039

第二章　战略人力资源能力体系建设 ... 046
- 第一节　人力资源管理竞争力 ... 047
- 第二节　人力资源业务伙伴 ... 054
- 第三节　人力资源共享服务中心 ... 059

第三章　人力资源审计 ... 069
- 第一节　人力资源审计概述 ... 070
- 第二节　人力资源审计的分类与应用 ... 074
- 第三节　人力资源审计的方法、流程与参数 ... 077

第二篇　招聘与配置

第四章　战略视角下的人员招聘 ... 084
- 第一节　影响招聘的因素分析 ... 085
- 第二节　企业战略与人员招聘 ... 092

第五章　胜任素质模型 ... 105
- 第一节　胜任素质理论 ... 105

第二节　胜任素质模型的构建　　107
　　第三节　基于胜任素质模型的招聘与甄选　　112

第六章　中高级人才的招聘与配置　　120
　　第一节　中高级人才的特征与价值　　124
　　第二节　中高级管理人才的招聘与配置　　125
　　第三节　中高级专业技术人才的招聘与配置　　136
　　第四节　国际人员外派管理　　142

第三篇　培训与开发

第七章　战略性培训与开发　　150
　　第一节　战略性培训与开发概述　　152
　　第二节　中高级人才培训与开发　　156
　　第三节　领导力开发　　185

第八章　企业组织发展与学习型组织构建　　193
　　第一节　企业组织发展　　195
　　第二节　学习型组织概述　　201
　　第三节　学习型组织构建方法　　207
　　第四节　学习型员工与团队　　209

第四篇　绩效管理

第九章　绩效管理体系的战略性推进　　218
　　第一节　绩效管理与企业战略　　219
　　第二节　绩效管理实施　　224
　　第三节　企业绩效激励机制运用　　237

第十章　战略绩效管理运作系统　　242
　　第一节　战略绩效管理指标系统　　244

第二节	制定战略绩效管理制度	248
第三节	高层管理人员绩效考核	252
第四节	团队绩效考核	256

第五篇 薪酬管理

第十一章 薪酬战略与战略性薪酬   262
  第一节 薪酬战略概述   262
  第二节 薪酬战略与企业战略   266
  第三节 全面薪酬战略与薪酬福利制度新趋势   270
  第四节 战略性薪酬管理体系   279

第十二章 薪酬体系设计   289
  第一节 年薪制   290
  第二节 股权激励   298
  第三节 群体薪酬   307
  第四节 基于合伙制的薪酬模式   312

第六篇 劳动关系管理

第十三章 跨国企业人力资源管理   318
  第一节 全球化与人力资源管理   319
  第二节 国际人力资源管理   321
  第三节 跨文化人力资源管理   324

第十四章 重大事件管理   328
  第一节 员工问题管理   328
  第二节 企业裁员管理   331

第十五章 构建和谐劳动关系   343
  第一节 企业社会责任   343

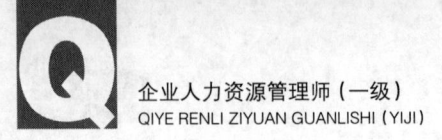

第二节	雇主品牌建设	347
第三节	员工援助计划	351
第四节	员工敬业度与劳动关系	352

参考文献 …………………………………………………………… 357

第一篇 人力资源规划

- 第一章　战略人力资源管理
- 第二章　战略人力资源能力体系建设
- 第三章　人力资源审计

第一章 战略人力资源管理

引导案例

2022年6月,张远接任Z传播集团有限公司(以下简称集团)党委书记、董事长,主持制定集团未来5年发展战略,力求集团实现"提升转型、两轮驱动"。

一、树立危机意识

张远认为,集团面临的最大问题是危机已经来临,但大多数人还浑然不觉。

他全面主持集团工作之后,积极推动集团培训中心的组建,强化集团全体员工的危机意识。张远聘请MZ咨询公司对集团的现状进行调查。MZ咨询公司发现:一方面,基层员工普遍了解并认可集团的发展战略目标,77.6%的员工同意或非常同意"我清楚地了解企业的战略方向";另一方面,有部分员工对自己在战略实施过程中的角色与责任缺乏了解,不少被调查者反映,宣传和执行企业战略的主要方式都是从上至下的,缺乏从下至上的反馈渠道。

自组建集团培训中心以来,半年间,集团共有2 000多人次参加了8期"高管·专家讲堂"。通过宣传和教育,大家认识到近年来电子书市场和纸质书刊线上销售市场迅猛发展的新趋势,集团上下达成共识:周围环境已经发生了巨大的变化,我们必须改变自己。

二、深化绩效管理

在集团员工初步达成共识之后,张远选择在集团的各子公司启动绩效考核改革,开始对子公司的绩效进行严格考核,设定新的关键业绩指标(KPI)。同时,集团领导(党委会成员和董事会成员)在和子公司负责人协商一致的情况下,将KPI与子公司负责人的收入直接挂钩,以起到激励示范的作用。

1. 专题研讨

绩效管理办法出台之后,出现众多不同意见,大家对涉及自身利益的考核办法有顾虑。张远专门召开企业绩效管理专题研讨会,现场解答员工的疑惑,并确定3个月的绩效管理改革试行期。试行期间,为确保绩效改革落地,同时最大限度地减小推行阻力,集团虽对各子公司严格按KPI考核,并会在月度经营会议上公布考核结果,但暂时不将KPI考核结果与子公司负责人的实际收入挂钩。

2. 兑现激励

在第四个月,集团开始正式实施基于绩效的新奖惩制度,每个月公布各子公司的KPI完成情况。新绩效制度实施一年后,集团公布了各子公司的全年绩效考核结果,并兑现了薪酬激励。另外,集团将绩效排名前三位的子公司负责人晋升为集团总经理助理,享受副总经理待遇,淘汰排名末三位的子公司负责人,同时给淘汰的子公司负责人安排了相应的培训,做了岗位调整,保持了原有待遇。新的绩效考核方式激发了各子公司业务经营的积极性,促进了绩效导向文化的形成,完全打破了长期沿袭下来的"大锅饭"和"铁交椅"文化。

3. 企业文化建设

与收入挂钩的绩效考核实施力度大,见效快,但也容易带来一些副作用,必须辅以引导行为的企业文化建设。因此,集团在绩效考核改革的同时加强了以行为导向为主题的企业文化建设。

集团每年评选若干名"优秀员工"和"优秀经营管理者",同时依据各子公司业绩,评选10多个单项奖获得者和数个超产奖获得者。集团在年终举办颁奖盛典,表彰在集团提升转型过程中涌现出的先进集体和先进个人,营造"干事业、谋发展"的健康氛围。

三、实施岗位竞聘与员工培训

集团员工普遍年龄偏大,学历偏低,集团缺乏适应高科技发展需要的专业人才和管理者,人才培养和选拔机制也落后于企业发展的战略需要。因此,集团在改革过程中,把人才选拔与人才管理制度的改革结合起来,尝试了一种新的内部选拔模式——采用内部公开竞聘中层管理人员的方式让一部分有潜能的年轻人走向管理岗位。这既缓解了眼前的人才缺乏问题,也向员工传达了一个强烈的信号:个人的职业发展主要取决于个人的工作表现。

1. 子公司副总经理竞聘

2023年7月开始,集团对8家子公司的副总经理岗位实行内部公开竞聘,由党委书记主持,并指派纪委书记全程严格监督。4轮竞聘共产生16名候选人。在通过组织考察并接受入职培训后,14名员工正式走上管理岗位,其中最年轻的只有26岁。这次公开竞聘活动在集团员工中引起很大的反响。

2. 员工能力提升培训

在公开选拔中层管理人员的同时,集团也把员工能力提升培训列入企业战略发展的议事日程,将培训预算从人均1 000元增加到人均3 000元。集团不仅派出管理人员接受外部培训,还举办内部培训,通过线上、线下混合培训的方式对基层员工实施能力提升培训。2024年2月1日,集团培训中心正式启用网络学习平台,经过一系列培训,员工自主学习的意愿和对市场的敏锐度有了明显的提升。

四、改革用人机制

集团着手梳理组织结构和内部流程，决定精简职能机构，将上市公司的业务职能部门与集团的相关部门合并（财务部与董事会办公室除外），因此需要对原来的"任命制"管理岗位用人机制做出重大改变。

1. 专项调研

为确保新的组织机构设置合理，集团组成工作组，并聘请MZ咨询公司进行摸底调查，为机构设置提供参考方案。MZ咨询公司通过问卷调查（对象是集团各层级员工）、一对一访谈（对象是中层管理人员）、重点小组访谈（对象是基层员工代表），从战略理解和组织能力匹配角度做了详细诊断。在企业战略研讨会上，30多位子公司管理者发表了意见与建议，大家通过头脑风暴、小组讨论等方式，集思广益，制定了集团3年发展规划草案。

2. 人事安排

集团锐意改革，对合并改组后的关键岗位进行公开竞聘，竞聘成功后实行"组阁制"，由部门负责人推选部门副职，报集团审查批准。对于部门原领导，尊重其选择，若不参加竞聘，集团负责安排其他工作岗位；若参加竞聘，则需要按程序公平竞聘。

为尽量减少关键岗位竞聘活动对业务经营活动带来的影响，集团职能部门精心准备，从通知发出到公示拟聘人选，整个过程不超过两个月。

3. 竞聘结果

竞聘产生了7位部门一把手，其中，4位为原来的部门负责人，3位为竞聘成功的部门副职或专业人员。选择不参加竞聘的原部门负责人担任巡视督查组的巡视员，在集团党委领导下到各子公司检查工作。

4. "组阁制"与双向选择

集团机构重组的一个重要举措是实行"组阁制"（必须有明确的规章制度）。部门负责人确定之后，部门负责人与下属之间双向自行组合，报批备案。整个竞聘流程公开、公正、公平，每一轮竞聘结果都在集团网站上公示，得到了集团大多数人的认可。机构重组后，当年绩效便有所提升。

案例思考

1. 企业转型成功的关键是什么？
2. 企业转型最应关注哪部分群体的利益，并应如何妥善处理？

随着以信息技术为代表的高新技术快速发展，社会进入了新经济时代。知识在形成组织竞争优势方面的决定性作用日渐显现。由于人的需求与价值观趋向多元化，人力资源管理的重要性日益增强。许多企业已经认识到人力资源对企业获取竞争优势的重要性。在外部环境不断变化的今天，企业要想取得可持续竞争优势，就不能仅仅依靠传统金融资本的运营，还必须依靠人力资源优势来维持和增强竞争优势，必须充分研究企业内、外部各要素相互作用的冲击力。

战略人力资源管理起源于20世纪80年代中后期，是企业获得长期可持续竞争优势的战略途径。相对于传统人力资源管理，战略人力资源管理定位于在支持企业战略中充分发挥人力资源管理的作用和职能，是企业为实现战略目标所采取的一系列有计划、有战略性意义的人力资源部署和管理行为。

第一节　战略人力资源管理概述

一、战略人力资源管理理论的主要代表人物

战略人力资源管理对人力资源管理职能进行战略性定位，其基本理念是把人力资源管理看作企业战略贡献者。战略人力资源管理理论的代表性人物主要有以下几位。

1. 马托森

美国学者马托森从3个方面论述战略人力资源管理作为战略贡献者的作用，分别是提高企业的资本运营绩效、扩展人力资本和保证有效的成本系统。

2. 斯托里

英国学者斯托里认为，战略人力资源管理的基本职能是保证企业在竞争力、利润能力、生存能力、技术优势、资源配置等方面具有效率。

3. 罗纳德·舒勒

美国学者罗纳德·舒勒从企业战略目标实现方面论述战略人力资源管理的职能，认为战略人力资源管理是统一性和适应性相结合的人力资源管理，必须和企业的战略及战略需求相统一。他将战略人力资源管理分成几个不同的部分，即哲学、政策、项目、实践和过程，认为每个部分都是一种战略性的人力资源管理活动，同时又是企业发展的战略目标。

4. 戴夫·乌尔里克

美国学者戴夫·乌尔里克提出人力资源管理"战略性角色"的概念，认为当代人力资源管理已经从传统的"成本中心"转变为企业的"利润中心"。在这种转变过程中，人力资源管理的角色也处于不断转型中，正经历由"职能事务性"向"职能战略性"的转变。

5. 劳伦斯·S.克雷曼、乔森纳·斯迈兰斯基等

劳伦斯·S.克雷曼、乔森纳·斯迈兰斯基等人侧重于从人力资源管理对企业价值链的作用、人力资源管理实践边界的扩展等角度阐述战略人力资源管理职能的定位。他们认为，当代人力资源管理在企业价值链中的重要作用正日益突显，即人力资源管理能够为企业内部的各个部门提供"附加价值"（added value）。人力资源部必须积极加强与企业各业务部门的联系，支持配合企业的长期发展战略。为此，人力资源部必须从过去的"权力中心"转变为"服务中心"。由于企业组织结构的创新和变革必然引起人力资源管理职能的变化，因此人力资源部将越来越多地参与企业战略制定、技术创新、员工能力培育等战略性活动。

无论从哪个角度阐述战略人力资源管理的职能定位，专家、学者们都认为人力资源管理正日益成为帮助企业建立竞争优势的重要工作。

二、战略人力资源管理的核心理念与特征

1. 战略人力资源管理的核心理念

早期战略人力资源管理理论认为，人力资源是一切资源中最宝贵的资源，企业的发展与员工的职业能力发展是相互依赖的，企业鼓励员工不断提高职业能力以增强企业的核心竞争力。后来，战略人力资源管理逐步把人力提升到了资本的高度，通过投资人力资本形成企业的核心竞争力，同时人力作为资本要素参与企业价值的分配。

战略人力资源管理理论认为，开发人力资源可以为企业创造价值，企业应该为员工提供一个有利于价值发挥的公平环境，给员工提供必要的资源，在让员工承担责任的同时进行相应的授权，保证员工在充分授权下开展自己的工作，并通过制定科学有效的激励机制来调动员工的积极性，在对员工的能力、行为特征和绩效进行公正评价的基础上给予员工相应的物质激励和精神激励，使员工在实现自我价值的基础上为企业创造价值。

2. 战略人力资源管理的特征

（1）战略性。企业拥有的人力资源是企业获得竞争优势的源泉。战略人力资源是指在

企业人力资源系统中具有某些或某种特别知识（能力或技能），或者拥有某些核心知识（能力或技能）或关键知识（能力或技能），处于企业经营管理系统的重要岗位或关键岗位上的人力资源。相对于一般人力资源而言，这些战略人力资源具有某种程度的专用性和不可替代性。

（2）系统性。战略人力资源管理的系统性是指企业为获得可持续竞争优势而部署的人力资源管理政策、实践、方法、手段等构成一种战略系统。

（3）契合性。战略人力资源管理的契合性包括纵向契合和横向契合，纵向契合即人力资源管理必须与企业战略相契合，横向契合即整个人力资源管理系统各组成部分或要素之间相互契合。

（4）目标导向性。战略人力资源管理通过组织建构，将人力资源管理置于企业经营系统，目标是促进企业绩效最大化。

三、战略人力资源管理的研究方法

相对于传统事务性人力资源管理而言，战略人力资源管理是一种新的人力资源管理形态，它在保证企业绩效、提升企业竞争力方面具有战略性职能。对战略人力资源管理的研究涉及对"什么是战略"和"什么是战略人力资源"的界定。界定的多样性导致理论研究方法的多样性，目前，战略人力资源管理大致有3种基本的研究方法。

- 关注人力资源管理对企业绩效的贡献或对企业财务行为的影响。
- 关注企业在所处竞争环境中采用的战略，以及这些战略在企业人力资源管理中的运用。
- 考察企业战略与企业人力资源管理政策和实践之间的匹配程度（该研究方法假定"外部匹配"和"内部匹配"都对企业绩效有着深刻的影响）。

在上述3种研究方法中，第一种研究方法为多数学者所接受，包括德莱利、莱文、奥斯特曼、伯菲、休斯里德、查德维克、凯培利等人。他们认为，战略人力资源管理能够深度影响企业绩效，因此，企业必须确定战略人力资源管理的实践范围，并保证其得以贯彻实施。在战略人力资源管理的实施过程中，实践活动必须和企业的战略需求紧密相连，同时保证战略导向的一致性。

休斯里德提出了被认为具有一定通用性的战略人力资源管理研究方法。沿着休斯里德的思路，伯菲提出16项战略人力资源管理工作。德莱利确定了7项战略人力资源管理工作：内部职业机会、正规培训系统、评价方法、利益共享、工作安全、投诉机制和工作定义。有些文献采用这7项工作来检验人力资源管理的3个主要观点，即一般性、权变性和配置观，分析结果在一定程度上支持了这3个观点。大多数学者认为权变性的观点更适合战略人力资源管理，但不应忽视配置观。实际上，人力资源管理工作与企业战略的匹配性是直接影响企业绩效的一个关键因素。

但上述方法都存在一定的局限性，对许多重要问题仍未做出科学合理的解释。例如，是否存在人力资源管理系统的理想模型？怎样界定战略人力资源范畴？怎样建立人力资源管理与企业战略的匹配机制？因此，多数学者认为，战略人力资源管理领域仍存在许多有待解决的问题，需要继续深入研究才能充分发挥人力资源管理的战略性作用。

四、战略人力资源管理面临的挑战

企业的国际化经营意味着其必须追求全球战略一体化，这就要求企业实行国际化战略人力资源管理。但从实践来看，有两项基本因素给国际化战略人力资源管理的实行带来挑战：文化多元性和地理扩散。但是这两项基本因素也使企业有机会获得利益并形成长期增长的基础：吸纳全球优秀人力资源，建立具有全球适应性的企业文化，实行战略人力资源管理。

鲍姆加特提出国际化战略人力资源的3项技能：文化敏感性、技术技能和领导能力。赫斯特着重论述了全球化经济环境下新的职业生涯发展观，认为在新的环境下，人力资源管理应培养员工新的技能和能力，如信息处理能力、学习能力、创新能力、团队合作能力等。一些学者如亨特、博蒙特、辛克莱、科德罗等更加关注全球化趋势下企业人力资源管理的战略作用和实施战略人力资源管理的方法。另一些学者如布德罗、洛赫、博贝、施特劳德等则对全球企业中的人力资源知识管理、信息分享和激励制度进行了深刻的论述。

经济全球化开拓了企业的视野，促进了企业在全球范围内进行人力资源配置。越来越多的专家强调，面对经济全球化和世界经济一体化，企业必须制定国际化人力资源管理战略。这种观念要求企业以国际化的视角思考、整合、配置、利用所有分布在不同区域、具有不同思想意识和文化观念的人力资源，在全世界各地开发人力资源。科德罗认为，国际化人力资源的配置效率取决于全球企业的组织制度和知识机制，因此国际化战略人力资源管理的实施要求企业具有组织柔性和文化柔性。

在全球经济中，竞争能力将越来越多地依赖于创新能力，而创新能力在很大程度上依赖于企业的人力资源能力。斯图尔特、卡莫什、米勒等人分别从知识资本、智力资本和创新资本的角度论述了人力资源国际化战略、国际化激励和国际化培训的重要性。跨国企业必须着力培养"合作、多赢"的全球化理念和国际化沟通能力，融入世界经济的发展潮流。

五、由外而内的人力资源管理

现代人力资源管理大师、美国密歇根大学罗斯商学院教授戴夫·乌尔里克认为，人力资源管理已经经历了多次转型，从最初的人事行政管理转型到人力资源职能管理，又发展成为战略人力资源管理，未来人力资源管理将进入新时代，即由外而内的人力资源管理。

1. 由外而内的人力资源管理的兴起

现代管理学之父彼得·德鲁克在其经典之作《管理的实践》中曾向领导者提出几个经典问题，其中之一就是"我们的事业是什么"。他进一步指出："我们的事业是什么并非由生产者决定，而是由消费者决定；不是靠企业名称、地位或规章来定义，而是由客户购买产品或服务时获得满足的需求来定义。"因此，要回答这个问题只能从外向内看，从客户和市场的角度来观察企业所经营的事业。受彼得·德鲁克的启发，戴夫·乌尔里克和一些西方经济学家共同研究，首次提出由外而内地重构人力资源战略，"由外而内"成为人力资源管理领域的热门话题。

戴维·尤里奇为何提出打造由外而内的人力资源管理？如今，商业竞争日趋激烈，企业管理者要学会灵活处理问题，如果一直沿用过去的管理思维指导现在的工作，就无法帮助企业获取更多竞争优势。当今企业的战略是由外而内的，由市场和客户决定，因此人力资源管理也应该是由外而内的。时代的变化和外部社会的要求使得人力资源管理面临又一次的转型，其要以由外而内的视角为企业利益相关者（客户、投资者等）创造价值。如果人力资源部在企业内部所做的事情不能为企业外部的利益群体创造价值，不能提高企业吸引、服务、留住客户和投资者的能力，那么人力资源管理将失去竞争力。

企业的人力资源部要透过战略来分析外部的客户和投资者，全面理解战略实施的来龙去脉。将人力资源管理工作和外部环境联系起来，不仅能推动人力资源变革的实施，而且能在人力资源战略重构的界定过程中起到关键作用。很多企业的人力资源部仅仅从企业内部寻找解决问题的方法，力图明确人力资源变革的理念和概念，这种思路其实是本末倒置的。人力资源部一定要关注外部环境和特定利益群体的期望，由此来确定是否有必要开展人力资源战略重构。

"由外而内"也是全球50大管理思想家之一埃米尼亚·伊贝拉的著作《逆向管理：先行动后思考》中的核心思想。埃米尼亚·伊贝拉提出，一个人的思维方式是很难改变的，因为改变需要外在经历，如果不由外而内地改变，人们的自我认知会被过去所禁锢，从而导致思想和行为无法改变。

新时代人力资源管理的要义是由外而内的人力资源管理，其对人力资源管理人员提出的核心要求是以由外而内的视角为企业利益相关者创造价值。企业利益相关者包括员工、合作伙伴、投资者、客户、监管者等。人力资源部在实行绩效管理时也应如此，在各个环节都要学会"向外看"。

实行由外而内驱动的绩效管理机制的企业不在少数。例如，与传统的出租车公司相比，网约车平台的司机绩效考核者已从管理者转变为乘车客户。网约车司机可以在完成目标任务的同时，提供帮客户开车门、提供矿泉水和纸巾、提供手机充电宝等附加服务，通过提供比传统出租车司机更好的服务，获得更多的客户及更高的收入。

戴夫·乌尔里克提出，"人力资源从业者在为组织创造价值的过程中应当贡献4种成果：推动战略执行、促进组织变革、提升专业效率和塑造敬业队伍"。许多人力资源管理人员都能明白这个道理，也知道需要朝这个方向去做，但是理想与现实总会有偏差，很多人力资源管理人员就此陷入了困境。若想不断提升自身价值，人力资源管理人员就要打破传统思维的局限，由外而内地去思考和行动。

2. 由外而内的人力资源管理的要求

由外而内的人力资源管理对人力资源管理人员提出了更高的要求。新时代的人力资源管理人员有熟练的人力资源管理技能还远远不够，还需要具备和提高对业务的洞察力和对市场的敏锐度；不仅要了解企业的业务战略，了解企业的产品、服务、竞争对手和客户，了解企业在市场中的优势和劣势，而且要充分理解企业成功的主要驱动力，并知道如何行动才能给企业增加价值，使企业可持续发展。同时，人力资源管理人员在设计各种流程、方案、体系的时候，需要从企业利益相关者的角度出发，把其好恶、需求反映到企业管理体系中。员工绩效不应只由企业内部的领导、同事来评估，企业里谁需要什么样的培训也不应只由内部人员或外部顾问来提议，企业判断需要招聘什么样的人、内部的流程是否有效合理时，客户的意见应起重要作用。这样由外而内的人力资源管理是企业人力资源管理的发展方向。

《分拆人力资源部》文章的作者拉姆·查兰认为，传统的人力资源管理人员多数是以流程为导向的专业人员，其熟知员工福利、薪酬和劳动关系，专注于内部事务，但往往不能将人力资源与真正的商业需求结合起来，不了解企业的关键决策是如何制定的，分析不出员工或整个组织为何没能达成业绩目标。

传统的人力资源部在企业里只扮演内部顾问的角色，是企业战略的执行者，而企业战略是由企业管理层和其他业务部门根据市场和客户的需要来制定和调整的。人力资源部没有从市场和客户的视角出发，利用专业知识为企业战略做贡献，这是企业战略制定过程中的缺失。传统人力资源管理只看"天气"（企业管理层），不接"地气"（市场、客户、员工），没有针对市场、客户和企业中低层管理人员的需求提供解决方案，这样的人力资源管理扮演的只是"伙计"和"监工"的角色。人力资源管理人员不了解市场，不懂业务，面对瞬息万变的市场环境，不能及时应用其专业知识提出建设性的意见和建议，势必会落后于时代的要求、达不到企业管理层的期盼。

3. 由外而内的人力资源管理的关注对象

由外而内的人力资源管理改变了传统人力资源管理只关注内部业务和流程的做法，将所关注的对象拓展到企业内、外部各方面。由外而内的人力资源管理主要有以下关注对象。

（1）部门经理。部门经理面临日益增大的考核压力，人力资源管理人员要从部门经理的角度看问题。部门经理的职责是什么？评价的标准是什么？部门经理首先要考虑哪些问题？哪些问题不容易解决？人力资源管理人员要根据企业战略提出自己的见解，并与部门经理分享。

（2）客户。当前，客户的细分程度在不断加深，客户对产品和服务的要求也越来越高。人力资源管理人员要明确目标客户群，明确客户选择本企业的理由是什么，建立并维护良好的客户关系。人力资源管理人员可以每季度花一天的时间和销售人员一起拜访客户，以便弄清楚自己能为客户创造什么样的价值。

（3）投资者。投资者除了重视财务报表外，还日益关注企业的无形资产价值。无形资产是股东收益中很重要的一部分，人力资源管理人员应该了解如何定义并提升企业的无形资产，其中有四大要素——履行当前的职责、界定未来的策略、发展企业核心素质和构建组织能力。

（4）竞争对手。人力资源管理人员要关注企业的竞争对手在各方面（人才、组织能力、市场占领速度、创新能力、客户服务、效率和管理方式等）的变化，从中了解市场竞争形态。

（5）供应商。供应商可以成为企业的竞争利器或软肋。人力资源管理人员可以将人员安排、培训、薪酬等事项和供应商工作相联系，保证经营的稳定性。

（6）市场监管者。市场监管者日益关注企业治理的程序，人力资源管理人员可以积极参与并回应立法规定。目前，全球的行政法规数量还在不断增加，贸易关税不断变化，全球竞争日益激烈，人力资源管理人员要从中领悟到在每个组织层面创造更有竞争力的企业文化的必要性。

（7）企业社会责任。社会地位是企业取得成功的关键之一。人力资源管理人员是社会责任的实践者，为企业赢得好名声能够提升企业吸引人才、客户和资本的能力。

4. 由外而内的人力资源管理的应用

（1）某通信技术企业人力资源BP（业务伙伴）的建设。该企业在建设人力资源BP的过程中提出"将指导员配到连队"，从业务部门转了一批业务主管到人力资源BP队伍中。人力资源BP对业务更了解，人力资源BP和人力资源管理人员合作，形成"懂业务＋懂人力资源管理"的团队作战模式。同时，企业承诺这些业务主管在人力资源BP岗位工作两年左右后可以选择重新回到业务部门。企业用这种方式使人力资源管理人员和业务人员互相渗透、互相补充，扩展其各自的视野和知识范围，取得了非常好的效果。

（2）某连锁零售企业的加薪。该企业宣布给一线员工加薪，这意味着每年要为250万名员工多付10亿美元的成本。如果你是人力资源管理人员，会如何在公司盈利状况一般的情况下与企业CEO（首席执行官）沟通加薪的事？如果仅仅说投资员工是一笔很划算的买卖，企业CEO肯定不赞同。该企业的人力资源总监是这样与CEO沟通的：客户原本的人均消费为50美元，如果门店员工的态度比从前更好了，客户有了更好的体验后会买更多的东西，消费额就会提高10%，进而带动业绩提升。人力资源总监和CEO沟通的技巧在于不是简单地说加薪是应该的，而是把加薪这件事情和客户的体验、企业的绩效结合在一起。这就是人力资源管理工作由外而内转型的具体实例。

（3）某零售药店的员工培训。有一家专做零售便利药店的企业，旗下有8 000家门店。发展到一定阶段后，公司想要新建200家门店。建店要买地，要有库存，每开一家门店平均花费500万美元，开200家门店要投入将近10亿美元。为配合门店扩张，人力资源部想请知名管理咨询机构做领导力培训。人力资源总监估算的培训费是500万美元，要花这么多钱做领导力培训，该如何说服老板呢？人力资源总监对老板说："我们可以只开199家店，把省下的500万美元开店预算用在领导力培训上。"可是老板却说："每平方米销售额和领导力之间没有关系。"随即，这位人力资源总监把调查的本企业数据和竞争对手的数据进行了对比，她说："如果我们的领导力更好，将有效推动客户感知的提升，每平方米销售额能够比竞争对手高2%~3%。"最后，她成功地拿到了这笔预算，且不是500万美元，而是1 000万美元，因为老板最终相信领导力和业绩之间是有关系的，省出两家门店的开店预算做培训，这样现有的8 000家门店也能受益。这才是优秀的人力资源管理人员应该有的视角。对于一家企业而言，重要的是客户想要什么，企业必须考虑能不能使内部人员的能力和知识积极地响应外部的需求。

第二节　企业战略与人力资源战略

总体而言，企业战略对人力资源战略具有制约和限制作用。具体而言，企业的一般战略制约人力资源的战略，企业的一般经营计划制约人力资源的战术，企业的预算方案制约人力资源的行动方案。人力资源管理的目标既要与企业的长远战略目标相一致，又要与企业的短期目标相一致。

人力资源战略是企业战略的核心，是指导企业人力资源部工作的方针。企业战略是企业为提升竞争优势而制定的长远目标，以及与此目标相适应的行为计划。只有当人力资源战略与企业战略相匹配时，才能充分发挥人力资源战略在企业战略中的重要作用，提高企业的绩效，提升企业的竞争优势，促进企业的可持续发展。

随着企业间竞争日益激烈，当代人力资源管理发生了深刻的变化，这种深刻的变化主要表现为企业人力资源管理正逐步从专业职能角色向战略导向角色转变。为应对人力资源管理角色的转变，企业需要在充分认识人力资源战略含义和作用的基础上强化人力资源战略的制定和实施。

一、企业战略理论的发展

从经营实践的角度来看，企业在谋求生存与发展的过程中所面临的战略问题主要有这样几个：如何建立持续的竞争优势？如何进行业务组合演变？如何处理市场竞争关系？如何做好企业内部的配套管理？

企业战略包括竞争战略、营销战略、发展战略、品牌战略、融资战略、技术开发战略、人才开发战略、资源开发战略等。企业战略是不断变化的。例如，信息化就是一个全新的战略。企业战略的基本属性是相同的，都是对企业整体性、长期性、基本性问题的策略。例如，企业竞争战略是对企业竞争整体性、长期性、基本性问题的策略，企业人才战略是对企业人才开发整体性、长期性、基本性问题的策略。各种企业战略有相同的方面，也有不同的方面。相同的方面是基本属性，不同的方面是谋划问题的层次与角度。

在不同的发展阶段，企业会有不同的发展战略。现代企业战略管理思想出现在20世纪60年代的美国。早在1938年，切斯特·巴纳德在《经理人员的职能》一书中就提出了战略因素的构想。1954年，彼得·德鲁克在《管理的实践》中讨论了企业战略的3个基本问题：我们的企业是什么？我们的企业应该是什么？为什么？战略问题是决定企业将要采取什么行动及如何实施的问题。然而，此时的战略管理研究还只呈现出朦胧的战略管理思想，直到20世纪60年代，才开始掀起企业战略理论研究热潮。

企业战略理论的发展分为3个阶段。

1. 早期企业战略思想阶段

在早期企业战略思想阶段，虽没有出现完整的企业战略理论体系，但已产生了很精彩的企业战略思想。美国哈佛大学的迈克尔·波特教授对此做了精辟的概括，总结了早期企业战略思想阶段的3种观点。

（1）第一种观点。20世纪初，法约尔对工业企业内部的活动进行整合，将工业企业中的各种活动划分成6类，即技术活动、商业活动、财务活动、安全活动、会计活动和管理活动，并提出管理的 5 项职能为计划、组织、指挥、协调和控制，其中，计划职能是企业管理的首要职能。这可以说是最早出现的企业战略思想。

（2）第二种观点。1938 年，切斯特·巴纳德在《经理人员的职能》一书中首次将组织理论从管理理论和战略理论中分离出来，认为管理和战略主要是与领导者有关的工作。此外，他还提出管理工作的重点在于创造组织的效率，其他管理工作则应注重组织的效能，即如何使组织与环境相适应。这种关于组织与环境相匹配的主张成为现代战略分析方法的基础。

（3）第三种观点。20 世纪 60 年代，哈佛大学的安德鲁斯教授将企业战略划分为 4 个构成要素，即市场机会、企业实力、个人价值观和渴望、社会责任。其中，市场机会和社会责任是外部环境因素，企业实力与个人价值观和渴望则是企业内部因素。他还主张企业应通过更好地配置自己的资源，形成独特的能力，以获取竞争优势。

2. 传统企业战略理论阶段

20 世纪 60 年代，美国学者伊戈尔·安索夫在研究多元化经营企业的基础上提出了"战略四要素说"。自此，企业战略理论研究逐渐由单纯的组织内部研究转向组织与环境的关系研究。1965 年，伊戈尔·安索夫出版了第一本有关企业战略的著作《企业战略》，成为企业战略理论研究的起点。自此以后，很多学者积极地参与企业战略理论研究，形成了不同的学派。

（1）设计学派。设计学派的观点由塞尔兹尼克最先提出，由阿尔弗雷德·D.钱德勒进一步明确，后由安德鲁斯做出了精确的阐述。1962 年，阿尔弗雷德·D.钱德勒在其所著的《战略与结构：美国工业企业历史的篇章》一书中指出，企业的经营战略要适应环境的变化，企业的组织结构也必须随企业战略的变化而变化。安德鲁斯认为，战略形成过程实际上是把企业内部条件因素与企业外部环境因素进行匹配的过程，这种匹配能够使企业内部的优势和劣势与企业外部的机会和威胁相协调，并由此建立了著名的 SWOT（strengths——优势，weaknesses——劣势，opportunities——机会，threats——威胁）分析模型。设计学派认为，企业战略的形成必须由企业高层负责，而且企业战略的形成应当是一个精心设计的过程，它既不是一个直觉思维的过程，也不是一个规范分析的过程，战略应当清晰、简明，易于理解和贯彻。

（2）计划学派。计划学派几乎与设计学派同时产生，以伊戈尔·安索夫于 1965 年出版的《企业战略》一书为标志。伊戈尔·安索夫提出，企业战略应当包括 4 个构成要素。

1）产品与市场范围，即企业的产品与市场在所处行业中的地位。

2）增长向量，即企业的经营方向和发展趋势。

3）协同效应，即联合作用的效果，它是企业获得的大于由部分资源独立创造的效果总和的联合回报效果。

4）竞争优势，即企业及其产品和市场所具备的不同于竞争对手的、能够为企业奠定牢固竞争地位的特殊因素。

计划学派认为，企业战略的形成是一个受控制的、有意识的、规范化的过程，原则上主要由领导者承担整个过程的责任，但在实践中则由计划人员负责实施。因此，企业战略应当详细、具体，应包括企业目标、资金预算、执行步骤等实施计划，以保证企业战略顺利实施。

（3）定位学派。定位学派的观点开始流行于20世纪80年代，其杰出代表人物为迈克尔·波特。1980年，迈克尔·波特在哈顿和斯堪德尔等人关于战略定位问题研究的基础上明确提出：企业在考虑战略时必须将企业与所处的环境相联系，而行业是企业经营的最直接的环境；每个行业的结构又决定了企业的竞争范围，从而决定了企业的潜在利润水平。企业在制定战略的过程中必须做好两个方面的工作：一是企业所处行业的结构分析，二是企业在行业内的相对竞争地位分析。通过进行这些分析，可以大大减少企业之间由程式化的产业结构分析而带来的定位趋同现象，并降低企业之间的竞争强度。因此，从这个意义上说，企业战略制定人员应该是"分析家"，其首要任务是选择利润潜力比较大的行业。迈克尔·波特还提供了各种方法和技巧来分析企业所处行业的情况和企业在行业中的竞争优势，如著名的五力分析模型、价值链等。

（4）创意学派。创意学派因其显著不同的研究角度和研究内容而获得了独特的地位。与设计学派极为相似的是，创意学派研究的侧重点是企业高层管理人员，但与设计学派不同且与计划学派完全相反的是，创意学派从根本上认为战略形成过程是一个由直觉思维主导、寻找灵感的过程。这就使得战略从精妙的设计、周密的计划、准确的定位转而变为某种隐约可见的"愿景"（visions）。为让人理解，创意学派常常通过暗喻来阐释其观点。创意学派认为，企业战略主要应该关注以下方面的问题：企业产生、企业生存与发展、企业在竞争力量主导下的转变。企业必须有一个极富创新精神的领导者，由其提出有关这些方面问题的创意。而且创意学派认为，企业领导者应当紧密控制实现其通过直觉思维所形成的"愿景"的过程。

（5）认知学派。一些研究人员更为关心战略是如何产生的。假如战略是通过如结构、模式、图形、概念、纲要等因素产生于人们的意识，那么怎样理解这些心理过程？从20世纪80年代开始，研究人员多年的探讨使认知学派得到了持续稳定的发展，其影响越来越大。认知学派认为，战略的形成是基于处理信息、获得知识和建立概念的认知过程，其中，建立概念是战略产生的最直接、最重要的因素，而在哪一阶段取得进展并不重要。同时，这一学派另一新的分支提出了关于战略形成过程的更加具有主观解释性或结构主义的观点：认知是通过对企业内、外环境条件的理解，借助所掌握的方法和手段，构造具有创造性解释功能的战略,而不是用更客观或更不客观的方法来简单地描绘实际上已被扭曲了的事实。

(6)学习学派。由于企业外部环境变化的不可预测性和企业本身所固有的适应性,一些通过严格程序制定的战略并未得到实现,而一些未经正式制定的、自然显现的战略却得以实现。因此,一些学者开始把研究重点转向企业在各种不可预测的环境因素约束下的战略形成,由此产生了学习学派。从林德布洛姆早期不成系统的关于渐进主义的著作,以及贯穿于奎因理论始终的逻辑渐进主义,到波瓦和伯杰尔曼的突破思维定式的观点,明茨伯格的战略是通过自然选择形成的观点,韦克的战略是通过总结过去的经验教训而形成的观点等,学习学派的形成与发展是一次名副其实的浪潮。学习学派与以往学派的不同之处在于,它认为战略是通过渐进学习、自然选择形成的,可以在组织上下出现,并且战略的形成与贯彻是相互交织在一起的。

(7)权力学派。权力学派把权力看作战略形成的不可缺少的基础,认为战略的形成是一个企业内部权力与权力之间政治斗争的结果。权力学派之所以要强调权力,是因为在企业战略制定的过程中,战略形成不仅要受"经济"因素的影响,而且要受"政治"因素的影响。权力学派大体上有两种不同的观点:微观权力观把企业的战略制定看作一种实质上的政治活动,是企业内部各种正式和非正式利益团体运用权力,施加影响,进行讨价还价、游说、妥协,最后在各派权力之间达成一致的过程;宏观权力观则把企业看作一个整体,其将力量作用于其他各种相关利益团体,包括竞争者、同盟者、合作者及其他涉及企业战略利益的网络关系等。因此,权力学派认为,战略制定不仅要注意行业环境、竞争力量等经济因素,而且要注意利益团体、权力分享等政治因素。

(8)文化学派。权力学派着眼于自我利益和局部,文化学派则注重团队利益和整体。文化学派认为,企业战略根植于企业文化及其背后的社会价值观念,其形成是一个将企业中的各种有益因素进行整合以发挥作用的过程。文化学派的观点在解释许多企业在同等条件下的经营行为和经营业绩存在很大差异方面具有很强的说服力。一些企业之所以能够在激烈的市场竞争中立于不败之地,并获得长足发展,可以归结于企业文化的作用。20世纪80年代,当日本管理模式在世界范围内广受推崇时,企业文化在美国成为一个热门话题。当今,企业文化的概念已深入人心,企业文化对企业经营业绩和社会形象的影响正日益增强,人们对影响企业战略形成的文化因素的研究也越来越重视。

(9)环境学派。严格来讲,环境学派还不能算是一种战略理论学派。环境学派强调的是企业在其所处环境里如何获得生存和发展,其起到了让人们关注环境因素的作用。这一学派有两种不同的发展方向。一种称为权变理论,它侧重于研究企业在特别的环境条件下和面临有限的战略选择时所做的预期反应。权变理论要求企业必须发挥主观能动性,因为企业可以在一定的环境条件下,对环境的变化采取相应的对策以影响环境,争取企业经营的主动权。另一种称为规制理论,它强调的是企业必须适应环境,因为企业所处的环境往往是其难以把握和控制的,因而企业战略的制定必须充分考虑环境的变化,了解和掌握环境变化的特点,只有这样,企业才能在适应环境的过程中找到自己的生存空间,并获得进一步的发展。

(10)结构学派。结构学派是一种比较特殊的学派,它博采众长,集诸学派观点之大成,同时它更加注重学术性和描述性。因此,结构学派更像是一个混合体,它把企业看作一种结构——由一系列行为和特征组成的有机体,把战略制定看作一种整合——由其他各个学派的观点综合而成的体系。实际上,几乎每个学派都可以在结构学派中找到自身某种观点的存在。

3. 企业竞争战略理论阶段

在企业战略理论的发展过程中,以上 10 种学派都曾在一定时期内发挥过一定的作用。但随着企业战略理论和企业经营实践的发展,企业战略理论的研究重点逐步转移到企业竞争方面,特别是 20 世纪 80 年代以来,西方经济学界和管理学界一直将企业竞争战略理论置于学术研究的前沿地位,从而有力推动了企业竞争战略理论的发展。回顾多年的发展历程,企业竞争战略理论的研究中形成了三大主要学派:行业结构学派、核心能力学派和战略资源学派。

(1)行业结构学派。行业结构学派的创立者和代表人物是美国著名战略学家、哈佛大学教授迈克尔·波特。迈克尔·波特深受美国以梅森和贝恩为代表的产业组织学派的影响,致力于将产业组织理论应用于企业竞争战略的研究。迈克尔·波特的杰出贡献在于实现了产业组织理论和企业竞争战略理论的创新性兼容,并把战略制定过程和战略实施过程有机地统一起来。迈克尔·波特认为,行业结构极大地影响竞争规则的确立及可供企业选择的竞争战略。因此,行业结构分析是确立竞争战略的基石,理解行业结构永远是战略制定的起点,是企业要做好的第一项工作。他还指出,企业要做好的第二项工作是在已决定进入的行业中进行自我定位。为此,迈克尔·波特创造性地建立了五力分析模型,他认为一个行业的竞争状态和盈利能力取决于 5 种基本竞争力量(进入威胁、替代威胁、买方讨价还价能力、供方讨价还价能力和现有竞争对手的竞争)之间的相互作用,而每种竞争力量又受到诸多经济、技术等因素的影响。因此,在影响行业竞争的作用力及其产生的深层次原因确定以后,企业的当务之急就是分析自己在所处行业中的强项和弱项,并据此做出正确的战略决策。基于这一指导思想,迈克尔·波特提出了赢得竞争优势的 3 种基本战略:成本领先战略、差异化战略、集中战略。

(2)核心能力学派。1990 年,C.K. 普拉哈拉德和加里·哈梅尔在《哈佛商业评论》上发表了《企业核心能力》一文,其后,越来越多的研究人员开始投入企业核心能力理论的研究中。核心能力就是所有能力中最核心、最根本的部分，它可以通过向外辐射作用于其他各种能力，影响其他能力的发挥和效果。一般来说，核心能力具有如下特征：一是可以使企业进入各种相关市场参与竞争；二是能够使企业具有一定程度的竞争优势；三是不会轻易被竞争对手所模仿。核心能力学派认为，现代市场竞争与其说是基于产品的竞争，不如说是基于核心能力的竞争。企业经营能否成功已经不再取决于企业的产品、市场的结构，而取决于其行为反应能力，即对市场趋势的预测和对变化中的客户需求的快速反应。因此，企业战略的目标在于识别和开发竞争对手难以模仿的核心能力。只有具备了这种核心能力，企业才能适应迅速变化的市场，满足客户的需求，才能在客户心目中与竞争对手区分开来。另外，企业要获得和保持持续的竞争优势，就必须在核心能力、核心产品和最终产品3个层面上参与竞争。在核心能力层面上，企业的目标应该是在产品性能的特殊设计与开发方面建立领导地位，以保证企业在产品制造和销售方面的独特优势。

（3）战略资源学派。战略资源学派认为，企业战略的主要内容是培育企业独特的战略资源，以及最大限度地优化配置这种战略资源的能力。在企业竞争实践中，每个企业的资源和能力是不相同的，同一行业中的企业也不一定拥有相同的资源和能力。企业战略资源和运用这种战略资源的能力方面的差异就成为企业竞争差异的源头。20世纪80年代，库尔和申德尔通过对制药业若干企业的研究，进一步确定了企业的特殊能力是造成它们业绩差异的重要原因。战略资源学派认为，每个企业都是独特的资源和能力的结合体，这种结合形成了企业竞争战略的基础。因此，企业竞争战略的选择必须最大限度地有利于培植和发展企业的战略资源，而战略管理的主要工作就是培植和发展企业对自有战略资源的独特运用能力。

二、人力资源战略选择

由于企业所在行业情况各不相同，企业战略也千差万别，同时企业发展阶段不同也会导致企业战略不断转型，因此企业对人力资源战略的选择也是不一样的。随着社会的发展，对人力资源战略的研究也在不断深入。有的人力资源战略比较简单概括，而有的人力资源战略则较为详细，但有两种基本的人力资源战略是必须明确的：一是总体战略，二是与人力资源管理的各种实践相关的具体战略。

总体战略主要阐述企业如何管理与开发人力资源，采用何种步骤能够保证吸引和保留所需要的人才，并且尽可能地保持员工的忠诚度、积极性，使其积极投入工作。总体战略对具体战略的目的与目标进行描述，更关注如何通过构建人力资源优势实现企业效率。

具体的人力资源战略应服从企业所要实现的任务，其内容包括以下几个方面。

- 人才管理——为企业赢得人才。

- 持续改善——使企业保持持续增长的创新能力。
- 知识管理——创造、获取、分享知识，来提高学习能力和绩效。
- 人才资源——吸引和保留核心人才。
- 学习与发展——提供有利于员工学习与发展的环境。
- 薪酬——确定企业在一定时期内的薪酬制度，从而保证企业目标的实现。
- 员工关系——确定企业在维持其与员工和工会的关系中所需要的制度。

总体而言，人力资源战略分为以下几种。

1. 建立在企业与员工交换关系基础上的人力资源战略

建立在企业与员工交换关系基础上的人力资源战略有两个假设的基本问题：一是企业把员工看作资产还是不变成本，二是员工关系是内部劳动力市场还是外部劳动力市场。如果员工关系是内部劳动力市场，那么企业将人力资源看作资产，愿意为员工提供工作保障和职业生涯发展计划，不是根据当时的市场行情而是按照内部资产标准设定员工的薪酬，企业将充分利用员工的知识来建立持续的竞争优势。如果员工关系是外部劳动力市场，那么企业将人力资源看作成本，这类企业如果认为劳动力成本降低了企业效益，就可能根据市场行情确定薪酬标准，也可能随意设立薪酬标准。

（1）奥斯特曼提出的4种人力资源战略。奥斯特曼在上述两个假设的基础上提出了4种不同的人力资源战略：技能战略、第二种战略、产业战略、薪酬化战略。

1）技能战略。技能战略假定劳动力市场的参与者拥有熟练的技能，追求个人职业生涯的发展。在这种情况下，劳动力流动是不可避免的。企业完全从外部劳动力市场获取员工，以降低劳动力成本和保持灵活的人员配置来建立竞争优势，按市场行情支付薪酬。那么，企业在需求下降的情况下就可以解雇员工，降低开支。企业不为员工提供工作保障，员工因此可能要求企业提供市场化的薪酬。

2）第二种战略。第二种战略假设对于只需要最基本技能的工作岗位，其薪酬标准可相应降低，企业无须提供工作保障和职业生涯发展计划。员工因丧失了工作灵活性、对工作过程的控制和工作安全感，要求获得市场化的薪酬。

3）产业战略。产业战略是一种混合战略。在采取这种战略的企业中，员工的工作范围狭小，工作责任明确，工作流动性较差，企业更加注重员工资历。这类企业中员工的薪酬水平主要参考其资历和实际工作业绩，不大受外部劳动力市场的影响，企业只提供有限的职业生涯发展计划。相应地，员工为获得有限的工作保障和待遇，会放弃对工作过程的控制。

4）薪酬化战略。采取薪酬化战略的企业将员工看作获取持续竞争优势的一种关键资源。这类企业通常提供强有力的工作保障、可以变动的工作职责、灵活的分配方式、明确的职业生涯发展计划，并且依赖杰出人才，薪酬差别较大。相应地，这类企业要求员工忠诚并有更高的工作投入。薪酬化战略是一种典型的内部劳动力市场观点的产物。

（2）戴勒瑞和多蒂提出的3种人力资源战略。在奥斯特曼研究的基础上，戴勒瑞和多蒂提出了3种理想的人力资源战略：市场战略、内部战略、中间道路战略。他们特别强调企业战略与人力资源战略之间的逻辑关系，并指出人力资源战略与企业战略相互协调的企业的经营业绩要比人力资源战略与企业战略相互不协调的企业的经营业绩好得多。

采取市场战略的企业热衷于降低劳动力成本，员工内部发展机遇较少，主要从企业外部招聘，几乎没有正式的培训，企业实行大范围的利润分享和提供有限的工作保障，员工很少有机会参与企业决策。

采取内部战略的企业则强调充分发挥员工的能力，实行内部劳动力市场导向，从企业内部选聘人才，提供广泛的在职培训，提倡员工之间相互交流，主要根据工作表现而不仅是工作成果来评估绩效，而且强调员工的发展，提供完全的工作保障，鼓励员工参与决策。

中间道路战略则介于两者之间。

（3）贝荣和克瑞普斯提出的3种人力资源战略。贝荣和克瑞普斯不是把员工看作一种资源或者成本，而是根据企业有效获得、发展和维护人力资源的方式，将人力资源战略划分为3种类型：内部劳动力市场战略、高承诺战略和混合战略。

与上述两类战略模型不同的是，贝荣和克瑞普斯提出的人力资源战略模型表明了任何企业战略的成功实施都依赖于企业独特的、持续的人力资源能力。

1）内部劳动力市场战略。内部劳动力市场战略强调两个人力资源目标，即维护企业独特的知识、选聘和培训成本最小化。为实现这些目标，企业设计了复杂的招聘和筛选系统，加强员工的交流，提供广阔的发展机会，鼓励员工安心工作。除初级岗位外，其他所有岗位都从内部选聘合格人员。

2）高承诺战略。高承诺战略的目标是最大限度地提高员工产出，认为员工对工作有较强的认同感。在这种人力资源战略的指导下，企业有一个复杂的招聘和筛选系统来保障录用合格的人才，激励制度注重提高员工工作的积极性，利于形成员工参与的企业文化。与内部劳动力市场战略强调等级制不同的是，高承诺战略强调平等的意识。

内部劳动力市场战略通过提供工作保障和广阔的职业生涯发展前景，鼓励企业内部员工提高工作能力，积累企业独特的知识和能力，而高承诺战略通过市场力量取得这些知识和能力，主张员工有一定程度的流动性。另外，采用高承诺战略的企业通过团队工作、扁平化的结构、详细和公开的交流、基于工作成果的差别化薪酬制度将员工流动的损失降到最低。

3）混合战略。混合战略既采用内部劳动力市场战略的工作保障和内部提拔人才制度，又采用高承诺战略的团队工作结构和基于成果的绩效评估方式。另外，贝荣和克瑞普斯通过研究发现，越来越多的美国企业选择了另一种形式的混合战略，就是对关系到企业竞争优势的关键岗位采用高承诺战略，而对一些非关键岗位采用从外部劳动力市场招聘人才的战略。

2. 建立在企业监督控制员工绩效基础上的人力资源战略

戴尔和霍尔德从企业监督控制员工绩效的角度提出以下 3 种人力资源战略。

（1）诱导战略。采取诱导战略的企业特别强调成本控制，管理人员较少，采取一定的措施确保投入产出过程的连续性。这类企业强调目标承诺，同时岗位职责明确，以降低生产过程中的不确定性，工作报酬主要参考个人努力程度。一般而言，处于激烈竞争环境中的企业常常采用诱导战略。

（2）投资战略。投资战略经常被实行差异化战略的企业所采用。这类企业有一定的适应性和灵活性，拥有多方面的技术，但是决策集中，层级分明，岗位职责范围广泛，报酬形式多样，鼓励创新，重视员工的发展，鼓励员工积累内部知识。然而，投资战略的缺陷在于企业内部较多的指挥、过程监督和烦琐的报告系统可能影响员工的工作积极性。

（3）参与战略。采取参与战略的企业大多有扁平和分权的组织结构，能够在对竞争者和生产需求做出快速反应的同时有效地降低成本。为鼓励创新，这些企业的人力资源管理政策强调人员配备、工作监督和报酬，员工多数是有高技术水准的专业人员。这类企业提供具有挑战性的工作，鼓励参与，把报酬与成果密切联系在一起，从而实现战略目标。

戴尔和霍尔德认为人力资源战略主要实现 4 种目标：贡献、组合、能力和承诺。贡献指对员工绩效水平的期望，如效率、创造性和创新能力等；组合指企业员工的构成，如种族结构、性别结构、技能结构等；能力指员工的知识和技能水平，即员工拥有的实现企业战略目标的能力；承诺指员工对企业的忠诚程度。

3. 综合模型的人力资源战略

综合模型的人力资源战略从资源获取方式和控制方式两个维度来划分人力资源战略。

资源获取方式维度主要涉及企业人力资源是从外部获取还是从内部获取，即企业的人力资源能力是通过自己培养员工获得还是通过购买获得。

控制方式维度主要涉及企业是倾向于监督员工行为，使其遵守操作标准（过程控制），还是倾向于将员工利益与企业利益联系在一起，以提高员工的积极性，发挥其独特的能力来实现企业目标（结果控制）。

基于上述两个维度，可以得到综合模型中的 4 种人力资源战略，见表 1-1。

（1）承诺战略。当企业管理人员缺乏对投入产出过程的了解，或没有能力对员工的行为进行监督、评价时，采取承诺战略比较合适。企业通过承诺战略可以激励员工为了共同利益而努力，员工能够自觉保持与企业目标一致的行为。相应地，企业应当重视员工的培训和开发，并从内部选拔人才，也就是说，要以内部劳动力市场为基础。

表 1-1 综合模型中的 4 种人力资源战略

控制方式	资源获取方式	
	从内部获取人力资源	从外部获取人力资源
结果控制	承诺战略	自由战略
过程控制	经营战略	次级战略

（2）自由战略。当内部劳动力成本比较高时，企业可以采取自由战略，通过外部劳动力市场来获取稳定的专业服务。因为在这种情况下，许多企业发现，与其提高成本来降低不确定性，还不如从外部购买一些专业的服务。例如，建筑业中的承包人一般都是根据需要随时聘用大量的熟练工人，这些工人在所负责的部分工程完工后就返回劳动力市场，寻找下一份临时工作。

（3）经营战略。经营战略在强调过程控制的同时，采取了部分内部劳动力市场措施以确保生产过程的稳定性，通过多任务小组和团队生产方式开发员工的能力，以此获得部分竞争优势。也就是说，员工同意管理者对其生产过程进行直接监督。在对人员配备可能进行一些临时调整的情况下，管理者不仅承诺从内部选拔人才，而且提供就业保障。

（4）次级战略。次级战略比较适合以低成本和稳定的生产过程为主要竞争优势的企业。为降低成本，企业强调过程控制，同时必须确保工作足够简单，一般从外部劳动力市场招聘员工，使转换和培训成本最小，而且劳动力成本是可变的。如今，越来越多的低成本、大批量生产的企业将其制造基地迁往劳动力成本比较低的地方，这些企业采取的就是次级战略。

需要指出的是，从宏观上来看，大多数企业所采取的人力资源措施与主导的人力资源战略相符合，但从微观上来看，企业可能针对不同的员工采取不同的措施。

三、企业战略与人力资源战略的关系

人力资源是企业发展的基础，企业战略是企业发展的导向。对企业来说，两者都很重要，两者中任何一个出现不足或偏差，都会影响企业的可持续发展。那么，企业是应当根据人力资源状况来制定企业战略，还是先制定企业战略，再以企业战略为导向来提升人力资源配置呢？两者是什么样的关系？

1. 人力资源状况是制定企业战略的出发点

企业在制定企业战略时，要评估企业人力资源现状，并根据企业内、外劳动力市场预测未来企业人力资源状况。一方面，企业制定的企业战略应当具有一定的挑战性，以激起员工的奋斗激情。另一方面，企业战略的目标不能超越最佳人力资源战略实践所能达到的水平。同时，在实践战略的进程中，企业要及时总结，并根据人力资源状况的动态变化对企业战略做出调整、改进。超越现实的企业战略对企业来说毫无意义，甚至会削弱员工的奋斗激情。而目标过低的企业战略往往会失去其导向功能，很难激发员工的潜能。

2. 人力资源战略实践是实现企业战略目标的途径

人力资源战略实践要紧贴企业战略，通过专业化的手段与方法，为员工提供优质的人力资源产品与服务，以实现对企业战略的强有力支撑。具体而言，人力资源战略对企业战略的支撑分别体现在战略层面、管理层面和操作层面上。在战略层面上，在人力资源要素的约束条件下，企业要确定自身发展的战略目标，并在此基础上制定人力资源战略规划；在管理层面上，企业要善于将人力资源战略规划细化，并制定具体的人力资源战略活动方案，确保方案具有战略一致性和可操作性；在操作层面上，企业要精心组织并实施人力资源战略活动方案，同时对方案的实施过程进行控制、监督、分析和评价，及时找出问题并予以调整，以保证企业战略目标的最终实现。

人力资源战略与企业战略分别从不同的角度促进或引导企业的可持续发展。要想在激烈的市场竞争中获得并保持优势，人力资源战略与企业战略需要彼此协调、匹配，而要实现两者之间协调、匹配，便需要两者之间时常进行双向、深入的"沟通"。

四、企业战略转型与人力资源战略规划

对于进行企业战略转型、组织变革的企业来说，管理者关心的一个问题是企业的人力资源如何成为支撑企业战略转型、推动组织变革的有效力量，人力资源管理工作如何有效支撑企业战略转型的落地并提升转型执行力。实际上，很多企业的人力资源管理工作自成体系，难以及时承接企业战略转型的需求，更别提通过人力资源战略转型推动企业战略转型。

转型企业需要建立与转型战略相互支撑、相互协同的人力资源战略，使企业新的战略要求、新的经营理念、新的业务模式和新的行为要求及时转化为对员工队伍的要求，使各项转型工作得到人力资源管理体系和日常管理执行行为的支持。

1. 传统人力资源管理的问题

在转型企业内，传统人力资源管理无法承接企业战略转型的需要，这种情况产生的原因通常是人力资源管理人员无法依照战略人力资源管理的理念、定位和行为要求开展工

作，主要表现为以下几个方面的问题。

（1）缺乏引领战略转型的意识。在传统人力资源管理工作中，人力资源管理人员往往从人力资源自身工作体系的角度去思考问题，习惯于从传统人力资源工作模块出发，从微观的角度将工作细化、量化、标准化，包括不断优化岗位职责、考核标准、薪酬体系等。但是，其在理解行业背景、市场行情，继而重点解读企业战略转型目标、经营理念、文化价值观、核心竞争力等，并在此基础上主动思考建立人力资源的管理目标、管理体系、管理制度等方面的意识不强。

（2）缺乏对业务的理解能力。按照传统专业化工作的模式，人力资源管理人员较少来自业务部门，很难对企业的竞争战略、业务模式、关键成功要素等问题有深入的理解。因此，其很少能够从市场竞争、价值链和业务流程的角度来思考企业战略转型对员工队伍、管理体系、考核分配制度等的要求，更难以将这些要求上升整合为专业的人力资源战略规划，难以按照业务转型、职能强化的要求建立协同的队伍和管理体系。

（3）缺乏对组织能力的关注。按照传统，人力资源管理人员较多关注自身的管理体系，也比较关注员工的个人需求，但较少关注企业的战略组织能力，更谈不上从组织能力提升的角度规划人才队伍转型。因此，面对企业战略转型和执行力下降，人力资源管理人员往往会束手无策，不知道如何从人力资源工作的角度推进甚至引领企业战略转型，落实转型策略。

（4）缺乏系统的方法和工具。由于定位和角色的惯性，人力资源管理人员往往掌握了如何让传统工作内容更细化、更成体系的方法和工具，例如，如何让岗位职责更明确，如何让岗位素质模型更系统、更易于衡量，如何让绩效指标更量化、更可评估，如何让薪酬福利更兼顾内、外部公平，如何让员工个人培训发展更有规划，如何让人力资源管理流程更优化等，但缺乏将企业战略、理念方针、业务模式、组织能力、关键驱动要素等转化为人力资源战略的方法和工具，这也是导致人力资源工作滞后于战略转型要求的一个重要原因。

2. 企业战略转型期的人力资源战略规划

基于以上4个方面的问题，要想建立真正能够推动企业战略转型、落实转型举措的人力资源战略规划，企业的人力资源管理人员必须从思想上、方法上、知识和技能上做出比较大的改变，真正掌握从理解转型战略、理解组织能力、推动战略实施的角度打造员工队伍、构建管理体系的方法和工具。下面就从理念、思路、要素、流程等方面探讨建立支撑甚至引领企业战略转型的人力资源战略规划的方法。

（1）确立战略理念。要建立一个有效的人力资源战略规则，首先必须确立"以战略为导向、以价值链为核心、以行为有效为焦点"的战略理念。具体来讲，要解决好3个方面的问题。

1）对企业战略进行系统透彻的解读。在转型过程中，企业战略、商业模式、核心能力、竞争定位、经营理念等因素都可能发生变化，这些变化不是仅仅从平衡计分卡的指标中就能理解的。人力资源管理人员必须深刻理解上述因素，了解企业的市场定位、价值主张、价值链和业务模式，理解企业战略对各业务部门和职能部门、对各级管理者和员工能力、对人力资源管理制度与举措的要求，即明确企业战略转型对人力资源的要求。

2）对各业务及价值链进行深入的理解。企业战略转型是否成功关键要看市场定位、价值主张、价值链和业务模式是否成功转变。因此，转型企业的人力资源管理工作只有对各业务板块、各价值链和业务成功要素提供有力的支撑，才能真正为企业的转型变革提供助力，甚至起到引领转型的作用。当前大部分人力资源管理人员对市场竞争、价值链和业务模式还比较陌生，这些方面的知识、技能也比较欠缺。要使人力资源管理工作真正发挥作用，人力资源管理人员必须深入业务部门，与业务主管共同探讨，深入理解各模块价值链的要求，同时利用互联网学习资源等不断学习充实自己，在市场洞察、商业模式等领域积累和更新相关知识、技能。

3）对员工行为转变要求做深入的理解。战略的转型、组织的变革本质上是企业员工行为的改变。企业转型变革过程实质上是全体员工按照企业战略要求、组织要求对自己的行为进行协同转变，使自己的行为与转型要求协同一致的过程。因此，人力资源管理人员在理解企业战略、理解业务的同时，还必须深入理解企业战略转型对员工行为提出的转变要求，尤其是对各级管理者、骨干员工的行为提出的转变要求，即要明确企业的行为战略，要根据行为战略、业务战略的共同要求，制定落实战略意图、业务模式，同时进行经营理念、核心观念、员工行为协同的人力资源战略规划。

（2）提出关键思路。要成功建立支撑甚至引领企业战略转型的人力资源战略，就不能盲目借鉴甚至模仿所谓外部标杆企业的成功做法。企业管理者和人力资源管理人员必须对建立人力资源战略体系的整个过程有一个清晰的思路，要紧密围绕本企业的客观实际和战略理念、业务模式、资源状况，在确保队伍能力足够、员工行为有效的基础上进行战略人力资源规划。其中，队伍能力和员工行为是人力资源工作与企业战略有效协同的关键，企业能力地图和行为战略的质量决定了整个人力资源战略体系的运作效果。

（3）把握核心要素。人力资源工作本质上是要为企业提供一支有战斗力的队伍，并通过员工协同有效的行为使目标成为现实。有效的人力资源战略规划必须解决3个方面的问题。

1）明确做什么事，需要什么能力。做什么事和需要什么能力是人力资源战略的基本出发点，也是企业战略制定过程中必须首先关注的关键问题。事实上，很多企业转型失败就是转型方案过于完美，与现有队伍能力和潜力脱节，自身的队伍能力及发展潜力均无法满足转型要求导致的。因此，只有解决好这个关键问题，人力资源工作才能够与企业战略转型建立有效的互动和协同支撑。

2）明确用什么人，如何组建队伍。不同的企业有不同的经营理念、不同的客观状况。在保证队伍能力足够、行为有效的前提下，企业必须以队伍规模、队伍结构、成本结构等为核心要素，根据自身的经营理念和资源特点建立员工队伍。企业组建的队伍必须是为自身定制的，盲目追求高标准或低成本都是难以成功的。

3）明确怎么用好人，构建什么制度。有队伍不等于有能力，不等于能出业绩。因此，企业必须根据战略转型要求和存在的主要差距，制定确保员工能力有效发挥和持续提升的人力资源管理制度，并制定相应的实施路线和工作举措，确保员工行为与企业战略目标、组织系统的协同互动，保障企业转型战略目标的实现。

第三节　企业组织能力建设

企业人力资源战略的实施需要有合适的企业组织能力与之相匹配。如果没有合适的企业组织能力，企业人力资源战略就难以发挥其应有的作用。对企业来说，企业组织能力是指开展组织工作的能力，是企业在与竞争对手投入相同的情况下具有的以更高的生产效率或质量将各种要素转化为产品或服务的能力。与人力资源战略一样，企业组织能力在影响企业成功方面起着关键的作用。

精心培养的企业组织能力可以成为企业竞争优势的一个来源。企业组织能力指的不是个人能力，而是一个团队能够发挥的整体战斗力，是一个团队在某些方面能够明显超越竞争对手、为客户创造价值的能力。

一、企业组织形态与组织变革

1. 组织形态多元化

组织形态是一种无形的、相对稳定的企业构架，它由组织中纵向的等级关系及其沟通关系、横向的分工协作关系及其沟通关系形成。它反映组织成员之间的分工协作关系，体现了一种分工协作框架。组织形态是指企业的组织形式、存在状态和运行机制。

随着全球经济一体化进程的推进，企业组织形式不再拘泥于过去的单一样式，而是呈现日益多样化和复杂化的趋势。尤其是跨国企业间的协作、联盟，促成了企业集团的大规模产生，从而导致企业的管理半径变大，管理难度增加。

我们正处于一个社会变革和转型的时期，企业的经营方式和组织形式也在潜移默化地被改变。以"互联网+风险投资"的创新业务模式先免费开拓市场，聚集流量，再通过各种产品进行变现，这无论是在认知上还是在实践上，都对传统的商业模式形成巨大的冲击。

未来，企业规模会出现两极分化的趋势，不同规模企业的分布会从金字塔式向陀螺式转变，也就是金字塔的"腰部"会向两端转移。一部分以平台和生态构建为主的企业会成为超级"巨无霸"，每个行业都会诞生这样的企业，"巨无霸"之间以竞合的状态此消彼长，保持一种动态的平衡。还有一部分自营型企业会从金字塔的"腰部"往下滑，尤其是随着客户需求越来越个性化，以及行业竞争加剧，这些企业的规模会越来越小，最后成为依附于大平台企业或生态企业的一个小组织，这些企业以此消彼长的方式在竞争中实现动态平衡。

如今，组织形态越来越多，阿米巴组织、自组织、生态型组织、平台型组织等一系列新概念催促企业追赶时代潮流。

2. 企业组织变革

组织变革是指企业根据内、外环境变化，及时对组织中的要素（如管理理念、工作方式、结构、人员配备、文化、技术等）进行调整、改进和革新的过程。企业的发展离不开组织变革。内、外环境的变化，以及企业资源的不断整合与变动，都给企业带来了机遇与挑战，这就要求企业关注组织变革。进行组织变革最重要的是高管层面要对可能出现的障碍与阻力有清醒的认识。组织变革是为了增强组织活力，最终实现企业的可持续发展。组织变革要使企业、管理者和员工3个方面都更具协调一致的能力。

（1）企业组织变革的起因。企业组织变革的起因主要有两方面。一方面是企业外部环境变化，如国民经济增长速度变化、产业结构调整、政府经济政策调整、竞争观念改变、科学技术发展引起产品和工艺变革等，组织结构是实现企业战略目标的依托，外部环境变化必然要求企业组织结构做出适应性的调整。另一方面是企业内部条件变化，主要包括：技术条件的变化，如企业实行技术改造，引进新的设备，要求技术服务部门及技术、生产、营销等部门进行调整；人员条件的变化，如人员结构和人员素质的变化等；管理条件的变化，如实行计算机辅助管理，实行优化组合等。

（2）企业组织变革的策略。企业组织变革是一个系统工程，涉及方方面面的关系，因此必须讲究策略。在实施组织变革前，要做好调查，做好宣传，全面动员，积极推行，让全体员工都积极投入组织变革中，消除管理部门和员工对组织变革的抵触情绪。同时，组织变革要与正常经营活动相配合，避免造成业绩不佳。

根据组织变革的程度，企业可以采取多种变革策略，但一般采用渐进式的组织变革策略。这一变革策略是先通过对企业组织结构的系统研究，制定出具有可行性和灵活性的变革方案，再结合各个时期的工作重点，有步骤、有计划地加以实施。这种变革策略的优点是：有规划，适合企业长期发展的要求；可以与员工培训、管理方法的改进同步进行；员工有较长时间做好思想准备，阻力较小。

（3）企业组织变革遇到的抵制及应对策略。企业进行组织变革时，员工往往害怕变革带来风险，担心变革不符合企业的最佳利益，或害怕变革使自己的利益受损。因此，组织变革常常会遇到来自各个方面的抵制。常见的抵制现象及其影响有：员工消极怠工，办事拖拉；离职人数增加；人事纠纷增多；产量、销量和经济效益持续下降。

针对抵制组织变革的现象和原因，企业可以制定一些应对策略：做好宣传，与员工进行沟通，广泛地听取员工的意见；让员工参与组织变革的决策；大力推行与组织变革相适应的人才培训计划，大胆起用具有开拓创新精神的人才；妥善安排被精减人员的工作和生活。

（4）企业组织变革模型。企业组织变革模型有许多种，各种模型有各自的假设和解释。这里简单介绍企业组织变革模型中最具影响力的一种模型——卢因变革模型。库尔特·卢因是计划变革理论的创始人，他在1951年提出一个包含解冻、变革、再冻结3个步骤的有计划组织变革模型，用以解释和指导发动、管理、稳定变革的过程。

第一步，解冻。解冻的焦点在于创设变革的动机，鼓励员工改变原有的行为和态度，采取新的适应企业战略发展的行为与态度。为做到这一点，企业一方面要对旧的行为与态度加以否定，另一方面要使员工认识到变革的紧迫性。企业可以采用比较评估的方法，把本企业的总体情况、经营指标和业绩水平与其他优秀企业或竞争对手进行一一比较，找出差距和解冻的依据，帮助员工"解冻"现有行为与态度，使其理解变革的迫切性，愿意接受新的工作模式。此外，企业应创造一种开放的氛围，增强员工的心理安全感，减少员工的心理障碍，增强员工对变革成功的信心。

第二步，变革。变革是一个学习过程，企业需要给员工提供新信息、新行为模式和新视角，指明变革方向，实施变革，进而使员工形成新的行为与态度。在这一步骤中，应注意为员工新的行为与态度树立榜样，可采用树立角色模范、导师指导、专家演讲、群体培训等多种途径。库尔特·卢因认为，变革是一个认知的过程，它通过获得新的概念和信息得以完成。

第三步，再冻结。在再冻结阶段，企业要利用必要的强化手段使新的行为与态度固定下来，使组织处于稳定状态。为确保组织的稳定性，要注意使员工有机会尝试和检验新的行为与态度，并及时给予正面强化，同时要注意加强群体变革行为的稳定性，促使形成稳定持久的群体行为规范。

3. 敏捷组织

当企业面临快速变化的外部竞争环境而内部又缺乏活力时，管理者可以反思是否有一种组织形式能够使企业集中力量更快、更灵活地应对外部环境变化，让员工在工作岗位上更有激情和主动性，而这正是敏捷组织所能达成的。

（1）敏捷组织的产生原因。在移动互联网时代，企业的经营环境不断变化，颠覆创新的机会变多，人才和产品的竞争更加激烈。面对这种环境，从互联网企业到传统企业，越来越多的企业采用敏捷组织的组织形态。这些企业发现采用敏捷组织这一组织形态后，员工更有激情和主动性，促进了团队沟通和团队凝聚力，并有助于业务创新和单点突破。极为重要的一点是：竞争、需求、技术和政策的迅速变化使得企业组织需要快速响应而做出变化和调整。

什么样的企业迫切需要敏捷转型？调查结果显示，如果企业的经济环境越来越不确定，则这种企业对敏捷转型的需求就十分迫切。

（2）敏捷组织的挑战。麦肯锡的一项全球调查发现：组织敏捷性——快速调整战略、结构、流程、人员和技术，以获得产生价值和保护已有价值机会的能力——对大多数企业而言仍然难以具备。在敏捷转型过程中，最大的挑战来自文化方面，特别表现为敏捷组织的工作要求与人们以往工作的日常要求不一致，缺乏跨层次和跨单元的协作，以及员工对变化的抵制。当敏捷转型能得到全面变革管理行动的支持，企业能营造出对"敏捷"友好的文化氛围时，敏捷转型更易成功。

（3）敏捷组织与传统组织的差别。传统组织像一台精密的机器，它的每一个零部件都按照出厂设置按部就班地工作着。它强调指挥与控制，相对比较僵化。而敏捷组织像一支球队，上场前有布阵策略，但上场后每一位球员都会对球场上的变化情况及时做出反应，完成配合。敏捷组织是复合的有机体，因而更具生命力。

（4）敏捷组织的核心。敏捷组织的核心是自主。敏捷团队会围绕特定的项目来组建，由交付这个项目所需要的关键任务环节的职能人员组成，有清晰的使命和目标。企业进行适当的授权，并建立团队之间必要的协同机制和信息共享机制。

（5）敏捷组织的特点

1）围绕客户、产品、市场或任务建立团队，团队成员具备所需的关键技能，团队能实现端到端交付，相对稳定。

2）团队有自己清晰的使命，能根据企业总体战略或业务计划自主设定团队目标并做决策。

3）用信息中心或运营中心进行信息沟通和协调，破除了原来的组织壁垒，以此来共享、整合信息，并确认团队活动和要达成目标之间的关联。

4）转变资深领导者的角色，让其更加专注于计划、策略、视野、企业文化及跨团队交流。

（6）敏捷组织的组建过程。敏捷组织的组建采取"小团队+大后台"模式。前端小团队的自主敏捷运行离不开强而有力的大后台支持，大后台能够源源不断地为前端小团队提供支援，让小团队没有后顾之忧地向前冲锋。

小团队要实现前端业务的独立自主，自身需要具备以下条件：一是每个团队成员清楚地知道团队的使命是什么，应该做什么，未来的目标是什么；二是团队要有闭环的业务模式，团队成员由不同领域的精英组成，能够独立地完成端到端的客户需求；三是团队被高度授权，能根据目标做出决策，面对VUCA（volatile——易变的，uncertain——不确定的，complex——复杂的，ambiguous——模糊的）环境时能敏捷反应。

小团队自主运作需要以下环境条件：一是简单有效的协调机制，确保整体规划和内部冲突的协调决策简单高效；二是允许信息横向传递与交流，使信息利用更为充分及时；三是领导者的角色从管理者转变为服务者，其职责是了解哪些问题需要解决及问题产生原因，而团队要协力找出最好的解决方案；四是要有公开透明、互相分享、鼓励创新、容忍失败的企业文化。

（7）敏捷组织需要构建的能力

1）快速响应的能力。快速响应的能力即要求企业的组织结构能够支持其快速进行响应。如果做一件事情要层层审批、汇报到最高层才能往下传达，那么这种企业的响应速度一定不会快。敏捷组织倡导的是端到端的价值链打通。敏捷组织把组织结构打通，构建全功能的团队，让这些团队能够具备快速响应的能力。因此，建立敏捷组织就是要把组织结构扁平化，打破壁垒。

2）强大的执行力。敏捷组织要求反应快，并能够对出现的问题第一时间进行快速处理，这就需要团队具有强大的执行力。只有具有强大执行力的团队才能快速处理好所遇到的业务问题。强大的执行力同样有利于团队执行领导下达的命令。通过建立敏捷组织，可以提升整个企业的执行力。

3）持续的创新力。对于企业而言，最核心也是最大的动力就是危机感。企业如果没有危机感，就没有动力去创新。当然，光有危机感还不够，企业需要一套机制来构建持续的创新力。

敏捷组织需要构建快速响应的能力、强大的执行力、持续的创新力。如果只有快速响应的能力，没有强大的执行力，就会出现想做的很多却没有办法落地的情况。如果没有持续的创新力，企业就容易丧失生存能力。

二、企业组织能力的三大支柱

如何打造企业组织能力，确保企业战略顺利实施？要解决这个问题，应该由外而内进行思考。一方面，企业必须分析自身所处的经营环境，制定正确的企业战略与人力资源战略；

另一方面，企业要依据所选定的战略模式，明确若干项与企业发展直接相关的组织能力。

杨国安教授认为企业组织能力必须有三大支柱的支撑，并建立了企业组织能力的三角框架，如图1-1所示。

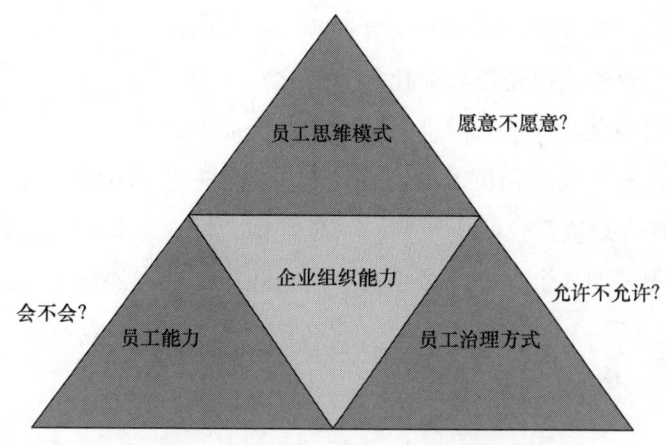

图1-1　企业组织能力的三角框架

1. 员工能力

支撑企业组织能力的第一个支柱是员工能力，即企业全体员工（包括中高层管理人员）必须具备能够实施企业战略、打造所需企业组织能力的知识、技能和素质。也就是说，企业员工要会做出与企业组织能力相匹配的决策和行为。

如何培养员工能力？企业需要回答以下3个具体问题。

（1）要打造所需的企业组织能力，企业具体需要怎样的人才？这些人才必须具备什么能力和特质？

（2）企业目前是否有这样的人才储备？主要差距在哪里？

（3）如何引进、培养、保留、借用合适的人才？如何淘汰不合适的员工？

2. 员工思维模式

员工会做不等于愿意做，因此支撑企业组织能力的第二个支柱是员工思维模式，即要让员工每天在工作中所关心、追求和重视的事情与企业所需的企业组织能力相匹配。

为此，企业要考虑以下两个具体问题。

（1）主管/员工需具备什么样的思维模式和价值观？

（2）如何建立和落实这些思维模式和价值观？

3. 员工治理方式

员工具备了所需的能力和思维模式之后，企业还必须提供有效的管理支持和资源，允许员工充分施展所长，执行企业战略。

在员工治理方式方面，企业要考虑以下4个具体问题。

（1）如何设计支持企业战略的组织结构？

（2）如何平衡集权与分权，以充分整合资源，把握商机？

（3）企业的关键业务流程是否标准化和简捷化？

（4）如何建立支持企业战略的信息系统和沟通交流渠道？

员工能力、员工思维模式和员工治理方式这3个支柱缺一不可，而且企业组织能力要坚实，3个支柱的打造必须符合两个原则：一是平衡，即3个支柱要一样强，而不是其中一两个强；二是匹配，即3个支柱都必须与所需企业组织能力协调一致。

打造三大支柱的工具

企业在打造这三大支柱方面有许多工具可以选取。例如，在打造员工能力方面，企业可以建立员工能力模型（也称胜任素质模型），通过评价中心、360度评估法等工具评估员工能力，利用人才盘点建立接班人培养体系，并通过导师制、课堂讲授、网络学习、行动学习、观摩学习等方式提升员工能力；在打造员工思维模式方面，企业可以运用的工具包括高层主管以身作则、平衡计分卡、KPI设定及下达、客户满意度调查、激励计划、末位淘汰等；在打造员工治理方式方面，企业常用的工具包括组织重组、流程再造、六西格玛管理、客户管理系统、ERP（企业资源计划）、知识管理等。

企业要从自身需求出发，依据企业所需企业组织能力的要求和存在的差距来挑选工具，而不是业界流行什么就用什么。

如果企业最大的弱项是员工能力，那么组织重组就不是最优选择，企业应该优先关注的是人才引进和培养。如果企业最大的弱项是员工思维模式，员工有能力但不愿意做或不敢做，那么企业应该优先关注的是绩效管理和激励体系。3个支柱的强弱状况决定了企业挑选什么工具来强化企业组织能力。

一旦选定工具后，工具强调的内容，如考核指标、再造流程、培训重点等，必须聚焦在企业所需的企业组织能力上。例如，一个以"创新"为重点的企业组织能力考核体系与一个以"低成本"为重点的企业组织能力考核体系的内容就截然不同。秉持平衡和匹配的原则，三大支柱才能坚实地支撑并紧密地围绕企业所需建设的企业组织能力。

企业可以请外部顾问帮助设计评估企业战略、组织能力及其三大支柱的问卷，通过让不同层级和部门的主管及员工填写问卷，来了解企业在这些方面的现状和存在的问题。表1-2是简单的组织能力诊断调查表。

表1-2　　　　　　　　　　　组织能力诊断调查表

诊断内容	评价分值					
	1	2	3	4	5	6
企业战略 1. 我清楚地知道企业的战略方向 2. …… 3. …… 4. …… 5. ……						
组织能力 6. 和主要竞争对手相比，本企业的产品具有更高的竞争力 7. …… 8. …… 9. …… 10. ……						
员工能力 11. 我清楚地了解执行新的企业战略所需的人才 12. …… 13. …… 14. …… 15. ……						
员工思维模式 16. 我清楚地了解执行新的企业战略所需的核心价值观和行为准则 17. …… 18. …… 19. …… 20. ……						
员工治理方式 21. 我清楚地了解执行新的企业战略所需的组织结构 22. …… 23. …… 24. …… 25. ……						

注：评价分值越高，代表对诊断内容的认同度越高。

三、企业组织能力建设的重要参与者

企业组织能力建设不仅仅是人力资源部的事。组织能力的建设是一个长期的过程，需要整个企业从上到下的认同和努力，特别是需要企业"三群人"的共同承诺和积极投入。这"三群人"包括CEO（首席执行官）/总裁、人力资源管理团队和直线主管。

1. CEO/总裁

作为企业的最高领导人，CEO/总裁的决策决定了企业的资源配置方向和工作重点，其言行对下属起表率作用。因此，要建设组织能力，需要CEO/总裁的承诺和投入，这主要体现在3个方面。首先，CEO/总裁必须重视人才和组织能力的建设。其次，CEO/总裁必须要求其他主管对组织能力建设同样予以高度重视。最后，在遇到困难时，CEO/总裁应当坚持组织能力的建设。例如，在企业经营情况不佳时，不少企业会考虑削减在人才培养上的投入，从短期来看，这确实可以降低成本，但从长期来看，这不利于企业整体员工能力的提升，不利于组织能力的建设和企业竞争力的提升。

2. 人力资源管理团队

人力资源管理团队直接和间接掌握着人员配置、发展、评估、奖励，以及组织设计、信息传递的工具，是帮助CEO/总裁建设组织能力的强有力帮手。然而，一些人力资源主管不论在哪家企业任职都按同样的方式办事，这种做法不利于企业建设组织能力。因为每家企业的战略和文化不同，需要建设的组织能力也有差异。因此，人力资源管理团队必须先从本企业的战略出发，思考让企业在市场中得以制胜的组织能力是什么，再在此基础上考虑如何建设组织能力的三大支柱，最后设计合适的人力资源工具去强化三大支柱。

3. 直线主管

即使CEO/总裁重视组织能力建设和人才发展，人力资源管理团队也设计和开发了围绕组织能力建设的工具，但若直线主管不愿意投入时间和精力去落实，不重视人才和团队的发展，那么企业组织能力建设就无法落实。不少企业有个误解，认为人事问题是人力资源部的问题，员工的培养、激励、保留等都是人力资源部应该处理的事情。而研究证明，直线主管才是最能影响员工培养、激励和保留的人。因此，直线主管必须担负起自己在建设组织能力方面的责任。

组织能力的成功建设离不开"三群人"的共同承诺和努力。大家各司其职，互相配合，持之以恒，才能有效建设组织能力。如果只有人力资源管理团队"唱独角戏"，没有CEO/总裁的承诺和表率，企业上下不会重视组织能力建设；如果没有直线主管的身体力行，人力资源管理团队的工具设计得再好也无法落实。

四、改善企业组织边界管理

企业组织能力建设的三大支柱缺一不可。不仅要员工有能力、有意愿，企业也要为员工提供所需的资源和支持，创造良好的环境，让员工能为企业做贡献。除此以外，企业还需要改善组织边界管理。因为没有完美的组织结构，每种组织结构都有优、缺点。企业要尽可能优化组织结构，减少组织边界引发的障碍，有效地运营企业资源和维护客户资源，提高效率。

1. 企业组织边界

任何使组织内外人员在工作方法、资源、信息上无法顺畅整合的隔阂和障碍都是组织边界管理问题。在企业中，部门间的边界往往造成彼此在利益想法上不一致，资源无法有效共享，有时还不知不觉形成很厚的"部门墙"，造成边界管理成本很高。设立无边界组织的目的是减少这些边界带来的隔阂和障碍，更有效地运营各种资源，使信息顺畅流动，创造和谐的企业文化。

（1）企业组织边界的分类。企业组织边界可以分成3种：垂直边界、水平边界和外部边界。

1）垂直边界。垂直边界是指不同层级间的边界，如从高层的总裁、副总裁到中层的总监、经理，再到基层的员工，每个层级之间存在的边界。

2）水平边界。水平边界是指横向部门间的边界，如不同职能、不同地区、不同产品业务单元之间的边界。

3）外部边界。外部边界是指企业与外部利益相关者间的边界，如企业与客户、供应商、政府、媒体、当地社团之间的边界。

存在一定的边界是必要的，因为组织内部边界可以确保不同层级和部门的职责、权力、专注点和专业分工分明，而组织外部边界则可以确保在一个更大的"生态圈"中不同组织所扮演的不同角色和彼此间的界限。如果完全没有边界，大家互相侵入彼此的领域，那么只会造成混乱。但是，边界的存在也不可避免地带来弊端，因为所有的边界都会使沟通协调成本增加。因此，层级并不是越多越好，部门也不是分得越细越好。无边界组织不是要拆除所有的边界，而是要从企业打造的组织能力、实施的战略出发，减少不必要的边界，确保整个组织赢而不是单一的某个层级、部门赢。

（2）企业组织边界不合理的表现

1）边界太多。如果企业管理岗位、职能部门、产品业务单元、地区业务单元层级分得多，职级分得细，从表面上看，企业设计了等级制管理层级，可以让员工有更多晋升机会，实际上每增加一个层级，企业的沟通协调成本就会增加，客观上降低了企业的运作效率。杰克·韦尔奇曾经用一个比喻说明这个问题。他说，当企业建立很多管理层级时，就好像一个人穿了很多毛衣，结果是对外在环境的变化越来越不敏感。

2）边界太厚。例如，在一家产品多元化的企业中，要培育能管理不同产品业务、能力全面的人才，需要人才在不同的产品线管理岗位之间进行轮换。如果边界太厚，人才将无法流动。从短期来看，某产品业务单元的业绩得到了保障，但从长期来看，企业就无法培育出能管理各个产品业务单元的综合性管理人才，不利于企业发展。

边界太多或太厚都会导致企业不能快速有效地整合资源，对外界环境做出快速反应，员工即使有能力、有意愿，也无法为企业做出更大的贡献。企业要尽量减少这些不利于打造整体竞争力的边界。

2. 改善垂直边界

（1）改善垂直边界的重要性。在以往相对稳定、产品供不应求的市场环境中，组织设计强调经济规模、专业分工和控制确实可以帮助企业在市场竞争中制胜。但是，如今的经营环境已和过去大不相同。经济的全球化、技术的日新月异、客户需求的不断升级、政府法令对行业"游戏规则"的影响都改变了企业制胜的关键因素，企业的反应必须更加快速、灵活，更注意创新，且要善于整合全球资源。在这些组织能力发展的新要求下，传统的治理方式越来越多地暴露出其弊端。例如，在以创新为制胜关键的高科技企业里，拥有最尖端、最前沿专业技术的往往不是高层主管，而是大量的一线员工，如果凡事都要层层审批，员工创新的念头很容易"胎死腹中"，创新的热情遭几次否定之后就很难重新燃起。只有高层主管的前瞻和决心，没有员工的积极参与和贡献，战略便无法落实。

要在如今的竞争环境中胜出，企业必须减少垂直边界以充分调动各层级员工的积极性，激励其围绕企业需要的组织能力做出更多、更大的贡献。而要做到这点，关键是高层主管要为员工提供适当的资源和支持，运用权责、信息、能力和激励这4个杠杆激发员工的主人翁精神，让员工的思想和行为都能与高层主管更加协调一致。因此，改善垂直边界的关键在于：第一，高层主管的管理理念，即是否真正把员工看作企业获得竞争优势的重要源泉；第二，权责、信息、能力和激励四大资源的共享。

垂直边界的改善不仅在高科技行业中有效，在服务业、制造业中也一样能激励员工为企业打拼。只要企业的高层主管把员工当作获得竞争优势的源泉，投入大量资源，明确员工权责，互通信息，激发能力，减少横亘在高层和基层之间的阻碍，为各级员工创造一个便于其发挥主动性的工作环境，就能帮助员工和企业获得双赢。

（2）垂直边界的诊断和改善。在了解改善垂直边界对激励各级员工的重要性之后，企业管理者可以应用下面的工具评估现状，了解问题所在，从而对症下药。

1）第一步，评估目前员工在企业竞争优势中的角色。评估工具如图1-2所示。

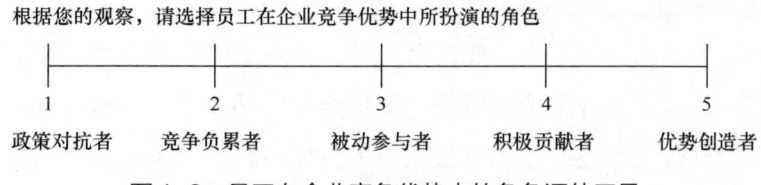

图1-2　员工在企业竞争优势中的角色评估工具

图1-2所示评估工具中的数字及其代表的角色解释如下。

- "1"代表政策对抗者——在有些企业，员工属于政策对抗者，员工想的不是如何配合企业，而是如何搞破坏。
- "2"代表竞争负累者——在已经宣布申请破产保护的企业里，员工不能帮助企业建立竞争优势，反而是企业的负担。
- "3"代表被动参与者——在有些企业，员工被动做事，管理者说什么便做什么，管理者不说便不作为，这样的员工属于被动参与者，企业难以靠其赢得竞争。
- "4"代表积极贡献者——在有些企业，员工有激情，愿意为企业打拼，但是企业没有提供相应的权责、信息、能力和激励方面的支持，因此员工的作用还是不能完全发挥。
- "5"代表优势创造者——在有些企业，员工是企业竞争优势的创造者。

2）第二步，分析造成企业现状的原因，进行改善。

如果员工并不是竞争优势的创造者，那么企业就要寻找问题的根源：

- 是不是高层主管管理理念的问题？高层主管有没有把员工看作竞争优势的源头？
- 四大资源有没有配备？
- 企业是否赋予员工足够的权责？
- 企业有没有及时提供有用的信息来支持员工的工作？
- 企业有没有投入充分的时间和资源，确保员工具备所需的专业技能和管理技能？
- 企业有没有提供适当的物质奖励和精神奖励，以激励员工积极参与和投入？

企业管理者可以对这6项分别从1~10分打分（1分为最低分，10分为最高分），找出薄弱环节，进行有针对性、分阶段的突破。

3. 改善水平边界

（1）改善水平边界的重要性。企业存在一定的水平边界是必要的，因为不同的产品业务单元、职能部门或地区业务单元都需要明确专业和职责。但是水平边界太多、太厚会造成不必要的障碍，降低组织效率，增加沟通协调和运营成本，给客户增加不便，影响企业竞争力。

在传统的组织管理模式中，企业的指挥和沟通主要是垂直进行的，但随着企业组织能力的强化，改善水平边界变得非常必要。通过开展跨部门和跨业务单元的工作，企业内部可以更有效地协作或共享关键资源，进一步提升企业的竞争力。

通常水平边界的改善是针对某一特定的流程或者关键资源和商机，而不是全面性改善。另外，水平边界的改善一定有一套体系支撑，而不是偶然实现的。要真正改善水平边界，有效利用各个部门和业务单位的资源，不仅企业内部要达成清晰的共识，确认"一个公司"的经营和管理理念，还有赖于高层主管的身体力行，以及权责、信息、能力、激励的跨部门／单位共享。企业要强化跨部门合作，不能仅仅依赖 CEO 的决心和各主管之间良好的人际关系。

（2）水平边界的诊断和改善

1）第一步，针对企业重要跨部门／单位流程的协作或关键资源和商机的共享，评估企业相关部门／单位的水平协作程度。评估工具如图 1-3 所示。

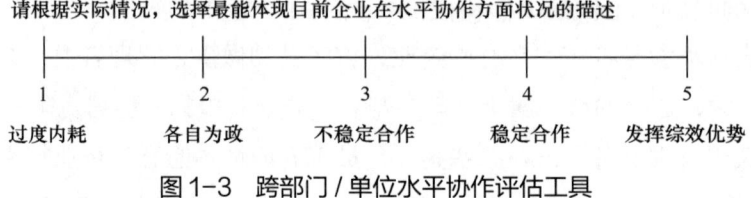

图 1-3　跨部门／单位水平协作评估工具

图 1-3 所示评估工具中的数字及其代表内容解释如下。

- "1"代表过度内耗——在有些企业，大家把其他部门／单位的同事视作问题制造者和竞争者，主要的时间、精力都放在内耗上，而不是放在一致对外、服务客户上。
- "2"代表各自为政——在有些企业，虽然大家没有彼此为敌，但是基本各自为政，各人自扫门前雪。
- "3"代表不稳定合作——在有些企业，内部部门之间虽有合作，但由于权责不清、信息不通、能力不够或激励机制缺乏，合作时好时坏，没有保障。
- "4"代表稳定合作——有些企业做得较好，基本能够确保部门／单位间稳定合作。
- "5"代表发挥综效优势——好的企业是能够主动出击，寻求跨部门／单位的资源和商机共享，发挥协同综效优势，真正做到看准方向后一个拳头出击，而不是五个手指各行其是。

2）第二步，分析造成公司现状的原因，进行改善。

如果企业的跨部门／单位协作还没有充分发挥作用，就可以从权责、信息、能力、激励 4 个杠杆的角度入手，通过打分（1 分为最低分，10 分为最高分）了解企业的薄弱环节，并分析原因。是因为缺乏共同决策的机制和渠道，信息传递不畅通，不了解全局和彼此工作之间的相关性？还是因为心有余而力不足，需要在能力和经验方面进行提升和共享？抑或是激励机制不到位，没有形成利益共同体？找到了根源，就能对症下药，逐步改善。当然，改善需循序渐进，不要指望评分能一下子从 1 分变为 10 分。

第四节　企业文化塑造

企业文化是由价值观、信念、仪式、符号、处事方式等组成的企业特有的文化形象。企业文化是企业为解决生存和发展问题而树立、形成的，被企业成员认为有效而共享并共同遵循的基本信念和认知。

企业文化是一家企业的个性特征，它体现了企业两个层面的内容：一是企业的核心价值，即企业员工共同的信念；二是员工的行为模式，即员工在一家企业中实实在在的行为方式。企业文化和企业的战略、架构、流程、政策等相互关联，相互影响。企业文化涉及以下几个方面的问题：工作是怎样构成的？员工在企业中的行为方式和相互影响是怎样的？以什么样的价值和力量塑造企业的愿景、使命和战略目标？企业文化对绩效有极为重要的影响，可以通过改变工作设计方法、人力资源系统及流程再造来改进企业文化。

一、企业文化的功能

1. 企业文化能激发员工的使命感

任何企业都有它的责任和使命，企业通过形成企业文化激发员工的使命感。使命感是全体员工工作的目标和方向，是企业不断发展前进的动力之源。

2. 企业文化能催生员工的归属感

企业文化通过提炼和传播企业价值观，让来自不同地方的人共同追求同一个梦想。

3. 企业文化能加强员工的责任感

企业通过树立企业文化宣传责任感的重要性，给全体员工灌输责任意识、危机意识和团队意识，让员工清楚地认识到企业是全体员工共同的企业。

4. 企业文化能增强员工的荣誉感

企业文化能促使每名员工都在自己的工作岗位和工作领域多做贡献，多出成绩，多追求荣誉感。

5. 企业文化能实现员工的成就感

好的企业文化有利于成就繁荣昌盛的企业。企业繁荣了，员工们就会引以为豪，会更积极努力进取。企业的荣耀越多，员工的成就感就越大、越明显。

二、受推崇的企业文化

企业文化靠宣传，更靠实施。在很多情况下，企业文化是根植于员工心中的体验。不管处于何种行业，企业的规模或业务范围大小如何，企业文化都应强调尊重每一名员工。

企业文化更多聚焦于企业内部。企业文化是员工互动的方式、做决定的方式，以及行动和规划未来的方式；是企业的创立者运用商业模式不断推陈出新、走在行业最前沿的方式。

受推崇的企业文化内涵包括管理层的团队合作、客户导向、赋予员工能力、公平对待员工。

三、企业文化塑造的注意事项

企业文化中的理念和习惯可以在各处生根发芽，可以产生于一个有影响力的人、工作集体、部门或分支机构，也可以产生于组织层级的低层或高层。有些企业的文化组成因素与奠基者或其他早期领导者的理念或经验相关，这些奠基者或早期领导者将其清楚地表达为一种企业哲学或一套组织必须遵守的原则或制度。有些企业的文化组成因素发源于企业的远景展望，以及其战略目的和战略核心内容。随着时间的流逝，企业文化开始生根，渗入企业的经营中，被企业管理者和员工分享、信奉并延续。

1. 企业文化总是相对于一定时间段而言

通常所说的企业文化是现阶段的企业文化，而不是企业过去的文化，也不是企业将来可能形成的文化。

2. 只有达成共识的要素才能称为企业文化

对于企业提出的概念要素，如果内部没有达成共识，就不能称之为企业文化，只能说是将来有可能成为企业文化的一个种子。企业文化代表企业共同的价值判断和价值取向，是多数员工的共识。当然，共识通常是相对而言的。在现实生活中，很难想象一家企业的所有员工都只有一种思想、一个判断。由于人的素质参差不齐，人的追求呈现多元化，人的观念更是复杂多样，因此企业文化通常只能是相对的共识，即多数人的共识。

3. 企业文化总是对一定范围而言

通常所说的企业文化是多数企业员工认同的部分。如果只是企业领导层认同，那么它只能称为领导文化；如果只是企业中某个部门的员工认同，那么它只能称为部门文化。依据认同范围的不同，企业中的文化通常可以分为领导文化、中层管理者文化、基层管理者文化，或部门文化、分公司文化、子公司文化等。

4. 企业文化必定具有内在性

企业所倡导的理念和行为方式一旦成为共识，即成为企业文化，这些理念和行为方式必将得到广大员工的自觉遵循。

四、企业文化塑造的原则

- 企业文化管理要与企业战略管理相结合。
- 企业文化要体现行业特点和企业个性。
- 企业文化塑造要发挥企业领导群体的核心作用。
- 企业文化管理与企业形象管理要相互促进。
- 企业文化体系的建立要反映骨干员工的共同愿望。
- 企业文化塑造要遵循共识原则。

五、企业文化的策划与设计、推进与实施

企业文化的策划与设计主要涉及以下内容：企业理念体系的主要内容构建，企业使命的定义，企业共同愿景的构建，企业核心价值观的设计，企业精神的设计。

企业文化的推进与实施可以从以下方面着手：编制企业文化手册，发挥企业文化习俗与仪式的作用，精心策划企业文化节日，使领导者做企业文化的领袖，积极培育企业楷模，制定企业文化制度。形成完善的企业文化体系后，企业要进行宣传、教育、灌输，最后进行总结提高，确立和完善企业文化。

六、企业文化塑造的4个阶段

从宏观角度来分析，企业文化塑造大致可以分为以下4个相互影响与螺旋提升的阶段。

1. 第一阶段：不自觉的文化创造

企业在创立和发展过程中逐渐形成一套行之有效、内部广泛认可的运营理念或思想，这就是企业文化形成的第一阶段。这一阶段的基本特点是具有个性特征鲜明的、零散而非系统的、在组织内部可能未经正式发布或声明的规则。在这个阶段，企业关注的是发展进程中重大事件背后的文化气质或精神价值。这些事件往往是在企业面临巨大的利益冲突或矛盾的情况下发生的，这种冲突或矛盾下企业的选择正是企业价值观的具体体现。

2. 第二阶段：自觉的文化提炼与总结

企业经过一段时间的发展，在取得一定的市场进步或成功的时候，就需要及时提炼与总结取得进步或成功的核心要素。这些核心要素是帮助企业在一定时期内获得成功的工具和方法，具有可参考或复制的价值。更加重要的是，企业往往会在取得市场成功时吸引更大范围、更多数量的成员加盟，各种管理理念与工作方法在此时交织、冲突，企业如果缺乏价值共识，往往会产生内部离散效应。这一阶段对企业而言最重要的就是自觉地进行一次文化梳理与总结，通过系统思考进行价值观的发掘与讨论，并在共同使命和愿景的引领下确定价值共识。

3. 第三阶段：文化落地执行与管理

日益庞大的组织规模和多元化的员工结构给企业文化传播和价值理念共享带来了新的挑战，前期提炼和总结的文化体系如何得到更大范围内企业成员的认同成为第三阶段最为重要的事情。文化落地的手段和工具不计其数，从实践来看，企业在此阶段应遵循"从易到难、由内而外、循序渐进"的原则开展文化落地建设。

（1）文化传播平台和渠道的建设。企业首先要建设一个打通内外、联系上下的传播平台。打通内外就是要发挥好文化对内凝聚人心、对外传播形象的作用，企业既要重视对内的传播，也要重视对外的展示。联系上下就是要建立让高层与基层能够平等互动的文化沟通渠道。

（2）价值观的识别与管理。企业在确立自我价值体系之后，要能有效地识别与管理企业内部的价值观，最重要的就是做好人才输入时的价值观甄选、组织内部日常价值观检测及员工价值观培养与矫正这3项工作。价值观测评是对人才进行甄选的有效工具和方法，能保证新进入员工在价值观方面与企业具有较强的一致性或较高的匹配度。岗位素质模型也是落实文化理念与价值规范的良好载体。

4. 第四阶段：文化再造与重塑

文化建设对企业而言是没有终极答案的。文化建设是关乎企业生存与发展的核心命题，对领导者而言是一个需要不断思考、不断总结、不断否定与肯定的过程，任何阶段性的提炼与总结都不代表企业领导者掌握了全部真相或绝对真理。因此，一个"健康"的企业一定有一个"活的"文化体系与之相伴相生。这个"活的"文化体系是否具备自动进化的能力，依赖于企业是否能持续不断地进行系统思考，并根据内外环境与发展需要进行文化的更新、再造甚至重塑。

文化建设是企业主动进行的一个从实践到理论、从理论到实践的过程，其中，文化落地阶段是理论（提炼与总结的文化体系）指导实践的阶段。只有牢牢把握价值观管理这个核心，企业文化建设才不会出现大的偏差或失误。

企业文化塑造在很大程度上要与企业人力资源管理相结合，如此才能将企业文化的核心内容——价值观与具体的管理行为相结合，真正得到员工的认同，并由员工的行为传达到外界，形成获得企业内外部广泛认同的企业文化，真实树立企业外部形象，由此起到现代营销学中所说的推销文化的效果。下面让我们来看看某汽车公司的企业文化与人力资源管理案例。

一、该公司的企业文化

该汽车公司成立于20世纪30年代末，是汽车制造巨头之一，其产品主要是汽车部件，包括钢铁制品、有色制品、化纤制品、塑料制品、橡胶制品、玻璃制品等。

企业管理界人士普遍认为，该公司的成功经验是：集聚人才，善用能人，重视员工素质培养，树立良好的企业内部形象。作为企业文化和人力资源管理结合中的一部分，该公司的企业教育取得了很大的成果。较高的教育水平和人才培养体系的建立是企业乃至社会经济飞速发展的基础，这一点在该公司的企业文化和人力资源管理中得到了证实。该公司对新入职员工有计划地实施专业教育，将其培养成具有独立工作能力的人。这种企业教育可以使受教育者分阶段地学习，并且逐步升级，接受更高的教育，从而培养出高水平的人才。

该公司企业教育的范围不仅限于职业教育，而且还进一步深入到员工个人生活领域。教育目标具有生活实际意义，因而能够被员工普遍接受。有人问："企业人事管理和文化教育的要害和目标是什么？"该公司的总裁曾做了这样的回答："人事管理和文化教育的实质是通过教育把每个人的干劲调动起来。"该公司的企业教育以"调动干劲"为核心理念。

非正式教育在该公司被叫作"人与人之间关系的各种活动",是其独有的教育模式,这种教育就是关于人的思想意识的教育。非正式教育的核心是解决车间里人与人之间的关系问题,培养相互信赖的人际关系。提高薪酬、福利等劳动待遇还不能成为积极调动员工干劲的主要方式。该公司创造出一系列精神教育的活动形式,这些活动是以非正式形式和不固定形式进行的。

二、该公司的非正式活动

1. "公司内的团体活动"

"公司内的团体活动"根据员工的特点,将其分成更小的团体。团体小可使参加者更加随意亲近地相互接触,这对培养员工的团队意识是很有帮助的。一个人可以不同的角色参加不同的团体聚会。通过参加这些聚会,员工之间既开展了社交活动,又有了互相谈论的机会。为了这种聚会,公司建造了体育馆、集会大厅、会议室、小房间等,供团体自由使用。公司对聚会活动不插手,也不限制。员工用个人的会费成立这种团体,领导人是互选的,并且采取轮换制,所以每个人都有当一次领导人来发挥能力的机会。这些聚会都有一个共同的参与条件,就是会员要把这些聚会作为相互之间沟通亲睦、自我启发、有效利用业余时间和不同职务的会员进行交流的场所。

2. "个人接触"制度

该公司为让新参加工作的员工熟悉新环境,提出"热情欢迎新员工"的课题,在这方面采取了"个人接触"的制度。这种制度的做法是,选出一位前辈,将其确定为新员工的专职前辈,这位前辈担负对其所有事情的指导工作。这种做法产生了很好的效果,专职前辈的任职期一般为6个月。在工作上、生活上,专职前辈都给予新员工指导和照顾,对其人际关系予以协调。此外,公司还有"领导个人接触"制度,这是对工长、组长、班长施行"协助者教育",是一种进行"商谈"的训练。

3. "故乡通信"

20世纪70年代以后,该公司20岁以下的员工占到50%。他们的思想意识、价值观念和欲望同以前的员工相比发生了很大的变化。为这些人创造出一个使其满足而有吸引力的工作环境是很不容易的事情。"故乡通信"是指班长、组长轮流往新员工的家里寄信。新员工进公司的第一个月,由组织写信并寄小组照片、公司画报。如何使这种团队亲情不断地持续下去?这是公司领导者一直在思考的问题。这个问题不是单纯的福利问题,而是企业长远的精神建设问题。领导者为开展更加多种多样的活动而苦思冥想。公司仍不断进行努力,继续创造能培养"生存的意义和干劲"的土壤。

三、该公司企业文化的启发

该公司的做法为其他企业提供了许多可借鉴之处。在人力资源管理中，不能仅仅关注在员工招聘中吸引优势人才，而是要做到"招得来，留得住，用得好"。除了采用人力资源管理的常用技术手段外，企业还要把人力资源管理活动与企业文化相结合，把企业文化的核心内容灌输到员工的大脑中，具体化到员工的行为上，这是企业文化塑造的关键。人力资源管理与企业文化相结合的具体做法如下。

首先，将企业价值观与用人标准结合起来。企业在制定招聘要求时要有专家参与，在招聘过程中要对应聘者进行严格筛选，在招聘面试过程中要选择对本企业文化认同度较高的人员。

其次，将企业文化要求贯穿于企业培训之中。这里说的企业培训既包括职业培训，也包括非职业培训。尤其是非职业培训，要改变生搬硬套的模式，采取一些较灵活的方式，如非正式活动、非正式团体、管理游戏、管理竞赛等，在这些活动中将企业价值观不经意地传达给员工，并潜移默化地影响员工的行为。

再次，将企业文化要求融入员工考核与评价中。大部分企业在评价员工时以业绩指标为主，即使有些企业提出"德"的考核，也对"德"的考核内容缺乏具体的解释，没有量化，使评价者根据自己的理解进行考核，并未起到深化企业价值观的作用。企业应将价值观的内容注入考核体系内，作为多元考核指标的一部分。对企业价值观的解释要通过对各种行为的规范来进行，通过鼓励或反对某种行为达到诠释企业价值观的目的。

最后，将企业文化塑造与企业沟通机制相结合。只有上下理解一致，员工才能对企业文化真正形成认同感。这不仅要求人力资源部处理好技术性问题，而且要求所有管理人员参与其中。如此才能形成良好的企业人力资源管理能力，从而形成企业核心能力，建立企业在市场竞争中特有的优势。

讨论题

1. 该汽车公司是如何把企业价值观与具体管理行为紧密结合在一起的？
2. 结合案例说明企业人力资源管理政策和企业文化是如何相互影响的。

本章思考题

1. 简述人力资源战略与企业战略之间的关系。
2. 简述企业组织能力的三大支柱。
3. 简述奥斯特曼提出的4种人力资源战略。
4. 简述企业文化塑造在人力资源战略中的作用。

第二章 战略人力资源能力体系建设

引导案例

某家电企业在"名牌战略"思想的指导下,实行技术开发、精细化管理、资本运营、兼并控股、国际化等一系列战略。该企业的发展过程实际上就是战略转移的阶段性连接过程,新的战略不断地、不失时机地替代旧的战略,使企业不断达到新的高度,赢得长期持续发展。该企业的成功在于这种战略更替和转移的成功,在于它能够根据内外部环境的变化主动以新的战略替代旧的战略,顺利实现不同阶段的战略调整。

该企业的发展经历了4个阶段。

第一阶段,名牌战略阶段(1984—1991年)。此阶段,企业专注于产品专业化生产,实施"名牌战略",建立了全面质量管理体系。

第二阶段,多元化战略阶段(1992—1998年)。此阶段,企业凭借"即时调整"和"压低库存"的经营理念,成功地实施了多元化战略扩张。

第三阶段,国际化战略阶段(1999—2012年)。此阶段,企业实施以创国际名牌为导向的国际化战略,其基本理念是"从家电类的产品本土化到国际市场拓展的实施"。

第四阶段,信息化战略阶段(2013年以来)。此阶段,企业实施以智能化为导向的信息化战略。企业充分应用新一代信息技术,实施家电产品智能化,建设智能化工厂与智能化服务体系。

该企业清醒地认识到,企业的发展和战略调整受多种因素制约,但从根本上来说,最具决定性的因素是人力资源及其战略选择。要想成为国际化名牌企业,企业的每一名员工都应成为人才,而且是国际化人才,即"先造人才,再造名牌"。因此,该企业在人力资源战略管理中坚持观念更新和制度创新,努力创造公平、公正、公开的人文环境和文化氛围,建立了一套能充分发挥员工个人和团队潜能的机制,在实现企业战略目标的同时给每个人提供充分实现自我价值的空间,这是企业总体战略成功实施的关键。

该企业的具体做法如下：一是实施"OEC（全方位控制和清理）管理"，实施与名牌战略相契合的人力资源战略管理；二是实施"挑战自我"战略，基于与多元化战略、信息化战略相契合的人力资源战略管理，提出了"挑战满足感、经营自我、挑战自我"的人力资源战略管理理念，设计了把"外部市场竞争效应内部化"的市场链机制；三是不断推进"国际化的人才"战略，不断强化和实施与国际化战略相契合的人力资源战略管理。

案例思考

1. 该企业是如何不断调整企业战略的？
2. 结合案例，谈谈该企业的人力资源能力建设。

第一节　人力资源管理竞争力

一、人力资源管理的战略角色

在企业战略的制定和实施过程中，如果从关注企业发展和关注员工发展两个维度进行分析，一般情况下人力资源管理有4个角色定位，分别是行政专家、监督执行者、员工顾问、战略伙伴。

1. 行政专家

在新的人力资源管理时代，人力资源部不再是单纯的行政部门，而是行政专家。人力资源部应摆脱传统意义上的规则制定者和维护者的形象，同时要确保企业的各项日常工作顺利进行。为从"行政人员"变身为"行政专家"，人力资源部必须提高自身和整个企业的工作效率，在人力资源管理工作中承担新的职能。担当起新角色的人力资源部的工作之一就是梳理并改进传统流程，从而降低成本。而成本的降低并非人力资源部变为行政专家给企业带来的唯一好处，效率的提高也增加了人力资源部的美誉，从而为人力资源部成为战略伙伴奠定了坚实的基础。人力资源部体现自己作为行政专家的价值还有另一条途径，就是不断适应环境变化对整个组织体系的要求，协助企业总经理不断完善相应的规章制度。

2. 监督执行者

企业的良好运行离不开人力资源的规范化管理，这就要求人力资源部作为人力资源政策的推行者严格执行政策，确保政策顺利实施，同时监督政策的执行力度，确保人力资源战略对企业战略形成支撑。监督执行者的角色要求是管理与规范，其关注的重点是效率。

3. 员工顾问

随着社会的发展，新生代员工的自我意识增强，因此人力资源部要成为企业与员工之间沟通的桥梁。企业的发展离不开员工能力和素质的提高。人力资源部作为员工顾问，要为员工提供专业化、系统化的服务，帮助员工实现职业生涯发展，解决员工工作中的困惑与顾虑，帮助员工成长，通过员工成长来推动企业发展。

4. 战略伙伴

战略伙伴角色要求人力资源部作为业务部门的业务伙伴，与业务部门紧密合作，参与企业战略发展和业务部门的运营工作，通过人力资源战略的制定和实施，推动组织变革，引导学习，塑造企业文化，促进企业战略目标的实现，重点关注企业核心竞争力的培养。

二、人力资源管理的角色转换

在企业中，人力资源部常常遇到以下困境。人力资源部经理提出创新性的观点和想法，但高层管理人员却不理解，也不能很好地落实，业务部门也不够配合，有些企业的人力资源部甚至还未得到高层管理人员的重视。同时，高层管理人员总感觉人力资源管理工作不能达到自己的期望。有些企业的业务部门甚至把人力资源部看作矛盾制造者，尤其是在绩效管理、薪酬改革、培训安排等方面，其认为在某些情况下人力资源部的安排不妥，却又不能有效沟通，往往只能被动执行，有时会抵触或直接反对，使人力资源管理工作难以进行。因此，人力资源部经理经常会把自己比喻成"三明治"，觉得自己上下受气，人力资源部也经常会成为公司内部矛盾的焦点。

人力资源管理大师戴夫·乌尔里克抛出了一个具有现实价值的问题：人力资源部到底该如何创造价值？由此，他提出了成就其大师地位的一个观点：人力资源部不应该再关注活动本身；人力资源部不应该关注做了什么，而应该关注产出是什么。其实，如果人力资源管理人员静思一下自己到底做了什么，自己的所作所为为企业带来了什么，自己到底应该承担什么角色……也许会发现，通过超越自我，转换在企业中的角色，可以在一定程度上化解上述困境，使人力资源管理工作得心应手。

1. 对人力资源管理角色定位的思考

人力资源管理人员应从以下角度思考人力资源管理的角色定位。

第一，人力资源管理工作给企业带来的是成本的增加，还是企业的增值？企业的任何一个部门、任何一名员工都应该考虑如何为企业增值，对企业经营发展起着重要作用的人力资源部及其员工更要时时考虑是否站在了企业业务伙伴的位置，帮助企业实现了业务目标。若人力资源部经理提出很好的建议和思路，但高层管理人员没有给予重视和支持，人力资源部经理应该反思一下这些建议和思路是会给企业带来价值，还是会增加企业的成本和负担。

第二，人力资源管理人员是把自己当作行政指挥，还是帮助业务部门解决问题的内部咨询专家和合作伙伴？作为内部变革的推动者和外部资源的引进者，人力资源管理人员应经常考虑如何使自己成为业务部门的合作伙伴，真正帮助业务部门解决工作中的实际问题，让其感受到人力资源部的价值，使其愿意协助、配合甚至主动向人力资源部提出管理变革的需求，相信人力资源部不但可以很好地发挥其职能作用，还能创造一种良好的企业团队合作文化和员工关系。

第三，人力资源管理人员是墨守成规，还是成为企业的变革创新推动者，创新优化管理方法？人力资源管理人员实质上是企业知识管理的整合者，经常外出学习，为企业引入很多新的管理方法和技术。但是需要反思的是，人力资源管理人员是否将所学的管理方法和技术在企业内进行了创新性推广和落实？更重要的是，是否和业务部门进行了充分沟通，使这些管理方法和技术更加适用于本企业？目前，人力资源管理人员在这方面普遍存在两类问题：要么被动工作，虽然掌握了可以在企业内推行的先进管理方法和技术，但没有与上级领导沟通，没有尝试在企业内部推广；要么不经过充分的沟通和调研就强行推广从其他企业拿来的一些经验做法。这些都会影响人力资源管理工作的开展。

第四，人力资源管理人员是否已经具备足够的能力？如果人力资源管理人员希望帮助企业业务发展，成为企业业务部门的咨询专家和合作伙伴，成为企业变革创新的推动者，那么过硬的专业技能是必不可少的。更重要的是，人力资源管理人员还应具备创新性思维和资源整合能力。

2. 对人力资源管理角色价值的思考

人力资源管理理念的变化要求人力资源管理人员具备敏锐的学习能力和具有前瞻性的业务思维能力，帮助企业经营者实现组织效能最大化。

（1）人力资源管理不仅要平衡，而且要双赢。人力资源管理可以起到平衡的作用。例如，员工申请加薪，而高层管理人员想要控制人力成本，这中间如果没有人力资源管理人员来协调，两方可能会发生直接冲突。人力资源管理人员在中间起缓和矛盾的作用，依靠的是人力资源管理的专业性。但人力资源管理是不是只起平衡作用呢？早期人力资源管理是这样的，但今天人力资源管理应该做到双赢。例如，在设计薪酬体系时，一方面考虑的应是让员工拿到钱，另一方面考虑的应是为企业节省人力成本。这两点看似矛盾，但如果人力资源管理人员把编制控制到位，使人均产值上升，就能形成双赢的局面，因为人均产值上升使企业盈利能力增强，创造了给大家提高薪酬的空间。

（2）人力资源管理不仅要做好服务，而且要产生价值。人力资源管理人员是服务者，其基本的职能是满足需求，要快速根据需求来提供服务。这种角色定位对不对呢？今天来看并不全然是对的。有些工作的确是服务性的，如发放薪酬、办理入职等，严格来说，针对普通员工的大多数工作都是服务性的。但以招聘为例，人力资源管理人员是不是仅仅是服务者？招聘是其他部门先有需求，人力资源部再按照企业内部流程招人，从这个角度看，人力资源管理人员是服务者。但是，编制是否合理？人是否要招？是否需要内部调整？招完人是否一定能产生好的绩效？从这些角度剖析就会发现，认为人力资源管理人员仅仅是服务者是片面的。单纯以服务来对人力资源管理进行定位，结果往往是工作特别忙却没有价值，很难获得其他部门的认同。因此，人力资源管理人员只有在做好服务的同时，帮助其他部门做好规划、提升业绩，才能体现人力资源管理的价值。

（3）人力资源管理不仅要做好管理、执行，而且要思考出发点。针对具体的人力资源项目，要用好的方法做管理；在人力资源制度建立后，要捍卫制度。这本身是没错的，但是人力资源管理人员应更多地从出发点思考人力资源项目和制度是否能提升业绩、培养核心能力。

（4）人力资源管理不仅要专业，而且要获得支持。有相当一部分人力资源管理人员认为其就是专业项目的发动者，在工作中以专业模块推进为主，特别强调专业度。但问题是，即使制定了很多制度和流程，却发现很多项目都是虎头蛇尾，原因是这个项目并没有获得高层管理人员和业务部门的支持，只是人力资源管理人员的一厢情愿。

3. 人力资源管理新角色

（1）人力资源管理创新者。例如，有一家企业设计了一套全自动的、灵活的福利管理系统，简化了员工的文书工作；有一家企业采用新的技术手段筛选简历，缩短了人员招聘周期；还有一家企业设立了电子公告牌，员工通过它可以和高层管理人员直接交流。在这3个案例中，人力资源部通过精简流程和采用新技术，既提高了工作质量，又降低了工作成本。

（2）业务部门教练。人力资源管理人员要熟悉业务，以提升业绩为核心，对业务部门的定位进行分析，梳理业务部门真正的KPI，对业务部门进行KPI辅导，系统地考虑企业业务，让部门业绩产生显著变化。教练需要具备哪些能力和素质呢？第一是熟悉业务运营；第二是熟悉人力资源管理；第三是不把自己只定位为服务者，不只专注于专业模块，而要从业绩实现角度深入进行工作。

（3）局部业务变革的推动者。在一家企业里，发起业务变革的往往是主管业务的副总经理和部门负责人，但人力资源管理人员可以做局部业务变革的推动者。大多数企业业绩不好有两个核心因素：一个是各部门职能没有行使到位，另一个是企业核心产品线较弱。人力资源管理人员可以先基于产品线去考虑各部门条线问题，再发起局部变革，做局部业务变革的推动者。

角色定位是一个很复杂的问题。无论进入什么新角色，前提都是快速提升自身的能力，包括情商、专业度、运营知识、人际关系处理能力等。是否具备这些能力决定了人力资源管理人员能否适应新角色。人力资源管理人员必须调整自己的价值观，坚定自己的信念，转换自己的角色，力争成为企业业务伙伴，成为业务咨询专家和教练，成为变革推动者，成为知识管理带头人和资源整合者。这样不但能够真正帮助企业发展，而且能够使自己成为企业中举足轻重的人物，得到高层管理人员和业务部门的支持和配合，为自身的工作创造良好的环境。

三、人力资源管理六大竞争能力

为使人力资源战略在企业战略中发挥更大的作用，人力资源战略管理对人力资源部的能力提出了更高的要求，人力资源管理人员变得前所未有的重要。企业的高层管理人员日益认识到个人能力（人才）、组织能力（文化）和领导力对企业发展的重要性，人力资源管理人员必须成为具有远见卓识的咨询者和能够帮助企业达成企业目标的架构师。

以下6个专业领域的工作不但是高效人力资源管理所需做到的，而且是提升企业绩效所必需的。这也顺应了当今全球经济一体化发展的主流趋势。6个专业领域的工作如下：

一是外部/内部，人力资源管理必须将外部的业务趋势和股东期望转化为内部的行动；

二是业务/员工，人力资源管理应当同时关注业务结果和人力资本提升；

三是个人/组织，人力资源管理应该同时关注员工个人技能和企业组织能力；

四是事件/可持续性，人力资源管理不是孤立的一个个行为（如培训、沟通、招聘等），而是应向企业提供可持续的、整合的成套解决方案；

五是过去/未来，人力资源管理需要承前启后，尊重人力资源发展历史，同时规划和打造未来；

六是行政/战略，人力资源管理必须兼顾企业日常行政事务和长期战略发展。

只有不断提升上述6个专业领域的工作能力，人力资源管理才能对业务发展趋势做出积极回应，并创造可持续价值。

要做好上述6个专业领域的工作，人力资源管理人员要拥有六大竞争能力，如图2-1所示。

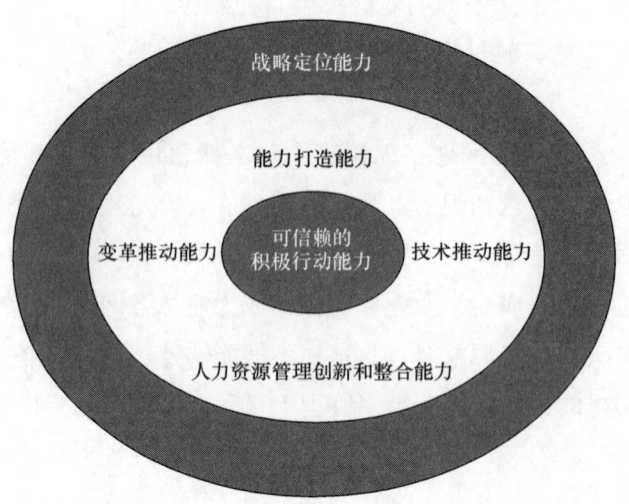

图 2-1　人力资源管理人员的六大竞争能力

要树立高效的形象，人力资源管理人员就要成为可信赖的积极行动者，用信任建立关系，同时具备业务视野和人力资源视野。人力资源管理人员应该是复合型人才，能帮助企业在外部环境中定位（战略定位者），能开展组织能力和文化审核（能力打造者），能促成变革（变革推动者），能梳理和创新人力资源管理行动（人力资源管理创新和整合者），能掌握并使用技术（技术推动者）。

1. 可信赖的积极行动能力

高效的人力资源管理人员应具备可信赖的积极行动能力，即成为可信赖的积极行动者，以快速反应赢得个人信誉。人力资源管理人员言出必行和有求必应能够帮助其在企业内建立良好的人际关系，获得信誉。作为可信赖的积极行动者，高效的人力资源管理人员不仅专注于人力资源管理行动，而且关心业务需求，具有敏锐的商业洞察力，并懂得通过清晰、连贯、高效的沟通对他人施加正面影响。有信誉的人力资源管理人员受人尊敬，但如果没有行动力，则不会有影响力；反之，如果光有行动力而缺乏信誉，则即使有好的构想也不会太受关注。要成为可信赖的积极行动者，人力资源管理人员必须对自己有清晰的认识，同时要有高度的职业奉献精神；要与企业高层管理人员建立互相信任的关系；要充分了解企业背景和股东，从而能对企业遇到的问题提出有创新性的、整合的人力资源解决方案，并能诊断和改善企业的人才、文化和领导力。只有这样，人力资源管理人员才能真正参与企业发展讨论，进一步赢得信任。

2. 战略定位能力

高效的人力资源管理人员应具备战略定位能力，其思考方式和行动模式是由外而内的，不仅对行业发展趋势有深刻的了解，而且能够将其转化为内部的决策和行动。高效的人力资源管理人员了解那些影响行业及区域的基本商业情况，包括社会、技术、经济、政治、环境等。高效的人力资源管理人员致力于关键客户，通过客户分类、了解客户需求、规划企业内部运作来满足客户需求。高效的人力资源管理人员也能帮助企业形成和制定企业战略决策，从而应对外部商业形势和客户期望。学习做一名合格的人力资源管理专家，就是要学习由外而内的人力资源工作模式，理解企业面对的社会、技术、经济、政治、环境等因素的变化和发展趋势，了解客户、投资者、监管者和社会的期望，在这些外部要求的基础上开展内部人力资源实践活动。

3. 能力打造能力

高效的人力资源管理人员通过助力组织能力建设来培养员工的个人能力。组织并不只是由结构或者流程构成的，也是由明确的组织能力集成的。这里所指的组织能力是指组织擅长和为人称道的核心能力，它比任何绩效表现更能够长效地为企业服务。组织能力具体指向企业文化、内部流程等方面。

人力资源管理人员应帮助培养决定企业独特性的能力，这些能力涉及客户服务、响应速度、质量、效率、创新、团队合作等方面。每一种能力都是为了服务组织，使员工体会到工作的意义和目的。人力资源管理人员能够帮助直线经理创造上述意义和目的，以使组织能力能够更深入地反映员工价值。

人力资源管理人员应了解企业为达成战略目标，满足客户、股东和社会的期望所需要的核心能力。人力资源管理人员应从审计的角度，聚焦于评估企业获得成功所需要的核心能力及其对人员配置、培训、薪酬、沟通和其他人力资源职能的实践意义。

4. 变革推动能力

高效的人力资源管理人员应具备变革推动能力，要确保严谨规范的变革流程，从企业战略层面整合那些看似独立的组织行为并使之具有持续性；要帮助建设企业内部的变革能力，使企业能够跟上甚至引领外部的变革步伐。人力资源管理人员在推动企业变革的过程中，需要在以下3个维度上发挥关键作用：一是制度维度，即负责设计和确立有效的变革模式与框架；二是执行维度，即积极引领和推动变革的具体实施；三是人员维度，即鼓励并引导员工积极参与和支持变革。

人力资源管理人员作为变革推动者，要以业务伙伴的角色帮助创建一个灵活、敏捷的组织，这样的组织才有能力使转变发生，同时创造可持续的组织价值。

5. 人力资源管理创新和整合能力

高效的人力资源管理人员要了解过去的人力资源相关研究，从而创新和整合出一套融会贯通的人力资源管理解决方案来解决企业发展问题。高效的人力资源管理人员必须了解人力资源管理核心领域如人力资本（人才吸引和人才发展）、绩效（评估和奖惩）、组织设计（团队协作和组织发展）及沟通领域最前沿的观点，同时将这些观点与人力资源管理实践相结合，创新和整合出一整套解决方案。高效的人力资源管理人员要确保人力资源管理创新和整合能够持续关注企业长远发展，只有确保人力资源管理的重点始终是本企业的长期战略发展，才不会导致虎头蛇尾或朝令夕改，才能给企业发展带来巨大的积极影响。

6. 技术推动能力

近几年，技术的快速发展已经改变了人力资源管理的思维和工作方式。人力资源管理人员不仅需要更有效地使用技术手段来提供事务性服务，如福利管理、薪酬计算等，而且需要使用技术手段来进行日常人际沟通和交往联络。技术在改善沟通交流和有效组织行政工作，以及连接内部工作人员与外部客户等领域正发挥日益重要的作用。新时代的社交趋势是通过社交媒体来建立和维护人际关系，引入并充分利用社交媒体将使企业在成长中抓住机遇。懂技术的企业对外能提升组织形象，对内能提高人际沟通效率。高效的人力资源管理人员应具备技术推动能力，必须了解、分析和运用最新技术，以获取信息、提升效率和扩展人际关系。

第二节　人力资源业务伙伴

人力资源业务伙伴是指企业派驻到各业务单元的人力资源管理人员，其主要协助各业务单元经理开展人力资源方面的工作，包括人员规划、配置和发展，从人力资源的角度确保组织高效运行。另外，人力资源业务伙伴的任务还包括在业务单元和整个企业的人力资源体系之间进行沟通，帮助业务单元建立高效、适用但又不独立于整个企业的人力资源体系的管理模式。

随着经济全球化的发展，企业面临的竞争加剧。为未来更好地利用企业所拥有的人力资源，并充分发挥人力资源管理在企业决策、经营等日常工作中的作用，人力资源管理人员要完成角色转换，全面进入人力资源业务伙伴角色。为未来更好地支持企业核心业务的发展，人力资源管理人员要从行政事务中解脱出来，更好地了解核心业务，掌握不同的技能，成为优秀的人力资源业务伙伴。

一、人力资源业务伙伴的工作职责

根据实际经验，人力资源业务伙伴的主要工作职责可总结为以下几点。

1. 满足战略需求

简单来说，人力资源业务伙伴就是负责满足部门、区域、业务单元、企业战略需求的合作伙伴，其职责主要是：及时调整人力资源战略，以应对外界变化；根据服务对象的关键业绩目标、短期目标、中长期战略、优先业务等来确定其人员需求，包括新人员配备、接班人计划、人员发展规划等，为业绩目标的实现提供人力资源方面的支持。

2. 咨询

人力资源业务伙伴在专业领域如人力资源规划、招聘面试、人才保留等方面为业务经理提供相应的咨询，对各种紧急事件和投诉事件进行处理，对业务经理和业务人员提出的问题给予回答或提供解决方案。

3. 协调

人力资源业务伙伴要使用业务知识，在业务单元内部推行企业人力资源制度、流程或方案。当企业对人力资源制度进行调整时，人力资源业务伙伴要代表业务单元提出诉求。总体而言，人力资源业务伙伴就是要完成上传下达的双向沟通任务。

二、人力资源业务伙伴的形式

根据战略、咨询、协调3个部分在人力资源业务伙伴日常工作中所占的比例，可以将市场上的人力资源业务伙伴分为3类。

1. 高级人力资源业务伙伴

高级人力资源业务伙伴基本上是高级经理或主管层级的人力资源经理，也可以称为战略人力资源业务伙伴。高级人力资源业务伙伴参与企业的战略规划、组织发展、组织变更和整合，与高层管理人员团队合作紧密。高级人力资源业务伙伴通常有15年以上人力资源管理方面的工作经验，或者曾在人力资源高级职位上工作过，熟悉人力资源各个模块的实践，并对人力资源战略有自己的想法。这类人力资源业务伙伴通常会花50%左右的时间在战略性事务上，其余的精力分配给咨询和协调性事务。在企业里，高级人力资源业务伙伴既是业务伙伴，也兼任教练和导师。在企业中，只有约10%的人力资源业务伙伴属于这一类。这类人才或职位相对比较少，一是因为这类人才本身就稀缺；二是因为即便有这样的人才，人力资源业务伙伴的职位可能也无法满足其职业发展需求。对于这个级别的人力资源管理人员，企业大多提供人力资源主管或同级别的职位来给予肯定。

2. 经理级人力资源业务伙伴

经理级人力资源业务伙伴职位和人选相对较多。这类人力资源业务伙伴一般要求工作年限为8~10年，大部分具有全部或者某一人力资源专业模块方面的知识。经理级人力资源业务伙伴往往负责一个大的业务单元或者同时负责几个小的业务单元，一般不带团队，有少部分带助理，多是独立工作。经理级人力资源业务伙伴大部分是事务性人力资源业务伙伴转型而来，其主要职责分配相对比较平均。这类人力资源业务伙伴大概占所有人力资源业务伙伴职位的50%。

3. 事务性人力资源业务伙伴

事务性人力资源业务伙伴是目前国内比较常见的人力资源业务伙伴类型，其工作经验相对较少，也比较年轻，一般以3~5年工作经验的居多。事务性人力资源业务伙伴一般支持单个业务单元，大约40%的工作是协调，战略性工作较少。虽然也被称为人力资源业务伙伴，但是事务性人力资源业务伙伴的工作内容与一般人力资源工作者的类似，级别多相当于专员，独立工作，不带团队。

同一家企业里可能同时设置了3类人力资源业务伙伴，也可能只设置了其中一类，这取决于企业的经营状况和业务单元的划分情况。

三、人力资源业务伙伴的服务对象

我国大部分企业是根据自己的业务单元划分情况来安排不同级别的人力资源业务伙伴。一般而言，业务单元是按照企业的经营需要来划分的，人力资源业务伙伴所服务的业务单元大致包括以下几种。

1. 按职能划分的业务单元

生产制造型企业大多按照职能来划分业务单元，如销售市场业务单元、物流业务单元、后勤业务单元、高级管理团队等。还有一部分企业按产品线划分业务单元，如某一国际汽车部件生产企业将其业务单元分为汽车内饰事业部、汽车电子事业部等。

2. 按区域划分的业务单元

按区域来划分业务单元在贸易行业中较为多见。一些总部在中国的跨国企业将区域划分得更大,这些区域以国家或地区为单位,如中国区业务单元、大中华区业务单元、亚太区业务单元等。

一家企业里可能有不同的业务单元划分模式,因此会需要不同类型的人力资源业务伙伴。例如,某一多元化跨国企业按产品线划分业务单元,纵向设置一名高级人力资源业务伙伴,同时因为每个产品线拥有不同的业务职能部门,所以又将产品线按照业务职能划分为销售市场业务单元、业务支持单元(包括财务部门、行政部门、职业健康部门和信息技术部门)、进出口物流业务单元和生产业务单元,再为这些业务单元配备相应的经理级人力资源业务伙伴。如果这些业务单元较为庞大或复杂,就将其再细分为更小的业务单元,由事务性人力资源业务伙伴来支持。

需要注意的是,人力资源业务伙伴更多地被应用于基于办公室工作的业务单元。生产制造型企业的人力资源业务伙伴在总部或销售市场业务单元较为常见,而作为生产主体的工厂大多还是沿用人力资源经理带小型团队的模式。

不同类型的人力资源业务伙伴所服务的业务单元的规模、人员结构(人员多元化程度、人员职位高低)和职能复杂程度必然不同,见表2-1。

表2-1　　　　　　　　　不同类型人力资源业务伙伴服务的业务单元区别

业务单元比较项	业务伙伴类型		
	高级人力资源业务伙伴	经理级人力资源业务伙伴	事务性人力资源业务伙伴
规模	大规模业务单元 多个业务单元 区域范围	中等规模业务单元 2~3个业务单元	单一业务单元
人员结构	多元化程度高 高职位级别	多元化程度中等 中等职位级别	多元化程度相对较低
职能复杂程度	复杂职能集合	2~3种职能集合	单一职能

四、人力资源业务伙伴在我国的发展

人力资源业务伙伴在我国的发展已经初具规模,并且还在不断完善。

1. 人力资源业务伙伴发展的两大推动力

第一,追求高绩效加剧了企业对人才的渴求,人力资源业务伙伴的管理新概念进入我国。我国越来越多的企业认识到，想要成为一个高效组织，人力资源管理十分重要。这些企业纷纷向国外大企业取经，人力资源业务伙伴的概念也随之进入我国。有些企业在招聘人力资源总监时会对猎头公司提出这样的要求：候选人需要具有战略眼光，能够依据企业现状对内部人力资源体系进行诊断和分析，并结合企业未来5年的发展目标，提出企业人力资源管理的发展方向。

第二，战略业务单元在我国的成功为人力资源业务伙伴的出现提供了土壤。除了在华的外资企业越来越多地使用战略业务单元，我国企业也引入这一概念，对企业管理进行了改革，并取得了成功。这些企业在建立战略业务单元的同时，也逐渐关注到业务单元内部的人力资源管理，业务单元人力资源管理应运而生。这些业务单元人力资源工作者中的一大部分在之后的人力资源职能转型中成了人力资源业务伙伴。

2. 人力资源业务伙伴的发展问题

基于上述两大推动力，人力资源业务伙伴这一概念被逐渐广泛使用，但在实践中，其职能有时却难以有效发挥，究其原因，有以下几点。

第一，企业本身对业务单元的KPI不明确。这导致业务单元不清楚自己的目标，也不知道人力资源业务伙伴能够带来什么样的帮助，人力资源业务伙伴也无法根据这些不明确的目标提出相应的解决方案。

第二，企业业务单元领导对本业务单元内部人力资源的认识不深刻。这些业务单元领导无法提出人力资源管理的诉求，不知道如何发挥人力资源业务伙伴的作用，所以就安排日常工作给人力资源业务伙伴去做，结果人力资源业务伙伴又回到了传统人力资源管理人员的角色。

第三，人力资源业务伙伴自身经验不足。有些人力资源业务伙伴是从某一人力资源模块或业务单元的人力资源工作者转型而来的，其自身阅历和经验不足，对战略性人力资源管理体系缺乏了解，对所在业务单元的业务不熟悉，这些都导致其无法提供有效的解决方案。

第四，事务性工作占据人力资源业务伙伴太多的时间和精力。有些业务单元有很多人力资源方面的事务性工作需要处理，人力资源业务伙伴花费很多的时间和精力来处理这些事务性工作，而不是研究如何提供战略性支持，从而逐渐失去了业务单元的信任。

3. 人力资源业务伙伴职能的提升

企业文化、经营状况及对人力资源管理的重视程度对人力资源业务伙伴职能的发挥有很大的影响。企业在采用人力资源业务伙伴运行模式时应该认真考虑自身的现状，根据实际情况选择人力资源管理模式，而不应一味地照搬照用。新的概念和管理模式并不一定适合所有的企业。只要人力资源管理能够在企业发展中起到好的作用，是否专门设置人力资源业务伙伴职位就不再重要。

如今，人力资源外包已经成为一种趋势。随着社会分工逐渐细化，人力资源管理方面的事务性工作可以委托给人力资源专业公司来处理，而人力资源业务伙伴可以有更多的时间和精力来处理战略或其他方面的问题。事实上，从人力资源业务伙伴出现开始，企业内部已经有相应的支持团队出现，该团队被称为人力资源共享服务中心。在人力资源共享服务中心里，专注于各个人力资源模块的人力资源专家分工合作，为企业提供人力资源事务性工作的总体解决方案。这也为人力资源业务伙伴分担了更多的事务性工作，方便其更好地为业务单元提供服务。

第三节　人力资源共享服务中心

人力资源共享服务中心（HRSSC）是企业将各业务单元所有与人力资源管理有关的事务性工作（如员工招聘、薪酬福利核算与发放、社会保险管理、人事信息管理、劳动合同管理、新员工培训、员工投诉与建议处理、咨询与专家服务等）集中起来进行处理的服务中心。该服务中心为企业所有的业务单元提供人力资源管理服务，业务单元为此支付服务费用。建立人力资源共享服务中心可以提高人力资源运营效率，更好地服务业务单元，而企业的人力资源部则可以专注于战略性人力资源管理，实现人力资源管理的战略转型。

人力资源共享服务中心能够给企业带来如下优势。

- 组织结构、技能和能力支持——人力资本战略可确保企业实现竞争优势。
- 更好的量化管理——人力资源共享服务中心具备分析技能和技术支持，可为企业提供有效信息和工具，加快企业决策。
- 完美的基础服务——通过技术和有效使用内部服务分享、协力式外包和外包服务，企业能够充分有效地向经理、员工和相关人员提供人力资源服务。
- 对一线经理的强有力支持——通过高效的运营支持和便捷的工具，人力资源共享服务中心对一线经理提供强有力的支持，使其成为优秀的员工管理者。
- 最优成本——通过将事务性工作转移给人力资源共享服务中心或外包商，并运用合理的人力资源技术，企业用最优成本提供人力资源服务。

一、人力资源共享服务中心的设置目的

设置人力资源共享服务中心的目的是整合专业资源，降低运营成本，提高运作效率，

提供优质服务。

1. 集中服务，降低成本

企业创建人力资源共享服务中心后，内部所有业务单元的人力资源事务性工作被集中起来统一由人力资源共享服务中心完成。人力资源共享服务中心不行使人力资源管理职能，它依据业务单元的需要提供集中服务与支持。集中服务有利于资源集中利用，形成规模效应，从而降低成本，提高效益。

2. 服务专业化和标准化

人力资源共享服务中心建立统一的服务标准和流程，通过专业分工和打造专业化队伍来提供专业服务，减少了以前因各业务单元标准不统一造成的不公平问题，避免了标准执行不一致造成的偏差，从而提高了人力资源政策执行的公平性和员工满意度。

3. 提高效率，聚焦战略

专业化、标准化的集中服务提高了人力资源运营效率，也使企业人力资源部摆脱事务性工作，专注于战略性人力资源管理，聚焦于员工能力提升、团队建设和战略绩效落实。

建立人力资源共享服务中心后，业务单元可以更加专注于核心业务的开展，提高本业务单元的运营效率，从而使自身更具有竞争力。同时，人力资源共享服务中心在为业务单元提供服务的过程中，增进了与业务单元的合作伙伴关系。

二、人力资源共享服务中心的职能

1. 集中的人事行政服务

处理日常的人事事务性工作，如员工信息管理（入职、转正、调动、离职等流程中的信息管理）、薪酬福利管理（计算与发放工资、福利方案管理）、社会保险与公积金的缴纳管理、劳动合同管理、人事档案维护、政策咨询与解答等。

2. 招聘与配置

承担职位发布、简历筛选、初步面试、候选人沟通等招聘流程的初期工作，有时也包括新员工入职手续办理。

3. 培训与发展

组织新员工入职培训、职业技能培训、领导力发展项目，进行在线学习资源管理等，以支持员工个人成长和职业发展。

4. 员工服务与沟通

提供员工自助服务平台，处理员工的疑问、投诉和建议，进行员工满意度调查，以及员工关怀活动的组织。

5. 数据分析与报告

收集和分析人力资源数据，如员工流动率、招聘效率、培训效果等，为管理层提供决策支持和战略建议。

6. 合规与风险管理

确保人力资源管理活动符合法律法规要求，处理劳动关系问题，预防和解决合规风险。

7. 政策与程序标准化

制定和维护人力资源政策、流程和操作指南，确保服务的一致性和合规性。

8. 技术与系统支持

维护人力资源信息系统（HRIS），进行系统升级、数据维护、用户支持等，推动数字化人力资源管理。

人力资源共享服务中心承担以上职能，不仅提高了人力资源管理的效率和质量，还使得企业的人力资源部能够更加专注于战略性人力资源规划和业务伙伴角色，支持企业的长期发展目标。

三、人力资源共享服务中心的实现阶段

实现人力资源共享服务中心一般需要经过下面5个阶段。

1. 项目论证和启动阶段

在项目论证和启动阶段，要认真仔细地对设置人力资源共享服务中心项目进行论证，

研究实施变革后的利弊，对可能出现的问题制定应对措施。在项目论证中，要争取企业高层管理人员的支持，同时要进行宣传、培训，增强员工对人力资源共享服务中心的认识。

2. 设计和构建共享服务模式阶段

设计和构建共享服务模式阶段是项目实施的核心阶段，该阶段的工作包括选择共享服务的内容、范围、对象、流程、技术、费用结算方式，以及共享服务中心的选址等。

3. 实施阶段

实施阶段的重点是按照设计的共享服务模式进行组织建设、人员选定、运营规则制定、服务渠道贯通等。

4. 运营阶段

运营阶段的重点是满足客户需求，不断提高服务水平，保证财务目标的实现。

5. 提高和改善阶段

提高和改善阶段的重点是发现问题并及时改进，不断完善体系，改善流程，提高运营质量和财务表现。

四、人力资源共享服务中心发挥作用的关键因素

与没有设置人力资源共享服务中心的企业相比，设置人力资源共享服务中心的企业将拥有更大的竞争力，但是人力资源共享服务中心要有效发挥其作用有以下几个关键因素。

1. 人力资源领导者要具备开阔的视野和勇气

为建立人力资源共享服务中心，人力资源领导者必须把职能转型视为个人使命和对企业发展的重要贡献。人力资源领导者必须有推倒重来的勇气，能对人力资源部做彻底的变革。一个成功的人力资源领导者不但能在人力资源部内激发互动，而且能与CEO、高级经理和各部门经理进行更广泛的互动。变革是艰难的，但是为了人力资源管理人员职能成功转型，变革者是人力资源领导者必须担任的角色。

2. 人力资源监管要清晰具体

人力资源共享服务中心要建立一个明确的监管框架。制定决策和明确人力资源运营办

法都需要一个监管框架。这个框架可以用来识别哪些人力资源规则、政策和流程是可以在企业中执行的，哪些是需要做出调整以适应特殊的业务单元或者地区的。人力资源监管的内容还包括确定哪些人员需要对决策负责。

3. 基于事实做决策

应用人员管理数据和复杂的分析工具将使人力资源管理人员和企业领导者能够基于事实而不是凭感觉做决策。企业的人力资源投入产出结果将依靠人力资源部来计算和监控，如：使用数据来展示人员轮岗计划是否对偏远区域的管理团队建设发挥了作用；使用数据来证明企业需要实施不同的行动计划，因为现行的招聘和提升模式不支持企业实现多元化发展的目标。人力资源部需要不同的思路，需要基于数据做决策。

4. 充分发挥行政服务中心和外包商的关键作用

人力资源部的主要职能目前是、未来也将是完成顺畅和高效的行政管理和信息记录。即便在企业管理中扮演越来越具有战略性的角色，人力资源部的信誉仍将很大程度取决于能否满足企业的大量事务性需求。此外，提供精准的人力资源数据也是实施分析、制作报告和做出预测的前提。

在未来的人力资源部中，大部分资源和大量的行政事务性工作、操作性工作都将集中在行政服务中心。行政服务中心可能是一个集约化的内部运营部门，也可能由多个区域性中心构成。行政服务中心将大量使用外包商，它的职责主要包括如下内容。

- 向员工和一线经理提供直接服务。
- 负责日常人力资源事务运作。
- 应一线经理要求提供日常人力资源咨询和服务。
- 处理无法由技术手段解决的日常咨询。
- 管理人力资源系统，确保数据质量。
- 提供相关报表和分析报告。
- 与外包商进行日常联络。

五、人力资源共享服务中心发展的制约因素

制约人力资源共享服务中心发展，导致其未能达到企业期望的主要制约因素如下。

1. 非战略驱动

在设计人力资源共享服务中心模型的时候，人力资源部往往专注于服务交付或成本降

低问题，对如何帮助企业实现具体的业务发展关注不够。

2. 执行偏差

在努力达成服务转型的过程中，许多人力资源部竭力传达其对转型后新职能的支持，却对新职能的内涵理解得比较模糊。许多企业已经设有人力资源共享服务中心，但是企业对人力资源共享服务中心为满足特定职能要求所需要的专业技能并未给予足够的重视。

建立了人力资源共享服务中心的企业经常不能理解其与传统人力资源部的区别。两者的技能要求和服务关注点是不同的，员工的职业发展路径、日常管理、KPI、资源获取等也是不同的。有效的人力资源共享服务中心并不是简单地把服务职能集中化。

3. 人力资源管理能力不足

人力资源共享服务中心对人员的能力要求超越了传统人力资源管理人员能力要求。人力资源转型调研报告显示，大部分企业认为其在关键领域缺乏所匹配的人力资源。同时，大部分企业也认为，人力资源管理人员只有大幅提升技能水平，才能对企业的劳动生产率提升和未来变革发挥作用。

此外，人力资源共享服务中心的人员还需要掌握一些运营管理技能，如数据分析、项目管理、供应商管理、成本管理等。

4. 无法提供一流的事务性服务

如果因数据质量低、缺乏技术支持、流程和政策定义不清、系统整合度低等导致人力资源共享服务中心不能很好地提供基础的日常事务性服务，那么整个人力资源部的可信度就会受损。事实上，这也是人力资源管理人员不得不离开战略性工作去处理事务性工作的重要原因之一。

5. 自助服务满意度低

一线经理和员工希望获得良好的服务体验，特别是当涉及敏感事项或沟通谈话时。在推出新的自助服务时，如果不配合进行管理上的变化并确保使用上的便利性，就会导致员工满意度下降。

6. 对一线经理支持不够

一线经理对激励和保留员工具有非一般的重要性。一些研究报告指出，那些把资源集中在一线经理身上的企业获得了巨大的回报。经理层是各类人力资源项目交付的最前沿，但目前的人力资源共享服务中心模型常常未足够重视一线经理的作用。

7. 地域性专注度不够

目前的人力资源共享服务中心模型未能满足全球化业务运营的需求，如各地区特殊的劳动法规、惯例和其他专业知识管理需求。很多全球企业正试图建立更加有效的集约化人力资源结构，但某些人力资源职能还是由当地人力资源管理人员来行使比较合适，如劳动关系管理、工会管理、员工咨询等。

六、构建人力资源共享服务中心面临的挑战

人力资源共享服务中心是一种新的管理模式，在很多国外知名企业里已经得到成熟的应用，但在国内企业中应用时还面临不少挑战。

1. 观念转变的挑战

习惯于金字塔式管理的传统人力资源管理者面对集中式共享服务，将由管理者角色转变为服务和支持者角色，这需要其做大的观念转变。同时，在实施共享服务后如何实现集团统一管理也需要新的观念和意识来解决。

2. 管理基础配套的挑战

实施集中式共享服务的前提是管理流程梳理和再造、管理基础提升、管理标准化和程序化。在构建人力资源共享服务中心之前，必须对企业的各种人力资源管理流程进行梳理和改造，只有这样，才能保证共享服务中心顺畅运行。

3. 信息技术支持的挑战

实施人力资源共享服务，信息技术是基础。企业要在组织变革、流程再造的基础上引进管理信息系统。只有应用信息技术，才能实现数据集成，提高共享服务效率，使跨地域的远程服务与支持成为可能。

4. 劳动政策法规的限制

目前，我国的劳动合同管理、社会保险管理由于受政策限制实行属地管理。共享服务中心受此限制无法实现跨地域的集中管理服务。

总之，构建人力资源共享服务中心是一次组织变革和管理突破，它受到各方面的限制，面临各方面的挑战，因此企业要循序渐进，不可指望一蹴而就。

人力资源管理人员都把成为企业战略伙伴作为自己的事业理想,然而实现这样的理想需要额外的努力和对业务的深思熟虑。一位有十几年人力资源管理经验的人力资源与企业文化副总裁认为,要用业务视角来定位人力资源管理人员的关键角色,阐述人力资源管理的新动向。

其任职企业人力资源管理的3个原则是:协调一致,即无论哪项人力资源政策出台,都必须与公司总目标保持一致;持续推动,即人力资源管理人员必须能够进一步推动政策的执行,使其渗透到每个环节;有效领导,即人力资源管理人员应是所有员工的榜样,进而不断影响管理层。基于此,该企业准确定位人力资源管理人员的3个关键角色:业务伙伴、全方位解决方案的提供者、可量化的价值体现者。

一、增值/保值——业务伙伴

企业业务不仅是简单地把产品或服务卖给客户,还希望为客户增值。人力资源管理也可借鉴业务观点来建立相应的工作流程和团队。该企业的人力资源管理基本分成3个部分,即业务人力资源管理、职能人力资源管理、日常运行人力资源管理,三者各有其关注点。业务人力资源管理负责积极地跟踪企业发展方向,了解客户需求;职能人力资源管理负责从职能和专业角度开发适合的产品;日常运行人力资源管理负责贯彻实施。

人力资源管理如何为业务增值?对此,可借鉴产品管理概念对人力资源产品进行分类,从人力资源管理对业务运作的有效支持性和对业务增长的帮助两方面进行分析。全方位人力资源解决方案如组织优化等,对业务增长很有帮助。人力资源管理对品牌的贡献,如招聘时树立企业形象,宣传雇主品牌,对业务增长有帮助。员工培训、领导力开发等属于研发投入项目,对公司业务运作的有效支持性并不明显。人力资源行政支持工作如养老管理、档案管理等,对业务增长没有直接贡献,可采取外包或降低成本运作。人力资源制度/程序如绩效管理、目标奖励机制等,为业务提供有效支持,但对业务增长效果不明显。

该企业CEO曾指出:在企业经营困难,面临持续裁员和亏损时,人们很容易忘掉支撑企业运转的基本因素——一个非常有吸引力的组织,人们愿意为其工作,并且以最棒的状态投身于工作/事业。在紧缩期,人力资源管理如何激发整个组织对业务增长的热情?什么样的组织结构有助于实现这样的目的?这些是需要人力资源管理人员来思考的问题。人力资源管理人员作为业务伙伴、企业经营合伙人,如果说通过开源节流实现利润增长是其一大挑战,那么使人力资本增值/保值则是其义不容辞的责任。在实现人力资本增值/保值上，该企业的经验是：保持先进、开放；建立学习型组织，让大家共享有价值的创意和信息。

二、量体裁衣——全方位解决方案的提供者

人力资源部要赢得自己的专业信誉，需要为业务部门提供有效而全面的解决方案。在为业务部门提供全方位解决方案时，要做到量体裁衣。

例如，该企业要把IT（信息技术）业务外包给B企业，在人力资源管理领域就涉及与外包员工沟通福利待遇等问题，该企业的人力资源管理人员要搜集所有信息与B企业一起和员工进行双向沟通，达成共识。

为提供全方位解决方案，首先，人力资源管理人员必须拥有全面的知识、技能和主动专业的工作态度，如果仅仅停留在问题表面，那么人力资源管理人员提供的就是简单的流水线方案，只有积极主动地融入业务，提供的方案才能产生强大的绩效推动力；其次，人力资源产品、工具、程序及服务需要与业务运营紧密结合，因为业务运营时刻在变化，例如，当业务向服务导向发展时，招聘时就应更关注应聘者在服务导向方面的特质；最后，人力资源管理人员要与业务部门建立更加紧密的关系，使业务部门有问题时愿意主动与人力资源管理人员商量。只有这样，人力资源管理人员才能及时为业务部门提供特别方案和统一方案，成为真正的全方位解决方案提供者。

三、心中有数——可量化的价值体现者

"在组织里，每人都懂得一些数字要远远好于少数人懂得大量数字"，CEO要求该企业的人力资源管理人员做到"心中有数，言之有物"。人力资源服务也要体现价值并进行量化，主要可以从财务、组织结构及客户满意度3个方面来量化，衡量指标有人均净销售额、员工费用占运营费用比例、行政人员比例、员工培训费用等。

人力资本指数用来衡量员工及其工作对为客户增加价值并实现企业目标的总价值。在人力资本与市场资本收益关系中，如果人力资本指数低而市场资本收益率高，则企业需要进一步授权，进行内部修炼；如果员工满意度高而市场资本收益率低，则企业需要以客户为导向，重新定义能力体系和管理风格；如果员工满意度和客户满意度都不高，人力资本指数和市场资本收益率都低，则企业需要重新审视其战略规划、业务流程，重新构建系统；只有当人力资本指数和市场资本收益率都高时，才是稳定可靠的状况，企业才是有竞争力的且可持续发展的。

讨论题

1. 请对该企业人力资源管理人员的角色定位进行评价。
2. 结合案例，谈谈人力资源部该如何为业务部门提供全方位解决方案。

本章思考题

1. 简述人力资源管理的战略角色。
2. 简述人力资源管理六大竞争能力。
3. 简述人力资源业务伙伴的形式。
4. 简述人力资源共享服务中心带给企业的优势。

第三章

人力资源审计

引导案例

某公司审计总监李由一筹莫展,桌子上摆放的文件是人力资源总监送来的关于公司薪酬信息泄密情况的通报。

半月前,公司薪酬委员会兼审计委员会主席提请审计部门做一份审计调查,了解公司中层员工薪资政策及其调整情况,供薪酬委员会讨论公司薪酬政策时参考,同时指示对薪资调整流程实施专项审计。

由于公司实行薪酬保密制度,审计部门从未做过薪酬福利方面的审计。原来的人力资源审计仅限于招聘、录用、晋升、考核和培训方面,人员晋升流程中涉及的晋升后薪资调整文件也不向审计部门提供。因此,接到这个任务后,李由立即想到了授权,审计通知书由董事长亲自签发,总经理也专门找了人力资源总监面谈。

李由派出了审计部门的两员干将,并请其专门就此项审计单独签署了保密协议,明确要求对薪酬等敏感信息保密。

审计报告和调查报告初稿完成,向人力资源部征求意见多日后,人力资源部没有按期回复,却提出一份泄密情况通报。通报指出:公司一直实行薪酬保密制度,对薪酬信息实行不公开、不询问、不讨论的"三不"政策多年,员工对于薪酬从未有过攀比,最近进行的审计泄露了薪酬机密。公司收到数份加薪申请,加薪申请人将自己的薪酬与多个自认为同岗、同档次应该同酬的员工的薪酬进行了详细比较,所提数据相当准确,这是从未有过的事情。人力资源部安抚加薪申请人,对其提供的其他员工薪酬信息不予承认,并要求其提供信息源,相关员工讳莫如深。通报还指出,某加薪申请人入职时是审计师王亮推荐的。

让李由更头痛的是,通报提到的那位审计师王亮向他提出了离职申请,原因也源自这次审计。

王亮在审计中发现,公司薪资调整制度就是"会哭的孩子有奶吃",审计部门的员工薪资普遍低于公司其他部门，而且审计部门每年的加薪申请均被调减为按最低增资额调整，而其他部门却出现申请少、批得多的情况，而那些部门往往是审计出问题时被处罚的部门，这些部门在审计处罚后反而获得了更多的补偿。王亮心灰意冷，将此审计发现也写入了审计报告，却被李由在初稿中删除了。

李由深知王亮的为人，认为其不会透露审计中的任何信息，但这次审计对王亮造成的冲击是否让其失了方寸，导致他口头表达不满，并要离职？李由陷入了沉思。

案例思考

1. 该公司审计中存在什么问题？
2. 在人力资源审计中要注意哪些环节？

第一节　人力资源审计概述

随着现代人力资源管理理论与技术的不断创新，无论是从现代审计功能的拓展来看，还是从完善企业决策的过程来看，人力资源审计理论及方法在人力资源管理中的重要性越来越突出。人力资源是企业的重要资源，人力资源的开发和利用直接影响企业的成败。人力资源是可再生资源，对它的投入最为合算。据美国有关机构研究表明，在员工教育上投资1美元所获得的效益高于在新设备上投资2美元。知识经济的内涵就是人力资源经济。知识经济时代对人力资源的开发和利用提出了很多新课题，如企业家资源如何计价，人力资源如何参与利润分配等，这些都是摆在人力资源管理、人力资源会计、人力资源审计面前的新内容，特别是对审计监督提出了新挑战。审计是经济监督的骨干力量。加强对人力资源管理和使用的审计监督，加强对人力资源的计价、分配等方面的审计监督，保证人力资源核算与管理的真实性、正确性和公允性，是审计人员义不容辞的职责，也是审计在知识经济时代呈现的又一新特征。

一、人力资源审计的概念

在现代审计理论中，人力资源审计被定义为一项由人力资源部在企业目标的引导下定期进行的专门性审计活动，它包括检测和收集人力资源信息，分析和评估人力资源使用效率和效果等。实施人力资源审计可以突出人力资源这一非显性盈利资本在企业活动中的优势和劣势，并且能够影响未来人力资源策略。人力资源审计除了对企业人力资源的开发、利用、管理，以及企业人力资源信息的公允性进行监督、评价外，还涉及对会计核算进行监督，是促进企业提高人力资源管理水平的一种经济监督活动。

二、人力资源审计的发展历程

人力资源审计的早期形式为人事审计。人事审计被定义为对人事政策、程序和实践的分析和评价，其目的是评价企业人事管理的效果，审计程序包括收集和整理信息、分析和解释数据、评价数据、根据分析结果采取行动。人事审计着重描述人力资源信息，检查管理过程的合法合规性。

随着程序作用的减弱、管理文化的兴起及企业对绩效目标的重视，人事管理开始向人力资源管理转变。在人事审计强调人事活动和程序合法合规性的基础上，人力资源审计开始着重审查人力资源活动的经济性、效率性、效果性及其对实现绩效目标的影响。美国国防合同审计局（DCAA）1997年进行的人力资源质量评估是人事审计向人力资源审计转变的典型案例。人力资源质量评估在关注具体的人事活动和数据的同时，开始着手对企业目标实现程度进行分析。

随着战略人力资源管理和人力资本理论的发展，人力资源审计开始朝着促进企业战略实施和人力资本投资等方面拓展。这一阶段人力资源审计的一个重要特征就是更加强调人力资源管理的目的性，具体审计形式则趋向多样化，战略人力资源审计、能力审计、生产技术准备审计、客户满意度审计、人力资源管理合法性审计等多种审计形式在实践中得到广泛应用，问卷调查表、平衡计分卡、定量和定性绩效指标、数据包分析技术等也得到开发和应用。

三、人力资源审计的职能与目标

1. 人力资源审计的职能

（1）对企业人力资源管理活动是否符合国家法律法规进行监督。

（2）对企业人力资源的会计核算进行监督和评价。

（3）对企业中与人力资源管理有关的内部控制制度进行评价。

（4）对企业人力资源管理的经济性、效率性和收益性进行评价。

（5）对企业当前人力资源必须具备的知识和技能进行评估。

（6）对企业管理者在人力资源增值、保值责任方面的履行情况进行评价。

2. 人力资源审计的目标

（1）对人力资源管理流程有全面的理解。

（2）评价人力资源管理流程和相关内部控制措施的效果和效率。

（3）对支持人力资源管理流程信息系统的可靠性和质量进行评价。

四、人力资源审计的范围

1. 行政管理审计

行政管理审计检查人事记录的保存情况，包括个人人事档案存放地点的安全性和保密性、一般人事文件（如工作申请材料、薪资情况文件、绩效评估文件等）的分类保管情况及机密文件的保存情况。此项审计同时也检查常规的人事职责，包括薪酬支付处理情况、薪资福利管理情况及出勤记录。

2. 员工记录审计

员工记录审计检查招聘和录用员工的实际操作。此项审计对人员流动趋势进行量化，揭示在满足员工需求方面存在的差距，并帮助预测未来的人才需求。

3. 员工关系审计

员工关系审计通过问卷调查等方式检查员工对人力资源部处理问题的满意度和员工的培训需求是否得到满足（培训现在已被认为是一项主要的福利），也可以了解员工对有效激励机制的看法。此项审计也应对人员流动性和工作满意度的面谈结果进行审核。

4. 福利细项审计

福利细项审计检查企业的福利细项。以对保险公司进行索赔审计为例，其有两种类型。

（1）对企业存在问题的方面进行集中审计。

（2）对保险公司的整体索赔管理程序进行全面审计。

5. 多样性审计

多样性审计即对组织机构是否做到保持多样性进行审计。多样性审计除对员工按不同的种族、宗教及性别进行分类以外，还会测试员工对企业多样性方案的理解程度。

6. 人事信息系统审计

在企业合并时，人事信息整合是不可缺少的，人事信息系统审计可以提供很多帮助。此项审计将审核所有软件、硬件及数据集成问题，通过结果分析判断企业是需要降低信息技术支出预算，还是需要进行新技术采购。

7. 人力资源费用预算审计

人力资源费用预算审计是指在一个生产周期内对企业所有人力资源成本和各类人力资源管理费用的预算进行审核，以确保企业人力资源费用符合政府的有关规定和企业自身发展的需求。人力资源费用预算审计主要包括人力资源成本预算审计和人力资源管理费用预算审计两大块。人力资源费用预算审计可以确保企业人力资源费用预算的合理性、准确性和可比性。

人力资源费用预算作为企业整体预算的重要组成部分，关系到企业整体预算的准确性、完整性和科学合理性。审计人力资源成本预算时，首先要检查项目是否齐全，如薪酬项目有基本薪酬、加班薪酬、轮班津贴、岗位津贴、奖金等，不同性质的企业可能有不同的子项目；基金项目有劳动福利基金、养老储备金、员工医疗费、失业保险费、日常教育基金、住房基金、工会基金等，所有这些子项目都必须根据相关法律法规设置。在审计时，必须保证上述项目的完整性，注意国家有关政策的变化和企业人力资源政策的调整。涉及一些项目的增减时，在进行人力资源费用预算审计时要使其得以充分体现。

五、人力资源成本预算审计注意事项

1. 注重内外环境变化，进行动态调整

（1）关注政府有关部门发布的企业薪酬指导线。用基准线、预警线和控制线来衡量企业的生产经营状况，以确定企业薪酬增长幅度，维护企业和员工双方的利益。

（2）定期调研市场劳动力薪酬水平。通过定期进行市场调研，可了解同行劳动力薪酬的变动情况，及时掌握市场劳动力薪酬水平，对本企业各类员工薪酬水平进行比较分析，判断本企业薪酬水平是否具有竞争力，以此确定是否应该调整薪酬。

（3）关注消费者物价指数。企业薪酬水平变化要参考消费者物价指数变化，消费者物价指数与人们的日常生活息息相关。当消费者物价指数不断上涨时，企业应该考虑适当提升平均薪酬水平，以确保企业员工的正常生活水平。

2. 兼顾企业和员工双方的利益

在进行人力资源成本预算审计时，要考虑企业和员工双方的利益。一方面，要预测企业下一年度的经营状况，确保企业能够支付员工薪酬，同时要保证企业资金的利用效率。另一方面，要兼顾员工利益，适当调整薪酬水平，确保员工分享企业成果。

3. 考虑薪酬的刚性

一般来说，薪酬是具有刚性的，上调容易下降难。在审计人力资源成本预算时，要对比上一年度的实际薪酬水平，在企业正常发展的情况下，确保人均薪酬水平略有上升。在不得已的情况下，如企业出现严重亏损，或者企业进入了衰退期，才可以缩减人力资源成本预算。

总之，企业人力资源成本预算审计要遵循"对外具有竞争性，对内具有公平性"的原则，有效控制薪酬增长水平及人力资源成本比例，确保人力资源成本满足企业战略的需要。

六、人力资源管理费用预算审计方法

人力资源管理费用是指人力资源部围绕其日常业务开展一系列工作，履行其职责，实现其功能，以及人力资源部自身发展建设在实际操作中所开支的费用。

在审计人力资源管理费用预算时，要认真分析人力资源管理各方面的活动及其过程，确定这些活动的必要性及活动过程中各项费用开支的效率，同时也要考虑人力资源管理费用的投资回报率。

第二节 人力资源审计的分类与应用

一、人力资源审计的分类

人力资源审计根据审计者的不同分为内部审计和外部审计两类。相应地，人力资源审计的要素也因内部审计与外部审计的不同而各有侧重点。

1. 人力资源内部审计

人力资源内部审计主要关注执行的过程与执行的结果，目的是保证企业政策制度的规定与员工的获得一致，审计的侧重点在于做得怎么样。因此，内部审计的要素可以包括人力资源管理的全部职能，一般有人力资源政策与环境的适合度、人员任用、薪酬激励、绩效考核、员工培训与发展、管理者继任计划、人力资源信息运用、人力资源部的专业程度等重点要素。当然，内部审计也可就某一项职能做特别审计。内部审计既可由人力资源部完成，也可采用管理者/业务单元自我检查的方式。内部审计的工作量比较小，对广度、深度要求相对较低，可以定期进行。

2. 人力资源外部审计

人力资源外部审计往往关注整个人力资源体系对企业发展的支持程度，目的是保证人力资源体系始终能为企业达成战略目标做贡献，能够真正在帮助企业赢得竞争优势方面发挥作用。因此，外部审计一般会从管理审计角度出发，选择合适的审计要素。外部审计首先要考虑外部竞争情况，在行业内选择一个竞争对手作为审计标杆，或在条件允许的情况下，综合分析行业内优秀企业的情况以形成标杆，通过各项指标对比，比较人力资源体系在企业竞争中的贡献程度；其次审核企业的人力资源政策在行业内或在同等环境中的竞争力；最后检查整个人力资源设计的有效性和制度执行情况。

二、人力资源审计的应用

按照人力资源审计的概念框架所界定的受托责任主体和审计评判标准来划分，国外现有的人力资源审计应用大致可以分为合法性审计、制度审计、绩效审计和价值导向审计4种。

1. 合法性审计

合法性审计关注的焦点是企业是否遵守相关的劳动法律法规。合法性审计产生的直接动因在于雇佣关系中的法律风险。日益复杂的法律条文和不断变化的环境使企业经营者在实践中不得不考虑如何最大限度地避免因人力资源管理不当而产生高昂的法律诉讼成本和诉讼损失等。由于这种审计总会或多或少地涉及企业的商业秘密，包括可能已经存在的违法事实，因此这种审计往往由具备胜任素质的外部审计人员进行。

合法性审计的一般程序是：确定人力资源管理相关的若干方面审计内容，如人力资源政策、人力资源管理档案文件、人力资源管理的具体程序和活动等；采用文件查阅、现场观测、调查访谈等审计技术和方法，对照现行法律法规的要求进行分析，评价企业人力资源管理活动的合法性，识别可能引起法律诉讼的风险因素；针对违反有关法律法规或可能引起法律诉讼的制度和程序提出改进意见和建议，最终形成企业人力资源管理实践的合法性评价报告。

合法性审计的内容涵盖法律法规对企业雇佣关系的所有规定。审计人员应当审查企业的政策，以及员工招聘、使用、培训、辞退和后续管理等活动是否公平、合法。合法性审计应当关注的内容包括员工操作手册、雇佣和惩罚政策、招聘和选拔程序、薪酬政策和实践、工作说明、绩效评价、规章、雇佣关系解除等。

2. 制度审计

制度审计首先按照一定的程序确定需要评价的人力资源管理问题。在服务复杂性、企业内外部劳动力市场发展变化等因素一定的情况下，可以将企业人力资源管理实践细分为不同的方面来进行审计。例如，可以着眼于整个服务，也可以从其中的任何子集来考虑人力资源管理问题；对人力资源的利用可以从企业角度考虑，也可以从员工角度考虑。制度审计一般按照人力资源职能理论将人力资源管理实践划分为人力资源计划、招聘与配置、培训、绩效管理、薪酬与激励、人力资源信息系统等。

在审计领域划定以后，制度审计主要关注以下问题：企业是否有根据目标制定的内部控制制度？对这些制度遵循得如何？是否制定了适当的人力资源政策？这些政策的实施结果是否符合预期？

典型的制度审计程序为：识别内部控制制度参数和管理目标；检查现行控制制度，并确定相关控制目标；确定能够实现控制目标的期望控制制度；将现行控制制度与期望控制制度进行比较；对现行控制制度进行测试；在对审计证据进行综合分析的基础上，就现行控制制度是否为有效控制提供了制度保障及在实际中是否得到了遵守等做出评价。

制度审计的目标是确定企业是否建立了能够确保人力资源得到经济有效利用的内部控制制度，检查这类制度的实施状况，并针对不足之处提出改进意见和建议。人力资源制度审计的隐含假设是存在最佳管理实践，如果依照最佳管理实践确定的制度或公认管理原则能够有效地被实施，人力资源管理职能就有可能经济高效地发挥作用。有助于实现绩效目标的管理原则包括：公平对待员工，经济有效地管理员工，掌握全面可靠的员工绩效信息，识别未能实现预期绩效的员工，根据绩效进行适当激励。

3. 绩效审计

绩效审计是指通过定量或定性分析，审查和评价企业人力资源管理活动的绩效，并提出改进意见和建议，以促进人力资源管理和企业绩效改善的审计过程。绩效审计关注的焦点是人力资源管理在企业运营中的地位和作用。

人力资源管理在企业内部（为其他部门提供服务）和企业整体两个层面上发挥作用。前一层面上的绩效审计将人力资源部看作一个生产服务单位，考察其为服务对象提供人力资源管理服务的经济性、效率性和效果性，审计评价方式是客户满意度审计。后一层面上的绩效审计往往是进行人力资源管理功能审计。人力资源管理功能审计主要关注相关程序是否得到充分执行，是否正确地发挥了作用，也就是检查目标和程序之间的关系是否合理，是否呈现最佳的成本效益关系。其审计步骤为：对人力资源管理领域进行划分，并设定适当的绩效指标；获取被审计单位的绩效数据，通过将绩效数据与同类企业、历史或行业的平均水平等基准进行比较，来判断企业绩效管理的薄弱环节，并提出改进意见和建议。

由于很难全面获得有关企业人力资源管理绩效的量化信息，而且很难定量分析人力资源管理活动对企业绩效的贡献程度，因此绩效审计通常采用将客户的主观评价与定量分析相结合的客户满意度审计方法。这种审计方法强调人力资源部对企业其他部门的服务作用，从投入、产出和满足客户需要等角度评价企业人力资源管理绩效。其基本理念是所有人力资源管理活动都能够被理解为投入、产出和客户三者相互作用的过程，强调客户对人力资源管理绩效评价的参与。

4. 价值导向审计

价值导向审计的基本指导思想是：人力资源管理是为企业的特定价值目标服务的，通过将人力资源管理的期望结果与实际情况进行比较，可以找出企业人力资源管理的薄弱环节，从而有针对性地制订改进计划。价值导向审计的一般程序为：首先，识别并确定企业的标的价值及其期望状态，同时或顺次确定企业人力资源管理各专项内容的期望状态；其次，运用一定的技术方法，如生产技术准备审计中的技能和知识应用矩阵，对比分析企业现状与期望状态的差距；最后，根据差距分析制订未来行动计划。价值导向审计的具体形式有生产技术准备审计、企业能力审计、战略贡献审计等。

第三节　人力资源审计的方法、流程与参数

一、人力资源审计的方法

1. 比较分析法

比较分析法是指由审计小组将本企业或企业内某部门的人力资源管理活动情况与另一类似企业或部门的有关情况进行比较，以发现本企业或企业内某部门在人力资源管理方面与比较对象的差距。这种方法通常用于审计特定的人力资源管理活动或计划的成效。

2. 外部借鉴法

外部借鉴法是指审计小组用经企业外部人力资源管理咨询专家鉴定或已出版的研究成果作为评价企业内部人力资源管理活动成效的标准，来诊断企业内部人力资源管理方面的问题。

3. 统计核算法

统计核算法是指审计小组通过对以往企业内部人力资源管理活动记录进行统计分析，归纳出衡量本企业人力资源管理活动的标准，以对人力资源管理现状做出评价。

4. 法规衡量法

法规衡量法是指审计小组根据已颁布的有关法律、政策，以及企业内部既定的有关政策和程序，来检查实际的人力资源管理活动，目的在于敦促和保证人力资源管理严格遵守这些法律、政策、程序。

5. 目标管理法

目标管理法是指审计小组根据事先确定的人力资源管理活动目标，衡量人力资源管理活动的实际成果。

二、人力资源审计的流程

1. 准备阶段

（1）和内部审计经理召开计划会议，对范围、方法和时间进行讨论，确定被审单位的期望，确定恰当的联络人。

（2）对审计的领域进行充分的了解

1）获得和讨论任何与人力资源有关的材料。

2）考虑在计划和执行审计阶段与人力资源专家进行讨论的必要性。

3）和审计小组其他成员讨论已经完成的工作。

4）了解人力资源最佳管理实践，查阅以前有关人力资源方面的审计报告。

5）查阅政策和程序，如书面的规定，以获得全面的了解。

（3）发出包括审计范围、方法和时间的通知书，以及具体的需求清单，清单应包括以下内容

1）现存的人力资源政策和程序的复印件。

2）组织结构图和流程图（如有）。

3）新员工名单。

4）离职员工名单。

5）进入人力资源系统的用户名和密码。

6）查阅人事档案的权限（在相关规定指导下设定）。

（4）计划和召开与人力资源经理的见面会；说明审计范围和时间安排，确保上述事项恰当并且达到人力资源职能和内部审计职能的要求；确定交流会议的时间表及沟通方式。

2. 现场阶段

不同内容人力资源审计的现场阶段流程大致一致。下面以招聘环节审计流程为例进行说明。

（1）了解公司的招聘流程。

（2）根据招聘流程，对相关问题进行确认

1）是否每个新员工都填写了相应招聘或入职表格。

2）目前采用的职位说明书是否为符合公司发展的最新版本。

3）空缺职位信息是在内部公开，还是在互联网上公开。

4）其他招聘流程关键环节问题。

3. 报告阶段

现场阶段结束后，将被审计企业人力资源管理现状与其他企业或该企业过去人力资源管理情况进行对比分析，描述该企业目前人力资源流程，评价目前人力资源管理的效率和效果，识别人力资源管理中存在的问题，与企业高层管理人员及相关部门进行沟通，总结制定相应措施以更好地发挥企业人力资源潜力。

完成人力资源审计报告的编写，报告内容主要包括企业人力资源基本情况（企业部门数量、员工总数、员工工种、员工学历、全年离职率、薪酬满意度等），以及审计发现（哪些地方做得比较好，哪些地方有所欠缺等），并根据审计发现提出审计建议。

三、人力资源审计的参数

审计参数为审计工作提供了重点审计内容，是分布于整个流程中的各种审计行为的载体，是审计流程设计中最基础的部分。人力资源审计中的主要参数分布于人力资源部的各个子系统中，包括以下内容。

1. 审计企业中人力资源政策形成的参数

审计企业中人力资源政策形成的参数包括：对现行人力资源政策实施情况的评估，对人力资源政策与企业发展战略符合程度的评估，对各项人力资源政策之间的关系、企业内部特征和内部环境的评估。

2. 审计人力资源计划的参数

审计人力资源计划的参数包括：对现有资源、目标、发展前景和未来人力资源要求的评估，对人力资源管理规划过程和员工更替计划的分析。

3. 审计人力资源利用效率的参数

审计人力资源利用效率的参数包括：对分配到位程度的分析，对人员稳定性的分析。

4. 审计人力资源招聘与甄选的参数

审计人力资源招聘与甄选的参数包括：对现有人员招聘方法和程序的评估，对招聘工作在填补工作空缺时的效率评估，对招聘成本的评估，对可能需要填补的职位空缺了解程度的评估，对甄选程序效率性的评估。

5. 审计人力资源专业评估的参数

审计人力资源专业评估的参数包括：对现行人力资源评估方法的评估，对人力资源评估过程、结果和影响的评估。

6. 审计人力资源适应性的参数

审计人力资源适应性的参数包括：对现有人员适用方法及其有效性的分析，对适用过程中出现特殊情况的识别和诊断方法的评估。

7. 审计人力资源培训的参数

审计人力资源培训的参数包括：对培训的形式、目标及与企业目标匹配程度的评估，对培训项目内容的分析，对培训效果（包括对完成培训的员工个人的效果）和效率的评估。

8. 审计人力资源职业生涯发展的参数

审计人力资源职业生涯发展的参数包括：对企业中员工职位提升系统的评估，职务分析——分析职业发展和规划，及其使用方法的有效程度。

9. 审计工作过程中的组织和进行情况的参数

审计工作过程中的组织和进行情况的参数包括：对工作环境、安全措施的分析，对工作标准化过程的分析，对工作效率的评估，对工作过程中的投入和工作结果的分析。

10. 审计人力资源激励机制的参数

审计人力资源激励机制的参数包括：对激励机制及其与个人激励之间作用关系的评估，对薪酬制度中层级和结构的评估，对激励制度与企业目标匹配程度的评估。

11. 审计团队精神发展情况的参数

审计团队精神发展情况的参数包括：对社会心理环境（员工关系的紧张程度及敌意倾向）的评估，对企业文化的评估，对领导方法类型的确定。

12. 审计会计核算的参数

审计会计核算的参数包括：对企业人力资源成本的评估，对企业人力资源费用与企业发展匹配程度的评估。

一、发现疑点

审计人员在审查某企业2022年应付职工薪酬账户时，发现2月份薪酬比1月份薪酬多2万元，怀疑其中有虚列薪酬的情况。

二、追踪查证

审计人员调阅2月份应付薪酬的原始凭证，发现在薪酬结算单中，食堂人员薪酬为1.9万元，附食堂负责人收据一张，未具体列明发放薪酬人员名单。经询问，食堂人员承认领取的1.9万元实际上是业务招待费。

三、问题

利用应付职工薪酬账户掩饰已经超支的业务招待费，偷漏税款。

四、调账

管理费用明细项目错误，无须调整。

管理费用中的业务招待费超过税法规定的部分应计算应交所得税。

五、其他调整（略）

讨论题

1. 结合案例，谈谈人力资源费用审计主要包含哪些方面。
2. 浅谈应付职工薪酬审计在人力资源审计中的作用。

本章思考题

1. 人力资源审计的范围是什么？
2. 人力资源内部审计与外部审计有哪些区别？
3. 人力资源合法性审计包含哪些内容？
4. 人力资源审计流程是什么？

第二篇 招聘与配置

- 第四章　战略视角下的人员招聘
- 第五章　胜任素质模型
- 第六章　中高级人才的招聘与配置

第四章 战略视角下的人员招聘

引导案例

H公司总部位于某市繁华商业区，原为国有独资百货公司。前两年，公司成功实现股份制改造，从国有独资百货公司改制成国有控股、投资主体多元化的股份公司，经营业务也从单一的百货零售向多元化经营拓展。为适应市场和竞争的需要，经过分析和研究，公司确定了未来发展方向、总体目标及近期发展计划，并相应地对公司的整体组织结构进行了调整，建立了总部与下属门店之间新型的管控模式。公司领导认识到，缺乏核心人才是实现公司发展战略目标的主要瓶颈之一。公司的总体战略目标是进入中国百货连锁20强，五年内销售收入达到100亿元。为此，公司确立了核心人才规划原则和思路。公司核心人才规划的基本步骤是：确定战略前提和依据，识别公司核心能力，识别核心人才，预测核心人才需求，建立核心人才素质模型，预测核心人才供给及盘点内部人才，制订并实施核心人才供求计划，制订并实施核心人才培养计划。

基于战略发展需要，该公司的核心人才招聘选拔工作主要是这样开展的。公司依据自身发展的需要，在明确所需核心人才的种类和各类人才素质的前提下，通过对外部劳动力市场人才供给状况和内部人才情况的盘点分析，预测通过外部招聘和内部选拔是否能满足自己的需要。通过对多年招聘人才实践的分析，公司发现由于核心人才素质的独特性，外部直接招聘的方式很难满足公司需求。通过内部盘点，公司发现内部具有一定数量的有潜力的人才，但由于前期培养人才缺乏系统性，没有对有潜力的人才进行有针对性的培训，导致其素质提升很慢，不能满足公司快速扩张时期的人才需要。

为此，公司通过核心人才供给预测分析，结合公司发展对人才的需求，提出了核心人才招聘选拔策略，主要包括以下几个方面。

一是及时补充策略。应尽快填补关键岗位人才缺口，否则随着业务的扩展，人才缺口将急速扩大，最终成为公司发展的瓶颈。因此，发现和培养合适的人才应成为各级管理人员和人力资源部的核心工作之一。

二是内部优先培养策略。关键岗位人才应着眼于内部培养，特别是门店管理类高层次人才（门店总经理等）应尽可能从现有员工中通过培养来提拔。

三是基层加速策略。对于比较容易培养的基层岗位，可适当加快人才培养速度。这一方面可以增加人才供给；另一方面可以增强对基层员工的吸引力，减少人才流失。

四是人才储备策略。公司可以在一定程度上扩大基层管理岗位的数量，并储备一定数量的基层管理人员和可以培养为管理人员的应届大学生，以便从中挑选和培养更高层次的人才。

案例思考

1. 企业人才招聘策略为什么要配合企业战略？
2. H公司的核心人才招聘选拔策略有什么值得思考和借鉴的地方？

第一节 影响招聘的因素分析

招聘管理同其他管理一样受诸多因素的影响和制约。招聘既受企业外部环境因素的影响，也受企业内部环境因素的影响。

一、影响招聘的外部环境因素

1. 经济因素

（1）国家宏观经济运行情况对招聘的影响。如果国家宏观经济运行良好，保持一定的增长率，企业出于对前景的看好，会倾向于加大招聘力度。如果国家经济低迷，失业率就高，企业裁员的压力将增大，企业的招聘规模将缩小，企业会谨慎对待招聘。

（2）行业经济状况对招聘的影响。行业经济状况也会影响企业的招聘需求。一些处于增长阶段的行业可能面临人才短缺的问题，需要企业加大招聘力度。而一些处于衰退阶段的行业中的企业则可能减少招聘或进行人员优化。

（3）通货膨胀对招聘的影响。通货膨胀对招聘的影响直接体现在招聘过程所涉及的开支上。由于通货膨胀的作用，企业人力资源招聘的直接成本呈增长态势，招聘人员薪酬、面谈开支、招聘宣传费用等都呈增长态势，影响招聘规模。通货膨胀还使得企业人力资本投资呈增长态势，但企业的人力资本投资额度是受限制的，因此影响了人力资本存量。通货膨胀对招聘的影响尤其明显地表现在企业对高级管理人员和技术人员的招聘上。

2. 法律法规和政策因素

国家和地方的有关法律法规从客观上界定了企业人力资源招聘对象的选择和限制条件。美国的《公平就业机会法案》规定，不同性别、年龄、种族、肤色的人在就业竞争中的机会均等，享有不受歧视的权利，这主要体现了保护弱势群体原则、透明原则、平等就业原则等。随着劳动用工制度的改革，我国已经先后制定了一系列劳动法律法规。1986年7月，我国颁布《国营企业实行劳动合同制暂行规定》和《国营企业职工待业保险暂行规定》；1991年7月，我国颁布《全民所有制企业招用农民合同制工人的规定》；1993年8月，我国施行《中华人民共和国企业劳动争议处理条例》；1994年7月通过的《中华人民共和国劳动法》成为中华人民共和国成立以来的第一部劳动法典，继之又出台了《职业介绍规定》《就业登记规定》《企业经济性裁减人员规定》《劳动力市场管理规定》《工资集体协商试行办法》《集体合同规定》；2008年1月，《中华人民共和国劳动合同法》正式实施；2008年9月，《中华人民共和国劳动合同法实施条例》正式实施。2009年8月，《中华人民共和国劳动法》第一次修正；2012年12月，《中华人民共和国劳动合同法》修正；2018年12月，《中华人民共和国劳动法》第二次修正。这些法律法规规定了劳动者平等就业和选择就业、同工同酬的权利。凡是具有劳动能力和劳动愿望的劳动者，不分民族、性别、宗教信仰等，享有平等的就业权。由此，我国在劳动力市场改革上不断取得进步，实现了劳动力的双向选择。

当然，我国在这方面还存在需要改进的地方。例如，我国在用人方面的法律制度还不够完善，一些企业在招聘过程中存在歧视行为，女性、残障人士就业相对困难，因此有必要进一步完善相关法律制度。建立健全法律法规体系，规范劳动力市场是企业实施有效招聘管理的重要前提。

政府的政策也是企业招聘的重要外部影响因素。政府的财政政策、税收政策等都会影响企业生产行为，从而最终影响企业招聘行为。此外，政府购买的产品和服务也在一定程度上影响劳动力市场上职位的数量和种类。

3. 科技因素

（1）科技对劳动力市场的影响。由于科技的进步，不同产业的职业需求发生了很大的变化，造成需求不平衡，重复性、低技能岗位被大量取代，而人工智能、半导体、现代服务业等产业蓬勃发展，产生大量岗位需求。

（2）科技对就业者基本素质的影响。科技的发展要求就业者必须具备更高的受教育水平和熟练的技术水平,那些掌握先进技术的人渐渐取代了技术落后的人。科技的发展改变了职位的技能素质要求,使招聘中的选择标准不断调整。

(3)科技对人们工作和生活方式的影响。科技的发展改变了人们的工作方式,使弹性工作、远程工作、自由雇佣等新工作与就业方式被很多人认可,从而影响企业招聘工作。例如,由于实行弹性工作制,每天只需要工作两三个小时的人可以去应聘其他兼职岗位,需要照顾孩子的父母可以有时间照顾孩子,设计师可以同时应聘并就职(兼职)于不同的企业。雇佣的方式灵活了,雇佣关系也灵活了。

4. 劳动力市场因素

有效的招聘管理基于对动态变化的劳动力市场的分析与把握,其既包括对整体劳动力市场的分析与把握,也包括对企业所在行业的劳动力市场的分析与把握。劳动力市场是劳动力供求之间在劳动力使用权的转让与购买上达成的一系列合约的总和。劳动力市场状况将影响企业人力资源战略的导向和人力资源规划的确立。对劳动力市场的准确认识与预计能使企业招聘工作准备得更充分,从而赢得更多有效的招聘机会。

劳动力市场根据人才层次可划分为一级劳动力市场和二级劳动力市场,根据组织内外情况可划分为内部劳动力市场和外部劳动力市场,根据职业可划分为企业经营者市场、家政服务市场等。

劳动力市场状况是决定经济发展的一个重要因素,更是影响企业招聘决策的重要因素。企业的人员结构、人员素质水平、工作结构、现有或预期的人力资源最终取决于劳动力市场。劳动力市场状况也影响企业招聘计划、范围、来源、方法、费用等。对劳动力市场的分析,尤其是对劳动力供给状况的分析,可以从劳动参与率与劳动力流动情况等方面的指标着手。国际劳工组织(ILO)根据多年研究提炼出了包括20个主要指标在内的劳动力市场指标体系,通过这些指标可以较准确地分析和把握劳动力市场状况。

劳动力市场供求态势会影响招聘管理。劳动力市场是出于自愿而进行的劳动交换活动,反映以劳动力交换合约为基础的劳动力供求之间的关系。经济学把劳动力市场划分为需求约束型市场和资源约束型市场。需求约束型市场是指劳动力供给大于劳动力需求的市场,劳动力需求量决定就业总规模。在这种市场上,劳动力供给方处于不利地位,劳动参与率比较低,失业率比较高。相应地,劳动力需求方处于有利地位,具有压低薪酬、降低劳动条件的优势。资源约束型市场是指劳动力需求大于劳动力供给的市场,劳动力供给量决定就业总规模。在这种市场上,劳动参与率比较高,失业率比较低,劳动者的薪酬收入、劳动条件相对较好。因此,不同地区、行业、层次劳动力供求状况直接影响该地区、行业、层次劳动力价格,并影响招聘难度和招聘质量。

目前,我国劳动力供求出现总量矛盾和结构性矛盾。一方面,高技能、高素质人才供不应求，各技术等级人才的求人倍率在连续多次调查中都大于1，劳动力需求大于供给，导致这一层次的人才薪酬偏高，招聘成本较高，招聘难度较大，质量有时较难保证；另一方面，年龄偏大、无技能的求职者就业困难，与用人单位的需求间存在较大落差，同时农村存在大量富余劳动力，导致企业招聘高质量人才的难度加大，而招聘低层次员工的难度则很小，这类员工的薪酬也偏低，由此形成不均衡状态。

当然，劳动力供求状况是不断变化的。例如，当那些有充足的熟练劳动力供给的职位吸引了相当多的应聘者时，这些职位的薪酬就可能下降，一部分劳动者就有可能学习新技能并转岗，从而形成新的供求平衡。同样，当那些需要尚未普及的新技能或者需要经过相当长时间培训才能从事的职位一时难以拥有足够的应聘者，招聘难度较大时，为招到足够的员工，企业就必须支付较高的薪酬，而高薪酬将逐渐引导人们学习这项新技能或参与培训，从而使供给增加，达到新一轮的供求平衡。

相关链接

PEST 分析框架

一般可借助 PEST 分析框架来讨论外部主要环境因素对企业的影响。PEST 分析框架包括四个方面的含义：

- P——political（政治的），如政治是否稳定、政府和管理部门对待员工的态度、劳动法律法规等。
- E——economic（经济的），如当前经济发展处于经济周期的阶段、社会就业状况、通货膨胀率和银行利率的高低等。
- S——social（社会的），如人口数量和人口结构的变化、社会收入分配状况、人们接受教育和培训的程度、人们对待工作和闲暇的态度等。
- T——technological（技术的），如科学技术的新发现、新进展，政府的科学技术开发政策和促进科技成果转化的措施等。

PEST 分析框架是帮助企业系统认识环境的一种方法，可使分析者从不同的角度来分析问题，有助于分辨出那些个性化的、与某种特定场合相关联的关键影响因素，能够用来确认一个行业或企业中存在的长期推动力。

例如，就政策规定因素而言，现阶段我国各级政府的人力资源社会保障部门为指导和服务就业开办和设立了各级人力资源市场，制定了许多符合各地实际情况的人才政策，也为规范企业的招聘行为制定了一些人力资源市场管理规定，这些政策规定对企业招聘工作起着非常重要的作用。就法律法规因素而言，1994年我国颁布了《中华人民共和国劳动法》，并以此为依据颁布了许多与企业招聘相关的法律、法规、条例、政策等，这些是约束和规范各企业招聘工作的重要因素。

在某个历史时期，一个行业的发展往往受某个或某些特定因素的驱动，如电信行业受互联网、移动电话普及的驱动等，使用PEST分析框架有助于找出其中的关键因素。以历史和发展的眼光看外部环境因素对企业的影响有助于企业预测未来，评估在外部环境因素发生变化时哪些措施是适当的。有些因素预测起来有相对较大的把握（例如，通过对人口出生率的预测，可以预知15年后的劳动力潜在规模），而有些因素就难以预测（例如，对有些政治因素影响的预测一般只在一届政府换届之前很短的时间内比较准确）。

二、影响招聘的内部环境因素

企业内部环境因素包括企业职能界定、目标、文化、核心竞争力、任务性质、人员构成、工作方式、技术条件等。在外部环境因素分析的基础上，企业要确认和寻求自身所处的地位和发展前景，从而确定在一定时期内的目标，并制定中长期战略性规划。例如，就企业文化和企业形象而言，人才吸引和招聘是应聘者和企业进行双向选择的过程，如果企业文化、企业形象被应聘者认同和喜欢，就会吸引更多应聘者积极应聘。同样，企业的核心竞争力强、经营状况好，意味着能给员工提供较高的薪酬和较多的发展机会，也就能吸引和保留更多人才。

1. 企业战略导向因素

企业作为一个经济组织，其建立的最终目的是获得丰厚的利润，占有充分的市场，取得长足的发展，保持永久的生命力。而员工是企业战略的执行者和企业目标的实现者。企业的发展是在战略的引导下进行的，企业的招聘活动必然受战略的影响。企业战略对招聘的影响将在本章的第二节中重点展开论述。

2. 企业生命周期因素

企业具有动态发展的生命周期。企业生命周期理论不是要说明企业成长的阶段性，而是要揭示影响企业生命周期的因素，进而说明如何改善这一周期。如图4-1所示，企业生命周期可以简化为以下4个阶段：初创期、成长期、成熟期和衰退期。在企业战略思维下，不同生命周期阶段的人力资源管理特征也不同，招聘诉求重点也会有差异，见表4-1。

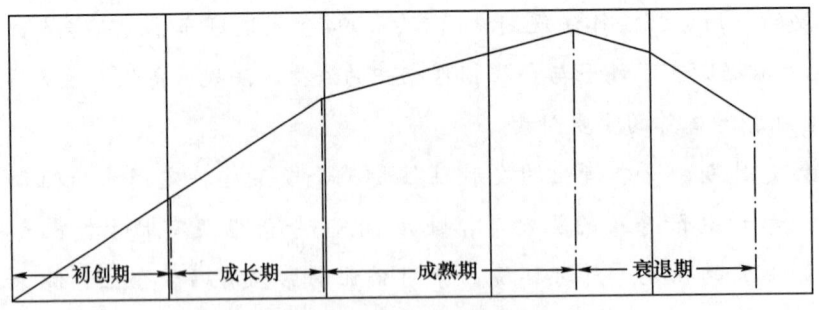

图 4-1　企业生命周期

表 4-1　企业生命周期与招聘诉求

企业生命周期	招聘诉求
初创期	招聘并保留高水平员工
成长期	在众多领域对胜任员工的需求扩大做出反应
成熟期	发展机会有限,极力保留核心员工
衰退期	保留核心员工,削减一些岗位并同时增加另一些岗位

（1）初创期的招聘。在初创期，企业刚刚诞生，极富灵活性和成长性，正需要将创业的梦想和计划付诸实践，内部的各种正式组织尚未建立，文化也未形成，企业的经营者和管理者是创业者，管理上人治色彩浓厚，人力资源管理也处于起步状态，对各个具体职位的描述还不清晰，对企业需要的人才总量、人员结构、人才特质等都还没有明确的概念，而企业为了在市场竞争中求得生存和发展，急需作为关键生产要素的人才。基于此，首先，企业招聘要采取积极的态度、开放的人力资源政策，努力搭建人力资源管理基础平台，如组织体系、薪酬与激励体系、培训计划、人员发展规划、招聘制度等，为以后的员工管理奠定基础；其次，企业要通过不同渠道广泛吸纳发展所需要的人才，尽力达到实现企业远景所需要的人员条件；最后，初创期的企业是创业者长期酝酿的成果，创业者有自己的目标和理念，所以企业应力求招聘来的员工，尤其是中高层管理人员与创业者在经营发展目标和理念上达成共识。

（2）成长期的招聘。在成长期，企业经营规模不断扩大，主营业务不断扩展并走向成熟，企业出现"人才饥渴症"，需要补充大量有用人才，企业形态走向正规化，机构相对完善，规章制度不断健全，企业文化逐渐形成，创业者个人作用弱化，企业正试图寻找能保障其持续、稳定、健康发展的制度和机制。企业人力资源部在此时得到重视，聘用人、激励人、培育人、留人、裁人的体系和制度逐渐建立和完善，企业对职位的特点、所需人才的特质及人才流动率有了比较清晰的认识，对员工总量、员工结构有了一定的把握。此时的企业招聘工作要注意以下 3 点。

1）创新招聘技术。例如，美国一家企业就有一项特别的鼓励机制，鼓励员工介绍人才加入企业。如果一名被介绍的人才最后被企业聘用，那么介绍人可获得1 500美元的奖金。这让所有员工都成了猎头代理，有合适的人选一定会推荐给企业。

2）渐进性招聘。如果准备不充分，人员激增会使企业应接不暇，无法充分使用新员工。这样不但会增加成本，而且会为以后的人力资源管理留下后遗症。

3）切忌攀比。招聘人员切忌攀比，搞"人才高消费"。

（3）成熟期的招聘。成熟期是企业生命周期中最理想的阶段，在这一时期，企业的灵活性、成长性及竞争性达到了均衡状态。一般而言，此时的企业制度和结构能够充分发挥作用，即使它们暂时或局部出现了问题，企业也有自我协调的能力。企业的财务状况在此也大为改善，现金流入量大于流出量。体系的完善使企业对外部人力资源的封闭和排斥倾向大于开放和吸纳倾向，这是一柄双刃剑。这一时期的企业招聘也很关键。成熟期的企业要引入新成员，为组织注入新活力；要抵制完善体系所固有的封闭和排斥倾向，继续保持初创期的开放和吸纳态度。使企业成为一个充满活力的开放系统是这一时期的战略重点。

（4）衰退期的招聘。在衰退期，企业内部缺乏创新，缺少活力和动力，危机即将到来。如果再不进行重整和再造，企业就很可能被市场淘汰出局。在此时期，裁员是一种常态，也能为企业管理者所理解，但招聘却很容易遭到部分管理者及普通员工的反对，但是这个时期不能忽视招聘管理工作，它对企业能否渡过难关而进入新的生命周期至关重要。这一时期的招聘工作要达到以下几个目的：一是"去伪存真"，留住真正的人才，同时吸收新鲜血液，为优秀人才在企业重整和再造过程中发挥潜能创造一切条件；二是改造原有的企业文化，将新生力量配置到各个僵化的部门中，这需要得到高层管理人员强有力的支持，否则新增人员很有可能遭到排斥和打击。

3. 企业形象与条件因素

（1）企业声望与管理水平。企业在应聘者心目中是否具有良好的形象必将影响招聘活动。心理学家认为，每个人都希望自己成为优秀组织中的一员。例如，世界500强企业或品牌形象有口皆碑的企业凭借其在公众中的良好形象吸引了大量求职者前来应聘。这些企业的招聘就有了很好的选才基础。当然，企业形象与企业管理水平是休戚相关的，因此企业管理水平对企业招聘影响也很大，主要表现在以下几个方面。

第一，企业领导者的水平和能力不仅决定企业整体管理水平和管理风格，也是许多应聘者求职时优先考虑的因素。很多求职者都相信，企业能否进一步发展与壮大很大程度上取决于企业领导者是否具有宏才大略。

第二，招聘过程实际上也体现企业管理水平。一般而言，企业管理水平越高，各项管理制度越规范,招聘效率就越高,越有可能招到企业真正需要的人才。同时,高管理水平的企业由于其发展的可预见性,能够吸引大量高素质的人才前来应聘。

第三,招聘人员本身的素质、形象也影响招聘质量。如果招聘人员端庄有礼、热情高效、真诚细致,又懂得招聘管理技巧,就既能提高招聘效率,又能给应聘者留下良好的印象,从而吸引更多的有识之士;反之,则会破坏企业形象,影响企业招聘的吸引力。

(2)企业薪酬与激励。根据需求理论,企业应当首先满足员工的物质需求,表现在招聘过程中就是提供相对有吸引力的、公平的薪酬,以及完善的福利保障制度。不少实力较强的企业会每年进行市场薪酬调查,并确定本企业的薪酬政策,保证自己的薪酬在市场上具有较强的竞争力,以吸引和保留更多的优秀人才。除薪酬水平会对应聘者产生影响外,企业是否能够提供培训机会、是否关注员工的发展前途、是否给予及时的精神激励等也是重要的影响因素。

(3)企业的地理位置。企业所处的地理位置在很大程度上也会影响求职者的求职意向。根据调查,我国高校毕业生就业的首选城市主要为北京、上海、广州、深圳、厦门等,因为这些城市经济发展水平高,企业发展前景好,而一些中西部不发达地区相对来说吸引人才的难度较大,企业需要灵活运用各种优惠政策才能有效完成招聘工作。同样,位于同一地区城市中心与偏远郊区的企业之间的招聘难易程度也不同。

(4)招聘成本。招聘目标包括成本和效益两方面,由于各种招聘方法奏效时间不同,因此招聘成本和对人才需求的紧迫性明显影响招聘效果。招聘资金充足的企业在发布招聘信息时,可以投入较多资金用于发布招聘广告,也可以开展现场招聘宣传,在招聘甄选时也能选择更多或更精细的测评方法,更广泛地调查应聘者的背景资料,从而在更大范围内更准确地选取所需要的员工。

第二节　企业战略与人员招聘

一、围绕企业战略的招聘策略

企业的竞争究其实质是人力资本的竞争。能否吸引或选拔合适的员工,使企业具备有竞争力的人力资本,是一个企业兴衰的标志。企业大多愿意不惜代价招聘、甄选有竞争力的人力资源,员工的招聘与选拔在人力资源管理与开发中也是一个重要的环节。由于运用人力资源来创造竞争优势需要较长的时间,因此企业必须以长期的战略眼光来制定人力资源管理制度和招聘策略。

传统的人员招聘处于战术管理层面，属于企业短期人力资源规划。由于一两年的规划只能解决眼前的问题，而无法有效预测未来的发展趋势，因此缺乏长远性和系统性。企业需要结合长期人力资源规划，把人员招聘上升到战略管理层面。现在已经有越来越多的企业关注5~10年的发展。企业战略目标的实现有赖于符合企业战略需要的人才的推动，由于关键岗位和重要管理岗位人才的发现、培养周期较长，因此必然需要基于企业战略目标的人力资源管理体系的支持，而作为兼具人才吸引、储备、补充、调节等职能的招聘工作也就必须符合企业战略发展目标，并以此作为职能实现的核心。

现在一些企业已经开始进行战略性人才储备，即根据企业战略，进行有预见性的人才招聘、培训和岗位培养锻炼，使人才的数量和结构能满足企业发展的需要。这显然是为企业长期发展服务的，是在对未来发展预期的基础上确定人力资源需求，有效管理人员数量、结构、知识、能力、水平等的体现。

正如美国人力资源管理学者詹姆斯·W.沃克曾强调的："在企业战略中，实施变革所要求的能力来自人，因为是人而不是企业在进行创新，做出决策，开发与生产新产品，开拓新市场，更有效地为客户服务。人力资源问题通常是实施战略的核心问题。"可见，人力资源战略和企业战略密不可分，人力资源战略配合、服务于企业战略，是以企业的独特文化和核心竞争力为依托，围绕企业战略目标的实现，对各类人员的选、用、育、留所做的系统设定。

企业在制定招聘战略时，必须把企业的使命、愿景及竞争战略结合起来。人力资源部应该以维持企业的生命力和可持续增长并保持企业长远发展潜力为目的进行人才培养与接班人培养工作。这就要求企业人力资源管理人员具有长远的目标和宽阔的胸襟，从企业发展大局出发，做好企业人才再造和培养接班人工作。

二、战略导向的招聘策略制定

企业的战略目标和战略类型决定人力资源战略的内容，而招聘管理属于企业人力资源管理的重要组成部分，因此企业的战略目标和战略类型会与人力资源招聘工作相互作用，影响招聘策略。

企业战略目标的改变、经营决策的变化等对招聘和选拔的影响是非常直接的。例如，一家企业由于受到国际市场竞争的影响，决定放弃一些传统产品的生产，而专注于技术含量较高的产品，这样的战略决策会导致一些工厂停工，从而导致裁员，同时也会改变企业对员工素质的要求，产生新的职位需求。再如，企业由单一产品战略转向非相关产品战略，这种战略变化也会产生新的职位需求，改变企业对员工素质的要求。同时，招聘后人员的变动，尤其是管理人员的变动，会反作用于企业战略的制定。同样，企业选人是讲求"实用性"还是为后期发展储备人才？不同的战略目标会有不同的招聘策略。前者要求招聘社会上有工作经验的人，要求应聘者上岗后经过短期培训就能胜任工作；后者要求招聘应届毕业生，着眼于应聘者的发展潜力。

根据R.迈克斯和C.斯诺的划分，企业战略包括3种类型，即防御型战略、分析型战略、探索型战略。这3种战略类型主要是依据生产／服务方法来划分的。企业战略、组织要求、人力资源战略与招聘策略的关系见表4-2。

表4-2　　　　企业战略、组织要求、人力资源战略与招聘策略的关系

企业战略	组织要求	人力资源战略	招聘策略
防御型战略： 产品市场狭窄 效率导向	维持内部稳定性 维护利基市场 集中化的控制系统 标准化的运作程序	累积型战略：基于建立最大化员工参与及技能培训，开发员工的最大潜能，获取员工的能力、技能和知识	侧重于在内部招聘、选拔。低层次职位采用招聘新员工的方法，高层次职位从内部选拔 注意有财政金融和生产制造背景的人才，以利于稳定市场份额 特别适于招聘那些对安全有较高需要而对变化的容忍度较低的人
分析型战略： 追求新市场 维持目前存在的市场	弹性 严密及全面的规划 提供低成本的独特产品	协助型战略：基于新知识的创造，获取自我激励的员工，鼓励及支持员工能力、技能和知识的自我发展，在正确的人员配置及弹性结构化团体之间做协调	既重视内部选拔，也重视外部招聘。对高层次职位更多采用外部招聘的方法 注意发掘具有应用研究才能、市场开发才能和制造才能的人
探索型战略： 持续地寻求新市场 外部导向 产品／市场的创新者	不断地改变使命 快速适应新市场 分权控制系统 组织结构的正式化程度低 资源配置快速	效用型战略：基于极少的员工承诺及高技能利用，雇佣具有岗位所需技能且立即可以使用的员工，使员工的能力、技能和知识与特定的工作相配合	侧重于从外部招聘，倾向于在所有层次的职位上都雇佣有经验的员工 特别注意有工程研究和市场开发背景的人，以利于企业开发新产品和新市场 比较欢迎独立性强、具有创造性思维能力、乐于冒险的人

迈克尔·E.波特提出3种基本竞争战略，即成本领先战略、差异化战略和集中战略。路易斯·R.戈麦斯－梅西亚、戴维·B.鲍尔金和罗伯特·L.卡尔迪探讨了每一种竞争战略会采用的人力资源战略。

当企业采用成本领先战略时，其主要通过低成本来获取竞争优势。配合成本领先战略

的人力资源战略强调的是用高有效性、低成本生产、高结构化程序来使不确定性最小化，并且不鼓励创造性和创新性，因此其招聘策略强调效率，希望用成本较低的方法获取职位候选人。该类企业多采取简单高效的手段，招聘可以立即胜任工作的人，或者以较低的培训投资使员工胜任工作，并尽可能保留现有人才，减少招聘成本。

当企业采用差异化战略时，其主要通过产品或服务的独特性来获取竞争优势，这类企业的一般特性是具有较强的营销能力，强调产品的设计和研究，以产品的品质著称。配合差异化战略的人力资源战略强调创新及弹性，其招聘策略主要是以高薪酬吸引本领域中的高端人才，注重对人力资源的投资及对关键员工的保留。

当企业采用集中战略时，由于集中战略结合了成本领先战略和差异化战略的特性，因此配合集中战略的人力资源战略的招聘策略也应是上述两种招聘策略的综合。与竞争战略相配合的人力资源战略及其招聘策略见表4-3。

表4-3　　　　　　与竞争战略相配合的人力资源战略及其招聘策略

竞争战略	组织特点	人力资源战略	招聘策略
成本领先战略	结构分明的组织，明晰的责任，严格的成本和定量目标控制及员工监督，频繁、详细的控制报告	强调员工生产率，薪酬激励以定量目标和绩效评估为基础，强调与工作有关的培训	强调效率，希望用成本较低的方法获取职位候选人，采取简单高效的手段，招聘可以立即胜任工作的人，或者以较低的培训投资使员工胜任工作，并尽可能保留现有人才，减少招聘成本
差异化战略	基础研发能力强，质量或科技领先，生产能力强大	营造轻松愉悦的工作氛围以吸引创造型人才，强调主观评价和自我激励而非定量指标，基于团队进行培训	增强创新能力是人员补充、配置的重点，以高薪酬吸引本领域中的高端人才，注重对人力资源的投资及对关键员工的保留
集中战略	针对某一客户群、某一地区提供更高效的服务，以实现成本领先优势或差异化优势	员工有特定的技术特长，通过长期激励留住核心员工	上述两种招聘策略的综合

人力资源管理的目标要与企业战略目标相一致，制定人力资源规划时要以企业战略为基础。这种一致性必须真正贯彻在执行中，必须体现在人力资源管理的每个环节。在招聘中，这种一致性主要表现在甄选人员时必须考虑企业战略及人力资源规划所确定的目标，并保证新招聘员工符合其要求。

三、人员招聘中值得重视的战略问题

1. 成功的招聘必须有与之相适应的内、外部环境

一名优秀的企业管理者不能把人员招聘孤立地看成是人力资源部的业务行为，而必须从企业战略整体出发，认真分析企业所处地区和所在行业的外部环境，取长补短，实事求是地制定聘用标准，同时努力整合企业的内部环境，创造能吸引人、留住人的企业氛围。这也是企业最高管理者的重要工作之一。美国管理学家哈罗德·孔茨对此做出了很好的诠释：管理就是为在组织中工作的人谋划和保持一个能使其完成预定目标和任务的工作环境。

2. 企业应按照不同的岗位要求分层次制定招聘策略

企业招聘活动大体由制订招聘计划、拟定职位描述和任职资格、发布招聘信息、筛选应聘人员、做出录用决策等步骤组成，这是企业招聘的最基本形式。岗位不同，招聘所需要制定的策略也不同。

（1）对于一般生产人员，宜采用"广而短"的招聘策略，即在符合任职资格的条件下，人员来源要广泛，立足"短期利益"，着眼于解决企业当前的人力资源紧缺问题。这样做有利于降低企业招聘成本和人员流失率。

（2）对于研发人员，宜采用"宽而专"的招聘策略，即在符合任职资格的条件下，将着眼点放在考核其专业特长与聘用岗位的匹配度上，最大限度地做到"不拘一格降人才"，为企业当前和今后的技术发展提供充分的保障。

（3）对于中高层管理人员，宜采用"严而慎"的招聘策略。中高层管理人员是企业生存的骨架和血脉。一旦因管理人员的自身素质不高造成管理缺陷，轻则使企业"血脉不通"，行动迟缓，效率低下；重则使企业"全身瘫痪"，不战而败。因此，对于中高层管理人员的招聘，除了要严格考核其任职条件、工作业绩外，还必须深入了解其个性品质、管理理念。只有应聘者所尊崇的理念与本企业的企业文化相契合，才能"一家人进一家门"，实现企业的战略目标。很难想象，一个与本企业文化格格不入的中高层管理人员能够让自己的团队与整个企业血脉相融、步调一致。

3. 负责招聘的人员必须是企业骨干

人员招聘活动是一个企业与应聘者互动的过程，企业选择适合自己的员工，同时应聘者也在挑选自己心仪的企业。负责招聘的人员是应聘者了解企业的"第一个窗口"，往往会影响应聘者的选择。因此，负责招聘的人员必须是经过专业培训的企业骨干，其应坚持

"以人为本"的理念，充分理解企业战略，言谈举止应得体，做到诚信、自律、宽容，具有亲和力，能对应聘者产生吸引力，使应聘者对企业的文化、精神面貌甚至发展前景有良好的印象。

4. 招聘结束后及时总结和分析

一个阶段的招聘工作结束后，招聘人员往往忙于整理应聘者的简历、办理录用手续等，而忽略了对招聘工作的及时总结，忽略了从战略角度分析企业招聘的成败得失。优秀的招聘人员应力求在一个阶段的招聘工作结束后，从内、外两个方面进行总结和分析。需总结的内部因素包括企业招聘策略是否得当，对应聘者的评价是否真实，应聘者的绩效是否达到预期目标，以及招聘计划未完成的主要原因和企业相关管理存在的缺陷等；外部因素包括劳动力市场目前的基本状况及发展趋势，竞争对手的相关政策和策略，对下一阶段招聘结果的预测等。招聘人员应将上述信息及时汇总，提供给企业的高层管理人员，并提出相应的建议。企业招聘状况犹如诊断企业经营状态的"晴雨表"，企业高层管理人员据此可以从战略角度了解企业在薪酬体系、激励机制、竞争力等诸多方面存在的问题，及时制定并采取相应的应对措施。

一、案例背景

S集团董事长季佳福和总经理闵德旺正在为本集团精心筹划一项开拓性新事业——在省城中心商业街上建设和经营一家专门出售最新款式时装的商场。其硬件建设进展顺利，不会影响开业。在员工招聘与配置方面，基层一线销售人员已经招聘到位并开始岗前培训。但令他们焦虑的是，作为骨干的各级管理人员的招聘工作进行得不太理想，而管理人员质量却对经营成败有关键作用。管理层招聘其实早已经开始，采用在本地报刊登广告的方式，具体的组织与操作由在商业领域颇富经验的集团董事邵天富负责。管理岗位应聘者达200多名，经首次面试筛选，有84人参加第二轮的笔试。但季佳福、闵德旺两位领导对这次评选结果不太放心，总觉得所采用的方法与程序太保守陈旧，他们正在考虑是否从外界邀请专家进行咨询，让其用新的测评方法来重新挑选一下人才。

1. S集团及其主要领导人

S集团成立已有20多年，是一家股份制企业，入股合伙单位虽是集体所有制企业，但实际控股的却是季佳福拥有的个体所有制实体，他任集团董事长，集团内部习惯称他为

"季总"。

季佳福曾经是一家国有企业的热工仪表维护工，注重钻研技术，是一位青年业务能手。他深具创业者精神——好思索、喜开拓、愿涉险，因此在20世纪80年代初改革开放刚开始时便成为少数敢于向"铁饭碗"告别、迈入个体经营者行列的探索者之一。他办了留职停薪手续，开了一家家电维修铺，生意红红火火，收入远高于工厂薪金。不能说他干个体、下商海，不是想发家致富，但他的想法还远不止于此。他觉得这个领域给他提供了施展抱负、发挥潜能的机会。他当然渴望成为万元、十万元、百万元户，乃至拥有更多资产的杰出企业家，但他却并不看重享受。他更追求企业的成功与发展，这将成为他能力与价值的标尺。他甚至不愿扬名，即使后来事业成功，也尽量避免在媒体上露面。在家电维修行业取得初步成就之后，他便开始改行从事时装业，南下广东沿海诸城市，采购新式样的时装，千里迢迢运回东北销售。这对他而言是完全陌生的行当，而且十分辛苦，还有相当的风险，但他善于学习，人缘好，很快便成为内行，生意蒸蒸日上。在初尝开拓的甜头并增强了经济实力后，他又与几位志同道合者合作，涉足物流与餐饮娱乐行业。到了20世纪90年代，他已跻身省会成功民营企业家之列，资产累积近千万元。

S集团的总经理闵德旺则完全是另一类型的人。他1982年毕业于某工业大学机械系，又经两年半苦读，取得了一所重点大学的管理学硕士学位，随后他回到母校成为管理系的一名青年教师，主要从事企业战略课程的教学与研究工作。他博览群书，钻研了大量国内外企业战略方面的文献，同时关注国内企业的战略管理实践，还经常去企业调查，搜集资料。他以多年的理论与实践研究经验为基础，酝酿自己的企业战略规划原则与具体操作程序，使之渐渐明朗和成熟，终于在1992年出版了第一本专著《企业战略计划》。他深信此书所提出的战略计划系统是有特色的，适合我国当时的国情，殷切盼望能将之应用于管理实践以验证其有效性。但战略管理需要由企业最高决策者来实施，而以他目前的资历不可能在国有企业中获得这种机会，何况国有企业彼时尚未完全摆脱计划经济模式，即使有此机遇，国有企业诸多的内外制约因素也会让他无法"施展拳脚"。

就在他撰写此书的过程中，一个偶然的机遇送上门来。闵德旺在一次坐火车出差的途中恰与季佳福邻座。两人在攀谈中介绍自己的经历与抱负，觉得十分投契，相见恨晚。对季佳福而言，他在多年经营实践中早深感理论修养不足的掣肘；对闵德旺来说，季佳福的企业正好可以给他提供自己开发的战略管理系统的实验场所，更为可贵的是，他深知自己缺乏敢于涉险的胆魄，而季佳福不但实践经验丰富，而且他那种企业家的创业精神和对市场机遇的"本能"敏感性与自己恰能取长补短，相得益彰。那时为鼓励教师走出书斋，深入管理实践，积累实践经验，闵德旺所任教的学院并不反对教师在企业蹲点实习甚至"挂职""兼职"。于是闵德旺便在S集团拥有了"第二职业"，由季佳福任命，荣任总经理之职,同时还在大学担任"企业战略"和"决策模拟练习"等课程的教学与指导工作。

2. 进军时装销售业的战略设计

闵德旺上任后,按他的理论模式整顿了集团原有的各单位。集团在房地产业初露锋芒后,他们遇到一个宝贵的机会——在省城中心商业街黄金地段获得了一块不小的地皮。对于这寸土寸金的地段,集团当然要充分而慎重地加以利用,他们决定在此建一座高层综合大厦,事实上,这也是取得这块土地的必要条件。但这一建设计划的预算远超出S集团的财力能够承受的范围,而且集团也没有建设这种工程的经验,这无疑具有巨大的风险。闵德旺有点怯场了,但季佳福对此项目极具兴趣和信心。他拍板定案,承接下来,并主动负责筹资、公关等对外业务。闵德旺请来建筑专家进行大厦设计:主楼30层,四角裙楼7层。刚开始,项目进展迟缓,举步维艰。动工时,不巧正遇上房地产业收缩不景气,资金筹措十分不易,然而经过季佳福、闵德旺两人联手努力奋斗3年,4栋裙楼中的两栋终于建成,只待内部装修。这两栋7层裙楼总面积为2.3万平方米。季佳福与闵德旺计划继续建设另外两栋裙楼,它们有显著的地理位置优势,但应选择哪一行业及怎样进行市场定位则是一项影响巨大的战略决策。

季佳福与闵德旺经过仔细斟酌,决定新建的两栋裙楼专门用来经营时装。他们事先做过市场调查,知道省城及其附近市县对时装的需求颇为旺盛。季佳福、闵德旺两人又分析了竞争对手的情况。这条商业街附近有两三家大型百货商场,其中自然设有服装部,它们都是国有或集体性质的,在规模、财力上都有优势。但经过深入的调查与分析,他们发现这些对手过去的确有优势,但如今已时过境迁。原来近四五年来,这些大型百货商场纷纷改以"联营"的方式来经营,而联营的伙伴都是各制造厂的销售代理商(常为独家代理),这些代理商总是尽量把自己的产品售出,不管用什么手段和通过什么渠道,它们参与多家商场的联营,卖的却是同样的产品。而各商场自身实际上已不参与产品销售,只通过这种实质上是租让柜台店面的"联营"来收租,成了"物业管理"专业户,不怎么关心和过问市场与经营,旧有的商业经验或已过时或已淡忘。那些代理商所出售的只是各自的委托方即特定的制造厂批量生产的、式样较固定而品种有限的产品,因此其经营的不是"时装",而是一般的服装。这些对手不足为惧,甚至并不属于同一细分市场。

因此,开展时装业务的主要竞争对手便是分散在全市各地的广大个体时装店和摊点。据季佳福、闵德旺分析,这些对手的优势在于散布在街头巷尾,方便顾客选购,同时经营灵活,可以讨价还价,弱点是分散经营,实力不足。这些个体经营者每次坐飞机去南方,购得一批货物便匆匆返回北方,卖完了再度南下,如此循环。集团如果在广州等南方中心城市设常驻办事处,配以适当人力,既能做到采购及时,又便于与较固定的货源供应商建立和保持良好的关系,同时因采购量较大,利于取得优惠折扣。每购得一批货物,可将一部分先空运回店面，及时上柜，余货则用铁路运输，满足首批空运件售完后的需求即可。因为少了飞机往返成本，所以售价上也占优势。

然而，季佳福、闵德旺认为企业竞争的优势除了货真价实，还在于服务态度，即发自内心的热情诚恳。季佳福、闵德旺两人觉得企业需要创造自己的优势——真正诚心为顾客服务的精神。基于此认识，季佳福、闵德旺两人倡导在"真诚服务社会"的文化基础上设计相应的战略、组织结构等。这一构想可能会被有些企业的领导人认为是不切实际的，但却使季佳福、闵德旺激动不已，他们认为这是一种独具创意且有意义的尝试，能使本企业拥有区别于其他企业的独特优势，因此值得一试。

季佳福想设计一种反映这种文化的标识，鲜明而直观地建立起本企业的独特形象。于是，他构思出"一张真诚微笑着的嘴"的图案，并认为企业名称应当与这一形象密切相关，但如果就命名为"微笑"或"笑口"服饰公司，又太直、太俗。闵德旺曾想到"莞尔"这个微笑的同义词，但又显得太雅，无法让大多数顾客产生联想。后来，他们决定用英文smile（微笑）的音译来命名公司，这个名称响亮、时尚且切意。

为了与这种企业文化和战略相适应，季佳福、闵德旺为公司设计了较简单的组织结构。考虑到公司的营业面积与需要的班次，两人决定招聘800名基层售货员，按商品种类分组编入不同的柜台。这些组分别由27名被称为"商品主任"的基层干部直接领导，每位商品主任负责一两个组。这些"商品主任"又分别受一名"部长助理"领导，"部长助理"上传下达，或负责一个楼面，或主管一大类商品。此外，另有一名与他们同级且也叫作"部长助理"的中层干部管辖一定的职能部门。这些"部长助理"之上是5位"部长"，分别掌管工程、企业管理、经营计划、财务及事业5个部分。部长们直接听命于公司领导班子，领导班子中除季佳福董事长、闵德旺总经理外，只设3名副总经理及一名总会计师。三位副总经理分别掌管经营与管理、行政与人事、采购与物流"三大块"。这种结构层次少，反应快，但对每名干部的德才要求高，因此人才难得。

二、案例发展与结果

公司的文化、战略和组织结构既已确定，招聘合适的人来配备各个岗位就成为当务之急。公司从应届中学毕业生中公开招选一线员工，800名一线员工很顺利地就招到了。公司还对他们进行了岗前培训，季佳福、闵德旺亲自向他们宣讲公司的宗旨和价值观，同时请来商业销售实践经验丰富的员工对他们进行专业技能和规章制度培训。公司中层干部中的"部长""部长助理"及基层干部"商品主任"的聘用是最关键又最令领导班子头疼的事。到哪里去找这样一批可以胜任这些职务的德才兼备的骨干呢？董事会讨论后决定先在报刊上登出广告，公开招聘，应聘者在填写申请表时可写明自己想要获得的职位及月薪。邵天富董事自告奋勇地主持招聘工作。他在商业领域工作多年，坚信具备商业系统中的工作经验和知识应当是聘用的首要条件，所以在招聘广告中明确规定申请者必须具备5年以上的商业运作经验。他设计的招聘程序由两个步骤组成：第一步是面谈，申请担任副总经理等高级职位的由季佳福或闵德旺亲自负责，申请其余职位的则由邵天富负责；第二步是笔试，因为邵天富强调商业知识的重要性，所以试卷主要由"价格的构成因素是什么""营业柜组的3项直接费用是什么""订货合同应包含哪些内容"等有关问题构成。

广告登出后，应聘者达200余人，经过面谈，公司筛选出84名候选者进入笔试，84名候选者都过了关。申请副总经理职位的候选者学历较高，或有在其他单位任过高级领导职位的经历。他们大多十分自信，声称只应聘副总经理职位，只接受季佳福面试。其中有两人在与季佳福面谈时口若悬河，头头是道，给季佳福留下了深刻的印象。然而，季佳福与闵德旺总觉得不太放心，觉得所用的考评方法过于简单、传统。他俩商量之后，决定由闵德旺邀请人力资源管理教授程开瑜和他的助手华章讲师前来协助。

1. 现有考评方法的弊端

程开瑜、华章两人听取了季佳福、闵德旺两位对公司情况及招聘过程的介绍。程开瑜教授赞扬了公司所做的内外环境分析与战略设计，特别欣赏"服务与质量至上"的企业文化，认为这是公司最根本、最持久的优势。然而他指出，若认可这一前提，则所用的评选策略与方式应以之为依据。他对现有考评方法做出如下分析。

（1）现有考评方法主要测试应聘者的商业知识与经验，欠妥当。知识与经验固然重要，但它们主要是在计划经济条件下或至少是在其影响还很深的阶段的实践中获得的，这对公司目前打算试行的社会主义市场经济条件下的探索并无多大益处，甚至反而可能有害。考评的对象应是应聘者的综合素质，包括心理、道德、管理能力等方面。除了个别专门职位，如总会计师，必须加测其财会专业知识与经验外，对其余职位的应聘者应着重测评其素质。因为业务知识、经验可以传授和积累，只要素质好，学习过程可以很快。

（2）招聘广告中规定以5年以上商业实践为前提，是一种失策。省城大批国有企业改革，出现许多下岗职工与干部，其中不乏虽无从商经历但却受过系统而良好的工程技术或其他专业训练且素质优秀的人才。他们反应快、学习能力强，略加培训即可上岗，而且从接受公司文化角度来看，他们可能比在旧体制下工作多年、"改造"阻力大的商业工作者更易于接受新价值观。放弃这一宝贵资源，实在可惜。现在要补救这一失误代价太高，而推倒重来又不够现实。

（3）已用过的面谈法可以测评应聘者的部分素质，但为提高素质测评的效度与信度，不妨再补充两种测评方法。可适当借鉴发达国家在这方面的经验，如评价中心技术。根据现有条件，建议对已选出的84名求职者补一次笔试，然后对笔试表现优秀者组织一次"无领导小组讨论"，这正是评价中心技术中的一种。

2. 改进建议与方法

季佳福、闵德旺听罢，很感兴趣，要求两位老师详细解释他们的建议与方法。程开瑜教授认为，笔试试卷大体可包括两个部分：测试素质与能力（一般分析决策能力及专业职能管理能力）部分，测试价值观与态度部分。

一般分析决策能力测试可设计两篇综合性案例分析，涉及不同经营决策的比较与抉择，以及严格管理与以人为本两种管理风格的权衡与选用，进而评估应聘者的管理知识与潜质。这种案例分析并无标准答案，但可从应聘者的回答中看出其分析的逻辑严密性、决策基础的合理性、思维的创造性及书面表达能力的强弱。

专业职能管理能力测试可采用布置一项综合性作业的方式。例如，请应聘者为本公司周年大庆活动制订一项具体的计划，从中考察其对一定的职能领域（如促销、公关、行政、后勤、筹款、人力规划等）及全局统筹方面的兴趣、能力和经验，便于职务安排时用其所长。

价值观与态度测试较为不易，尤其是对诚实态度的测试，适宜在长期实践中考察。因为在使用问卷特别是选择题来考评时，应聘者往往只选"社会赞许性答案"，即只讲好听的漂亮话，而不暴露其真实想法。国内外对这类测试仍然缺乏合适的办法，但采用一些方法可在一定程度上测出应聘者的某些基本价值倾向，如对"为顾客服务""跳槽""创新""诚实"等问题的认识。

初步考虑，可对每一价值维度都列出从"正面"逐步过渡到"反面"的4条陈述句。例如，在对顾客的态度维度，第一条是"在社会主义社会中，即使是民营企业也应奉行顾客至上、服务与质量第一的原则，在顾客利益与企业利益矛盾时，也决不能违反此原则"；第二条是"顾客利益与企业利益要兼顾并重，根据具体情况决定，因为企业不能赔本经营，否则将无法维持"；第三条是"市场经济虽是社会主义性质的，但企业以营利为目标，质量与服务只是争取顾客的手段，所以前者是第一位的，后者是第二位的"；第四条是"不论在哪儿，做生意就是为赚钱，为此可以采用各种手段"。这并不是选择题，而是要求应聘者对4种态度加以评论，这就能在一定程度上回避"社会赞许性答案"，并能较深入发掘应聘者的深层思想。

价值观与态度测试中最棘手的是诚实态度测试，可对应聘者进行模拟情景考验。例如，到一家公司参加求职面试，在报名处等候，偶然拾起地上的一张纸，原来正是一张试卷。应聘者可能的反应是：①一字不看，立即将它交还给负责报名登记的工作人员；②紧张地匆匆看一遍，心中忐忑不安，归还时心中有些内疚；③冷静地悄悄收起来，回去细看，心想"反正不是我偷来的，它自己落在地上，不能怪我"；④大喜过望，暗想"今天运气真好，我正想怎么能搞来一份呢，马上出去跟也来报考的朋友一起研究怎么回答"。请应聘者对这些反应做评论。程开瑜、华章还建议把邵天富出的考题作为另一部分也纳入这一试卷内。

3. 改进实践

季佳福、闵德旺对这种考题设计构想表示满意，并感到新奇，便请程开瑜、华章尽快把细节确定下来，然后设计试卷。经过一整天的努力，考题定稿，交付打印，次日便借用附近一所学校的教室，对面试筛选出的84名应聘者进行了笔试。经认真阅卷评分，公司选出56名应聘者分派到各级干部岗位上，其中仅7名为"部长"以上"高干"（总会计师因特殊专业能力要求，不经此途径选拔）。经商定，公司尚需对7名"高干"进行"无领导小组讨论"形式的考察，以加深对其了解，另从笔试优秀的"部长助理"和"商品主任"（多是年轻人）人选中分别选出5人和3人来参加讨论，以测评其未来发展潜力。这样便共有15人充当被测试者，公司进一步将其分为5人一组（共3组）参与这一轮活动。

"无领导小组讨论"是在不指定讨论主持人的情况下，让大家就其中一个主题，通常是一个小型案例或一张剪报上的新闻事件等各自发表意见，根据每人在给定时间的讨论中自发表现出的角色行为来判断其角色倾向及在若干既定考评维度（如主动性、协调能力、分析逻辑性、思维独创性、口头表达能力等）上的强弱。

这轮考察中，3个小组讨论的是同一个小型案例，涉及一家小型个体户经营战略的选择。每小组讨论1小时，在一个封闭会议室内进行。考评者发下案例文件后便走到室外，由请来的摄像师将讨论的全过程拍摄下来。讨论结束后，考评者们根据录像对每个人的潜质进行评估，并以百分制对个人在既定考评维度上的表现进行量化评分。拍摄录像不仅可以使被测试者不紧张，而且可以反复播放，考评者可边观看边交流讨论。3个小组的共同点是：无人意识到考察的是角色行为，都以为考察的是对所给案例内容的见解，因而积极地对案例中两种备选战略的优劣发表意见，这反而使其言行更为自然可信；年轻位低的人都较为寡言退缩，只附和别人的见解，很少提出个人创见，这种现象并非因意识到被观察而紧张，而是缺乏自信的缘故。

这种方法确实能让考评者看到被测试者较为真实的表现。例如，一个有硕士学历和较高职位背景的人在讨论中滔滔不绝，几乎独占了约一半的讨论时间，但他的发言明显有卖弄新潮术语、炫耀知识的倾向，且出现概念误用等错误。季佳福看了后，说："这办法好。我跟他面谈过，印象不错，想过让他当副总，看了录像，才发现他欠踏实，太浮躁，恐怕得先在助理之类的岗位上考察锻炼下。"

这次考评选拔活动结束后，程开瑜教授向季佳福、闵德旺说明考评结果是否准确可信尚无定论，还要等待实践考验。他还建议，在适当时间可请省城有关心理咨询单位对各副总经理与"部长"们做一次性格测试，以便深入了解其心理特点与素质，这也是评价中心技术的一个重要组成部分。送走了程开瑜、华章后，季佳福对闵德旺说："还是有收获的，见识了一些新玩意，但灵不灵，还得走着瞧。"

讨论题

1. 本案例给予我们什么启示？
2. 如何将人员招聘与企业战略结合起来？

本章思考题

1. 请分析不同企业战略下的招聘策略。
2. 阐述战略视角下的人员招聘工作须注意的问题。

第五章 胜任素质模型

引导案例

某美国保险公司某年聘用了 5 000 名推销员,并对其进行了岗位培训,每名推销员的培训费高达 3 000 美元,结果聘用 1 年后有一半人辞职了,4 年后这批人员只剩下 1/5。究其原因,在推销人寿保险的过程中,保险推销员不得不一次又一次面对被人拒之门外的窘境。该公司向宾夕法尼亚大学的心理学教授塞利格曼请教,并请他来公司检验关于"在人的成功中乐观的重要性"的理论。塞利格曼对 1.5 万名参加过两次测试的新员工进行了跟踪研究。研究表明,在乐观测试中取得"超级乐观主义者"成绩的人工作任务完成得最出色,第一年其推销额比"一般乐观主义者"高出 21%,第二年则高出 57%。从那以后,通过乐观测试便成为该公司录用推销员的一个条件。

案例思考
1. 该保险公司在人员筛选中为何运用乐观测试方法?
2. 此案例对选拔人才有什么启示?

第一节 胜任素质理论

一、胜任素质的概念

胜任素质的概念最早可追溯到古罗马,当时人们通过构建胜任剖面图来说明"一名好的罗马战士"是什么样的。

胜任素质是个体所具备的能够以之达成或预测优秀工作绩效的内在基本特征和特点。它包括动机、特质、自我概念、态度、价值观、知识、技能、认知方式、行为模式等要素。简单地说，胜任素质就是决定个体在既定职位上能够达成优秀工作成果的那些内在特点。

二、胜任素质理论的产生与发展

胜任素质理论体系的创立是一个长期的过程。1911年，"科学管理之父"弗雷德里克·温斯洛·泰勒出版了《科学管理原理》，他认为：人与工作是有差异的，一个人不可能胜任太多工作，一项工作不可能任何人都能胜任；每个人都有自己最擅长的工作和最不擅长的工作；优秀工人与一般工人完成工作的质量和效率存在差异。因此，他通过"时间－动作分析"的方法界定哪些因素导致优秀工人高效率的工作过程和高质量的工作结果，同时采用系统培训来提高工人在这些方面的能力，进而提高组织绩效。由于提出了"管理胜任力运动"，弗雷德里克·温斯洛·泰勒成为最早运用工作分析方法系统研究胜任特征的学者。

1933年，卡尔·桑德斯和威尔逊提出，胜任素质的内涵可以用当时各种职业主要的和显著的特征来描述与判断。例如，人们曾将行业特征描述为各种职业的胜任特征。在胜任素质测验中，他们把胜任特征看作专业化的智慧，而不是实际的操作技能，这是胜任素质最初的含义。

1958年，戴维·C.麦克莱兰等人发表了著作《才能与社会——人才识别的新角度》，其中并没有出现"胜任力"或"胜任素质"概念，主要阐述具有某些个性特征的人与其所表现出的工作取向之间的因果关系。

1959年，罗伯特·怀特在《心理学评鉴》杂志上发表了论文《再谈激励——胜任力的概念》。在这篇论文中，罗伯特·怀特第一次正式提到与"人才识别"和"个人特性"有相关意义的"胜任力"（competence）一词，当时他主要从激励角度来讨论。1963年，罗伯特·怀特在《生活探索》杂志上发表了另一篇与胜任力相关的文章——《人际关系胜任力》，此文对胜任力与社会生活之间的关系进行了更深入的分析和探索。

20世纪50年代初，美国国务院感到过去以智商为基础选拔外交官的效果并不理想，许多表面优秀的人才在实际工作中却令人失望。1971年，戴维·C.麦克莱兰创立的管理咨询公司应邀承担美国新闻总署"如何选拔高效能的海外文化事务官员"项目，此项目意在帮助美国政府挑选驻外联络官，以及为美国政府设计一种能够有效预测实际工作业绩的人员选拔方法。在项目实施过程中，戴维·C.麦克莱兰应用了奠定胜任素质方法基础的一些关键性理论和技术，例如，抛弃对人才条件的预设前提，从第一手材料出发，通过对优秀外交官与一般外交官的具体行为特征进行比较分析，识别能够真正区分工作业绩的个人条件。

1973年，戴维·C.麦克莱兰在《美国心理学家》杂志上刊发了论文《测量胜任力而非智力》。在该文中，他自创了一个英文单词——"competency"（在中文里被翻译为资质、胜任力、胜任特征、胜任能力、竞争力、素质等，本书翻译为"胜任素质"）。该文从6个方面对测量胜任素质进行了说明。

对"胜任素质"的界定，除戴维·C.麦克莱兰在《测量胜任力而非智力》中所定义的"能区分在特定的工作岗位上和组织环境中绩效水平的个人特征"以外，其他研究者也提出了观点。美国学者理查德·博亚特兹是第一个经过深入研究写出素质模型开发相关书籍的人。理查德·博亚特兹在其《有效管理者——高绩效素质模型》中，通过将工作要求、组织环境、个人素质3个绩效影响因素联系起来，扩展了素质模型设计的观点，也因此使素质被广泛理解为导致高绩效的一种潜在特质。美国学者莱尔·M.斯潘塞和塞尼·M.斯潘塞在其所著的《工作素质——高绩效模型》一书中指出，素质是在工作中产生高效率或高绩效所必需的人的潜在特征，且只有当这种特征能够在现实中带来可衡量的成果时其才能被称作素质。

第二节　胜任素质模型的构建

一、胜任素质模型的含义

胜任素质模型就是为完成某项工作、达成某一绩效目标，要求任职者具备的一系列不同素质要素的组合，包括动机表现、个性与品质要求、自我形象与社会角色特征、知识与技能等。也就是说，若干数量的胜任素质有机地结合在一起，针对某个既定职位的要求构成一个胜任素质集合体，这个集合体就是胜任素质模型。

可见，胜任素质模型是对高绩效工作所需要的胜任素质的规范化文字性描述和说明。在素质体系发展过程中，理查德·博亚特兹通过对大量原始资料的重新分析和研究，归纳出了一组用来寻找和辨别优秀经理人员的胜任素质，这种有效的胜任素质组合就是胜任素质模型的雏形。

二、胜任素质模型的理论基础

1. 素质冰山模型

莱尔·M.斯潘塞和塞尼·M.斯潘塞依据著名心理学家弗洛伊德的"冰山原理"，于1993年提出了"素质冰山模型"（见图5-1），即以海洋中巨大的冰山来说明素质模型。冰山在水面上显露的微小部分被表述为技能、知识等要素，它们是显性的表层特征，是可直接测量的、容易被感知的、通过培训较易提高的要素。冰山在水面下未显露的更大部分被表述为社会角色、自我形象、社会特点、动机等要素，它们是隐性的深层特征，是难以测量的、长期形成的、决定个人胜任素质的要素。

图5-1　素质冰山模型

技能是指员工将工作做好所需要的基本技术，如计算机操作技能。知识是指员工完成工作所需要的专业知识，如会计专业知识。社会角色是指一个人在别人面前显示出的形象，是一种"外露的自我"，如某个人看上去是领导者或追随者，它反映一个人的价值观。自我形象是指一个人如何看待自己，是一种"内在的自我"，或者说是一种内在自我定位，如某个人希望成为将军或教师。社会特点是一个人的行为中相关联的、持续的特性，这些特性既体现一种个人认知，也体现一种社会心理，如某个人是一个很好的倾听者，能够从看上去没有联系的因素中发现线索。动机是一个人在一个特殊领域中自然的、不变的思想和倾向，如成就感、从属关系和权力欲，它驾驭、指引和决定一个人的外在行为。

戴维·C.麦克莱兰对素质冰山模型做了进一步拓展。他把水上部分称为基准性能力特征，即工作的基本素质要求，基准性能力特征并不能把表现优异者与表现平平者区分开来；把水下部分称为鉴别性能力特征，鉴别性能力特征是区分表现优异者与表现平平者的关键要素。同时，他将能力分为知识、技能、社会角色、自我概念、品质、动机6类，共4个层次。

水面下决定胜任素质的要素对取得良好的业绩起决定作用，企业有必要在人员招聘和管理中着重于这些潜在特质的发现与挖掘。

2. 素质洋葱模型

理查德·博亚特兹对戴维·C.麦克莱兰的胜任素质理论进行了深入研究，提出了素质洋葱模型。

素质洋葱模型是将胜任素质要素结构描绘成一个由内到外、层层包裹的洋葱形状，最核心的要素是个性/动机，向外依次为自我形象、价值观、社会角色、态度、知识和技能。

越处于外层，该素质要素越易于培养和评价；越处于内层，该素质要素越难以培养和评价。

素质洋葱模型与素质冰山模型本质上是一致的，都强调核心素质或基本素质，都认为核心素质或基本素质可以决定一个人的长期绩效。但素质洋葱模型更突出潜在素质与显现素质的层次关系，比素质冰山模型更能说明素质要素之间的关系。

三、胜任素质模型的一般构建流程

胜任素质模型的构建一般采用工作胜任力评估法（JCAM）。这是一种严密的、实证性的分析方法，早在戴维·C.麦克莱兰等人负责美国新闻总署项目时就已经开始使用了。利用这种方法建立胜任素质模型的基本步骤如下。

第一步，对既定职位进行全面分析，确定高绩效模范员工的绩效标准。

第二步，对高绩效员工进行分析和比较，建立初步的胜任素质模型。

第三步，对初步建立的胜任素质模型进行验证，使之具有足够的效度。

用 JCAM 建立胜任素质模型的流程如图 5-2 所示。

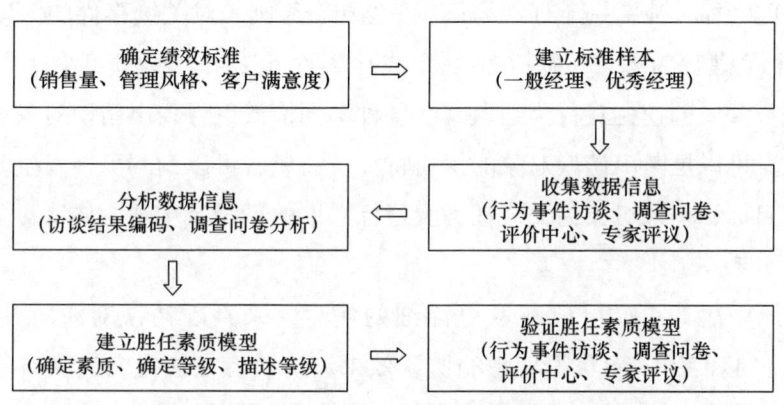

图 5-2　用 JCAM 建立胜任素质模型的流程

表 5-1 是某企业一般管理职位的胜任素质模型框架，表 5-2 列举说明了表 5-1 中"战略前瞻性"这项素质要素的行为表现等级。

表 5-1　　　　　　　　一般管理职位的胜任素质模型框架

智力要求	人际交往	成就导向	适应能力
战略前瞻性	说服力	内驱力	灵活性
分析力	人员管理能力	主动性	弹性
商业判断力	决策力	组织能力	—
计划能力	交流技能	影响力	—
—	人际敏感性		

表 5-2　　　　　　　　　　　"战略前瞻性"行为表现等级

正向行为	负向行为
能够不拘泥于细节，看到更主要的问题	忽略要达成的目标
获取更广泛的信息	全神贯注于眼前的信息
能够有逻辑地评估产生不同影响的、变化的力量	对未来发展和可能性只有短期的认识
能够对长期目标保持清晰的认识	不能合理安排短期目标和长期目标的优先次序
从长期目标出发，构建组织资源、行动规则和价值观	做权宜之计，忽略利于达到企业目标的价值观

注：战略前瞻性是指把握企业愿景与长期发展目标，并采取有创造性和洞察力的战略行动的能力。

四、胜任素质的识别方法

1. 行为事件访谈法

行为事件访谈法（BEI）已被实践证明是获取行为证据的最好方法，它一般包括对关键事件的深度行为访谈、主体统觉测试两项技术，并遵循行为事件 STAR（situation——情景，task——任务，action——行动，result——结果）原则。对关键事件的深度行为访谈基本围绕 4~6 个关键行为事件（包括 2~3 个成功事件和 2~3 个挫折事件）展开。通过针对每个事件进行深入的挖掘式行为访谈，在各种不同情景下寻找出访谈对象相对稳定的行为模式，访谈者可以推断出访谈对象的素质特征。访谈者可以询问事件发生时访谈对象要完成的任务及目标、访谈对象为完成任务及目标采取的行为及步骤、访谈对象当时的行为结果。

将 STAR 原则融入 BEI 可以获取更详细的信息，来判断访谈对象陈述事件的真实性，只有两者一起使用才能获得理想的访谈效果。访谈者往往先向访谈对象提出一些简单的问题，如工作内容、一天的工作流程等，让访谈对象尽快融入访谈氛围中，再层层深入地挖掘访谈对象的素质特征，循序渐进地完成访谈，这样更容易得到相对准确的信息。在访谈过程中，访谈者可以根据自己的理解将事件重新描述一遍，以免理解错误。

2. 演绎法

演绎法从企业的使命、愿景到战略，再到员工行为，进行逐步推导。使用演绎法时，首先要考虑如果想实现企业战略目标，企业需要什么样的能力；然后看相应的部门需要什么业绩；最后看员工要完成什么样的任务，需要具备什么样的素质。通过这样的推导，胜任素质就自然定义出来了。

3. 外部标杆法

外部标杆法就是从外部找标杆，借鉴国内外知名企业的成熟经验，了解这些企业的优秀员工具备哪些重要素质，把这些素质和本企业的实际情况结合起来确定胜任素质。这样建立的胜任素质模型具有一定的超前性。

4. 问卷调查法

问卷调查法是以书面形式间接搜集信息的一种调查手段。这种方法通过向被调查者发出简明扼要的征询单（表），请其填写对有关问题的意见和建议，间接获得信息。问卷调查法经常被用于大范围调查在职者和相关者，以检验前期所建模型的正确性。

设计问卷时，以设计一个中等长度的问卷（两页左右）为宜，可设计封闭式问卷、开放式问卷、混合式问卷。问卷调查采用匿名的方式，问卷中须对有争议的名词进行解释。设计问题时，要考虑问题是否超出答题人的理解能力、记忆能力、计算能力等。对于敏感问题，可以设计一些模糊的答案。在问卷最后，可以编写一些结束语。问卷初稿设计完成后，可先请相关工作岗位人员对问卷的设计、问题的表述等提出意见，然后进行修改，最后确定终稿。问卷收回后，要进行统计，并分析统计结果，计算每项胜任素质的平均分和分数的分散程度，最后得出结果，将结果列出，形成岗位胜任素质模型。

5. 工作分析法

工作分析法是指通过系统全面的信息收集手段，获取相关工作的全面信息，以对某特定工作职位做明确规定，并确定完成这一工作需要什么样的素质的方法。工作分析法多种多样，其中，工作日志法是目前较典型且应用较广泛的方法之一。工作日志法是让任职者按时间顺序详细记录自己的工作内容与工作过程，然后通过归纳、分析达到工作分析目的的方法。

具体实施时，一般由人力资源部相关工作人员根据过去的工作经验和工作日志法的相关资料，编制工作日志表及其填写要求和说明。根据胜任素质理论，应重点选取业绩较好的人员填写工作日志。通过对所有填写人员的工作日志进行分析，可总结出岗位胜任素质。采用工作日志法提取胜任素质时，应主要从工作行为入手，一方面描绘工作的具体内容，另一方面提出完成工作所需的技能和性格特征。工作日志法可以和行为事件访谈法、问卷调查法等方法结合使用来识别胜任素质。

第三节　基于胜任素质模型的招聘与甄选

一、胜任素质模型的应用

1976年，戴维·C.麦克莱兰出版《职位胜任素质测评指导》，表明胜任素质理论和方法开始应用于实践。1978年，克莱姆的专著《职位胜任力测评》面世，对胜任素质模型的发展起到重要的作用。1989年，莱尔·M.斯潘塞和塞尼·M.斯潘塞对科学界、教育界、制造业、销售业、服务业、政府机构、军队等组织中的200多种工种进行了研究，分析了几百项与优秀绩效相关的工作行为，最终归纳出21项胜任素质要素，构建了技术人员、销售人员、社会服务人员、经理人员和企业家5大类人员的行业通用胜任素质模型，这是迄今为止最有影响力的胜任素质模型之一，也是最早的有关销售人员的胜任素质模型。20世纪90年代，胜任素质概念被普拉哈拉德和哈梅尔带入了新的层次，他们提出了组织分析框架，把个体层次的胜任素质概念置于"人－职位－组织"匹配框架中。1994年，戴维·C.麦克莱兰、莱尔·M.斯潘塞和塞尼·M.斯潘塞合作出版《胜任素质评估方法》，标志着胜任素质的研究重点转向如何将岗位胜任素质与人力资源相结合，以及如何在人力资源管理的各个领域内进行具体运用。

在众多专家和研究机构对胜任素质进行研究和开发的同时，许多组织也开始注重将胜任素质引入实际管理应用中，这些组织包括企业、政府机构和非营利机构。20世纪90年代起，一些企业和专业研究机构开始着手将胜任素质模型引入人力资源管理体系中，胜任素质模型在招聘与甄选流程中发挥了根本性的作用。在过去的招聘实践中，招聘人员往往以为自己知道要寻找的是哪类人，而且会根据自己对这类人的理解去选择或设计一些招聘与甄选方法，但是其所依据的经验式标准及所使用的招聘与甄选方法往往过于主观。而利用已经建立起来的有效胜任素质模型进行招聘与甄选时，招聘人员在招聘中关注的将是应聘者所具备的那些能够实现企业绩效指标的心理特征和行为模式，而非那些无关紧要的因素。

二、基于胜任素质模型的招聘与甄选操作程序

在有效运用胜任素质模型，招聘与甄选出达到录用标准的应聘者后，这些被录用者在工作中往往能够创造令人满意的绩效。这一点已经被亨特等人进行的一项研究所证实。他们通过对81项独立调查研究项目的结果进行分析与整合，发现那些在胜任素质具备程度上比一般员工高出一个标准差的优秀员工所能给组织带来的额外价值可以高达47%～120%。另外，由其他学者进行的一项研究显示，基于胜任素质模型的甄选投资收益

率可以高达 2 300%。可以说，基于胜任素质模型的招聘能够吸引那些具备了很难或无法通过培训与开发获取的个体特征的应聘者，使甄选过程更加有效，有助于提高组织的绩效水平。

国际人力资源管理研究院（IHRI）在将胜任素质理论和模型运用于人力资源招聘与甄选方面进行了大量的研究和尝试，并建立起一套完整的基于胜任素质的招聘与甄选操作体系（CBRS）。其核心内容是，先根据已建立并经过验证的胜任素质模型确定出一组最合适的甄选工具，然后按照制定出的标准对应聘者的胜任素质状况开展测量和评估，最后通过入职匹配技术等专用程式做出甄选决定。企业 CBRS 的具体操作程序如下。

1. 确保招聘人员具备推行 CBRS 的若干项胜任素质

推行 CBRS 的企业的招聘人员本身必须具备一些基本的胜任素质，否则难以保证 CBRS 成功运作。

2. 明确来自各方面的要求及职位本身的要求

所有具体职位的存在都是由企业战略目标决定的。确保既定职位的绩效任务与企业战略方向一致，是进行职位分析并将之与招聘管理工作联系起来思考的基点。因此，企业要从战略需求出发，对职位的特性和要求进行全面了解和分析。

3. 根据已建立并经过验证的胜任素质模型来完成或修正职位说明书

根据已建立并经过验证的胜任素质模型来完成或修正职位说明书是建立和运用 CBRS 程序的核心所在，也是保证后续程序有效进行的基础。

4. 确定招聘来源

确定招聘来源是指根据职位复杂程度和重要程度，确定不同的招聘渠道。需要注意的是，不论选择哪种招聘渠道，都要把重心放在职位所需要的胜任素质上，同时瞄准那些曾经出现过高绩效应聘者的招聘渠道。

5. 制定基于胜任素质模型的聘任申请表和甄选标准

聘任申请表的内容除了要包括应聘者个人的基本信息外，还要包括大量与胜任素质相关的问题。招聘人员要根据胜任素质模型的要求和职位说明书中的其他具体规定和要求，制定详细的甄选标准，然后根据制定出的甄选标准对聘任申请表进行审核，对应聘者进行初步甄选。

6. 进行行为面试

行为面试是 CBRS 中的核心工具。统计资料显示，在各种甄选工具中，行为面试的预测效度仅次于评价中心，甚至有证据进一步证明，行为面试在许多情况下同样能达到评价中心的评估效果。

7. 运用其他辅助工具或强化工具对应聘者进行进一步测评

采用心理测评、评价中心、人职匹配技术等测量工具进行辅助或强化测评，可对通过行为面试得出的应聘者胜任程度进行实证性测量和评估。

8. 背景审核和做出聘任决定

背景审核是基于胜任素质的查核行为，要避免在一些无谓的问题上纠缠不清。做出聘任决定可能产生两种结果：一是所有应聘者都没有达到录用标准，需要重新开始招聘活动；二是有应聘者达到录用标准，可以发出录用通知。

A 公司项目团队主管岗位的胜任素质模型构建与应用

A 公司作为第三方互联网服务商，一直从事银行等金融机构变革中产生的业务，例如，银行电子化、技术创新化、社会营销化、场景化等不同需求衍生出的技术升级项目、App（应用程序）定制或升级项目、银行电商平台开发和运营项目、微信银行开发项目等。这些项目往往有跨地域、交付周期短、需求多变、复杂性高等特点。这就需要公司选拔和储备项目团队主管，当有新的项目立项时，可以快速启动，迅速组建项目团队，响应客户多变的需求，提高客户满意度；也需要公司建立项目目标、团队驱动机制。在这个过程中，项目团队主管的素质极其重要。公司需要对项目团队主管的素质进行甄别和评估，建立该岗位的胜任素质模型。

一、项目团队主管的主要情况

目前，公司共有 22 名项目团队主管，主要集中在运营部、产品部、技术部，其在项目中向项目部项目总监或各自的直线经理汇报。

二、面向银行业务的项目团队主管岗位职责

银行业务的特点是项目交付要求高、需求变更频繁、流程长、决策慢、客户关系复

杂，因此需要项目团队主管有比较高的项目管理水平。由于项目的复杂程度和期限不同，一般来说，项目团队主管都要负责数个项目。此外，一名项目团队主管可能在某个项目中是项目负责人，在另一个项目中是组员，这对项目团队主管提出了更高的要求。

三、面向银行互联网业务的项目团队主管胜任素质模型开发流程（见图5-3）

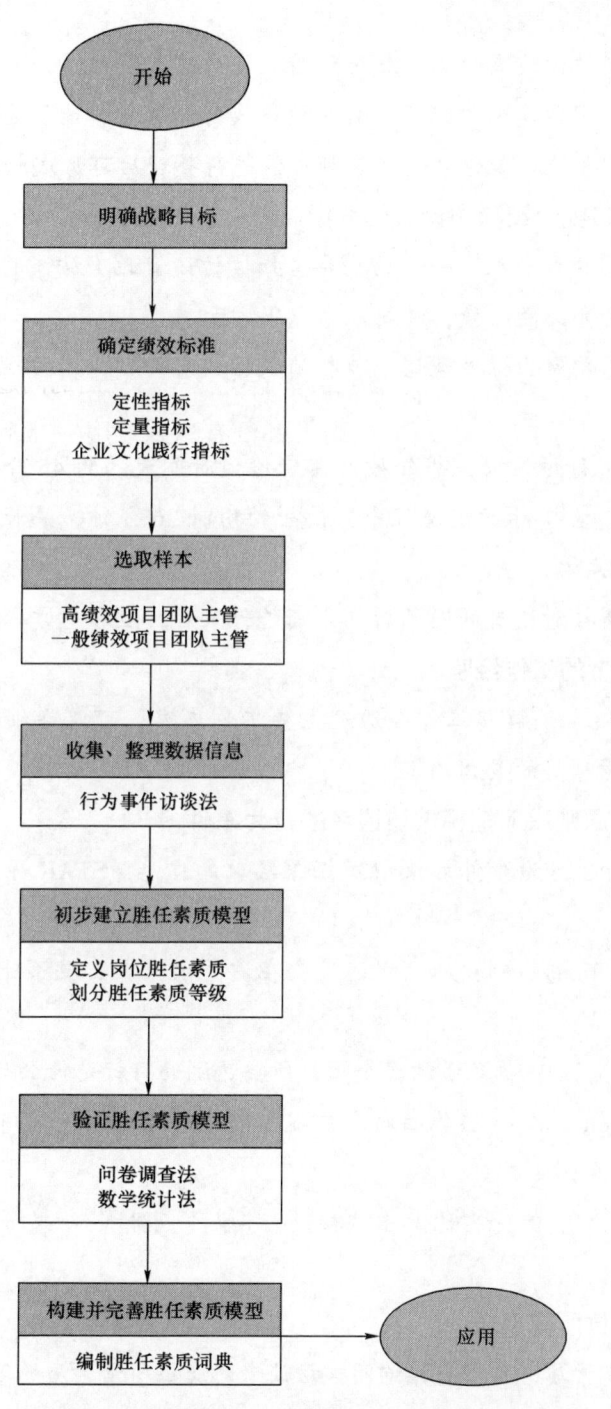

图5-3　面向银行互联网业务的项目团队主管胜任素质模型开发流程

四、面向银行互联网业务的项目团队主管胜任素质模型开发方法

选取样本，并采用行为事件访谈法对数据进行收集。在 A 公司的项目团队主管中，挑选 5 名绩效优秀的项目团队主管和 5 名绩效一般的项目团队主管进行每人 45 分钟左右的访谈。

1. 访谈准备

在访谈前，调出被访谈者的工作履历和绩效评分，了解被访谈者的背景，准备访谈提纲和录音设备。通过了解其工作经历来引导被访谈者环环相扣地讲述故事和回答问题。使用录音设备能够更完整地记录信息，对音频文件进行整理后可形成相应的访谈资料。

2. 访谈者进行自我介绍和访谈目的介绍

访谈者作为访谈的负责人，一开始就要告知被访谈者此次访谈的目的和流程，以打消对方的顾虑。在进行介绍的时候，需要注意以下方面。

保密：访谈者需要做出保密承诺，以打消被访谈者的顾虑，防止被访谈者过于紧张或不接受访谈。

时间要求：在进行访谈前，告知被访谈者访谈时间大约为 45 分钟，以让对方做好心理准备及时间安排。在实际访谈过程中，最短的用时 26 分钟，最长的用时 1 小时，平均访谈时间为 50 分钟左右。

录音规范：征得被访谈者的同意后，方可进行录音，应和对方强调保密性。

3. 了解被访谈者的工作经验

访谈者向被访谈者了解其工作经历及主要工作内容，可以详细了解其团队的具体人数、分工，以及负责项目的具体内容。

4. 借助 STAR 原则深入挖掘被访谈者的行为事件

STAR 原则用于在行为事件访谈中发掘深层次的信息。STAR 原则主要用于提出以下几个方面的问题。

（1）情景（situation）。例：麻烦描述下，在这个项目中出现了什么样的情景？你当时是如何处理的？

（2）任务（task）。例：你负责的这个项目所要达到的目标是什么？具体包括哪些工作？

（3）行动（action）。例：当你面对客户提出的这个要求时，采用了什么样的行动？为什么？

（4）结果（result）。例：当你做出这样的行动后，事情的结果如何？客户有什么样的反应？

5. 询问验证岗位所需素质

为验证岗位所需素质，可以直接询问被访谈者对岗位所需素质的理解。由于被访谈者会倾向于用自己习惯的思维方式和固有的语句来表达观点，因此访谈者需要采用一些技巧来循

循善诱，不断地反复确认、求证，以确保理解被访谈者的表述。具体询问验证方法如下。

直接提问：用直接提问的方式来了解项目团队主管岗位的胜任素质比较简单明了。

归纳总结：依据被访谈者提到的故事总结胜任素质，反复与被访谈者确认。

旁敲侧击：通过被访谈者对他人优秀特征的归纳，得到初步的胜任素质印象，以方便后续编码分析。

6. 设计结束语，对被访谈者表示感谢，并与其建立友好的关系

在访谈快要完成的时候，应该对被访谈者表示感谢，与之建立友好的关系，为回访和接下来的问卷调查打好基础。

五、面向银行互联网业务的项目团队主管胜任素质模型的建立

对于经过访谈得到的胜任素质，先除去频次低于6次的，再将其按专业知识、通用能力、管理能力和职业素养4个方面进行归类，并对每一项胜任素质进行定义和行为表现等级划分。由于银行互联网业务需要协调的内外部关系和资源特别繁杂，因此在通用能力和职业素养中分别增加协调能力和责任心，这两项胜任素质的行为表现等级见表5-3、表5-4。

表5-3　协调能力的行为表现等级

等级	行为表现
一级	协调能力较弱，掌握的交流方式较少，无法较好地应对人际交往中的不和谐状况 无法将相关的力量聚集起来，以彼此协助、配合
二级	存在一定的协调能力，可以进行有效的沟通与协调，但在处理比较大的冲突和分歧时略力不从心 对项目内外部可能出现的冲突存在一定的认识
三级	对项目内外部人员在行动和思想上的分歧有清楚的认识 知道通过什么方法和途径，以及借助什么资源来进行协调
四级	对项目内外部产生的不和谐行为有协调的能力，会尽可能将冲突扼杀在摇篮中 在处理冲突的时候，可以得到大部分个体的认可
五级	可以对内外部各利益方进行协调，保证项目目标的实现 可以把自身掌握的协调方式、经验传授给其他个体 可以将相关力量聚集起来，以彼此协助、配合，并发现隐藏的矛盾

表5-4　责任心的行为表现等级

等级	行为表现
一级	仅仅能按上级要求完成本职工作 出现问题时，有推卸责任的行为
二级	可以较好地依据要求来开展工作，对自身的工作非常负责 不会推卸责任，出现错误的情况不多

续表

等级	行为表现
三级	工作认真，耐力好，思考问题周全
四级	工作极为认真，追求极致 工作中能够主动承担大部分责任
五级	对团队中的个体有非常高的责任心，尽最大力量协助团队中的个体改善工作效果

用图形表现的面向银行互联网业务的项目团队主管胜任素质如图5-4所示。

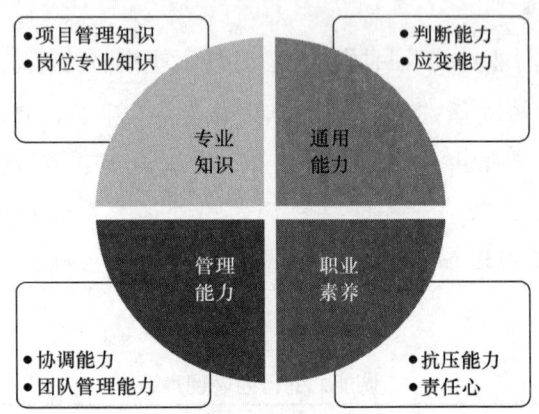

图5-4　面向银行互联网业务的项目团队主管胜任素质

用问卷调查法验证以上胜任素质，问卷调查结果见表5-5。

表5-5　问卷调查结果

被评价者		近两年的绩效考核分数	胜任素质反馈平均分							
			项目管理知识	岗位专业知识	判断能力	应变能力	协调能力	团队管理能力	责任心	抗压能力
优秀组	1	4.2	4.2	4.1	4.2	4.3	4.5	4.0	4.1	4.2
	2	4.1	4.0	4.5	3.8	4.0	4.2	3.8	4.2	4.0
	3	4.5	4.3	4.5	4.0	4.2	4.5	4.5	4.5	4.0
	4	4.0	4.0	4.2	3.8	3.9	4.2	4.1	4.2	4.0
	5	4.3	4.5	4	4.1	4.2	4.5	4.2	4.3	4.4
一般组	1	3.5	3.7	4	3.6	3.5	3.4	3.5	4.0	3.5
	2	3.0	3.5	3.5	3.4	3.4	3.2	3.1	3.5	3.5
	3	3.2	3.5	3.4	3.6	3.5	3.5	3.6	4.0	3.7
	4	3.7	4.0	4.0	3.6	3.7	4.0	3.7	4.0	3.4
	5	3.1	3	3.8	3.5	3.6	3.2	3.5	3.2	3

被评价者共 10 人（5 名绩效优秀者，5 名绩效一般者），其近两年的绩效考核分数和这 8 项胜任素质有显著相关性，说明胜任素质模型是有效的。

六、面向银行互联网业务的项目团队主管胜任素质模型在招聘中的应用

根据胜任素质模型对招聘与选拔进行调整，修改职位说明书，培训面试官，建立统一的面试评估标准后，可以通过表 5-6 中的指标看到，在招聘渠道相同、曝光量相同的情况下，该胜任素质模型在新媒体运营项目团队主管招聘上的应用效用。

表 5-6　　　　　　　　　　新媒体运营项目团队主管招聘表

比较项	说明	调整前	调整后
筛选面试比 （通知面试的人数 / 应聘人数 ×100%）	得到的数值越大，就意味着应聘者和岗位要求相符的程度越高，招聘广告发挥了筛选的作用	5%	10%
初试通过率 （通过初试的人数 / 通知应聘的人数 ×100%）	得到的数值越大，就意味着和岗位要求相符的应聘者的数量越多	40%	40%
复试通过率 （通过复试的人数 / 通过初试的人数 ×100%）	得到的数值越大，就意味着和岗位要求相符的应聘者的数量越多	50%	66.7%

A 公司构建的该岗位胜任素质模型也进一步被应用到公司的绩效管理和培训管理中，取得了良好的成效。

讨论题

1. A 公司是如何构建面向银行互联网业务的项目团队主管胜任素质模型的？
2. A 公司面向银行互联网业务的项目团队主管胜任素质模型的建立对你有什么启发？

本章思考题

1. 胜任素质理论是怎样产生与发展的？
2. 什么是素质冰山模型？胜任素质模型有哪些类型？
3. 胜任素质模型的一般构建流程是怎样的？
4. 基于胜任素质模型的招聘与甄选操作程序是怎样的？

第六章 中高级人才的招聘与配置

引导案例

一、引言

B轮胎公司小会议室里的气氛异常热烈,公司技术部部长招聘委员会的评委们正在对技术部部长的人选问题进行激烈的讨论。

B轮胎公司是一家具有悠久历史的轮胎生产企业。公司现有9个斜交轮胎生产分厂、2个子午线轮胎生产分厂和5个辅助生产分厂,共有员工2万多人,生产各式花纹的载重汽车轮胎、轻型卡车轮胎、工程车轮胎、农用车轮胎和轿车轮胎。

多年来,公司为我国轮胎行业发展做出了卓越的贡献。但在进入20世纪90年代以后,一些国际知名的轮胎生产企业纷纷看好中国市场,或与中国轮胎企业合资,或独立投资建厂,使中国轮胎市场竞争愈加激烈。在此情形下,B轮胎公司在管理上的弊端逐渐显露,表现为工作安排不合理,不能充分发挥员工的积极性,人才大量流失,产品质量下滑,市场份额下降,这使企业处于不利的局面。B轮胎公司的高层意识到人才是企业真正的核心竞争力,是企业最重要的资源。发现在管理上存在问题以后,B轮胎公司加大改革力度,加快机制转换,提高对专业技术人员的激励水平,改善专业技术人员的待遇,提高专业技术人员任用的透明度,在人才选拔与任用上不拘一格,改变以前以内部提拔为主的用人方式,实行内部提拔与外部聘用相结合的用人机制,大胆起用优秀人才。通过以上措施,公司吸引了大量的人才,经济效益有了明显的提升。

技术部是B轮胎公司的核心部门,负责全公司轮胎生产工艺过程的设计和监督,以及新产品的研发。轮胎生产要经过炼胶、压出、压延、贴合、成型和硫化6道工序,工艺极其复杂,其中任何一道工序出现问题,都会对轮胎的质量产生影响。随着轮胎行业竞争不断加剧,各轮胎生产企业都意识到谁拥有更新、更先进的产品,谁就有机会占有更大的市场份额,使自己在竞争中处于有利地位,于是都加大了对新产品的研发力度,增加了对新产品的研发投入。B轮胎公司也加大了对新产品的研发力度，不断创新，以期在竞争中获得优势，这使技术部在公司中的地位愈加重要。技术部部长是技术部的核心人物，全面负责技术部的工作，直接对总工程师负责。技术部工作开展得是否有效，或者说技术部部长的工作开展得是否有效，将对公司产生重要影响。

去年，在技术部部长赵尔卓退休后，公司决定改变以往技术部部长由炼胶分厂技术主任提拔而来的惯例，实行对内、对外公开招聘。这吸引了公司内外26名候选人参加竞聘。在这26名候选人中，15人来自公司内部各技术部门，11人来自其他轮胎生产企业，基本情况见表6-1。

表6-1　　　　　　　　　　技术部部长候选人基本情况

年龄结构	25~30岁		31~35岁		36~40岁		41~45岁	
	1人	4%	12人	46%	10人	38%	3人	12%
教育结构	研究生		本科		大专		中专	
	1人	4%	20人	77%	5人	19%	0人	0%

技术部部长的招聘考试工作在公司小会议室如期进行。26名候选人经过4轮笔试和面试后只剩下5人，排在前两名的是陈东升和李海鹏。陈东升和李海鹏得分相近，超出第三名很多，看来技术部部长职位要从他们二人中选择一人来担任。

二、候选人背景

1. 候选人陈东升

候选人陈东升毕业于某大学橡胶工艺专业，毕业后到B轮胎公司工作。他曾在炼胶分厂实习一年，对炼胶分厂的情况比较了解，又到其他各分厂实习了半年，后被分配到B轮胎公司橡胶学院做橡胶工艺专业的老师。多年来，橡胶学院为B轮胎公司培养了一大批优秀的专业技术人才和管理人才。陈东升在橡胶学院工作期间，在理论研究上比较有成就，曾经在国内外知名刊物上发表过多篇论文。

为了适应日益激烈的国内轮胎市场竞争，加大新产品研发力度，提高产品质量，增强企业竞争力，B轮胎公司决定引进国外先进的子午线轮胎生产技术，为此专门成立了技术引进开发小组，要求懂技术和会外语的人员参加。陈东升被调到技术引进开发小组工作。陈东升随技术引进开发小组赴意大利考察，在世界著名的轮胎生产企业学习了国际先进的生产技术和管理经验。回国后，他参与了技术引进的组织和协调工作，使技术引进工作得以顺利进行。该项工作结束后，他在炼胶分厂做技术副主任，负责与子午线轮胎生产有关的技术工作。

2. 候选人李海鹏

炼胶分厂的另一位技术副主任名叫李海鹏，40岁，早年曾在某技工学校学习，后在一家小型轮胎厂工作。由于他工作勤奋，在工人中很有号召力，被任命为该厂的生产厂长。后该厂由于经营不善而解体，李海鹏到B轮胎公司炼胶分厂做技术员，由于他工作能力强，反应快，做事有条不紊，而且愿意从事具有挑战性的工作，并多次在公司技术改革活动中获奖，后来被派到橡胶学院学习两年，毕业后被提拔为炼胶分厂技术副主任，主要负责与斜交轮胎生产有关的技术工作。

B轮胎公司筹建新的密炼分厂以缓解炼胶分厂的生产压力。公司购进了自动化生产设备进行自动化生产，李海鹏主持了该项目的工艺流程设计工作。面对自动化生产带来的许多新问题，他提出了新的设计方案，使工艺流程更加科学合理，并节约了大量的人力、物力，因此受到总工程师李俊清的称赞。

三、竞聘背后的故事

炼胶分厂技术主任张传友离职后，对于技术主任接班人的人选问题，公司管理层尤其是总工程师李俊清和生产副总经理王少军等人持两种不同的意见。一方认为李海鹏任技术主任比较合适，理由是李海鹏的工作能力强，专业技术扎实，在群众中的基础好，比较有威信，这对在分厂工作来说非常重要，因为在分厂做技术工作不仅涉及技术问题，而且每天都要与工人打交道，贯彻执行技术部下达的各种技术指令，这就要求技术主任要有较高的权威和较强的沟通协调能力；另一方则认为陈东升做技术主任更合适，因为陈东升专业理论基础扎实，知识面广，视野开阔，同时分厂内各班的值班长都是他在橡胶学院的学生，比较容易开展工作。

最后，总经理出于多方面的考虑，认为陈东升比较年轻，还需要再锻炼，以后还有晋升的机会，而李海鹏已40岁，如果不能提拔为技术主任，以后可能就没有机会了，同时他个人的住房问题也没办法解决（公司规定，只有分厂技术主任级别以上的人员才能享受福利性住房的待遇）。基于以上原因，公司决定由李海鹏担任炼胶分厂技术主任，全面负责炼胶分厂的技术工作。陈东升知道此事后很不服气，觉得很不公平，认为公司提拔人才不应该论资排辈，更不应该为了照顾而提拔人才，而且依照公司的惯例，公司技术部部长的职务由炼胶分厂技术主任提拔上来担任，当时已57岁的技术部部长赵尔卓在3年后即将退休，如果现在自己当不上技术主任，那么3年后的技术部部长就更没有希望了，所以心里很懊恼。

在李海鹏做了技术主任以后，陈东升和李海鹏在工人的考核问题上产生了分歧。在引进自动化生产设备后，一些工人反映既然已经实现自动化生产，所有的生产工序都由计算机控制，操作程序由技术人员设计，那么产品的合格率就不应该与工人的考核联系在一起，产品合格率的高低与工人基本没关系，对工人的考核应该除去这一项，至少不能像以前那样把它作为一项主要考核指标。陈东升赞同这一说法，认为对工人的考核也应根据生产条件的变化而适时变化，但李海鹏坚持认为，如果去掉这一项，工人在工作时就会缺乏责任心，进而影响产品质量，严重的话还可能造成生产事故。结果李海鹏没有采纳陈东升的意见，对工人的考核仍按照原规定执行。陈东升很生气，觉得李海鹏太武断，同时觉得自己在李海鹏手下工作太窝火，处处受制于人，无法施展自己的才能。

去年年底，炼胶分厂在子午线轮胎胶料生产过程中出现了严重的质量问题，丙班生产的7吨胎冠胶全部不合格，公司对此十分重视，责令炼胶分厂在两周内必须调查清楚并解决问题。炼胶分厂召开紧急会议，分厂长下令立即成立调查小组，由李海鹏任组长，全权负责，陈东升任副组长，协助进行深入调查。接受任务以后，李海鹏与陈东升立即开展调查工作。经过一周的调查，陈东升认为是工人在操作过程中加药顺序不当造成事故，而李海鹏则认为是动力站给的风压过低造成压力不足，从而使胶料的可塑性过低造成事故，两人争执不下。在上报材料时，李海鹏按动力站给的风压过低的原因认定向技术部做了汇报。陈东升很恼火，认为李海鹏在利用职权压制自己，于是将此事直接反映给总工程师李俊清。李俊清听了陈东升的汇报后，认为问题很严重，严肃批评了李海鹏，告诫他以后要注意听取下属的意见，不能主观臆断，更不能独断专行。李海鹏虽然口头上表示接受批评，但内心却很生气，认为陈东升在背后搞小动作整自己。从此以后，两人之间产生了嫌隙，关系越来越紧张，这使陈东升产生了离开公司的想法。

此时，H轮胎厂要引进国外的先进技术，但又缺乏高层次的技术管理人员，就以高薪聘请陈东升负责全面的技术工作，并许诺给予优厚的待遇。陈东升觉得自己在原公司受人压制，无法发挥自己的才能，不如换个工作环境，于是决定到这家轮胎厂去工作。

在H轮胎厂，陈东升充分发挥自己的领导才能和组织协调能力，带领技术人员顺利完成了技术引进工作，还带出了一批新人，自己也掌握了新的生产技术，熟悉了新的管理模式，积累了新的管理经验。

四、两难境地

李海鹏和陈东升各有所长。李海鹏技术扎实，又在技术主任的岗位上工作了几年，积累了丰富的经验，而且依照惯例，技术部部长这一职务一般由炼胶分厂技术主任提拔上来担任。陈东升在H轮胎厂负责全面的技术管理工作，具有足够的专业知识，视野开阔，同时还了解外厂的运作模式，能给公司带来新的管理思想和管理方法，他若回来一定会对公司发展有益。但如果提拔李海鹏做技术部部长，那么陈东升还会回来吗？如果选聘陈东升回来做技术部部长，那么李海鹏还会留下来继续做技术主任吗？面对这两个优秀的人才，B轮胎公司的评委们该如何选择呢？

案例思考

1. B轮胎公司招聘技术部部长时陷入两难境地的原因是什么？怎样评价该公司的管理状况？

2. B轮胎公司究竟应该怎样选拔合适的技术部部长？

第一节　中高级人才的特征与价值

一、中高级人才的特征

人才是指具有一定的专业知识或专门技能，进行创造性劳动并对社会做出贡献的人，是人力资源中能力和素质较高的劳动者。对于中高级人才的界定标准，一直以来众说纷纭。有些学者以薪酬为标准，有些学者则以学历、职称为标准。我国人才研究专家王通讯认为，是否为中高级人才本质上要看其才能，但才能是很难轻易地显示出来的，因此在界定该人才是否为中高级人才时看其教育投资是比较合理的，将学历、职称作为中高级人才的衡量标准也是可行的。各地、各组织在实施人才政策中都提出了具体可操作的衡量标准。例如，北京对中高级人才的界定标准是：有两年工作经历的大学本科学历者，或者是有中级职称者。

对于中高级人才的界定，标准应是全方位的。虽然高学历者有更好的基础成为一名中高级人才，但是高学历与中高级人才之间不是必然关系。职称评审也只能大致反映一个人在某一技术岗位上的任职时间与任职条件。因此，评价中高级人才时，要对学识、经验，以及过往工作中的职位、职责、绩效表现，尤其是特定岗位所应具备的胜任素质等因素进行综合衡量。中高级人才应是具有较强的专业技能和较高的职业素质，对组织有较大贡献的优秀人才。

伴随着不断变化的社会发展需求及竞争环境，人员、职位、组织三者的匹配关系越来越趋向于动态化，评判中高级人才的方法正从侧重学历、职称和经历的传统模式向依靠综合胜任素质测评的新模式转变。

二、中高级人才的价值

人才价值是指物化在人才身上的社会一般劳动时间，即物化在人才身上可用于创造性劳动的人力资本。人才价值实现是指人才提供服务、付出劳动和进行创造性活动所应得到的承认和补偿，包括物质奖励、精神激励等。人才价值是人才在社会活动实践中以自身属性满足社会和他人需要的过程中体现出来的。人才价值是人才资本实现的外在形式。人才价值的评估着眼于其创造的价值。人才素质越高，满足社会和他人需要的程度越高，其价值就越大。当人才以自己的良好素质生产出财富、满足社会需要后，其价值就得以实现。中高级人才处于人才金字塔的中高层，相对而言，其素质较高，发挥的作用较大，因此价值也较大。

中高级人才分布在社会的不同行业、不同领域，可以是科学家、科技研发人员，可以是企业家、职业经理人,也可以是销售专才、优秀技术人才。这些人才为社会和所在企业贡献智慧、发挥作用、创造效益,是重要的人力资本。以企业优秀管理者为例,正所谓"千军易得,一将难求",企业优秀管理者的劳动是创造性的复杂劳动,对组织有特殊的贡献。

加强对中高级人才的吸引和管理对任何企业而言都是非常重要的。根据"二八法则",企业若能抓好占20%的骨干员工的管理,再以这占20%的骨干员工带动占80%的多数员工,就能大大提高效率。在人力资源管理实践中,企业需要针对不同类型的员工实行分类管理,结合"二八法则",从岗位安排、薪资设计、离职管理等方面做好中高级人才的各项人力资源管理工作。例如,某企业把奖励放在第一位,企业的薪金和奖励制度使员工们工作得更快也更出色,企业尤其注重奖励那些完成了高难度工作指标的核心员工,因为核心员工尤其是中高层员工的工作岗位往往要经过较长时间的教育和培训才能胜任,这些员工有较高的专业技术和管理技能,一旦这样的员工离职,就会对企业正常生产经营产生不利的影响,而且这些空缺的工作岗位难以招到合适的人,就算招到了,其招聘成本和培训费用也会很高。

第二节　中高级管理人才的招聘与配置

一、中高级管理人才应具备的素质

1. 中高级管理人才的职责与一般素质

企业的管理层次与管理职责划分如图6-1所示。

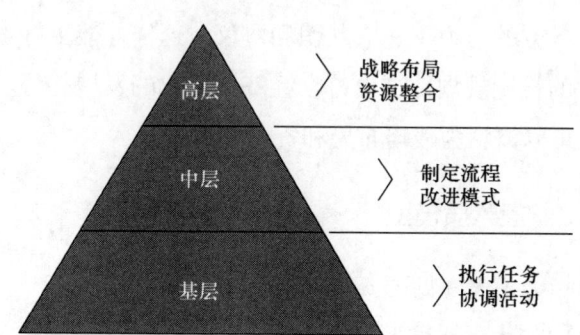

图6-1　企业的管理层次与管理职责划分

(1)中级管理人才:制定流程,改进模式。与基层员工相比,企业对中级管理人才的期望要更高一些,因此其岗位职责、绩效要求也更复杂。一般而言,企业中级管理人才需要按照工作轻重和政策方针来裁减人员与分配资源,同时对有形价值和无形价值进行权衡取舍,并制定较宏观的决策、流程等,以可执行的政策方案对基层员工产生影响。企业中级管理人才必须敏锐地意识到其决策会产生的效果，其问题解决方案必须对其以下多级员工产生实效，以达到令人满意的结果。显然，企业中级管理人才所需思维技能比基层员工所需思维技能要复杂得多。

由此可见，企业中级管理人才须具备较好的抽象思维能力，包括较高水平的分析能力，以及对运作系统、组织结构的理解能力。在各种各样的复杂情景下，中级管理人才须运用平行思维调动资源、分配工作、改进模式等。另外，中级管理人才还必须拥有优秀的团队建设能力和团队决策能力，使员工能够了解企业的政策与人际动态，并明确当前的资源现状。总体而言，企业对中级管理人才的主要期望可以概括为制定流程和改进模式。

（2）高级管理人才：战略布局，资源整合。许多大型企业，尤其是那些具有全球视野的企业，其高级管理人才的主要工作之一就是战略管理，因此高级管理人才的工作职责比中级管理人才的工作职责要复杂得多。战略管理者必须了解竞争对手、政策方针及媒体动向，还必须考虑更广阔的政策环境，把本企业的愿景和其他重要机构的愿景整合起来，从而确立企业的战略使命。

要保持企业的竞争力，战略管理者就必须预见企业发展的长远方向，即愿景。为实现愿景，战略管理者要能够熟练地应对当前环境的变化。因此，作为战略管理者的高级管理人才不仅要具备较低层管理人员、员工必备的分析能力，还必须具备优异的综合管理思维和认知技能。

另外，优秀的企业高级管理人才还必须拥有出色的谈判技巧，以及达成一致意见与建立合作联盟的能力。由于每一个长期战略决策都将给资源流向和机会成本的变化带来极大的影响，因此有时企业高级管理人才不会单方面决定所需的资源量，而是和其他企业高级管理人才进行跨领域合作，在各方的努力下达成共识和协议。这样才能更好地整合资源，最大限度地利用资源，实现企业的长期规划，这也符合经济全球化的发展趋势。总体而言，企业对高级管理人才的主要期望可以概括为战略布局和资源整合。

2. 中高级管理人才一般素质模型

（1）"人才拼图"能力模型（见图6-2）。无论是何种类型的企业，在甄选人才时，都需要注重5大因素，即知识、技能、经验、能力及领导力。

知识是指人们在学习和实践中获得的认识和经验，是清晰明确、相互连贯的，且可以被复制。在招聘时，学历往往是企业用于判断人才对知识掌握程度的基础依据之一。

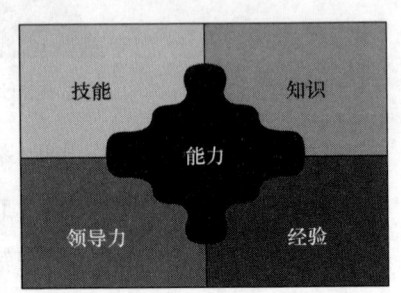

图6-2 "人才拼图"能力模型

技能是指人们通过练习获得的能够完成一定任务的动作系统，即人们在实践和经验中获得的一种能力，使人们不用集中注意力就可以执行既定的程序或任务，不用思考具体的步骤就知道如何去做某件事情。

经验在此通常是指工作经验，即人们离开学校、开始第一份工作至今的经历，包括人们所从事的工作、所担任的职位及其工作职责。工作经验是企业选拔人才过程中的另一个基础依据。

能力是指员工完成工作所需要具备的才能，包括员工对问题的解决能力及对决策的制定能力。

领导力是一种社会影响力或人际影响力，指在完成某项任务过程中，可以获得他人的支持和帮助的能力。领导力体现了个人风格与企业文化之间的匹配度。匹配度越高，领导力也就越强。中高级管理人才不仅要能够领导自己，还要能够领导团队、领导企业。

在"人才拼图"能力模型中，知识、技能、经验是3个人才甄选的基本要素，相对能力和领导力而言，这3个要素是可以根据一定的量化标准进行评价的。而能力和领导力则更为抽象，没有具体的量化标准。企业在招聘基层员工时，可以只考察知识、技能、经验这3个基本要素，但在招聘中高级管理人才时，除了要考察这3个基本要素外，还要注重考察应聘者的能力和领导力。如果企业最后挑选的中高级管理人才缺乏能力或领导力，就会给企业未来发展带来不利的影响。因此，企业在招聘中高级管理人才时，必须根据自身情况，采用科学的人才测评方法，来判断其能力和领导力的高低。

（2）"能力－人品"模型。"人才拼图"能力模型的侧重点是人才本身具有的知识、技能、经验、能力及领导力，而"能力－人品"模型则从"能力"与"人品"两方面出发来衡量人才，如图6-3所示。

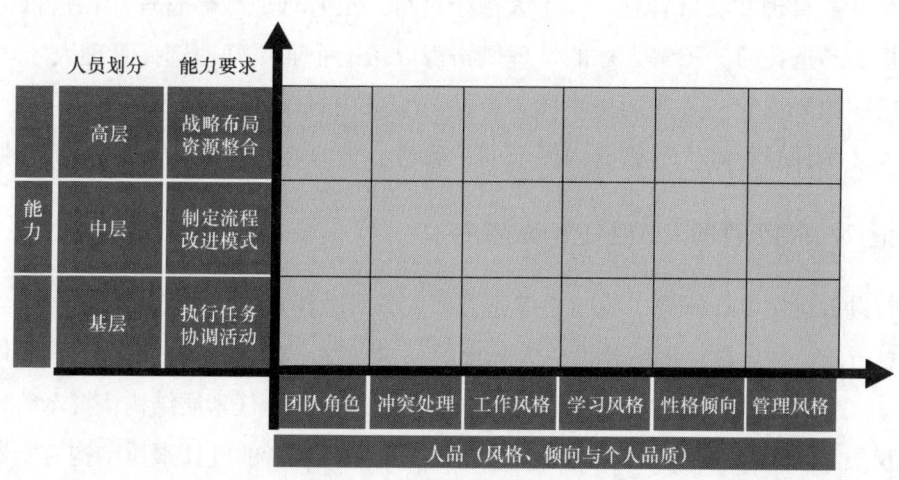

图6-3 "能力－人品"模型

"能力－人品"模型中的"能力"是指不同工作等级所需要具备的能力,用来衡量人才能力达到基层、中层、高层中哪一个工作等级的能力要求;"人品"是指人才在团队角色、冲突处理、工作风格、学习风格、性格倾向及管理风格这几个方面所表现出的风格、倾向及个人品质。

团队角色是指一个人在团队中扮演的角色,如这个人是倾向于务实还是倾向于创新,能不能提出建设性的想法,在团队中是否起催化和推动作用,从而使计划或项目能够更好地完成;这个人在与团队其他成员的相处过程中,是比较善于激励他人、体谅他人,还是偏向于以达成目标为导向,容易忽略他人的感受等。

冲突处理是指一个人在遇到冲突时的处理方式,如这个人是采用折中的方法去解决问题,还是强烈渴望并主动去解决问题,抑或是有些逃避问题的倾向。从中可以了解这个人处理冲突时接受挑战及解决问题的能力,以及这个人在处理冲突时的协调能力及排除障碍的能力等。

工作风格是指一个人在工作中的自我控制能力、工作态度、做事谨慎程度,以及在工作中是倾向于提前做好计划,还是更喜欢积极行动或灵活应变。

学习风格是指一个人在学习时的风格倾向,包括:学习积极性、学习热情的强弱;对理论和逻辑的注重程度;是否看重实用性,希望学以致用;对问题的思考能力,即遇事是否善于思考,善于回顾总结过去的经验,而且能从不同的角度看待这些经验等。

性格倾向是指一个人的性格特征及品质,包括这个人对事物控制欲的强弱,对待事物的坚持程度及持久度,情绪的稳定程度,与人相处时偏向于内向还是外向,在做决定前是否会尽可能仔细、审慎地思考可能会发生的情况,以及创新能力和压力承受能力等。

管理风格不仅是指一个人管理能力的高低,也是指这个人在作为管理者时所表现出的风格倾向。有的人适合从事真正富有挑战性、需要战略眼光和有效领导能力的管理工作;有的人适合任务管理和项目管理,而不太擅于进行人员管理或战略管理。在进行中高级管理人才的招聘与选拔时,了解人才的管理风格可以帮助企业更好地选择管理人才。

不同组织由于文化与发展历史不同、产品与服务内容不同、经营风格不同等,在对中高级管理人才的评价标准上尽管有内涵上的一致性,但是在具体要素上还是有区别的。

3. 我国对中高级管理人才胜任素质的研究

学者时勘曾运用BEI研究了我国通信业管理人员的胜任素质,提出其包括影响力、组织承诺、信息寻求、成就欲、团队建设、人际理解、主动性、客户服务意识、自信和培养人才10个要素。王重鸣运用结构方程模型研究我国经营管理者的胜任素质结构,揭示管理胜任素质由管理素质和管理技能两个维度构成,并且正、副职管理者的胜任素质结构有所不同。从表6-2可以看出,正职管理者除了要具有与副职管理者相同的胜任素质外,还要拥有全局观、开拓性，能把握组织方向，更具人格魅力。李效云、王重鸣还对愿景式领导的关键特征进行了问卷调查，发现愿景式领导的特征有具有分析决断和学习总结能力、有机会意识、有战略前瞻性、勤奋务实、关注现实等。其中，有分析决断和学习总结能力具有跨行业的通用性。任何企业的领导者都非常重视对经营环境的分析和洞察，从而进行战略选择和业务决策。学习总结能力代表一种进取态度，体现了领导者对经验和规律的积极把握。这些胜任素质研究成果为企业招聘中高级管理人才提供了选拔思路和借鉴性测评指标。

表6-2　　　　　　　　　　企业正、副职管理者的胜任素质结构

管理者	胜任素质	
	管理素质	管理技能
正职	价值取向、诚实正直、责任意识、权力取向	协调监控、战略决策、激励指挥、开拓创新
副职	价值取向、责任意识、权力取向	经营监控、战略决策、激励指挥

二、中高级管理人才的选拔方法

1. 面试测评

在中高级管理人才的招聘中，面试不仅是一次面谈、一个相互了解的过程，也是面试官观察和评估应聘者的应变能力、分析能力、解决问题能力、个人成就、工作动机、合作意识等的机会。因此，面试官在面试之前应明确此次面试的目的，并明确通过此次面试要获得应聘者的哪些关键信息。对于企业中高级管理人才的招聘与选拔，面试官可以从图6-4所示的5个要点出发，对应聘者进行评估，了解其认知能力、潜力、动机和态度、工作风格和倾向、知识和经验，以及分析问题、解决问题的能力等。

成就	做过什么？做出了什么？
决策	做过哪些决策？考虑了哪些因素？
组织	如何把握/利用/改善组织？
规则	是否能够制定规则？依据是什么？
时间跨度	前瞻性如何？

图6-4　中高级管理人才的面试要点

第一个评估要点是"成就"。在面试过程中，面试官要重点关注的并不是应聘者有哪些成就，而是应聘者曾经做过什么，以及在这个过程中，应聘者遇到了哪些困难，是怎

解决的。有的时候，应聘者虽然可以说出自己的很多成就，但是对于真正做过什么却回答得不甚清楚。很多面试官都忽略了这个问题，从而无法分辨应聘者的能力水平。一般而言，能力越强的人会回答得越具体、明确、清晰。

第二个评估要点是"决策"。在面试过程中，面试官要了解应聘者过去做过哪些决策，在做出决策时考虑了哪些因素，最后这个决策产生的结果是什么，以及这个决策是对是错。面试官可以从中了解应聘者过去的工作情况，了解其是如何分析思考问题、处理解决问题的。

第三个评估要点是"组织"。这里所说的组织即企业，面试官要了解应聘者过去是如何把握/利用/改善组织的。面试官可以让应聘者叙述上一工作单位的组织结构，询问应聘者其中是否存在问题，如果可以，其会如何做出改善，以及如何考虑改善成本等。面试官可以从中了解应聘者的全局观，了解其是否能从全局看待组织运作。

第四个评估要点是"规则"。面试官可以向应聘者了解以下情况：上一工作单位有哪些规则，规则的制定依据是什么，应聘者本人是如何看待这些规则的，应聘者本人是否能够制定规则，如果可以，制定的依据是什么。从这些问题的回答中，面试官可以了解应聘者对待企业规则的态度，其态度和实际行为是否一致，以及在规则下，应聘者是一个倾向于灵活应对的人，还是一个倾向于墨守成规的人。

第五个评估要点是"时间跨度"。"时间跨度"主要评估应聘者的前瞻性。面试官需要了解应聘者在过去某一时期从做出决定到最后成功做成某事的过程，以及其计划了多久，本来预估需要多长时间，最后实际所花时间是多少。从这些问题的回答中，面试官可以了解应聘者在处理问题或做出决策时是否具有前瞻性，能否想到未来可能会发生的情况。

从以上5个评估要点出发，明确问题背后的真正目的，可以帮助面试官更好地把握面试过程，更准确地了解和评估应聘者，最后做出更客观的判断。

2. 基于胜任素质的评价中心技术

基于胜任素质的评价中心技术是当前中高级管理人才选拔的主要方法。运用基于胜任素质的评价中心技术选拔中高级管理人才需要注意以下几个方面的问题。

（1）情景模拟与行为事件访谈法相结合。情景模拟是评价中心技术的主要内容。情景设计时要注意两点：一是情景的逼真性、相似性，即要求设计的情景与拟聘职位的工作实际情景具有相似性，情景模拟中要测评的能力与实际工作需要的能力相一致，设计的工作条件与实际工作条件相一致，设计的工作内容与实际工作内容相符合；二是情景的典型性，即要求设计的情景能够直接反映所要测评的内容，有利于达到评价目的。

胜任素质模型的构建是一个围绕岗位进行素质指标采集的过程，需要运用行为事件访谈法等多种方式进行。评价中心技术的突出特点是对工作情景进行模拟，综合运用多种测评方法，由多个评价者评估应聘者在模拟情景中的行为。与此同时，测评可以采用与胜任素质模型构建互逆的方式，在从关键行为事件到胜任素质的思路中找到原来的关键行为事件，将关键行为事件作为情景设计的蓝本，在此基础上进行组合修订，设计出所有应聘者都能理解的工作情景，并根据行为事件访谈中被访谈者提到的有效行为和成功问题解决策略设计出情景模拟的观察要素。

（2）精选胜任素质指标。运用胜任素质模型选拔中高级管理人才很重要的一个环节是筛选出关键胜任素质指标，并构建有效的指标体系。由于中高级管理人才的职位很重要，企业总想通过设定全面的衡量标准来降低用人风险，又由于胜任素质模型是多层次的，胜任素质类型也是多样的（从已有的研究看，按适用范围分，有通用胜任素质和专用胜任素质；按层次结构分，有必要胜任素质、差异胜任素质、战略胜任素质；按情景具体性分，有行业胜任素质、组织内胜任素质、标准技术胜任素质、行业技术胜任素质、特殊技术胜任素质等），而每个一级胜任素质指标下又包含多个二级胜任素质指标，因此形成庞大的评估指标体系。学者吴志明研究评估指标数量对评估的影响，结果表明：当评估指标为3~6个时，评估者内部一致性系数很高；当评估指标达到9个时，评估者一致性信度大幅下降。因此，在运用基于胜任素质的评价中心技术选拔中高级管理人才时，要注意精选胜任素质指标，找出关键胜任素质指标，突出重点要素，避免面面俱到，实现人、岗位、组织的最佳匹配。

（3）有效组合测评方法。在针对相应管理岗位确定胜任素质指标后，接下来就需要考虑运用什么样的测评方法评估应聘者的胜任素质，从而挑选出符合岗位胜任素质要求的中高级管理人才。研究发现，在中高层管理岗位中，深层次的胜任素质如动机和个性在预测优秀绩效方面比技能、知识重要得多。这种深层次的胜任素质既是测评的重点又是测评的难点，只有综合运用多种测评方法，即进行评价中心方法组合，才能保证测评的效度和信度达到要求。

例如，心理测验可以较好地避免表面效度过高的问题，揭示并把握应聘者的个性、态度偏好等深层次因素；无领导小组讨论和团队协作练习模拟某种管理情景和人际互动情景，可对应聘者在与管理和领导密切相关的特质上的表现进行动态、细致的观察与评估；面试可以用来了解应聘者不适合在集体场合下展现的内容，可以考证不确定的信息；案例分析通过展示较为真实的问题情景，给应聘者提供思考和解答问题的多种路径和空间，可以考察其分析问题、解决问题及做决策的能力。这些测评方法互相补充，互为验证，通过适当的组合应用，可以在很大程度上保证胜任素质评估的完整性和准确性。从表6-3可以看到，评价中心中的每种测评方法都可以用于评估胜任素质，而每种胜任素质又至少可以用两种测评方法进行考察。

表6-3　　　　　　　　　　　评价中心设计中的评价矩阵

测评方法	胜任素质				
	影响力	协调能力	授权	决策	分析判断
无领导小组讨论	●	●		●	●
文件筐测验			●	●	●
演讲	●				●
角色扮演	●	●			●
半结构化面试		●	●	●	●

（4）有效确定评估者及其评估权重。评估者的构成也是评价中心设计的一个重要内容，评估者选择是否得当直接影响评估效度。从胜任素质角度看，评估者既要掌握测评方法原理、评估标准方面的知识，又要善于进行行为观察与评估。桑顿和卓里奇认为，评估者的观察过程和评估过程应是分开的，其观察过程包括对应聘者行为表现的觉察、知觉和回忆，其评估过程则包括对信息的分类、综合和评价。他们认为，评价中心的测评误差主要来自评估者掌握信息不足，只有评估者的行为观察技能高，评估的有效性才会高，因此评估者需要进行专门的行为观察及评估标准训练，掌握好先观察后评估的操作方式，按照事先制定的统一的观察要点和评分标准去观察、评估所有的应聘者。提高评估者胜任素质的方法主要是事前培训，要求每个参与评估的专家学习相关测评材料、观察要点及评估要素，掌握有关测评技术。已有研究结果和实践经验显示，绝大多数人可以在两三天内学会使用行为事件访谈，并且达到较高的效度，而学习使用情景模拟则一般需要培训一周左右。

评估者一般应由企业人力资源部专家、待聘职位的上级主管及特聘心理学专家组成。对不同评估者进行效度分析，结果发现人力资源部专家与待聘职位的上级主管之间的评估一致性系数较高，特聘心理学专家的评估分数略高于其他两类评估者。因此，在对评估者的测评结果进行权重设计时，应注意吸收已有研究成果，根据不同类别的评估者对各种评估指标的熟悉程度，分别对其评估结果赋予不同的权重。一般而言，特聘心理学专家在知识性评估指标上的评估权重可以更大一些，因为其对相关知识成果了解更多，而在技能等实践性强的评估指标上，人力资源部专家和待聘职位的上级主管的评估权重可以更大一些，因为其对具体岗位的实践性技能要求更为熟悉。

三、选聘中高级管理人才的原则和策略

1. 选聘中高级管理人才的原则

（1）内部培养和外部引进相结合。将内部自主培养人才和积极引进外部人才相结合是

中高级管理人才队伍建设的基本原则。对于内部自主培养，企业可制订管理者继任计划。管理者继任计划是确定和培养潜在继任人以便使其在将来接管要职的过程和行动，主要内容是发现并追踪具有高潜质的人才，主要指那些企业相信其具有胜任中高级管理职位潜力的人。管理者继任计划具有战略性、事先性、长期性和发展导向性，它保证了企业合格管理者的持续供给。管理者继任计划从企业战略目标出发，致力于加强内部人才市场建设，实施多元化的职业发展规划与管理，规范继任人才培养流程，在企业内部形成一种积极向上、努力成才的利益导向机制和规范渠道。而确定管理人才胜任素质，用易于评价、发展的指标体系定义和细化管理人才胜任素质，为管理者继任计划的实施奠定了基础。企业可通过实施员工职业生涯管理计划，以及脱产培训或在岗培训等方式，对继任人才进行重点培养，并引导继任人才以胜任素质体系为标准加强自我修炼，提高各项素质。推动管理者继任计划还有利于企业成为学习型组织。

基于中高级管理人才的稀缺性和人才市场的流动性，以及企业需要新的管理理念或新的经营方针等因素，很多时候企业必须考虑从外部引进合适的中高级管理人才。因此，根据需要从外部招聘具有开拓创新精神的中高级管理人才也是企业重要的人才策略。引进外部人才的过程中要进行全方位考察，如进行背景调查以减少聘用风险，进行文化协调性考察以了解其是否与本企业文化相适应。对应聘者综合素质进行评判时，要考察其个性、管理风格能否与本企业很好地衔接等。无论是委托猎头公司招聘还是员工举荐或自行对外招聘，从外部引进人才时都要使用科学的人才测评技术，如心理测验技术、行为面试技术、评价中心技术等进行严格甄选。对于中高级管理人才的招聘，提倡企业采用不同的渠道，建立符合企业自身情况的渠道系统。

（2）中高级管理人才队伍建设和人才队伍整体建设相结合。企业人才类型多，层次多，不同类型、层次的人才在企业中是互相依存、上下衔接的。如果没有基层管理人才的成长和脱颖而出，中高级管理人才就成了无源之水、无本之木。因此，构建一个整体的人力资源培养开发体系，以中高级管理人才培养为核心，把其他层次的人才队伍建设带动起来，将中高级管理人才队伍建设和人才队伍整体建设相结合，是中高级管理人才"后继有人"的重要保证。

（3）管理能力评价和职业道德评价相结合。选聘中高级管理人才不仅要考察其管理能力，而且要考察其职业道德。品德是一个个体综合素质的重要组成部分。企业中高级管理人才职位的特殊性和重要性，以及经济环境的变化，使得人才品德在招聘评价中更受重视。随着高等教育的大众化与企业培训的经常化、科学化、普遍化，企业中高级管理人才的知识与技能水平普遍得到提高，基本上能满足企业对管理人才的要求。相对而言，中高级管理人才的整体格局、价值观、做事理念显得更重要，管理人才的品德越来越成为制约其效用发挥的主要因素。很多研究都证明了这一点。例如，萧鸣政调研了100多位企业职业经理人及其管理机构与人员，经过统计分析认为，在企业职业经理人的品德要求中，较重要的品德是有事业心、有自信心、有责任心、果断、坚韧与诚实正直。另有调查研究发现，在不考虑先天性要素的情况下，领导力的强弱与领导者内在的真理要素、人格要素、科学要素、群众要素的质量呈正相关关系。

2. 选聘中高级管理人才的策略

（1）建立公正、科学的人才评价机制。人才评价机制是人才选聘的基础。建立公正、科学的人才评价机制一方面要做到信息和政策公开透明，严格按制度程序办事，包括将企业的空缺岗位向一切适合人选开放，机会均等，保证企业选到满意的人才；另一方面要明确评价指标，建立"具体条件"比"原则条件"要好，"量化指标"比"模糊指标"要好的思路，消除评价的随意性和不确定性，改变传统评价中依靠自由面试和印象判断的方式，运用科学的人才测评技术，实施严格的考评程序，实现人、岗位、组织的最佳匹配。

（2）完善动态管理机制。动态管理机制是指对中高级管理人才的管理必须做到有进有出、优胜劣汰、不断更新，实施"能者上、平者让、庸者下"，将薪酬分配、职位升迁等与任职者的能力、知识、技能及业绩挂钩，让中高级管理人才的发展、培养走上规范化的制度轨道。当然，实行动态管理机制需要企业构建健康良好的绩效评估机制、科学的人才测评机制、完善的人才培训体系等作为基础和支撑。

（3）形成有效的激励机制。有效的激励机制既可留住优秀人才，也可促进人才不断成长，满足企业对中高级管理人才的需求。调查研究显示，杰出的企业关注如何进行人才招聘，更关注如何留住核心员工。有效的激励机制包括以下方面。

1）薪酬和福利具有竞争力。薪酬绝对是竞争中的重要筹码。例如，实施期权计划对人才就有很大的吸引力，对减少骨干人才的流失起到很好的作用。同时，在薪酬相同的情况下，那些能够提供良好福利的企业更能占据有利地位。

2）给予职业发展机会。企业应清楚所有优秀人才都在不断追求成长和进步。内部晋升能够使这些人才获得更多的发展机会。

3）提供成就感。企业应让人才经历一个类似创业的过程，亲自从事很多创造性的工作，这对于那些希望体验成就感的人才来说很有吸引力。

4）赋予更大的责任或权力。企业应让人才有独立自主负责某一部分工作的机会，获得成长和锻炼的机会。

5）创建有吸引力的企业文化。企业文化是吸引和保留人才的重要因素。企业文化体现在企业经营管理制度和实践之中，特别体现在人力资源政策中。若一家企业能让员工引以为豪，工作时心情舒畅，则即便薪酬稍低点，员工也能接受。人力资源管理的最高境界是文化管理，中高级管理人才对这种管理的需求会更高。

（4）注重管理团队的有效组合。中高级管理人才的选聘除了要考虑其自身素质，还要关注其所在管理团队的搭配组合，以形成强有力的管理团队。搭配组合时，既要关注团队成员在年龄、性别、性格等方面的互补，也要从角色来考虑。一个强有力的管理团队一般需要4种不同的角色：关注长期效益又有创新激情的人，行动坚决、重视结果、执行力强的人，擅长从组织整体运作的效率考虑问题的人，善于创造和谐人际氛围的人。企业在不同的发展阶段对这4种角色的需求强度也会有所不同。

（5）实现中高级管理人才信息化管理。要做好中高级管理人才的吸纳、发展和摸底工作，构建包含具有潜在管理能力的成员信息的人才信息系统，掌握全面、动态、准确的中高级管理人才信息，对管理人才数据库和人才管理软件进行设计与开发，并与其他人力资源管理系统相衔接，定期进行更新和维护，完善数据库建设，提高人才管理效率。在此基础上，要通过分析未来企业发展需求和相关人才素质结构模型，初步制订中高级管理人才储备计划。中高级管理人才储备计划应从年龄结构、素质结构和专业结构着手，明确关键性岗位人才的核心素质要求，明确团队成员优化配置原则，确定梯队成员名单，并制订相应的开发方案或培养计划，避免人才短缺或配置不合理（高位低就、低位高就等）。

（6）充分发挥猎头机构的作用。猎头机构是中高级管理人才招聘的主渠道。专业的猎头顾问一般都具有良好的人力资源管理背景，能够为企业提供人力资源开发的指导性建议，能够提供候选人的真实情况并能进行坦诚交流，为企业提供有参考价值的意见。相关数据表明，年薪较高、层次较高的企业中高级管理人才一般很少在公开的渠道寻找工作，这部分资源一般掌握在猎头机构的人才信息库中。猎头顾问主动出击，能迅速锁定寻访范围和目标，且主要从客户的竞争对手那里寻找人才，寻访到的人才一般比较符合要求，人才的背景也比较清楚，招聘风险较小，成功率较高。

（7）进行必要的背景调查。背景调查是中高级管理人才招聘中非常重要的一环，一定不能忽视。在背景调查中，比较容易辨别真伪的是学历、学位、工作经历与工作时间、职位、工作业绩、荣誉等。但对于中高级管理人才招聘，背景调查只关注这些内容显然是不够的。对中高级管理人才的背景调查应更关注工作态度、为人处世方式、成就动机、适应力等。这些信息通过一般的电话沟通很难获得。只有到候选人工作过的企业进行查访，或访问候选人的亲戚朋友，才能获取真实全面的信息。

第三节 中高级专业技术人才的招聘与配置

作为人力资本的重要组成部分，中高级专业技术人才是推动科技进步和提供专业性、创新性、创造性服务的主体力量，在促进企业转型升级和高质量发展中发挥着不可替代的作用。

一、中高级专业技术人才的定义

专业技术人才是指具有专业技术职称和专门知识，在企事业单位和其他组织中从事专业技术工作的人才。企业中的专业技术人才一般分为5大类：研究开发人才、工程技术人才、经济专业人才、会（审）计专业人才、统计专业人才。其中，工程技术人才是指在企业中从事工程技术应用和服务的人才，包括石油工程、地质勘探、环境保护、海洋工程、纺织工程、化工工程、管理工程等领域的技术人才。

中高级专业技术人才是专业技术人才中职称、职位较高，在某学科领域有较高造诣，承担企业重要任务和发挥重要作用的人才，是企业内知识型员工队伍的重要组成部分，在劳动力结构中居于决策管理层和操作执行层之间的中间层。

二、中高级专业技术人才的胜任素质

1. 专业技术人才的通用胜任素质

根据相关实证研究，专业技术人才的通用胜任素质指标见表6-4。

表6-4 专业技术人才的通用胜任素质指标

一级指标	二级指标
组织认同	集体荣誉感 诚信 服务意识 忠诚度 敬业度 原则性 团队合作
人格特质	独立自主能力 专业自信心 挫折承受力 责任感

续表

一级指标	二级指标
人格特质	意志力 自控能力 进取心 学风严谨度
专业知识、技能	创新思维 专业知识 专业技能 技术应用 实践经验 知识面
一般能力	沟通能力 观察记忆能力 逻辑思维能力 公关能力 学习能力

研究表明,一般专业技术人才与中高级专业技术人才在专业知识、技能上的差异极其显著,在人格特质、一般能力上的差异显著。中高级专业技术人才在专业知识、技能的所有二级指标上都显著优于一般专业技术人才,在人格特质二级指标如独立自主能力上也优于一般专业技术人才。同时,中高级专业技术人才在学风严谨度、专业自信心及挫折承受力方面也显著优于一般专业技术人员。

2. 中高级专业技术人才的专用胜任素质

中高级专业技术人才的专用胜任素质因不同工作岗位的特征而有一定的差异。下面借助高技术企业中优秀研发人员的专用胜任素质模型来进一步认识中高级专业技术人才的胜任素质特点。

高技术企业是知识密集、技术密集的经济实体,其研发人员的创造性思维与创造性劳动是高技术企业成长与发展的动力源泉。优秀研发人员是企业中高级专业技术人才队伍中的代表性成员。总结相关文献,可对优秀研发人员的各项素质要素进行重要性排序(重要性的评判标准是优秀研发人员能力模型中要素出现的频率),据此对中高级专业技术人才的专用胜任素质进行分析和提炼。

(1)成就导向。成就导向是优秀研发人员最突出、最具区别性的特征。优秀研发人员对工作绩效或工作结果有较高自我要求,并采取某种方法提高绩效水平,有时还会设定一些具有挑战性的目标,采取一些友好竞争的方式达成这些目标。

（2）影响力。影响力是优秀研发人员的显著素质之一。优秀研发人员主要运用详细资料、具体范例、数据事实、演示图表、证明过程等来支持自己的观点。其对自己观点的影响力和专业权威的建立非常关注，也相当关注他人对自己技术观点的看法。

（3）概念性思维和分析性思维。概念性思维和分析性思维是辨别优秀研发人员最常用的特征。研发人员在对任务进行分割，或对障碍进行预测并制订应对计划，或对后果做出预判时，需要用分析性思维；而要发现他人没有发现的联系和模式，将大量信息汇编成有用的资料，认清解决含糊状态的关键行为，明确潜在问题，需要用概念性思维。

（4）主动性。主动性表现为坚持钻研某个难题直到解决为止的不懈精神和毅力。主动性还表现在能充分利用当前机遇，在并未要求解决问题之前就积极地了解问题，为将来解决问题和抓住那些稍纵即逝的机遇做好准备。

（5）自信心。自信心是优秀研发人员的一项重要个人特征，通常表现为：对自己的职业判断力充满信心；热衷于解决专业领域中的难题；积极寻求独立，对专业工作负责。

（6）人际理解。人际理解表现为对他人态度、兴趣或情感的理解，适用于非正式的人际交往、联系活动。这种素质有助于理解终端用户及内部客户的需求。

（7）注重次序和质量。注重次序和质量这一素质是比较常见的。优秀研发人员会反复确认信息的准确性，检验资料的质量等。该素质在软件开发人员身上表现得尤为突出。

（8）信息搜寻。优秀研发人员信息搜寻的范围很广，包括一些看似没有关系的信息。

（9）团队合作和协作。团队合作和协作是研发人员"管理性"最强的素质。许多技术工作都是由团队共同完成或通过与其他领域的工作者紧密合作来完成的。真诚要求他人参与，对他人的能力给予肯定或赞扬，培养合作精神是非常重要的。

（10）专业知识。专业知识在一定程度上与创造性地解决问题相关。优秀研发人员常常乐于运用专业知识帮助他人解决问题，对工作中的技术问题很感兴趣，从这两方面可以将其与一般研发人员区分开来。同时，优秀研发人员还会积极地通过阅读报纸、参加会议、学习课程等巩固并扩充自己的专业知识。

（11）客户导向。客户导向是明确客户的真正需求，竭尽全力满足其需求并为之解决问题所需要的重要素质。

优秀研发人员通常还表现出其他成熟的品质，如适应性好、擅于总结过失和吸取教训等。

三、中高级专业技术人才的选聘策略

企业只有做好中高级专业技术人才的选聘工作，建立相应的招聘体系和机制作为支撑，才能做到"用人即有人，不用有储备"。

1. 区分中高级专业技术人才和中高级管理人才评价标准

中高级管理人才和中高级专业技术人才在企业中的地位都非常重要。中高级管理人才不仅应具有优秀的综合素质，而且应具有一定的专业素质；中高级专业技术人才不仅应具有较强的专业素质，而且应具有较好的综合素质。对两者的要求既有共性又有区别。一方面，这两类人都肩负着一定的管理、监督、组织、协调、决策等责任，因而在评价这两类人才时都要涉及管理能力、组织协调能力、监督意识等测评要素；另一方面，由于这两类人才的任职资格、胜任素质不同，因而在评价模式、测评方法、测评流程等方面有区别，测评要素也有区别，即便是相同的要素，其权重可能也不同。

对于中高级管理人才，要加大决策管理能力、组织协调能力、影响力等管理素质的权重；对于中高级专业技术人才，则要加大专业技能素质的权重，并适当增加沟通协调能力、创新能力等的权重。这两类人才都需要有较强的分析判断能力，但中高级管理人才主要侧重于宏观决策及复杂问题的解决，根据众多的具体方案完成对重大问题的决策和对重大方向的把握；而中高级专业技术人才主要负责微观的具体问题的解决，处理第一手的资料和数据，并形成方案。对中高级专业技术人才专业水平的要求应较高，而对中高级管理人才专业水平的要求可以相对低一点。在设计测评要素、选择测评工具前，应先分析中高级管理人才与中高级专业技术人才在工作内容、工作性质、职务要求上的共同点和不同点，使所选的测评要素、测评工具具有较强的针对性。

2. 构建并完善中高级专业技术人才的特殊选聘机制

很多企业都已意识到，只能针对中高级专业技术人才的选、用、育、留制定特殊或单独的配套政策与激励机制，才能确保此类人才长期稳定地为企业发展效力。以选聘机制为例，招聘前要做好招聘职位与目标候选人分析，确定人选方向与任职资格条件；招聘中要合理选择招聘渠道，因为中高级专业技术人才大多是被动候选人。

（1）设计更专业的招聘渠道。用传统招聘渠道如现场招聘会、网站招聘、内部招聘、员工推荐等可能很难找到中高级专业技术人才。如果专业性太强，那么可能连猎头公司也很难找到合适的人才。因此，招聘者要获取足够的人才信息（这是中高级专业技术人才招聘工作的重中之重），像猎头公司一样主动出击，甚至还要具备公关人员或销售人员的沟通技巧，与人才形成共鸣，达成共识，才能将人才"猎到"并吸引进企业。具体可采用以下方式。

1）充分利用网上信息资源。充分利用网上信息资源，如专业招聘网站的招聘、应聘信息，专业技术论坛、专业技术人才的群中的信息，挖掘和获取中高级专业技术人才的信息。

2）加强对外合作。与高等院校、科研院所、高新技术产业开发区、博士后科研工作站、行业协会、人力资源社会保障部门等合作，请其推荐以获取中高级专业技术人才的信息。

3）收集同行业企业的人才信息。搜索同行业中发展较好的企业，获取其优秀专业技术人才的信息，请他人引荐或直接联系、拜访。

4）参加本行业或包含本行业的展示会、技术论坛等。增加与优秀专业技术人才见面的机会，根据需要可将参会范围扩展至国际市场。

5）发布招聘广告。在大中型企业、品牌企业集中地区，可发布招聘广告，参加当地举办的高新技术人才招聘会，在高新技术专业杂志上发布招聘信息。

6）建立"推荐人（机构）数据库"和"高新技术人才数据库"，以人才找人才。中高级专业技术人才关系到企业的长期发展，因此在招聘过程中逐步建立推荐人才的奖励机制也是非常重要的。让人才主动做企业的"猎头"，互利互惠，是长期、稳定地获取人才的方法。当然，这需要长期积累。

（2）安排科学规范的招聘流程。关于科学规范的招聘流程，本套书其他等级已有论述，这里要强调关系中高级专业技术人才招聘成败的几个重点。

1）勤奋。要常整理、更新资料，常联系推荐人与推荐单位，常搜集人才信息，常与人才交流。

2）迅速。收到人才信息后，要立即与之取得联系并沟通相关内容。

3）尊重。招聘人员对人才的态度直接体现了企业对人才的态度，因此尊重人才是整个招聘过程中非常重要的原则。

4）客观。人无完人，用人所长。招聘人员切忌为企业寻找"完人"，只要应聘者在需要的专业技术与能力上比较突出即可考虑，当然，认可企业文化与企业核心价值观是必须考虑的要素。

5）匹配。匹配即把合适的人才放在合适的位置上。招聘人员必须掌握一定的专业知识与技能，通过观察、沟通做出准确判断，思考企业或项目当前处在哪个阶段，这个阶段需要配置哪方面能力较突出的人才，什么样行为风格的人适合配置在招聘岗位上，已有团队人员已具备了哪些能力，还需要补充具备哪些能力的人才等。

6）科学。对于应聘重要岗位的中高级专业技术人才，经招聘人员初试以后，上级主管领导、技术专家或专业人士应共同参与招聘面试，避免因个人主观印象造成偏差。同时，建议采用业界较为认可的素质测评工具，与主观评价结合起来，达到更准确匹配的效果。在招聘后，应做好沟通和跟踪，帮助和协调解决人才在思想、生活与工作中遇到的实际问题，以使其顺利度过不稳定期。企业招聘人才不但要重视如何引进来，而且要重视如何留下来。中高级专业技术人才的稀缺性及流动性使企业必须重视保留人才。因此，解决中高级专业技术人才的后顾之忧，安置好其生活，做好不稳定期的沟通和跟踪工作尤为重要。

3. 完善人力资源管理机制，吸引和保留更多优秀中高级专业技术人才

完善人力资源管理机制是吸引和保留更多优秀中高级专业技术人才的基础和有力保证，具体内容包括：注重文化建设，营造以人为本、尊重个性、尊重知识与人才的良好风气；建立科学合理的目标管理体系，实行科学有效的考评管理机制，使中高级专业技术人才感受到考评与激励的客观性和公平性；建立合理的人力资本参与分配的产权管理体系，为中高级专业技术人才，特别是研发人员参与企业利润分配提供重要保障；建立科学的岗位评价体系，为中高级专业技术人才的职位晋升提供重要渠道，这也有利于建立公平合理的薪酬体系；建立良好的绩效管理体系，这不仅能最大限度地确保考评的客观性和公平性，也能对中高级专业技术人才起到很大的激励作用；建立和完善薪酬体系，包括建立多层次、多类型的奖金制度，鼓励中高级专业技术人才多出成果的同时，也使其享有应得的利益；建立良好的职业发展管理体系，为实现人尽其才、满足人才个性化需求等提供重要前提；建立分权与授权系统，较大的分权、授权适应中高级专业技术人才的个性特点和工作特点，对中高级专业技术人才的成长与自我实现有重要意义。

4. 建立中高级专业技术人才与管理人才的良性互动机制

中高级专业技术人才和管理人才都是企业的核心人才，两者既具有共性又具有个性。为加强人才配置，企业可通过建立科学的人才测评体系和人才评价机制，形成中高级专业技术人才与管理人才的良性互动机制。事实上，中高级专业技术人才中具备管理素质的不在少数，而管理人才要了解专业技术则比较困难。因此，对中高级专业技术人才进行培养，将具有管理素质的中高级专业技术人才挖掘出来，使知识密集型企业具有更多既懂技术又懂管理的专家型领导，是一条值得探索与完善的人才配置与人才挖掘途径。这就需要企业具备良好的管理体系，如采取逐级提拔制度和角色互换制度，把技术研发部门分为若干小组，再从优秀的小组领导人里面选择合适人员进入管理者继任计划。同时，企业可以在自身的管理培训体系中为每一个职位层级都设置管理培训课程，来改善中高级专业技术人才不懂管理的情况。

第四节 国际人员外派管理

随着经济全球化的快速发展,劳动者跨国流动日益频繁,国际人员外派也进一步成为跨国企业人力资源管理中的重要内容。

一、国际人员外派管理思路

1. 跨国企业不同国际化阶段中的人员外派管理

国际人员外派是指雇佣单位将一些员工派遣到本单位在其他国家或地区的分公司(以下简称海外分公司)进行工作的管理行为。企业国际化过程除了将生产系统从一个国家转移到另一个国家外,也将执行生产的人力资源系统在不同国家与地区之间进行转移与整合。企业面临扩大世界市场版图的挑战,面临当地化与国际化的挑战,面临在企业运营中有效地组织总部员工、当地员工和第三国员工,实行有效管理的挑战。

根据阿德勒与加达的观点,企业国际化可分为4个不同的阶段:当地化、国际化、多国化、全球化。不同阶段的企业文化特性和人力资源管理特点不同,人员外派管理的状况和策略也不同。

(1)当地化阶段。在当地化阶段,企业着重于总公司所在地的市场,在海外分公司多采用以总公司为中心的中央集权制并采用总公司的管理制度,不因地制宜,对分公司所在地的文化因素几乎不考虑,主要将总公司的软、硬件输出到海外分公司。在这个阶段,外派通常是短期专案性质的,外派人员以主管为主,主要是负责生产和技术两方面的人员。由于属于短期外派,人员培训难度较低。此外,短期外派大多采用出差、专案或支援的形式,通常给予适当金钱奖励即可激励外派人员,但外派人员回任原职会有一些困难。短期外派留在外派地发展的机会少,且对未来职务晋升未必有加分效果,这些对外派人员的职业生涯会有负面影响。

(2)国际化阶段。在国际化阶段,企业着重于对海外分公司的问题做回应,有效转移科技和管理制度,实现本土化。在此阶段,文化变成很重要的影响因素,人力资源管理功能与其他管理功能变得一样重要。由于企业逐渐本土化,因此管理制度也必须因地制宜,采取地方分权制,逐渐修正从总公司引进的制度,以符合分公司当地文化的特性、员工的需求,适应当地政治经济环境的变化。在这个阶段,企业的策略是扩大国际市场并将技术转移到国外,因此需要大量的外派人员,且外派时间会增加。由于国际化程度还不够,海外分公司数量还不多,外派人员大多只能在总公司与为数不多的海外分公司之间做选择。外派人员服务一段时间(通常为2~3年)后,在没有外派到其他国家的情形下,回总部担任原职的难度很大。在此阶段，除了外派人员的技术与管理能力很重要外，其文化适应能力也相当重要。在激励机制中，除了金钱奖励外，给外派人员一段全新的、具有挑战性的海外经历也是激励的重要手段。在这一阶段，外派人员通常无法在外派地长期居留，终究要回国，这对其职业生涯发展会有不良影响。

（3）多国化阶段。在多国化阶段，企业着重于全球策略及价格竞争。在此阶段，企业必须与其他同样接近全球化阶段的企业竞争，必须以低价来降低成本竞争。尽管文化差异对企业竞争力的影响不如成本对企业竞争力的影响那么大，但是企业应从全球化视角来看待文化差异，保持文化敏感性。企业的策略焦点在于降低生产成本与产品价格，因此企业着重于资源、生产与市场的国际化布局。在这一阶段，企业通常"就地取材"，因此只需要外派部分人员，外派人员的主要工作是控制生产流程，获取资源及市场渠道。这些外派人员对处于多国化阶段的企业的经营非常重要，企业非常依赖其在海外的经验，因此外派人员回任原职通常难度较低。即使无法回任原职，企业也可以安排这些外派人员在不同海外分公司轮换职务。因此，对外派人员个人而言，各种外派任务与经验对其职业生涯发展有累加的积极效果。

（4）全球化阶段。在全球化阶段，企业同时着重于对海外分公司问题的回应及全球整合。此时，海外分公司对总公司的依赖程度变低，具有高度的资源独立性。在此阶段，除实行低成本战略外，企业也要满足全球客户在产品与服务上的高质量要求，且对高质量要求要以合乎文化特性的方式来实现。因此，文化成为重要因素。在管理方面，企业面临总公司及海外分公司权力分配的问题，通常采取以区域为中心的形式，使总公司与海外分公司权力均衡，让制度融合总公司与海外分公司的特点。人力资源管理实施以区域为中心的整合型管理制度，权力中心转移到区域总部。总公司与海外分公司在经营上各有其职能，区域总部扮演整合的角色。企业在此阶段的策略重点是以全球为市场，获取竞争优势。

全球化企业的海外分公司数量较多，因此外派人员数量也相对较多，外派人员类型呈多样化，除母国（总公司所在国）国籍员工（PCNs）与东道国（分公司所在国）国籍员工（HCNs）外，还包括第三国国籍员工（TCNs）。例如，某中国跨国企业可能在美国分公司雇佣美国籍员工（HCNs），外派中国籍员工（PCNs）到美国分公司工作，也可能外派印度籍员工（TCNs）到美国分公司去工作，上述3种员工都属于外派人员（属于国际人力资源管理范畴）。可见在全球化阶段，外派人员很多，而这些外派人员的主要工作是在总公司与区域总部间、区域总部与区域总部间、区域总部与其下辖分公司间进行协调与整合。因从事协调与整合工作，外派人员多为高级主管或有很大发展潜能的经理。外派除对外派人员个人前程，特别是晋升有作用外，对公司发展也有帮助。外派人员的经验累积与分享对企业的整体发展及未来外派人员训练课程的完善都很重要。

2. 跨国企业不同人力资源政策下的关键岗位配备

国际环境使跨国企业的人力资源管理变得更为复杂。例如，一家美国跨国企业要任命中国分公司的市场总监，可以从总公司外派一名员工担任，也可以在中国招聘一名本地员工担任，还可以从第三国的子公司外派一名员工担任。研究者将跨国企业关键岗位配备方法分为民族中心法、多中心法、全球中心法和地区中心法，见表6-5。

表6-5　　　　　　　　　　　跨国企业关键岗位配备方法

方法	内容	优点	缺点
民族中心法	关键岗位都由总公司外派人员担任	保证分公司服从总公司的整体目标	不利于分公司的本土化经营
多中心法	分公司关键岗位由当地人员担任	消除分公司的文化差异，节省费用	分公司与总公司之间容易形成隔阂
全球中心法	选择最佳人员担任而不考虑其国籍	能够组建一支国际化的高层管理人员队伍	成本大幅增加
地区中心法	按地理区位划分，人员在地区间流动	是从"民族中心"到"全球中心"的一种途径	关键岗位员工仅熟悉有限地区情况，不利于培养全球管理人员

二、国际人员外派与本土化进程

跨国企业进行人员外派的主要原因如下：分公司所在地缺乏拥有高级管理技能和专业技术的本土人员，给跨国企业推进本土化进程带来障碍；相对于本土人员，外派人员对企业文化更加熟悉，由于国家之间的文化差异，让本土人员认可企业文化不是一件容易的事；外派人员在多国工作之后不仅能积累丰富的全球经营经验，而且能培养全球化发展思维，进而为企业战略发展贡献自己的力量。

跨国企业推动管理人才和技术人才本土化发展的主要原因如下：外派人员管理成本较高，薪酬、福利补贴、教育培训费用等成本太高；文化差异带来的生活压力会影响外派人员的决断能力；本土人员更了解当地市场环境及其发展动态；中层管理人员的本土化在一定程度上便于上级和下属之间的沟通，进而缩短上下级之间的距离，有利于企业文化的构建和传播；外派存在一定的失败率，给企业带来的潜在损失很大；响应当地政策要求，便于本土化发展；当地有很多海外归国人士，其不仅熟悉当地环境，而且在跨国企业的运作和管理决策方面也有比较丰富的经验。

如果外派人员愿意为本土人员提供相关管理技能培训，就可以推进本土化发展，帮助企业获取当地丰富的人力资源，提高核心竞争力。

三、国际外派人员的选拔

1. 设立选拔委员会

选拔外派人员涉及谁来选的问题，优秀企业的做法不尽相同，但通常是成立一个由业务部门、人力资源部及海外分支机构人员组成的选拔委员会（人数一般为 3 人左右），由其负责选拔外派人员。

2. 选拔外派人员

（1）任职资格筛选。任职资格筛选环节的流程可以这样设计：申请人填写包含任职资格信息的申请表；人力资源部根据岗位任职资格指标，对申请人的教育背景、相关经验等进行计分，如可将任职资格指标的计分标准设为基本胜任计 1 分、胜任计 3 分、优秀计 5 分；计算任职资格总分，确定进入下一轮筛选的人数比例。任职资格通常包括学历、行业经验、海外工作经验、管理经验、专业资格、特殊技能等方面的基本要求。由于工作的特殊性和挑战性，与国内岗位相比，外派岗位对任职资格的要求更加严格。任职资格通常根据职位说明书来进行设置，岗位级别越高，相应要求也就越高。

（2）绩效考核筛选。绩效考核筛选是指参考申请人过去两年的绩效表现和考核记录，筛选出绩效达标者。值得注意的是，这个过程需得到申请人直属上级的确认。若一些员工没有绩效考核记录，则应要求其参加业务能力测试。业务能力测试的方式应根据岗位的不同而有所调整。人力资源部审阅申请人过去两年的绩效表现和考核记录。绩效考核筛选计分标准可设为：部分达标计 1 分（完成设定目标的 80%）、达标计 2 分（完成设定目标的 100%）、胜任计 3 分（超出设定目标 10% 以上，30% 以下）、优秀计 5 分（超出设定目标 30% 以上）。企业根据岗位实际需要选择进入下一阶段筛选的绩效考核等级。

（3）能力、性格筛选。符合任职资格、绩效考核要求，并不意味着申请人就能胜任海外岗位，选拔委员会还需要进一步考量申请人的能力、性格。企业可以在构建胜任素质模型的基础上对申请人进行相关能力、性格测试或评估，包括对通用能力（如适应能力等）匹配度、岗位通用能力（如沟通能力、分析能力等）匹配度及性格特质（如外向、独立等）吻合度的测试或评估。只有在这些测试或评估中达到胜任素质标准的申请人才有资格成为企业外派人员候选人。

国际人力资源管理专家提出了人员外派成功的关键因素，而这些因素的重要程度对于不同的企业和不同的外派情况而言是不一样的。短期外派的选拔标准通常主要强调技术与专业能力；到文化差异很大的国家的外派选拔时通常更关注家庭因素、交际能力和语言能力。愿意学习新事物、能够适应新环境的人比较适合到其他国家工作。另外，企业要注意申请人是否具有海外工作的动力。外派人员接受海外工作的动力越大，就会在调整过程中付出更多的努力，从而越能胜任外派岗位。企业可以采取员工自愿申请的方式，因为当员工本身对外派有兴趣时，通常会感谢企业的安排，工作的积极性较高。

总之，企业要规范外派人员选拔过程，建立一套合理的选拔程序，建立外派人员胜任素质模型，根据胜任素质模型挑选外派经理、技术人员和一般人员，减少用人风险，提高外派工作效率。

进入中国市场的跨国企业在面临巨大发展机遇的同时，也面临激烈的市场竞争和人才竞争。许多有实力的跨国企业都提出了扩大在华投资的战略，包括扩大经营规模、兼并品牌企业、开发新产品、建立分支机构等，而实现这些目标的关键在于人才的招聘与配置。有效招聘的目的就是挑选出最适合的人才，为企业做出最大的贡献。

著名的全球性化妆品企业L公司总部在法国，有数十个全球知名的品牌。去年，L公司收购中国本土化妆品品牌TS，计划重新打造TS并将其推向国际市场，因此招聘一个既熟悉TS原本的品牌概念又理解L公司对TS的要求和计划，并能重新定义TS品牌概念的品牌经理迫在眉睫。

L公司原有的品牌大多为欧洲品牌，以往通常通过外派品牌经理的方式在分公司贯彻品牌理念，这种方式可以很好地保持L公司各品牌在全球的统一形象。但是，因为TS是一个中国本土品牌，所以L公司希望能在中国招到符合要求的品牌经理，以便更好地打造这个中国品牌的形象。因此，L公司向招聘部门提出招聘一个中国品牌经理的要求，并且把详细的职位说明书发给了中国区招聘经理J。

经过一轮轮的筛选和面试，最终J将两个具有不同背景的候选人A和B推荐给了总部。A年少时即离开中国，在海外学习和工作多年，懂多国语言，曾在南美洲国家有成功的品牌运作经验，具有全球观；B在中国有多家公司品牌运作经验，从基层做到一家大型跨国公司的品牌经理，有丰富的实操经验，对中国市场了解透彻。

在总部的面试中，A语言表达能力出色，其全球观也让总部面试官印象深刻，虽然A没有中国品牌运作的经验，但是面试官认为其更符合L公司的要求，而B虽然有丰富的中国品牌运作经验且对中国市场有深入理解，但是没有海外背景，学历不高且外语能力不强，因此总部决定录用A为TS品牌经理，派其到中国运作TS品牌。

A入职后，根据总部的指引和自身的品牌运作经验重新打造TS品牌，在中国大力推广新的TS品牌。但是，由于A对中国市场把握失误，导致TS在品牌形象、推广途径、新产品开发等方面未能迅速抓住中国消费者的需求，TS品牌产品在6个月内销量急剧滑坡。总部为此十分着急，不断对A施加压力。A最终在6个月后选择离职。

相反，B最后去了另一家外资企业，对中国市场的洞察力使其运作的品牌销量不断增加。看到这样的结果，L公司招聘经理陷入了深深的反思：到底什么样的人才既能满足总部要求又能满足当地需要呢？

在上一轮TS品牌经理招聘失败后，中国区招聘经理J重新与总部进行了沟通，明确了总部对TS品牌经理的短期期望和长期期望，并结合TS品牌在中国的发展计划，建立了TS品牌经理的核心能力模型，此核心能力模型也得到了总部的认同。在确定核心能力模型的基础上，J在面试过程中将候选人的能力、经验、背景及潜能与核心能力模型进行对照，迅速圈定了候选人C。

C的背景与B的背景类似，其同样对中国市场有深入理解并有成功的品牌运作经验，而且C虽然没有海外留学和工作的背景，但是获得了MBA（工商管理硕士）学位，具有全球观。总部在面试了C以后，虽然对C没有国际性品牌运作经验稍有担忧，但是由于在TS品牌经理核心能力模型中，对中国市场的理解和中国品牌运作经验是排在最优先位置的，因此仍然录用C为TS品牌经理。

C入职后，人力资源部总结之前A入职后急于求成，未能很好地融入企业文化的经验教训，为C量身定制了入职培训计划。6个月的入职培训计划包括3个月的总部工作和培训，这是为了帮助C迅速理解和融入L公司的企业文化，并深入理解L公司对TS品牌经理及TS品牌运作的期望和要求。C在6个月的时间里不仅加深了对L公司企业文化的理解和认同，而且带领TS品牌成功走出了低谷，重新建立了总部对TS品牌的信心。

讨论题

1. 如何科学有效地选拔中高级管理人才？
2. 如何评价L公司招聘品牌经理的过程？

本章思考题

1. 中高级人才的含义和价值是什么？
2. 中高级专业技术人才的选聘要注意什么？
3. 简述跨国企业国际人员外派管理思路。

第三篇 培训与开发

- 第七章　战略性培训与开发
- 第八章　企业组织发展与学习型组织构建

第七章

战略性培训与开发

引导案例

M公司是一家较早进入中国市场的外资企业,其为进入中国市场所开展的人才培训与开发值得学习。M公司的培训与开发紧紧围绕公司战略,公司战略调整时培训与开发也随之而调整,很好地体现了战略性。

一、早期公司战略及相应的培训与开发政策

M公司在刚进入中国市场的时候,为吸引人才、培养人才和保留人才,规定每个员工每年必须参加40小时的培训,并将其作为对员工及其直接主管的考核指标。后来,员工的素质提高了,公司学习型组织建立得也比较完善了,M公司就改变了策略,变"培训政策"为"学习政策",不再把每年参加40小时的培训作为考核指标,让学习成为员工自己的事,给员工时间,让员工自行支配,同时提供环境和相应资源的支持。对于要重点培养的核心人才,公司会根据其职业生涯发展规划及公司需要,在合适的时候为其提供管理人员培训项目。

二、战略调整后的公司战略及相应的培训与开发政策

随着公司的发展和市场的变化,M公司确定了管理人员本土化战略和原材料本土化战略,培训与开发也随之跟进。

1. 管理人员本土化战略

管理人员本土化战略即扩大本土中高层管理人员的比例。为此,公司制定了相应的培训与开发政策,为有潜力的人员提供全面培训。公司设计了领导者培训项目(初级班)、企业强化管理培训项目(中级班)、企业强化管理培训项目(高级班)、总监学院项目(顶级班)。其中,企业强化管理培训项目简介如下。

培训宗旨:为中国的中高层管理人员提供其所需要的核心技能培训,帮助其解决中国企业的实际问题,最大限度地强化中高层管理人员的管理能力。

培训方式：教师讲授、案例分析、角色模拟、体验教学、现场标杆学习、学员讲授、网络教学、领导艺术讲座。（多管齐下，保证学员的参与性和学习效果，同时提高学员互相交流、合作和分享的能力。）

培训对象：中高层管理人员。

培训目标：

- 使中高层管理人员理解其应该扮演的4大主要角色（业务规划者、过程管理者、员工开发者、关系营造者），提高激励、领导团队的技能。
- 使中高层管理人员掌握有效的指导、辅导和督导技能。
- 使中高层管理人员掌握人力资源部、财务部和其他部门的管理政策、工具和程序。
- 使中高层管理人员理解企业在中国面临的机会和挑战。
- 激励中高层管理人员向成功的领导者学习，并以积极而热情的态度来运用技能。

培训课程：工作流程、客户服务、质量与市场模拟、有效团队的运作程序、有效的人力资源管理与实践、领导艺术讲座、辅导与指导技巧、体验学习、领导变革、教学设计与讲授技巧、战略管理中的规划等。

另外，对于极具潜力的中高层管理人员，公司还根据其个人职业发展规划及实际需要和知名大学合作，让这些人员去读MBA或博士。

2. 原材料本土化战略

原材料本土化战略即原材料供应商的国产化。为提高供应商产品质量，公司制订了供应商培训计划，对1 000多家供应商的相关员工进行培训，以达到提高这些企业产品质量的目的。

这体现了M公司的经营管理思想：和供应商、代理商、销售商共同成长，因为大家都在一条价值链上，一荣俱荣，一损俱损，只有整条价值链上的成员都成长了，公司才有更多的市场机会和更大的竞争优势。

培训与开发政策支持了M公司战略目标的实现，成为公司战略人力资源管理的一个重要组成部分。

案例思考

1. 什么是战略性培训与开发？M公司的战略性培训与开发是如何体现的？
2. 为实现企业战略目标，应如何做好管理人员和企业接班人的培训与开发？

第一节　战略性培训与开发概述

一、战略性培训与开发的含义

战略性培训与开发就是将培训与开发提升到战略层面，围绕企业战略进行培训与开发。它强调与企业愿景、使命、价值观协调一致，根据战略要求对员工进行培训与开发，以顺利实现企业战略目标。战略性培训与开发具有高杠杆性，可以给企业带来更高的价值。

与一般的培训与开发相比，战略性培训与开发要求管理者树立整体与全局观念，在了解企业运作原理和各部门关系的基础上，提高员工与企业使命及战略要求相一致的能力，以顺利实现企业的发展目标。国外学者也用高杠杆培训与开发来形容战略性培训与开发，意指这种培训与开发可以更好地给企业带来价值。

图 7-1 表现了战略性培训与开发的含义。

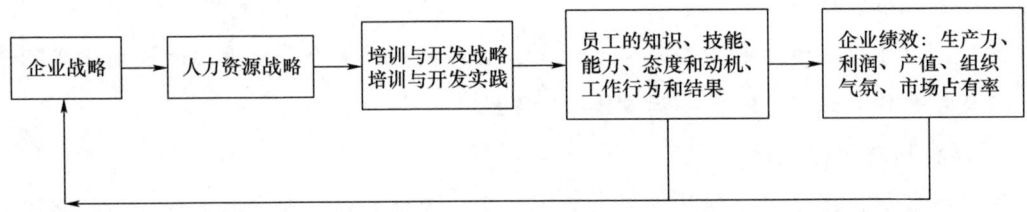

图 7-1　战略性培训与开发的含义

培训与开发的战略性主要体现在以下两个方面。

第一，制定战略时，要考虑员工素质存量和可能的增量，即现有员工具有哪些素质，通过培训与开发或其他手段能获得或提高哪些素质。基于此制定出来的战略规划才有可行性。

第二，战略落地会对员工的素质提出要求，培训与开发要能适应战略落地对员工素质的各种要求。

许多企业都将培训与开发和企业战略、人力资源战略相联系，见表 7-1。

表 7-1　企业战略、人力资源战略和培训与开发的联系

企业	企业战略	人力资源战略	培训与开发
某汽车企业	成本领先战略	裁员，控制人力成本，提高生产力，工作再设计	岗位培训，专业培训
某芯片企业	成长战略	招聘甄选，快速增长的工资	广泛的培训与开发项目，专业培训，团队合作，人际技能培训

续表

企业	企业战略	人力资源战略	培训与开发
某餐饮企业	市场战略	专门化工作设置	专业培训
某电气企业	并购战略	选择性地裁员、再安置	培训系统整合，导向培训，文化融合，团队合作

培训与开发要围绕企业战略、人力资源战略进行。培训与开发的负责人要深刻理解战略导向，并切实贯彻执行。在此过程中，企业领导的支持和其他资源的配合也是非常重要的。

二、不同竞争战略下的培训与开发

1. 成本领先战略下的培训与开发

成本领先战略要求员工以更经济的方式工作，其主要目的是降低每个员工的单位产出成本来提高产量。这类战略要求减少员工数量，降低薪酬水平，雇用兼职员工，实行业务外包，采用自动化，改变工作规则及允许弹性工作制等。这类战略对员工的行为要求有：稳定的工作行为，对某一项工作保持短期而高度的关注，可以进行基本的自主管理和独立工作，在高度重视产量的同时对质量给予适度的关注，注重结果，保证工作的低风险。

值得注意的是，采取这种战略的企业为了生存，很少强调员工培训与开发。在这种企业战略下，人力资源战略的重点在于使员工对企业战略目标产生高度认同感并认识到成本压缩的意义，对能够节省成本的行为给予激励，使员工感到自己所节省的成本对企业生存的重要性，与企业同甘共苦。

2. 差异化战略下的培训与开发

差异化战略要求员工以创新的方式工作，这意味着员工必须对自己和其他员工所掌握的不同技能进行重新组合，从而创造出新的工作方式。由于创新依赖于员工个体的专业能力和创造性，而员工离职可能会给企业带来致命的损失，因此这一企业战略下的人力资源战略重点在于提高员工技能和留住高技能员工。提高员工技能主要通过培训来实现，留住高技能员工则需要多种人力资源管理活动的支持，包括进行薪酬管理、制定晋升制度、制订福利计划、开展职业培训、进行工作指导等。

在实施差异化战略的企业中，培训与开发的重点在于以下几个方面。

（1）加强培训。为员工提供提高现有技能的机会，同时也使员工在劳动力市场上具有更强的竞争力，提升员工的个人价值和企业的竞争力。

（2）为员工创新提供支持。在时间、场所、资源等方面为有创新能力的员工提供足够的支持，使其有发挥才能、实现自我价值的机会。

（3）给员工更大的自主权。由于创新型员工一般素质较高，因此可以在其工作范围内赋予其更大的自主处理权，实行弹性工作制，让员工自主管理，调动员工的积极性，便于其开展创新性工作。

3. 集中战略下的培训与开发

集中战略要求员工以更严谨的态度工作。实施此类战略的企业要求员工具有相对稳定的行为方式，能长期集中精力做好一项工作，员工之间有适当协作和相互依赖的工作关系，在注重产量的同时对质量给予高度的重视，促使员工树立视质量为生命的工作价值观，高度关注产品的制作和运输过程，保证各个环节的低风险。

由于这类战略的目标是以质量取胜，并不要求员工具有相同的生产率，因此人力资源管理需要加强对员工工作行为的控制，减少缺勤和员工流失（这主要是从熟练员工的重置成本和流失损失角度来考虑的），强调员工行为的稳定性和重复性。这就要求培训与开发更注重质量控制和工作监督，促使员工掌握所需技术并理解严格控制的意义，从而使其乐于接受工作监督，防止员工出现行为的不确定性和随意性。

以上3种培训与开发都有一个共同的重点：建设与企业战略相一致的企业文化。这是推动企业战略实施的重要手段。企业战略是企业发展的决定性因素，培训与开发则是战略管理实施的重要保证，起到推动企业战略实施的作用。必须与企业战略相匹配是培训与开发发挥应有作用的"黄金法则"。

三、培训与开发的战略性选择

企业的战略、组织结构、技术对培训与开发有多方面的影响，不同企业培训与开发的组织机构、内容、管理形式也不同。有些企业的培训机构仅有一两个人，有些企业则可能有一支庞大的培训专业队伍。有些企业的培训由人力资源部负责，有些企业的培训则直接由分管的副总经理负责。有些企业的培训面向所有员工，有些企业的培训对象则以管理人员为主。有些企业以向外部培训公司购买培训课程为主，有些企业则以自主设计有针对性的培训课程为主。有些企业的培训机构人员主要为培训讲师，有些企业的培训机构人员则以管理和协调培训的人员为主。有些企业的培训更加注重现有岗位的要求，并且非常专门化；有些企业则更加注重长期发展，除了提供专业培训外，还提供其他方面的培训。

四、战略性员工培训模型

丹尼尔·温特兰基于对多家企业的个案研究，提出了战略性员工培训模型。该模型指出，实施战略性员工培训有3个阶段：宏观组织阶段，微观组织阶段，实施、反馈和评价阶段。在宏观组织阶段，企业战略被整合在培训过程中，战略计划发生在集团、业务、职能和运作层面，而培训也需要在这4个层面上与企业战略紧密结合。在微观组织阶段，企业从不同岗位的工作如何支持企业战略角度出发制定员工培训项目，更加注重任务分析。丹尼尔·温特兰借助4P（4P分别指 product——产品，place——地点，promotion——促销，price——价格）营销理论来说明如何决定战略性员工培训的内容。产品指的是培训内容，地点指的是培训场所，促销指的是沟通有关培训信息，价格指的是培训成本。一旦以上内容确定，就可以进入实施、反馈和评价阶段。

五、实施战略性培训与开发的要点

1. 与企业战略相匹配

与企业战略相匹配是战略性培训与开发的特点。要使培训与开发具有战略性，就必须考虑企业战略和其他组织因素的影响。

2. 具有前瞻性和主动性

实施战略性培训与开发要主动分析企业的内外环境因素，发现变化并寻找机会，从培训与开发的角度为企业发展提供价值。

3. 注重系统性

实施战略性培训与开发要和企业的具体问题相联系，建立发现问题、诊断问题、沟通问题、形成培训与开发概念框架、实施培训与开发这样一个系统的过程。系统性还体现在战略性培训与开发要将企业的培训需要、部门的培训需要和个体的培训需要结合起来考虑，以确保培训与开发项目的效果。战略性培训与开发还应系统考虑员工的职业发展。

4. 整合各种资源

有些学者提出，尽管有时候培训只涉及某个层面，如中层管理人员，但从战略的角度出发，实施培训应该整合企业的各种资源。在培训与开发过程中，高层管理人员的支持和对培训与开发项目的承诺非常重要，各个部门的配合与支持也非常重要。

5. 注重持续不断的学习

有些学者用"战略性培训与开发永不停止"来说明战略性培训与开发和传统培训与开发的区别。"永不停止"意味着培训与开发要渗透到企业的日常工作中，企业应该鼓励学习，并努力塑造学习的氛围。从这一点来看，实施战略性培训与开发是使企业成为学习型组织的有效途径。

六、战略性培训与开发对培训与开发人员的要求

在实施战略性培训与开发的企业中，负责培训与开发的部门（通常是人力资源部）起着很重要的作用。战略性培训与开发对培训与开发人员提出了更高的胜任素质要求。

根据在一些企业中所做的胜任素质研究可以发现，对于战略性培训与开发人员来说，要胜任工作，应该具备下述胜任素质。

一是专业知识，主要包括心理学、教育学、人力资源管理知识（特别是培训设计和评估知识）、企业文化、价值观和战略目标，人力资源法规、政策，所在行业的知识和产品、服务知识。

二是专业技能，主要包括工作分析，员工能力分析，问卷设计，教授基本课程（新员工培训、基本管理技能培训等），辅导咨询，评估反馈，培训资源获取和评估，项目管理等技能。

三是其他胜任素质，主要包括团队合作、沟通协调、企业意识、整合能力。

第二节　中高级人才培训与开发

中高级人才培训与开发的目的在于加强企业中高级人才队伍建设，为增强企业核心竞争力奠定坚实基础。中高级人才培训与开发依据企业对中高级人才的需要，以及潜在人才在职业生涯发展不同阶段的特点，实施更有针对性的人才培养举措，从而构建企业顶端的人才开发体系。

符合企业需要的中高级人才应具备稀缺性和特殊价值贡献两个特征。企业应依据不同层级人才的胜任素质要求及运营需求采用不同的人才培训与开发方式。

一、中高级管理人才培训与开发

1. 中高级管理人才培训与开发内容

中高级管理人才培训与开发内容一般分为以下4个方面。
- 管理方面。要清楚地了解企业的目标、政策和管理原则。

- 实务操作方面。要明白工作程序、工作标准和工作细节。
- 人际关系方面。要了解员工并能影响员工的工作态度和行为。
- 思想意识方面。要能设想不同的工作方法,并预见其所带来的结果。

企业对不同层次管理人员的知识和技能要求并不相同。一般来说,越是高层,对其管理知识和技能方面的培训要求就越高,对其实务操作知识和技能方面的培训要求就越低。在人际关系方面,对任何层次的管理人员都有同样的要求。

因此,在对中高级管理人才进行培训与开发时,应加强计划、组织、指挥、协调、控制等方面的管理知识培训,努力提高其管理水平,同时也要着重培养其作为管理人员应具备的多种工作能力,主要包括以下方面。

（1）沟通技能。对于管理人员来说,沟通技能非常重要,因为其所做的每件事中都包含着沟通。没有信息就不可能做出决策,而信息只能通过沟通得到。一旦做出决策,就要进行沟通,否则没有人知道决策已经做出。好的想法、有创意的建议、优秀的计划等不通过沟通都无法实施。

沟通是意义的传递与理解。完美的沟通应是经过传递之后,接受者感知到的信息与发送者发出的信息完全一致。

（2）倾听技能。倾听是指弄懂所听到内容的意义,它要求对声音刺激给予注意、解释和记忆。管理人员必须掌握倾听技能,以便获取更多信息。

有效倾听是积极主动的,而非被动的。积极倾听要求管理人员在倾听时比较投入,能够站在说话者的角度理解信息。积极倾听是一项辛苦的工作,需要集中精力,需要彻底理解说话者所说的内容。

（3）反馈技能。管理人员应及时把自己所获得的信息反馈给下属,因此需要掌握一些反馈技能。反馈一般可以分为积极反馈与消极反馈。以下为一些基本的反馈技能。

1) 强调具体行为。
2) 使反馈不针对人。
3) 使反馈指向目标。
4) 把握反馈的良机。
5) 确保理解。
6) 使消极反馈指向接受者可控制的行为。

（4）授权技能。管理人员是通过管理他人来进行工作的。管理人员的时间和知识都是有限的,因此应掌握授权技能。

授权就是将权力分派给其他人以完成特定的活动,允许下属做出决策,也就是说,将决策的权力从企业中的一个层级移交至另一个更低的层级。授权不应与参与决策混淆。参与决策实行权力共享,而授权则是由下属自己做出决策。有效授权的主要技能包括以下内容。

1）明确分工。

2）明确授权范围。

3）允许下属参与。

4）通报授权已经发生。

5）建立反馈控制机制。

（5）训导技能。训导是为强化规范或规章而进行的活动。有效训导可以概括为以下7种行为。

1）以平静、客观、严肃的方式面对员工。

2）具体指明问题所在。

3）使讨论不针对具体的个人。

4）允许员工陈述自己的看法。

5）保持对讨论的控制。

6）对今后如何防止错误发生达成共识。

7）逐步地训导，考虑环境因素的影响。

（6）冲突管理技能。冲突是指人们由于某种抵触或对立状况而感知到的差异。差异是否真实存在并没有关系。只要人们感觉到差异的存在，冲突状态就存在。冲突包含两种极端情况：一种是微妙、间接、高度控制的抵触状况；另一种是明显、公开的活动，如罢工、骚乱等。冲突管理技能毫无疑问是管理人员需要掌握的重要技能之一。以下为一些基本的冲突管理技能。

1）了解冲突处理风格。

2）审慎地选择要处理的冲突。

3）评估冲突当事人。

4）评估冲突源。

5）选择最佳解决方案。

（7）激励技能。激励就是激发员工的积极性。管理人员的职责是激发员工的工作干劲，以完成工作任务。如果不能采用一定方法保持员工较高的积极性，管理人员就没有做好自己的本职工作。以下为一些基本的激励技能。

1）认清员工差异。

2）确保人与职务相匹配。

3）确立和使用目标。

4）奖励与绩效挂钩。

5）重视公平性。

6）不忽视薪酬福利因素。

（8）时间管理技能。时间管理实际反映个人的工作计划。能有效利用时间的管理人员知道自己打算从事什么活动，这些活动的最佳次序是什么，以及应该在什么时候完成什么活动。以下为一些基本的时间管理技能。

1）做事前花 10% 的时间进行组织和计划，可以大大提高工作效率。

2）合理使用效率周期。

3）记住帕金森定律，即工作会自动膨胀，占满所有可用的时间，如果给自己安排了充裕的时间从事一项工作，就会放慢工作节奏，使用掉所有可分配的时间。

4）减少会议时间。例如，会议要讲实效，降低会议成本；会前要做好充分的准备工作；会议要有明确的议题；会议要有议有决；主持会议的管理人员要随时掌握会议进程，避免冲淡会议主题的讨论，导致效率低下。

2. 中高级管理人才培训与开发重点

虽然管理人员都需要学习和训练计划、组织、领导、控制、沟通、协调、激励等方面的技能，但是因为工作层面不同，所需学习和训练的侧重点不同。哈佛商学院的一位教授研究出不同层级管理人员的技能优化组合比例，见表 7-2。

表 7-2　　　　　　不同层级管理人员的技能优化组合比例

层级	专业技能	人文技能	理念技能
高层管理人员	17.9%	39.4%	42.7%
中层管理人员	22.8%	42.4%	34.8%
基层管理人员	50.3%	37.7%	12.0%

其中，专业技能是指对生产产品或提供服务的特定知识、程序和工具的理解和掌握能力。人文技能是指在组织中建立融洽人际关系并作为群体的一员有效工作的能力。理念技能是指从整体把握组织目标、洞察组织与环境的相互关系的能力。对于高层管理人员来说，理念技能是最重要的；对于中层管理人员来说，人文技能是最重要的；对于基层管理人员来说，专业技能是最重要的。要提高企业各层管理人员的能力，必须注意这种层级特点。

表 7-3 显示了不同层级管理人员所要处理的决策类型。

表 7-3　　　　　　不同层级管理人员所要处理的决策类型

层级	程序性决策	非程序性决策
高层管理人员	规范性的、确定的	广泛的、非结构化的
中层管理人员	结构化的	非结构化的
基层管理人员	例行的、重复的、确定的	突发性的

表7-4显示了不同层级管理人员所需具备的能力。

表7-4　　　　　　　　　不同层级管理人员所需具备的能力

层级	能力
高层管理人员	洞察能力、决策能力、创造能力、统筹能力、批判能力
中层管理人员	判断能力、领导能力、协调能力、沟通能力、专业能力
基层管理人员	专业能力、计划能力、指导能力、沟通能力、理解能力

如何针对不同层级的管理人员设计不同的培训内容，是致力于培训出优秀管理队伍的企业亟待解决的问题。企业应根据以上信息确定中高级管理人才培训与开发的重点。表7-5所示是R公司针对中高级管理人才的不同需要提供的不同内容、不同形式的培训。

表7-5　　　　　　　　　R公司的中高级管理人才培训

培训对象	培训时间和规模	培训内容	培训形式
事业部部长、厂长	每年2次，每次16人，时间为3天	国内外形势、企业经营思想	以讨论为主
事业部副部长、副厂长	每年2次，每次20人，时间为10天	各种管理技术	白天上课，晚上讨论
所长	每年9次，每次16人，时间为11天	经济动向、文化素养、专业业务	白天一半时间上课，一半时间讨论；晚上个人研习和小组讨论
副总工程师、主管研究员	每年1次，每次16人，时间为12天	经济和技术动向、管理技术、文化素养	上课和讨论
科长、主任工程师	每年44次，每次20人，时间为5天	管理技术、文化素养、专业技能	上课和讨论

3. 中高级管理人才培训与开发方法

（1）实地训练

1）工作轮换。工作轮换就是让学员到各部门去实践、学习、锻炼。在每个部门工作学习几个月，不仅有助于丰富学员的工作经验，而且有助于学员发现自己的长处和短处，进行合理的职业生涯规划。随着经济一体化，跨国企业的工作轮换不再局限于本国，而是可以在全球分公司间进行。

2）辅导与实习。辅导与实习类似师傅带徒弟，学员作为徒弟直接与师傅一起工作，师傅负责对徒弟进行辅导。在这种情况下，一般学员不具有经营管理的责任和权力，企业只是为学员提供工作学习的机会。这种方法是用来保证因管理人员退休、调动、辞职等原因而出现职位空缺时，企业能有合适的人选顶替。这也有助于对核心管理人员的培养。

3）初级董事会。初级董事会是指让参加培训的中级管理人才组成一个"初级董事会"，要求其对企业的发展和政策进行分析并提出建议，目的是为有发展前途的中级管理人才提供分析企业问题的机会，培养其分析和解决高层次问题的能力，并积累决策经验。初级董事会可由5~11位成员组成，成员来自各个部门，其就高层次管理问题如企业战略、组织结构、经营管理人员薪酬、部门之间的冲突协调等提出建议，并将这些建议提交给正式的董事会。

（2）案例研究。案例研究是向参加培训与开发的学员提供有关企业问题的书面描述（案例），让学员各自分析这个案例，诊断问题所在，提出解决方案，然后在导师的指导下集体讨论各自的方案，形成一定的共识。这种方法的主要意义在于学员通过分析、研究和讨论，在训练有素的导师的引导下，掌握分析和解决复杂问题的方法。这种培训与开发方法的要点如下。

1）将企业自身的实际问题作为研究案例。

2）尽量让学员陈述自己的看法，正视不同的看法并做出决策。

3）将学员对导师的依赖程度降到最低。

4）导师尽量少说"对"或"不对"。

5）尽量创造适当的戏剧场面来推进案例研究，导师应起催化剂和教练作用。

（3）管理竞赛。管理竞赛是将学员分为若干组，让学员用计算机软件模拟真实的企业经营，做出决策并互相竞争的一种培训与开发方法。在管理竞赛中，学员被分进若干个不同的"企业"，每个"企业"都在模拟的市场中与其他"企业"竞争，每个"企业"都设立一个目标（如最大限度地增加销售量），并授予学员相应的决策权，如由其决定广告宣传花多少钱、生产投资多少、保持多少库存、哪种产品生产多少等。管理竞赛通常将两三年间发生的事压缩为几天、几周或几个月。与真实市场一样，每个"企业"一般都不知道其他"企业"做了什么决策，尽管这些决策确实会影响本"企业"的销售状况。

管理竞赛是一种有效的培训与开发手段。在这种虚拟的经营活动中，学习效果往往更好，可以使学员得到"实践"的机会。这种竞赛游戏是有趣的、令人兴奋的，既有真实性，又富于竞争性。它可以帮助开发学员解决问题的能力，引导其将注意力集中在规划制定上，而不是临时应付。管理竞赛主要用于开发学员的领导能力，培养其合作及团队精神。

（4）行为模仿。行为模仿常被用于培训中级管理人才，帮助其更好地处理所在环境中的人际关系，解决工作绩效问题，改掉不理想的工作习惯等。行为模仿的基本程序可归纳如下。

1）建立模型。让学员观看展示典范人物有效处理问题行为的视频，向学员展示某一情景中的有效行为方式。

2）进入角色。给学员分配角色，让其在一种模拟的情景中扮演该角色，实践和演习那些演示过的有效行为。

3）行为强化。培训教师根据学员在角色扮演中的表现，用表扬和提出建设性意见的方式强化学员的行为。

4）培训转化。培训教师鼓励并要求学员在回到本职工作后实践这些行为。

（5）内部开发中心培训。有些企业建有自己的开发中心，用于让有发展前途的管理人才做实际训练，进一步开发其管理技能。开发中心通常将课堂教学（如讲座和研修）与评价中心、文件筐测验、角色扮演等技术结合起来，帮助开发管理人才。

某知名电气企业的管理开发学院由一位前哈佛商学院教授经营，其列出了数量众多、范围广泛的管理开发课程，多达160页，从生产、销售方面的初级教学计划、财务知识，到高级管理培训计划，一应俱全。学员要到企业中去与关键人物面谈，设计实际的解决方法，将这些方法提交给企业管理人员。学员都能获得真诚的反馈。

（6）领导者匹配培训。领导者匹配培训是教导学员如何确定自己的领导风格并适应特定环境的一种培训。这项培训基于这样的假设：领导者能够控制局面的程度决定了其到底是采取"以人为中心"的领导风格合适还是采取"以任务为中心"的领导风格合适。

该培训方法的开发者美国管理学家弗雷德·菲德勒认为，"以任务为中心"的领导者无论在其能够高度控制的环境中还是在其几乎无法控制的环境中都能有效地工作，而"以人为中心"的领导者只在中度控制的环境中才能有效工作。领导者风格与绩效表现见表7-6。

表 7-6　　　　　　　　　　领导者风格与绩效表现

领导风格	不同控制程度下的绩效表现		
	高度控制	中度控制	低度控制
以人为中心	不好	好	不好
以任务为中心	好	不好	比较好

弗雷德·菲德勒认为，在高度控制的环境中，领导者的话就是"法"，工作非常程序化，下属期望上级告诉其去做什么。在低度控制的环境中，领导者没有"人"权和"财"权，要做的工作主要是规划，此时如果没有更高一层领导者的主动干预和控制，工作团队就会瓦解。因此，无论在高度控制还是在低度控制的环境中，都要采取严肃的、"以任务为中心"的领导风格。在中度控制的环境中，主要的问题是可能发生争执，影响工作绩效。在这种情况下，领导者必须起到主心骨的作用并"以人为中心"，耐心引导下属一起工作。

二、中高级专业人才培训与开发

大部分企业都认可中高级专业人才是企业某一专业领域内最优秀的一批骨干员工,但目前仍有不少企业对如何甄别企业内部中高级专业人才,如何培育和使用中高级专业人才没有高效且系统的方法,从而导致中高级专业人才队伍开发建设工作的效果低于预期。

1. 中高级专业人才类型

根据工作性质划分,中高级专业人才可以分为3种类型:专业型、技能型、复合型。

专业型中高级专业人才即中高级专业技术人才,其在从事相关专业领域岗位工作之前一般就已具备一定的知识积累与实践经验,需要通过持续学习与实践不断获得专业能力提升。

技能型中高级专业人才一般拥有丰富的实践经验,并在企业生产经营的核心环节上具有独特的能力和作用。相关技能可以通过刻意的练习获得有效提升,也就是通常所说的"熟能生巧"。进入21世纪后,机械自动化、人工智能、大数据分析、精准营销等的发展都对技能型中高级专业人才的技能水平提出了新的要求。

复合型中高级专业人才是指具备多种知识、技能的人才,或既有技能又有管理能力的人才。不同的行业、不同的企业、不同的工作岗位对复合型人才的要求不同。需要注意的是,在当下,专业型人才或技能型人才正在向复合型人才发展。现在很多企业人力资源工作者都在向人力资源业务伙伴转型,其势必需要去学习一些本不属于人力资源专业的内容(业务、技术、流程等),从而更深层次地理解业务部门的人才战略发展意图,提供更有针对性的人力资源整体解决方案,在企业内部将人力资源专业服务的价值最大化。

2. 中高级专业人才培训与开发原则

中高级专业人才培训与开发需要充分考虑国家政策、行业动态、就业形势,以及企业文化、岗位体系、激励政策等多种因素,一般来说,应遵循以下3项基本原则。

(1)符合企业战略的原则。人才开发服务于企业战略,帮助企业解决在发展过程中的竞争、营销、技术等问题,从而帮助企业实现快速、健康、可持续发展。

(2)符合部门需求的原则。人才开发工作要对应各个部门的实际需要是非常关键的一项原则。各个部门既是人才开发需求的提出者,也是人才开发成果的评价者。人力资源部需要与各个部门开展充分的沟通,掌握足够丰富且准确的信息,使双方在人才开发的各个环节中保持一致性。

（3）符合员工职业发展诉求的原则。在培育企业人才时，企业如果只关注员工能力提升为自己带来的效益，而忽略员工因能力提升而产生的对自身职业发展的新诉求，就会造成员工工作效率低于预期、员工流失等问题。因此，人才开发也要考虑员工个人利益。

3. 中高级专业人才培训与开发方法

要想准确识别各类信息与关键问题，有效落实与推动人才培训与开发工作，使其既符合员工与部门的预期，也能服务于企业战略发展，就需要建立一套完整、系统、全面的人才开发解决方案来予以支持。如图7-2所示，从甄选、培育、成就、评估与改进5个环节系统性地构建起一个较为通用的中高级专业人才培训与开发模型，关注这5个环节能够解决人才培训与开发过程中的各类问题，并使这项工作能不断地自我纠偏与持续改进。

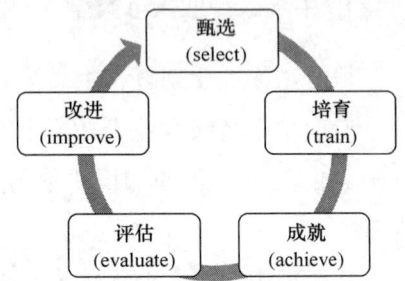

图7-2　通用的中高级专业人才培训与开发模型

（1）甄选。甄选是中高级专业人才培训与开发的第一步，也可以说是最重要的一步，因为一旦在甄选上出现问题，整个人才培训与开发的成效就会被极大地削弱。在这一环节中，需要通过人才标准制定、人才能力测评、人才评估分析等步骤，对人才实施客观公正的测评，进行人才综合能力评定分析，从而确定最终的合适人选并将其纳入中高级专业人才队伍。下面对每个步骤的主要方法与注意事项做一些阐述。

1）人才标准制定。人才标准包含两个方面，一是人才质量标准，二是人才数量标准。企业内外部环境一直在变化，企业到底需要什么样的人才？人才的质量标准又应该如何去制定？这些都是人力资源管理人员经常遇到的棘手问题。

①人才质量标准。在人才开发中，人才质量标准一般称为能力阈值，是为人才能力评价而制定的一个能力区间，简单地说，就是现阶段可以进入中高级专业人才队伍的最低能力标准和开发结束后的预期能力标准间的区间。在能力阈值的设定中，预期能力标准应该符合SMART（specific——具体的，measurable——可衡量的，attainable——可达到的，relevant——相关的，time-based——有明确期限的）原则，最低能力标准则可以从以下几个方面综合考虑。

- 员工在本专业领域的工作年限。
- 员工现在的岗位等级/层级。
- 员工职称或职业技能等级。
- 员工获得的行业内专业资格证书。
- 员工的多岗位工作实践经历。

- 员工的教育经历。
- 员工近几年发表的论文、专利、著作。
- 员工近几年的个人荣誉。
- 员工近几年的个人绩效。
- 员工近几年参与重大项目的情况。

②人才数量标准。需要培养储备多少中高级专业人才取决于企业战略发展的需要，取决于需求部门对业务、技术、服务发展的需要。从人力资源管理的角度来看，人才数量标准取决于短期、中期、长期的人力资源规划。另外，在制定人才数量标准时，要考虑可能的人才内部流动与流失风险，因此，一般来说，中高级专业人才开发人数应大于目标人数。确定人才数量标准可以从以下几个方面综合考虑。

- 企业战略发展（转型）目标。
- 需求部门业务、技术、服务发展预测。
- 短期、中期、长期的人力资源规划。
- 人才内部流动率。
- 人才流失率。
- 工学矛盾。
- 企业人力资源成本。

2）人才能力测评。在对标人才质量标准时，多数员工会认为自己是符合标准的，或者说多数直线经理会认为其团队成员是符合标准的。但员工到底符不符合人才质量标准？员工的自我预期是否准确？相关信息来源是否真实？这都需要通过人才能力测评来加以佐证。因此，可以认为人才能力测评是在既定人才质量标准上进行的一种纠偏行为。

目前，比较常用的人才能力测评方式有3种：个人技能或知识测试、潜质特征测评、面试。

①个人技能或知识测试。个人技能或知识测试是针对员工个人技能或知识掌握程度的一种标准化测试，体现员工技能娴熟程度与专业理论深度，测试结果能够得到普遍承认。

②潜质特征测评。潜质特征测评多运用现代心理学、管理学及相关学科的研究成果，运用心理测验、情景模拟等方法，对人的性格、特征、潜质等因素进行测量。目前的人力资源工作多使用这种方法，其测评结果也比人为评估结果更精准。但需要注意的是，由于一些测评机构不专业及被测人员耐受性不断提升，此类测评结果的应用范围和准确性都需要人力资源管理人员予以斟酌。

③面试。面试的目的是对之前所有测评结果和员工信息进行"查漏补缺"，同时进行个性化的深入探索。面试官既可以采用结构化面试的方法，也可以采用单刀直入地询问和

验证的方法，对员工信息中缺失、矛盾、模糊的信息进行再次确认，从而完成人才能力测评中的最后一块拼图。

3）人才评估分析。在经过全面的人才能力测评后，要输出人才评估分析报告，选出符合人才质量标准的员工进行中高级专业人才开发培育。如果人才数量较多，可以采取分批培育的方式。而针对低于人才质量标准的员工，应引导其参加企业内部组织的岗位技能培训并参与更多的岗位实践，持续提升个人能力，使其逐步向中高级专业人才发展。

此外，如果符合人才质量标准的人数远超预期，那么可以初步判定，在人才标准制定上，需求部门存在较大的认知偏差，整个人才标准需要被重新设计。

（2）培育。对于中高级专业人才，企业不仅期望培训其技能与专业能力，从而提高其工作效率，也希望培养其成为企业价值观忠实的拥护者、实践者和传递者。因此，在安排培训内容时，首先要让中高级专业人才从企业价值观的接受者逐步转变为实践者和传递者，其次在专业/技能培训方面内容既要有深度也要有广度，再次在执行力培养方面要兼顾个人执行力与团队执行力的培养，最后在通用能力方面要保证中高级专业人才至少掌握1种知识分享技能。中高级专业人才培训内容见表7-7。

表7-7　　　　　　　　　　中高级专业人才培训内容

培训目的	培训内容	培训方式
由企业价值观的接受者转变为实践者、传递者	企业价值观理念、企业价值观实践案例等	面授、学习讨论、个人演讲
挖掘专业/技能深度	前沿技术、更深层次的技术、新操作工具与方法等	面授、在线培训、学习讨论
拓展专业/技能广度	行业发展动态、相关专业领域基础技能等	面授、学习讨论
提高个人执行力	时间管理、影响力管理、内部流程、制度政策等	面授、学习讨论
提高团队执行力	绩效管理、项目管理、团队管理、领导力等	面授、学习讨论
掌握知识分享技能	教练技术、经验萃取技术、内训师技巧等	面授、课程实践

1）企业价值观培训。企业价值观培训不同于常规培训，它不可能一蹴而就，需要时间的积累。企业发展各阶段都需要不断地宣传企业价值观，企业价值观培训过程主要分为员工逐步认可企业价值观阶段、员工实践企业价值观阶段、员工传递企业价值观阶段。

2）专业/技能深度培训。专业/技能深度培训的目的是让中高级专业人才学习掌握更深层次的技术、更娴熟高效的技能，促使中高级专业人才的专业/技能在行业内保持领先或是缩短其与领先者的差距。这是保持中高级专业人才队伍核心竞争力的关键所在。

3）专业/技能广度培训。专业/技能广度培训的目的是拓展中高级专业人才的专业/技能视野，提升行业洞察力，针对未来行业的发展趋势提前一步进行知识与技能储备。这一点对于技术、产品更新迭代快速的企业尤为重要。

4）个人执行力培训。个人执行力培训的目的是提升中高级专业人才完成KPI等的行动能力。但需要指出的是，在大型及特大型企业中，个人工作任务目标的完成通常需要依靠跨越部门与层级的协作，很难由个体完成所有目标，这需要员工熟悉内部制度、流程，具有跨部门、跨层级的影响力。

5）团队执行力培训。团队执行力培训的目的是提升中高级专业人才带领一个团队完成上级下达的某项重要任务目标的行动能力。中高级专业人才一般会担任项目负责人或子项目负责人的角色，此时就需要其有领导和管理团队的基本技能，从而有能力管理所负责项目的进度与质量。

6）知识分享技能培训。知识分享技能培训的目的是提升中高级专业人才在知识传递、"传帮带"方面的技能。现下各行各业对内部知识分享工作都十分重视，一般都会将其纳入管理人员和中高级专业人才的个人绩效考核中。目前主要的知识分享方式有3种。

①教练带教或导师带教。与以往"师傅带徒弟"方式最大的不同点在于，此类带教多引导学徒自己发现问题与解决问题，在"学会"的同时能有自己的领悟与沉淀。

②经验萃取。这是对中高级专业人才自身工作经验方法的一种总结提炼，其输出形式可以是一套方法论、一套使用工具，也可以是一个优秀案例、一门课程等，关键在于萃取的内容在企业内部可复制推广。

③内训授课。这包括内训面授与线上课程制作。对于尚未成为中高级专业人才的员工而言，本专业领域的中高级专业人才的知识/技能是最值得其借鉴的，因为两者走的是同一条职业发展道路，在工作中遇到的场景、发现的问题、需要注意的事项、亟待提升的关键能力等都颇为相似。

（3）成就。企业人力资源管理离不开选、用、育、留这4个方面，而在人才培训与开发中，也自然涉及人才的使用。但之所以此处用"成就"一词，是因为中高级专业人才培训与开发的目标已由简单的"使用人才"转化为更高层次的"成就人才"。

马斯洛的需求层次理论认为，人的高层次需求包括尊重和自我实现。基于此理论，企业需要让中高级专业人才在工作中有得到尊重和自我实现价值的机会，从而拥有足够强烈的成就感、荣誉感。为此，可以使用的方法主要有3种。

1）在重要项目中赋予角色和使命。企业需要中高级专业人才承担重大技术项目的规划、设计与开发，或者承担重大的营销、策划、市场推广项目，从而为企业取得经济效益和社会效益。而中高级专业人才个人则希望在专业领域内能有突出的发明创造、技术创新或管理创新等，从而得到业内同行的尊重和自我实现。

这里需要特别注意两个方面。一是中高级专业人才在项目中的角色定位。不少企业的重大项目负责人、子项目负责人等都由管理人员担任，中高级专业人才虽然在项目中发挥了重要作用，但从项目中获得的成就感十分有限，实际上，企业可以专设项目技术/营销总监、项目首席专家等职位，并在项目成果实施和展示时突出中高级专业人才的专业领军作用。二是中高级专业人才在多个项目中兼职的问题。这需要项目发起部门和人力资源部共同评估整体工作量和各分支任务工作安排，尽量避免因兼职而让中高级专业人才陷入顾此失彼的境况。

此外，成就感的获取还取决于配套的人力资源政策。如可在项目中设专家层级的岗位体系与对应的薪酬激励体系等，这样才能从根本上解决中高级专业人才在项目中的工作回报与成就获得问题。

2）在知识传递过程中给予认可。从心理学角度来说，每个人都有为人师表的内在想法，一般也都乐于传道、授业、解惑，究其根本是想获得来自他人的认同。但在知识传递实践过程中，很多企业发现有不少员工对"为师"这件事没什么兴趣甚至有点反感。引起这一问题的原因有多种，可能是企业内部环境问题，可能是绩效考核方式问题，也可能是个人性格问题等。因此，企业要从以下几个方面综合考虑，创造良好的知识传递氛围。

①有仪式感。无论是做师傅还是做老师，企业可以通过举办高规格的仪式，如让高层领导参与聘任等环节，营造一定的仪式感。这样可以让中高级专业人才在知识传递初期充分感受为人师的使命感和责任感。

②有激励。知识传递需要付出大量个人时间和精力，因此必须维护好知识传递者的个人利益。有的企业会将知识传递直接纳入个人绩效考核，与薪酬挂钩；有的企业会有内部酬金标准。激励方式可以多种多样。值得注意的是，除了内部专职的知识传递者外，对中高级专业人才的激励和任务分配需要有一个平衡点，既不能让人觉得这点激励无所谓，也不能让人觉得激励力度足以使人放弃本职工作。

③有选择。"有选择"主要是针对"一对一"带教活动的。师徒之间结对除了要考虑工作任务的匹配度外，还要考虑性格问题。人力资源部应该事先做好相关测评工作，避免因师徒明显的性格冲突而导致带教效果不佳等。

④有特长。中高级专业人才并非人人都适合做教练、师傅、老师，要充分发挥不同人的特长。善于指导技能的做教练，善于沟通的做师傅，善于授课的做老师。在师资较为充沛的情况下，应尽量充分发挥中高级专业人才的特长，避免花太多时间去弥补个人短板。

3）给予在更高层级岗位实践（实习）的机会。在中高级专业人才培育到达一定阶段后，要为中高级专业人才提供在更高层级岗位实践（实习）的机会。如果该人才已经在企业最高层级的专业岗位上了，那么人力资源部需要考虑延展岗位层级或拓宽岗位职责内容，始终确保中高级专业人才的能力与现岗位匹配，且在企业内部有上升空间。

（4）评估。中高级专业人才开发评估的 4 个层次如图 7-3 所示。

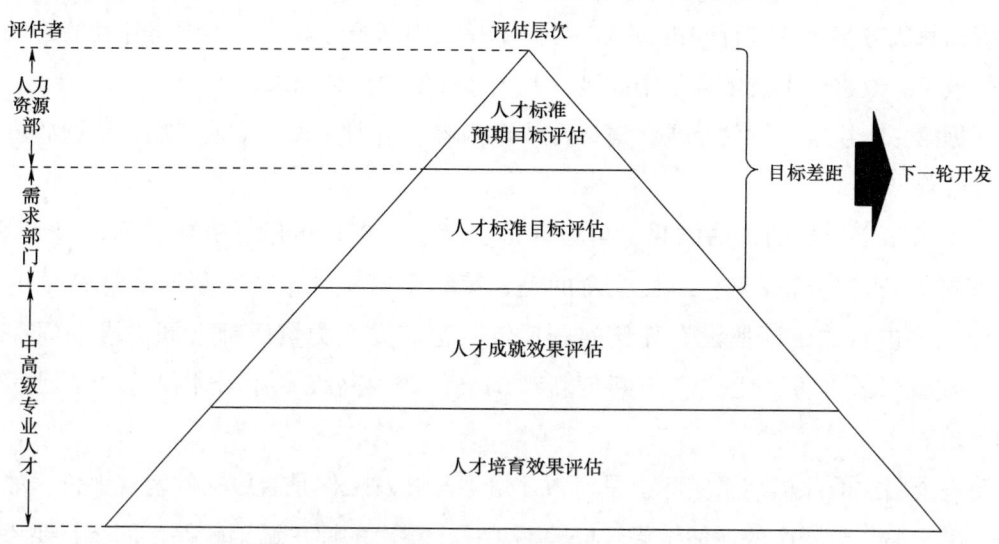

图 7-3　中高级专业人才开发评估的 4 个层次

第一个层次是人才培育效果评估。人才培育效果评估可用反应评估、学习评估、行为评估等培训评估方法来实施，评估对象是各项学习内容，评估者是中高级专业人才。

第二个层次是人才成就效果评估。人才成就效果评估是中高级专业人才对项目参与、知识传递和岗位实践的满意度评估，评估对象是各项成就举措，评估者是中高级专业人才。

第三个层次是人才标准目标评估。人才标准目标评估是按照先前制定的人才质量标准与数量标准，评估已达到人才质量标准的中高级专业人才数量比例，评估对象是所有中高级专业人才，评估者是需求部门。

第四个层次是人才标准预期目标评估。人才标准预期目标评估是在一轮人才开发结束的阶段，对需求部门根据当前业务、技术、服务发展新变化提出的新人才标准目标进行的评估，评估对象是需求部门，评估者是人力资源部。根据评估结果，可确定是否启动新一轮中高级专业人才培训与开发。

需要说明的是，第四个层次的评估不是必需环节，人力资源部可综合考虑企业战略发展与人才规划实际情况后再做出是否评估的决定。此外，由于受企业内外部环境的影响，第四个层次的预期目标通常会高于第三个层次的既定目标，其目标差距就是进入下一轮中高级专业人才培训与开发的动力。那么是否存在第四个层次的预期目标低于第三个层次的既定目标的情况呢？当企业经营不善、业务增长疲软而导致中高级专业人才需求降低时，可能存在这种情况。在这种情况下，主要应对策略包括调高人才标准、调整岗位、解雇退出等。

（5）改进。只要企业存在，中高级专业人才培训与开发工作就永不停歇。企业每次在进行中高级专业人才培训与开发时，都需要做好各环节工作的评估和总结，对其中发现的问题提出解决方案，并进行改进，从而提升下一次中高级专业人才培训与开发的管理水平与工作效率。改进的主要依据是中高级专业人才开发的评估结果。

依据第一个层次的评估结果，可以在培训内容、培训方式、培训周期、培训环境等方面进行改善。

依据第二个层次的评估结果，可以在项目甄选、项目激励、教练技术、经验萃取、岗位安排等方面进行改善。需要注意的是，第一个层次和第二个层次的评估是由中高级专业人才进行的，即使没有任何问题反馈，也需要人力资源部会同需求部门在各种培育与成就形式及方法上进行不断创新和调整，让中高级专业人才保持对学习的饥饿感和新鲜感。

第三个层次的评估结果实际上是对人才培训与开发工作是否成功的客观评价。如果第一个层次和第二个层次的评估结果较好，而第三个层次的评估结果较差，那么就要考虑人才甄选等各阶段是否存在问题，是人才标准制定不符合实际，测评工具使用不当，还是评估分析不专业等。

依据第四个层次的评估结果，如果预期目标与既定目标之间差距较大，那么可能是外部环境快速变化等不可预测性原因导致的，也可能是需求部门在提出最初的人才标准目标时不严谨造成的，企业应深入剖析原因，避免后续再次出现这样的情况而造成人才培训与开发资源极度浪费。

4. 中高级专业人才培训与开发展望

中高级专业人才培训与开发工作是企业可持续发展的重要着力点，是企业战略落地执行的关键保障，是企业核心竞争力的重要组成部分。

一份好的中高级专业人才培训与开发方案就是企业内部贴近业务需求的一揽子人力资源解决方案，这对人力资源管理人员的专业素养提出了较高的要求。因为只有成为一名合格的人力资源业务伙伴，才能通过充分掌握信息及与需求部门充分沟通，将中高级专业人才培训与开发方案的制定与实施落到实处，才能充分发挥中高级专业人才的作用，实现企业与员工共同可持续发展这一目标。

三、企业接班人培训与开发

1. 企业接班人选拔模式

纵观国内外，企业接班人选拔模式大致可分为两类：内部产生（内生式）和外部引进

（外引式）。

（1）内生式。内生式包括宗亲接替、从优秀员工中培养提拔等。

1）内生式的优点

①内生式接班人对企业的忠诚度相对较高。

②内生式接班人对所在行业和企业有深刻的理解和较好的运作能力。

③内生式接班人能够保持企业战略的连续性。

④内生式接班人更容易在企业内部开展工作。

2）内生式的适用情景。企业处于以下情况时，可以考虑采用内生式。

①所在行业变化较缓慢，发展平稳，企业已经在行业中处于较为领先的地位。

②企业战略非常明确，内部各层面对战略目标及相应行动计划都有较深刻的理解和认同。

③企业具备较为成熟的人才储备和培养机制，且内部人才资源丰富。

（2）外引式。外引式就是从人才市场或其他企业选择并引入富有经验的接班人。

1）外引式的优点

①外引式接班人综合能力和经验可能比内生式接班人更强。

②外引式接班人可能具备内生式接班人所不具备的特殊能力。

③外引式接班人能带来全新的视角。

2）外引式的适用情景。企业处于以下情况时，可以考虑采用外引式。

①企业经营活动发生巨大变化。

②因为行业性整合，企业出现重大危机。

也就是说，当企业面临从未经历过的局面时，从外部引进具有丰富实战经验和良好业绩的接班人，通常更容易帮助企业应对混乱和危机。

（3）内生式与外引式的比较。"空降兵"面临是否能"服水土"的问题，而内部提拔的接班人又可能存在"近亲繁殖"的弊端。事实上，许多卓越的大企业一直秉承接班人内生的传统，但同时也不拒绝优秀的"外援"。因此，企业接班人选拔并没有绝对正确的模式。无论是内生式接班人还是外引式接班人，都有可能带领企业平稳前进，或使企业绝处逢生，或将企业引入深渊。

2. 企业接班人计划构建

（1）确定目标岗位。接班人计划要做的不仅是在岗位出现空缺时去"救火"，更要具有前瞻性及预防性。接班人计划涉及企业的"灵魂人物"或"精英"，这些人才具有稀缺性和难以替代性，"选对人"十分关键。因此，接班人计划的第一步就是确定企业的关键岗位，即目标岗位。例如，一家企业可以选择由销售代表、市场销售部助理经理、市场销售部经理、市场营销总监所构成的销售人员岗位系列作为目标岗位，也可以选择由研发部工程师、高级工程师、主任工程师所构成的工程师岗位系列作为目标岗位。一般来说，中层管理人员、后备总经理是管理系列的目标岗位。企业应选择哪些岗位作为目标岗位，可以通过召集中高级管理人才、中高级专业人才等开会讨论确定。在目标岗位确定之后，要做好目标岗位描述，定义好目标岗位职责，尤其应根据可以预见的市场和技术变化确定好目标岗位未来的职责和任职资格体系（包括详细的能力标准、工作经验、行业经验等）。

（2）确定目标岗位的胜任素质。确定目标岗位的胜任素质是构建接班人计划的关键。目标岗位特别是高层目标岗位的胜任素质首先来源于企业战略，包括企业战略目标、战略任务等。企业高层是战略制定和实施的组织者与领导者，应当具备符合企业战略要求的胜任素质。其他目标岗位的接班人是企业战略制定和实施的管理、技术等链条上的关键人物，也应当具备符合企业战略要求的胜任素质。因此，构建企业接班人计划首先要从企业战略规划中分析出实现企业使命、愿景与目标所需的能力和行为。

国外一些企业实施这一步骤的具体过程是：首先，由核心人员提供对企业面临的挑战、环境变化的可能和企业未来发展的看法；其次，由高层经理主持讨论，结合对以往各个管理层级或技术层级的总结，列出需要培养的胜任素质清单，并进行分析；最后，通过向各个层级的管理人员、技术专家等发放调查问卷，确定应对未来挑战所需的胜任素质。需要说明的是，专门针对目标岗位进行胜任素质模型开发，为接班人计划制订和实施服务，可能会增加相关项目的成本，但如果企业规模足够大且有雄厚的财力支持，这样的做法也是可行的。

（3）评估确定后备人才名单。在确定目标岗位及其胜任素质后，接下来就要对候选人进行评估。这些候选人一般是通过一段时间的观察确定的，观察内容为一段时间内的绩效水平及其改进程度，以及在工作中表现出来的能力与潜质等。对候选人进行评估时，常用的评估依据包括绩效考核数据、来自上下级和同事的全面反馈信息等。此外，企业还可以运用招聘甄选中惯用的个性和心理测试、角色扮演、评价中心等方式对候选人进行评估。

不同岗位的评估方式和评估标准可以有所不同，但必须是有效的、透明的。此外，胜任素质并不是静态的，需要不断重新评估，特别是当企业战略和组织结构有变化时，对胜任素质等级的调整乃至对评估标准本身的修订都是非常重要的。同时，接班人计划制订与实施需要人力资源管理系统提供数据和方法支持，这样可以使决策者准确及时地获取决策数据，同时确保候选人有机会与资源发挥其潜能。

根据候选人评估结果，企业能够确定各个岗位的后备人才名单。企业需要通过评估当前有多少员工在选定的目标岗位上具有胜任潜力，来进行所有可能的岗位/人选搭配。这个工作既可在选择接班人时进行，也可提前至招聘新员工时开展，以便企业能更早地发现人才和培养人才。

1）建立系统的人才评估体系。360度人才评估体系是评估候选人的重要方法。该体系的评估工具主要包括以下几种。

①绩效考核。绩效考核用于发现绩效优秀的骨干员工，若是针对管理岗位的评估，应赋予绩效更大的权重。

②评价中心。评价中心技术如心理测评、角色扮演、文件筐测验、无领导小组讨论、模拟会议等，可以用来评估候选人是否具有胜任未来岗位的潜质。

③专业技能考核。专业技能考核用于再次确认候选人的基本工作技能。

④民主评议。民主评议用于发现和评估极端评议结果。

评估完成之后，要结合候选人的个人基本信息、教育经历、日常工作表现等撰写人才综合评价报告，编制人才素质清单。

对于接班人选拔，企业应主要关注人才在胜任素质（指向未来）和绩效（指向现在）两个维度上的表现，并制作人才特征分布图，如图7-4所示。

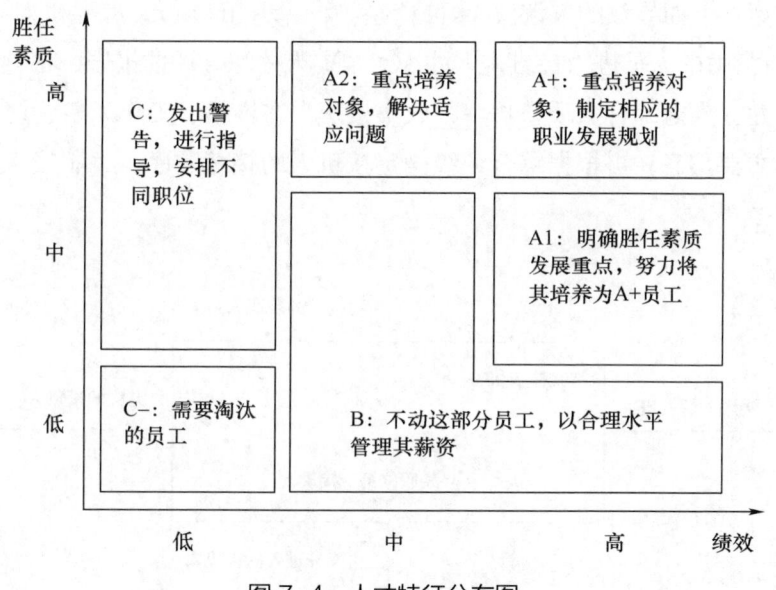

图7-4　人才特征分布图

针对图7-4所示的6种不同类型的员工，企业应当采取不同的管理方式。

- 胜任素质和绩效都十分突出的员工（A+）适应企业文化，绩效优秀，应作为接班人计划的重点培养对象。
- 胜任素质中等、绩效优秀的员工（A1）对工作尽心竭力，是员工中的中坚力量，应注意发掘其潜力，明确胜任素质发展重点，促其发展成为A+员工。
- 胜任素质优秀、绩效中等的员工（A2）也可作为重点培养对象，但应解决其对企业环境不太适应的问题，充分发挥其潜力，使其向A+员工发展。

- 胜任素质较低、绩效较高或中等，以及胜任素质和绩效都中等的员工（B）潜力一般，不是接班人计划的重点培养对象。
- 胜任素质中等及以上但绩效低的员工（C）具有很大的潜力，但发挥水平很低，可能是因为其非常不适应企业环境或岗位要求，可以经过短期考察调整其岗位，解决其心态问题，若不能提升其绩效，则可以将其淘汰。
- 胜任素质和绩效都很差的员工（C-）可以直接淘汰。

不少企业忽视上述基于胜任素质和绩效的员工区分，而只试图通过晋升的形式来激励在现有工作岗位上表现出众者，导致一些不可升迁者被提拔，从而不仅没能使升迁者成为优秀的岗位胜任者，而且可能因此失去潜在岗位胜任者，给企业带来损失。

与传统的根据以往工作业绩决定接班人的方法相比，这种基于胜任素质和绩效的企业接班人计划具有明显的优点：一是可以更加客观地评价接班人的综合素质，而不是片面地依据接班人的绩效做决定；二是更有利于接班人的可持续发展，基于胜任素质的任用可以帮助接班人持续开发其潜力，支持和激励其不断成长；三是能够减少将接班人提升到可能并不能胜任的岗位上而导致的失误。

2）选择有潜力的人员进入接班人人才库。根据人才综合评估报告，将具有高潜能的人才挑选出来，建立人才综合素质数据库，收集接班人在性格、工作风格、绩效、能力和工作经验方面的重要信息，再根据综合评级确定接班人的接替顺序，编制接班人接续图，如图7-5所示。

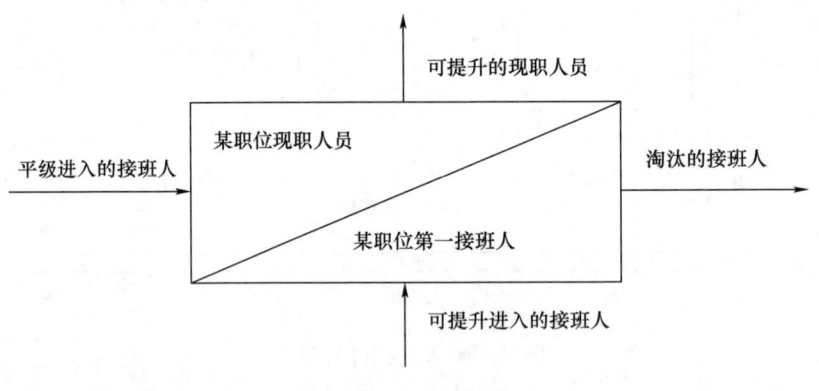

图7-5 接班人接续图

接班人可以从平级迁入或从低级职位提升。如果出现职位空缺，可以选择综合评级最高的接班人接替空缺职位。企业应定期检视经营策略与中短期战略目标，结合接班人的绩效、胜任素质发展情况，对接班顺序做相应调整，淘汰部分不胜任的接班人，增补胜任的接班人，以确保人才综合素质能够跟上企业发展和职位变化的要求。

（4）制订接班人培养计划。进入接班人培养计划的人选是经过前一阶段的评估确定的后备人才。企业应根据目标岗位的胜任素质模型确定培训需求，安排后备人才参加培训，使其具备符合企业发展需要和目标岗位要求的知识、能力、态度等。接班人培养计划可以是给后备人才量身定制的职业生涯发展规划，包括正式脱产教育、重点项目参与、由上级或专家提供单独指导等。同时，企业可以为其安排具有挑战性的工作，并对各个后备人才的表现进行评价比较，在压力和动力的作用下，使真正优秀的未来接班人能够脱颖而出。

　　成功的接班人培养计划会为有潜力的员工提供多条晋升通路。一般而言，企业有技术性晋升通路和管理性晋升通路两大系统。两大系统又可细分为若干分通路，如管理性晋升通路可以按阶段划分，如细分为主管人员通路、中层管理人员通路、高层管理人员通路等，也可以按职能划分，如细分为营销管理通路、财务管理通路、信息管理通路等。每条通路包含了若干等级，这些等级为有潜力的员工的职业生涯发展设置了阶段性目标，也为其晋升创造了阶梯。

　　进入晋升通路人员的数量取决于空缺职位的数量及企业习惯的挑选比例，而晋升通路的数量反映了业务及组织结构的多样性及弹性。从很多企业的成功经验来看，"让候选人露面"是加速其发展的核心环节，但是否应当告诉员工谁进入了晋升通路是接班人培养计划中一直备受争议的问题。当保密的接班人培养计划转为公开时，虽然增加了管理的透明度，但其激励性却受到显著影响。在一些大企业，那些知道自己没有进入晋升通路的员工的积极性明显低于那些进入晋升通路的员工的积极性，从而造成团队工作障碍。因此，决策者需要关注员工对职位晋升的态度及当前员工的职业生涯规划情况，以确保后备人才不会坐等自动提升，同时确保员工在整个过程中对组织的信任。

　　在制订接班人培养计划的过程中，人力资源部和其他部门应各司其职。与其他人力资源管理项目一样，接班人培养也不只是人力资源部的事情，最了解员工绩效和胜任素质状况的还是员工任职部门的直接主管。人力资源部负责组织制定人才培养机制，执行主体则是各部门及其主管。

　　（5）关注职位空缺及接班人发展状况。接班人计划的最终目标是保证企业在适当的时候能为核心职位找到合适的人选。因此，它关注与管理的对象是职位与接班人两个方面。协同把握职位空缺及接班人发展状况，包括职位空缺的可能性、现有任职者情况、现有接班人情况等，对接班人计划的有效实施具有重要意义。

　　只有结合企业实际需要，定期审视整个接班人计划，检验接班人在目标岗位的胜任情况，不断改善人才评估方式、培养方式和管理方式，才能持续培养出高素质的接班人。企业可以用表格来记录信息，对高潜力人选的发展做出规划，监控发展进程，并衡量人选是否合格。在评估结果是否应该让接班人知晓这个问题上，虽然有的接班人计划将接班人人选作为企业的高级机密，但是更好的做法还是让接班人知晓评估结果。公开评估结果可以让接班人更加明白其必须怎样做和达到什么标准才能胜任目标岗位。同时，企业需要向接班人说明做到这些对其个人发展与未来职业发展有什么具体的意义。

绩效考核在接班人计划实施过程中起着至关重要的作用。定期的绩效考核旨在检验这些潜在的接班人是否达到了企业的期望，是否实现了接班人计划中所设定的目标。

此外，接班人计划实施不是一朝一夕的事情，要按照步骤进行长远规划和运作。当一批接班人可以胜任目标岗位时，新一批接班人就应被列入计划，以备不时之需。企业应确保接班人人才库中永远都有胜任各岗位的合适人才待命。

（6）任命及交接。接班人计划并不以找到企业接班人为终点，它延伸至接班人真正接任工作、行使职权的那一刻，甚至可无限延伸下去。在一些操作较为成熟的企业中，前后两代任职者交接过程中的若干环节，如管辖权限转移、后续事项处理等，都在接班人计划中进行了规划。特别是 CEO 的任命及交接，很多企业对此有非常规范的管理模式，以避免交接过程中出现权力及责任模糊，并由此造成损失。

董事会对任免 CEO 负有直接的责任。原则上，如果企业没有接班人计划或接班人计划失败，董事会可以聘请外部专家（律师、咨询顾问或猎头公司）帮助企业寻找合适的接班人。另外，董事会还负责将原 CEO 离职、接班人产生程序和意见、新 CEO 人选等相关信息在企业内部和外部进行传达。接班人可能需要获得企业经营及财务状况的公开或保密信息，而将哪些信息传达给哪部分接班人由董事会决定。同时，董事会在将这些信息传达给接班人之前，会与其签署保密协议，以防信息外传。在 CEO 交接过程中的恰当时机，董事会会聘请审计公司对企业状况进行审计，以保证前后两任 CEO 的利益。

3. 企业接班人计划制订与实施

（1）企业接班人计划制订。制订接班人计划需要企业各部门和外部相关专家分工协作，共同完成，见表 7-8。

表 7-8　　　　　　　　　接班人计划制订分工

项目	内容	责任人
确定计划前提	明确企业愿景、战略目标、人力资源目标	高层管理人员、人力资源部、其他部门、相关专家
确定计划宗旨	确定计划的原则、方针、目标	高层管理人员、人力资源部、其他部门、相关专家
确定计划覆盖范围	明确是有选择地覆盖或全覆盖	高层管理人员、人力资源部、其他部门
确定计划涉及的目标岗位	确定目标岗位系列、名称	人力资源部、其他部门
确定计划执行的考核标准	构建目标岗位胜任素质模型	人力资源部、其他部门、相关专家

续表

项目	内容	责任人
确定人才选拔计划	确定接班人选拔程序、标准	人力资源部、其他部门
确定人才开发计划	明确是在岗培训、脱产培训或其他	人力资源部、其他部门
计划实施	进行过程监控	高层管理人员、人力资源部、其他部门
结果反馈与改进	进行结果偏差成因分析,提出改进建议	人力资源部、其他部门
政策调整	明确调整原因、步骤、范围	人力资源部、其他部门
确定投资预算	确定完成计划的费用	人力资源部、其他部门

（2）企业接班人计划实施的4个重要阶段。综上所述,基于胜任素质模型的企业接班人计划实施有4个重要阶段。

1）选择目标岗位,构建胜任素质模型。企业应当选择在价值链上发挥关键作用的管理、技术、生产等岗位作为接班人计划的目标岗位,并针对这些目标岗位构建胜任素质模型。

2）挑选高潜能人才。企业应将那些在学业上取得优异成绩或在工作上有突出表现的人挑选出来。在这一阶段,可能会有一大批员工被视为高潜能人才,但随着时间的流逝,一些人可能会因为流动、绩效不佳、个人努力不足等原因而逐渐退出高潜能人才队伍。

3）开发高潜能人才。企业应通过制定各类培训与开发措施,培养高潜能人才的各项素质,如口头或书面表达能力、人际关系协调及领导能力、研发与创新能力、团队合作能力等,促使这些高潜能人才的胜任素质逼近甚至超越目标岗位所需的胜任素质。

4）让高潜能人才试演角色。在这个阶段,目标岗位的主管应在开发高潜能人才中发挥积极作用,其应经常与高潜能人才接触,并使这些高潜能人才对企业的文化、工作作风和价值观有更深刻的了解。

（3）企业接班人计划实施的3个要点。综上所述,基于胜任素质模型的企业接班人计划实施有3个要点。

1）设计接班人人才开发方案。在确定目标岗位接班人后,应根据人才的综合素质评价情况及其与将要继任的目标岗位的胜任素质标准的匹配度,设计专门针对接班人的培养开发方案,并在实际开发过程中不断进行总结、反馈和调整。要对各目标岗位接班人进行评估,分析每个接班人的特点,进而为每个接班人量身定制符合其个人情况的行动计划并加以执行。例如,对于有潜力但缺乏实践经验的员工,可以让其接受轮岗制工作培训,在尽可能短的时间内熟悉企业相关岗位的工作特点和胜任要点。

2）通过基于胜任素质的培训项目,提升接班人的胜任素质。针对关键技能的角色扮演和模拟化项目被认为是提高行为实践能力的最好方法,而对于那些缺乏必要知识的接班人,则可以让其参加与其岗位性质相符的大学教育项目。

3)为接班人分配具有挑战性的任务,或让其试演需继任的岗位角色。成功的接班人计划依赖于目标岗位的主管是否积极有效地帮助接班人提升胜任素质,是否为接班人提供额外的指导,并帮助其弥补技能和经验的不足。在这个阶段,目标岗位的主管应对接班人进行重点训练、辅导和培养,以促进接班人不断改进和提升。

(4)企业接班人计划实施过程中的相关者职责。在企业接班人计划的实施过程中,人力资源部、直线经理、接班人等扮演着不同的角色,担当着不同的职责,见表7-9。

表7-9　　　　　　　　企业接班人计划实施过程中的相关者职责

相关者	职责
人力资源部	理解企业业务发展战略、组织结构变化,根据变化重新确定目标岗位 对于原来已经有接班人的岗位,根据对接班人的评估确定是否需要补充接班人 构建目标岗位的胜任素质模型 建立企业人才数据库 确定接班人的筛选程序、方法和标准 对人才库里的人员进行初评 对接班人提供必需的职业发展指导,推动接班人发展活动,并记录接班人发展活动状况 根据需要向评估委员会提供所需信息 对接班人导师提供培训
直线经理	共同参与目标岗位胜任素质模型的构建 根据员工的绩效评估结果向人力资源部推荐高潜质员工
接班人	主动对个人职业发展进行规划 参与制订个人发展计划 实施个人发展计划,积极按计划参加各类提高岗位胜任素质的发展活动 对个人发展计划提出修正意见
评估委员会	确定接班人 指定接班人导师 参与接班人发展计划制订 审批接班人的晋升 制定高级管理岗位的招聘或培养政策
接班人导师	根据接班人的胜任素质差距为其拟订发展计划 监督接班人按照发展计划参加各类培训、进行各类轮岗活动 对接班人发展过程随时给予指导和反馈,帮助接班人成长

经验表明,高层的明确支持及企业各层级的理解是接班人计划成功的基础。人力资源部在接班人计划的制订与实施过程中扮演组织者和辅助者的角色。

在接班人计划的实施过程中,目标岗位的主管扮演着十分重要的角色。通常,在高层管理人员的倡导下，由人力资源部组织相关各方参与制订企业接班人计划后，计划最终能不能取得实效很大程度上取决于各目标岗位主管对接班人计划的态度和对接班人培养的投入程度。为此，企业可以考虑建立接班人培养责任制，给目标岗位主管设定人才培养目标，并将其作为目标岗位主管绩效考核的一部分。

四、外派人员培训与开发

外派人员既是跨国企业人员配备中的主要人员类型，也是跨国企业人力资源管理涉及的主要对象。

在跨国企业的外派人员中，母国员工是主体，其通常受总公司指派，经营和管理海外分公司。母国外派人员一般是管理者或技术专家，有丰富的工作经验，能将总公司的战略意图、先进技术、管理与经营方式带到海外分公司。母国外派人员在跨国企业全球经营中具有重要的战略地位，常常被派遣到与总公司具有不同文化背景和价值标准的经营体系中，以减少风险，确保企业整体经营平稳运行。

此外，目前跨国企业内部人员流动方式越来越多样化，不再仅仅是总公司向海外分公司输送外派人员，也会将海外分公司的优秀东道国员工派往其他国家的分公司甚至总公司，这类员工数量的扩大也增加了跨国企业人员配备中非母国员工的数量及企业员工的多样性。

跨国企业派遣外派人员的动因很多，主要归纳为3种：一是外派人员是去填补空位的，因为当地没有具备相应技术和管理技能的员工可以雇佣；二是外派人员能够支持管理发展，外派使具有高潜力的管理人员积累国际经验，为其将来担当重要岗位的职责奠定基础；三是外派人员有利于企业发展，不同国籍的管理人员在海外分公司之间、总公司与海外分公司之间的大规模调动有助于管理人员的国际化，也有助于建立起一种国际沟通与人际网络。

对外派人员进行培训与开发可以避免外派失败，可以促进全球领导力、全球学习型组织的形成，可以实现个人与企业的自我更新。

1. 外派人员培训与开发流程

要使外派人员培训获得成功，就必须重视外派培训计划的制订，实现外派培训的流程化管理。

（1）外派各阶段的全面培训与开发。仅在外派人员赴任前开展短时间的培训活动很难从根本上改进外派人员胜任岗位所需要的态度、能力和个人特质，因此应当采取阶段性、积累性的培训方式。外派的整个过程可以划分为4个阶段，即计划外派阶段、外派前阶段、外派阶段和回归阶段，如图7-6所示。为了"派得出、用得好、回得来"，对外派人员的培训与开发应该拓宽时间维度，覆盖至整个阶段。

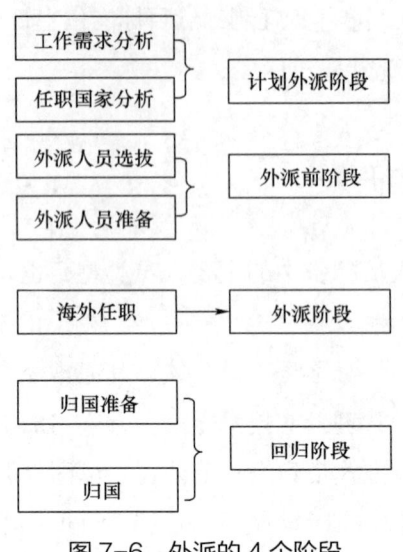

图7-6 外派的4个阶段

1）计划外派阶段的培训与开发。在计划外派阶段，外派并未真正开始，此时跨国企业往往只是对一些有外派需求的岗位进行招聘。有些岗位的任职者根本不可能有被外派的机会，如一般行政人员，而有些岗位的任职者则很有可能被外派，如企业主要产品的市场营销人员。因此，自这些有外派机会的任职者进入企业之日起，就必须开始对其进行外派培训与开发。这个阶段的培训与开发主要依据工作需求分析和任职国家分析增强员工跨国任职所需要的能力，增强其到国外任职的潜在愿望，激励其为外派做好准备。为达到这些目标，最有效的培训与开发方式就是为其树立"典范"和安排"导师"。这一阶段的培训属于"启蒙"阶段培训，对潜在外派人员的愿望塑造是培训重点。

2）外派前阶段的培训与开发。在外派前阶段，外派的岗位得到确认。这时，外派人员培训与开发内容更多地针对外派所需的具体知识和技能等，培训与开发活动也将完全按照系统化的流程进行。同时，培训内容还包括东道国语言、分公司业务情况和管理体系等，目的在于使外派人员在赴任前完全掌握将来任职岗位所需要的知识和技能。

3）外派阶段的培训与开发。外派阶段的培训与开发发生在外派人员任职期间。虽然跨国企业往往比较重视第二阶段的培训与开发，但对于外派人员而言，在外派期间获得持续培训也非常重要。外派培训的最终目的是确保外派人员能够胜任外派岗位，在外派期间做出很好的成绩，为企业在东道国的生存和发展做出贡献。而只有在任职期间，外派人员才能切身体会到自身知识和技能的不足，才能清晰地了解自己的培训需求。此阶段，外派人员对培训的需求是最迫切的，也是最有针对性的。这一阶段的培训内容往往和东道国的文化、环境等相关，同时也可能包括对外派人员随行家属的培训和帮助。

4）回归阶段的培训与开发。回归阶段也称归国阶段，就是外派人员在外派任职期满后回到母国的过程。跨国企业为规避风险，留住人才，往往在恰当的时间回遣其外派的员工。然而，由于外派人员在东道国任职期间已适应当地的文化和生活习惯，其回到母国后，对母国文化的适应性下降，生活条件的变化也使其感到困扰。这些都对外派人员的回归产生了负面影响。考虑到外派人员回归后的高流失率，企业应当为回归的外派人员提供归国培训。培训内容可包括敏感性培训、组织变革、归国适应的方式等，帮助回归的外派人员及其家属克服反文化冲击，在母国重新定位。

（2）外派人员培训与开发管理流程。从培训与开发管理的角度看，对外派人员的培训与开发管理与一般培训与开发管理一样，也需要严格按照特定的步骤来进行，如图7-7所示。

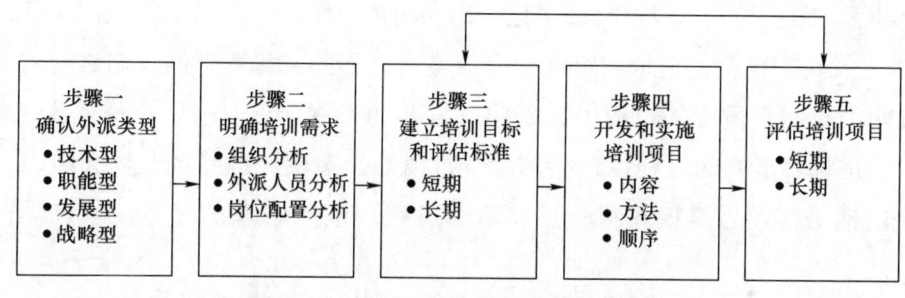

图7-7 外派人员培训与开发管理流程

第一步，根据外派工作要求确认外派类型，根据技术型、职能型、发展型、战略型等外派类型的特点为外派人员确定大致的培训方向。

第二步，对外派人员的培训需求进行分析，这种分析活动需要建立在个人、岗位和组织3个层次上，包括跨国企业的经营战略、组织结构和文化分析，外派人员的个人背景、技能状况分析，岗位所需要的知识和技能分析等。

第三步，在确定培训需求的基础上，为外派人员通过培训需要实现的认知、情感和行为变化制定基础性目标，以及相适用的评估标准，特别是要设立短期和长期目标，使培训有更明确的阶段性。

第四步，开发和实施具体的培训活动，即在明确培训需求的基础上开发有针对性的培训内容，运用多样的培训方法，对培训活动进行详尽规划并实施。

第五步，对培训效果进行评估，即运用预先设定的评估标准对外派人员的培训效果进行总结。对评估结果不理想的指标，要返回第三步重新制定目标和标准。

2. 外派人员培训与开发内容

（1）外派人员培训与开发内容的三层次模型。很多学者都对外派人员培训与开发内容有研究，这里结合不同学者的观点，提出外派人员培训与开发内容的三层次模型，如图7-8所示。

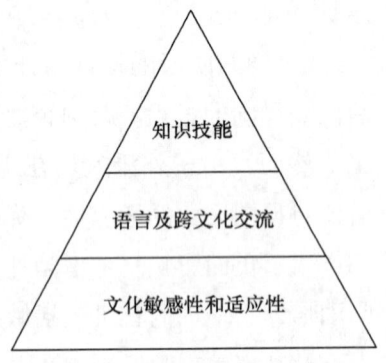

图7-8 外派人员培训与开发内容的三层次模型

1）文化敏感性和适应性培训。文化敏感性和适应性培训的目的是使外派人员了解其将赴任国家的文化氛围，充分理解东道国国民的价值观与行为观，增强对东道国工作和生活环境的适应能力。文化敏感性和适应性培训的内容包括东道国民族文化及组织文化培训、适应性培训、冲突处理能力培训、东道国先进管理方法及经营理念培训等。培训方法包括把具有不同文化背景的员工集中在一起进行专门的文化培训、实地考察、情景对话、角色扮演，以便打破文化障碍和角色束缚。

2）语言及跨文化交流培训。跨文化交流是指有不同文化背景的人们之间的交流。跨文化交流能力在文化适应的过程中起着非常重要的作用。一般来讲，跨文化交流分为3个方面：一是观察事物的过程，包括信念、价值观、态度、世界观及社会组织；二是语言过程，包括语言及思维模式；三是非语言过程，包括非语言行为、时间观念和空间使用。

首先，要达到有效沟通，外派人员需要尊重当地的文化和社会习俗。为改善跨文化交流，减少交流失误，一些研究者提出了文化共情理论，建议跨文化交流者在交流过程中发展共情能力，即设身处地、将心比心、推己及人，以他人的文化准则为标准来解释和评价他人的行为，这样可以促进彼此间的理解，建立和谐的工作氛围，利于在当地有效地开展工作。

其次，外派人员必须掌握当地语言。语言是人们表达思想、传递信息和进行情感交流的重要工具和手段。不同国家和地区使用的语言存在很大的差异，而语言沟通对跨国企业全球化经营成败的影响重大。为使外派人员具有良好的沟通能力，外派人员必须学习并掌握赴任国家的语言。外派人员是否具备掌握当地语言的能力，攸关海外经营的成败。在外派人员赴海外上任前，跨国企业无不强化其语言能力。

最后，除了学会理解当地文化和讲当地语言外，外派人员还需要了解非语言交流上的重大差异，如对私人空间的需要、眼神接触的含义、仪表与姿态的要求、沉默的含义、接触的合法性等方面的差异。这些因素成为外派人员适应环境及与他人进行有效交流的巨大挑战，跨国企业对外派人员进行这方面的培训是十分必要的。

3）知识技能培训。外派人员要对产品和技术有全面的了解，对国际市场机会有较强的敏感性，并具备国际管理和协调能力，因此跨国企业通常会在业务、技术、管理能力方面对外派人员进行有针对性的培训，使之能够胜任外派岗位。

（2）培训与开发内容和外派人员类型的匹配。上述三层次模型中，文化敏感性和适应性是应当最先进行培训的内容，因为要适应另一个国家的文化、价值观等是很困难的，花费的时间也是最长的；其次是东道国语言的培训；最后是易于理解和掌握的具体岗位知识和技能的培训。因此，三层次模型的培训与开发内容自下而上是由难到易、由里及表、由内而外的。

同时，由于外派人员职责和外派目的不同，外派人员培训与开发内容也有所不同。例如，文化敏感性和适应性方面的学习对企业外派的技术工人的重要性肯定不如对外派的高级管理人才的重要性高。

3. 外派人员培训与开发方法

随着跨国企业培训需求不断增长，外派人员培训与开发方法也变得多种多样。

（1）传统培训与开发方法。外派人员的传统培训与开发方法包括授课、情景模拟等，可以根据培训目的分为3个层次。

低层次培训的目的是向外派人员提供东道国的商务和文化背景信息及企业运营的基本信息，主要采用授课、观看视频、阅读背景材料等方法。

中层次培训的目的是向外派人员传授东道国的文化知识，以弱化民族中心主义倾向，常采用跨文化经验学习、角色扮演、案例研究、语言培训等方法。

高层次培训的目的是使外派人员能够适应东道国的文化、商业环境和社会制度，常采用实地旅行、与有经验的经理座谈、与当地公民座谈等方法。

（2）现场培训。现场培训是在外派人员到达工作地后进行的跨文化培训，或者是针对外派人员所遇到的突发事件而进行的培训。

现场培训主要通过下列方式进行。

1）确认外派人员的动机及发展需要，帮助其树立明确的发展目标。

2）确认问题标准解决过程的有效性。

3）鼓励外派人员检验其在工作中获得的新技术，帮助其进行评估。

4）倾听并赞同或否认外派人员对工作和生活所做的假设。

5）提高外派人员对潜在冲突的意识，如工作与家庭不平衡等，并试图解决这些冲突。

与传统培训与开发方法相比，现场培训具有高度个性化、任务导向性、保密性等特点。

（3）信息化培训

1）基于软件的培训。针对外派人员培训的需求，市场上已经出现专门针对外派人员的培训软件。

例如，某软件主要是为旅行或居住海外的人而设计的，外派人员可以用来进行自我培训。其优点在于外派人员的配偶和子女也能使用软件进行培训，而此类家庭培训通常在企业外派培训中被忽视。虽然培训软件还不能代替传统的培训课程，但在外派人员及其家人的跨文化培训中是一个很好的工具。

还有另一款软件是根据各国风俗习惯而设计的互动式学习工具，该软件可以用来解释独特的跨文化问题，对经常处理不同文化情景的外派人员具有引导作用。

2）基于互联网的培训。基于互联网的培训有内部网培训和外部网培训之分。在内部网培训方面，许多跨国企业都设有技能开发系统，外派人员在工作中发现自己的技能需要提升时，可以申请学习。此外，一些跨国企业设有内部网络学校，全球范围内的外派人员都可以利用这所内部网络学校来进行有计划的学习。

比较有价值的外部网培训资源是富有经验的外派人员在一些互联网平台上的经验分享。这些平台记载外派人员的外派经历和体验，为即将外派的人员搭建了一个沟通平台，成为外派人员培训与学习的重要渠道。

（4）全球心智模式培训。全球心智模式培训的根本目的是拓宽个体的思路，使其开拓过去限于本地区的狭隘眼界，形成一个可以包容全世界的心理图式。尽管这种培训常集中应用在管理人员身上，但是事实上其对普通员工也同样适用。全球心智模式培训有下列3种主要方式。

1）回归人员经验传授。回归人员一般具有较好的全球性视野、丰富的海外市场经验和良好的外语能力，对外派人员形成全球心智模式具有重要的指导作用。

企业人力资源部可以定期组织研讨会，让这些回归人员给那些即将外派的人员及其家属传授海外工作生活经验。这种方式也有助于企业形成"全球性思考，本地化行动"的文化。

2）海外实地实习。运用海外实地实习的核心思想是把员工置于海外文化圈一段时间。时间的长短应适当，一般来说，可设计为期一周的海外实地实习。

3）评价中心运用。评价中心能够给管理人员提供员工对国际派遣的态度信息，帮助确立全球导向的企业文化，形成企业员工的全球心智模式。近年来，特殊的评价中心技术被设计应用在国际派遣中，国际人才评价中心就是其中之一，其方法是运用跨文化角色扮演、案例研究、小组讨论和国际谈判模拟来评估外派候选人对不确定性的容忍度及其目标导向、交际能力、沟通技能等，以此来评估外派候选人的多文化胜任能力。

一些跨国企业将此类评价中心作为跨国管理项目的一部分。有良好业绩且具有潜力的年轻管理人员由其上级提名来参加评价中心评估。参加评价中心评估后，候选人收到关于其在国际派遣上的优势和劣势的详细反馈。根据反馈，人力资源部制定了符合这些管理人员具体需求的培训项目。候选人再次参加为期18个月的管理培训项目，包括跨文化沟通、自我意识培训、国外项目分配等。培训完成后，候选人参加第二轮国际人才评价中心评估，那些在该过程中胜出的管理人员将被指派为海外分公司主要位置的候选人。这种国际人才评价中心能给参加评估的人员提供全球视角。当企业有越来越多的管理人员参加这样的评估时，一个真正具有国际导向的企业文化就形成了。

外派人员培训与开发方法比较见表7-10。

表 7-10　　　　　　　　外派人员培训与开发方法比较

培训方法		培训内容	培训形式	时间	强度	目的	实现途径
传统培训与开发方法	知识培训	东道国文化和相关知识、跨文化理论等	授课、观看视频、阅读背景资料等	不超过1周	较低	提供东道国的商业和文化背景信息，以及企业经营情况等	自我训练、顾问帮助等
	情感训练	文化模拟培训、压力管理培训、文化间学习训练、强化外语训练等	案例分析、角色扮演、跨文化情景模拟等	1~4周	中等	提供有关东道国文化的一般知识和具体知识，弱化民族中心主义倾向	
新兴培训与开发方法	现场培训	跨文化能力、文化敏感性等	实地练习、外派经理会谈等	1~2月	较高	能适应不同国家和地区的文化、社会制度	
	信息化培训	跨文化知识、文化敏感性、外派信息资源等	运用多媒体软件和互联网技术	长期	中等	提高外派人员及其家属的海外适应能力	软件、互联网
	全球心智模式培训	跨文化技能、经验和洞察力等	管理人员向同事和下属传授	1~2年	较高	形成"全球性思考，本地化行动"的企业文化	回归人员经验传授、海外实地实习、评价中心运用等

第三节　领导力开发

领导力是一种复杂且不易鉴别的能力，体现为领导过程中领导者与追随者的共同行动所产生的一系列可能的结果，如目标的完成、个体对目标承诺的实现、团队凝聚力的增强、组织文化的改善等。

一、领导力概念

关注的角度不同，对领导力的理解也不同。领导力也可以说是影响力（广义上的），是一个人对其他人产生影响，使其他人追随、服从其领导，按照其想法或指导而行动的能力。尽管不同的学者对领导力的看法不同，但是各观点之间也有共同点，即领导力是一种个人能力，领导力的存在目的是激励人们更好地完成组织使命。领导力不是权力，而是一种非命令式的影响力。

领导力作为社会交互作用的一种要素，能使人们高质量（超出常规标准）地完成任务。领导力主要包括洞察力、决断力、亲和力、激发力、凝聚力、学习力、影响力、应变力、创新力和执行力。

领导力一般具有以下5个特点。

- 柔性，重视应用软权力来发挥作用。
- 双向性，特别注意领导者与追随者之间的相互影响和及时回应。
- 人性化，在关注工作、关注利益的同时，更突出以人为本的思想，更关注人的情感、快乐、价值和发展。
- 叠加性，在应用硬权力的同时，更注重领导者自身的品德、个性、专长、能力等形成的软权力的叠加作用和放大作用。
- 艺术性，即讲究科学，讲究遵循规律，强调创新，强调权变融合，强调领导艺术的巧妙运用。

二、领导力模型

领导力模型来源于胜任素质理论，它是企业针对特定管理岗位或群体开发的能够驱动优异绩效的素质指标组合，也是企业特定管理岗位或群体中的绩效优异者所具备的一系列素质指标。领导力模型针对的对象既可以是一个具体的岗位，如市场总监、人力资源总监等，也可以是某个特定群体，如企业的高层管理团队、中层管理团队、基层管理团队等。

领导力模型具体包括以下6种能力。

- 学习力是领导者超速成长能力的构成。
- 决策力是领导者高瞻远瞩能力的表现。
- 组织力是领导者排兵布阵能力的表现。

- 教导力是领导者带队育人能力的表现。
- 执行力是领导者超常绩效能力的表现。
- 感召力是领导者人心所向能力的表现。

三、领导力开发步骤

领导力开发基于领导力发展模式,关注如何为领导者创造发展型经历。领导力开发包括以下6个步骤:经营诊断、领导测评、计划设计、计划实施、后续支持、效果评价。

1. 经营诊断

经营诊断是领导力开发的第一步,主要是为了明确实施领导力开发的原因。这一步骤的关键是对实施领导力开发达成共识并形成紧迫感,同时树立一个为管理者所支持的目标。所有的领导力开发计划都把建立模型作为核心任务,模型代表了企业及其领导者的形象和抱负。这一步骤会运用多种分析方法,如SWOT分析法、现场调研法、焦点小组访谈法、内容分析法等。

2. 领导测评

领导测评主要帮助领导者了解自己的内心世界,了解自己真正缺少的是什么,要怎样来学习和开发领导素质。同时,领导测评也能帮助领导者制订个人发展计划和具体行动方案。

3. 计划设计

计划设计是非常重要的一步,它的主要内容包括选择参与领导力开发计划的人员、确定开发时间和周期、建立领导力特征模型,以及设计围绕领导力特征所展开的一系列开发方式。计划设计为计划实施和后续支持奠定了基础。

4. 计划实施

计划实施是指调动企业内外资源,对计划进行有序实施,为领导力开发创造良好的条件,保证领导力开发项目顺利完成。这一步最关键的是组建行动学习团队,并用行动学习团队解决企业存在的重大问题。目前,行动学习在领导力开发中广为流行,已经成为继测评和辅导之后的第二大开发方法。

5. 后续支持

好的领导力开发计划不局限在教室里，会为领导者提供一系列的后续强化和支持措施。这一步骤的目的主要是保证领导者能将学到的知识有效地运用到具体的工作中。因此，后续支持也是领导力开发的一个重要阶段。

6. 效果评价

效果评价是领导力开发的最后阶段。在这一阶段，企业要弄清楚以下问题：如何进一步改进和强化领导力开发计划？如何消除实施领导力开发计划的障碍？如何把领导力开发所采用的方法、措施与开发的最初目标联系起来，以评价领导力开发是否成功？在回答了这些问题之后，企业必须进行领导力开发计划的改进和完善，以保证下次开发效果会更好。每次改进就像一个PDCA（plan——计划，do——执行，check——检查，act——处理）循环，改进是永无止境的。

领导力开发的这6个步骤已被证明是行之有效的，许多优秀企业的领导力开发都采用了这种流程。大多数领导力开发的标杆研究也以这6个步骤作为切入口。

四、领导力开发方法

1. 教练制

教练制即企业指定资深人士与高层主管作为开发对象的教练或伙伴，一对一结对，为开发对象提供管理咨询，达到提高开发对象领导力的目的。

2. 职位轮换

许多企业通过岗位调动、职位轮换来发展管理者的领导力。例如某跨国企业非常重视通过跨国职位轮换来提高管理者的国际化工作技能与领导力，锻炼管理者的跨文化管理能力。该企业实行"二位一体"任命计划，即在同一个职位上同时任命两名经理人，其中一名主要是在岗位上进行实习、锻炼，以快速成长为合格的领导者。

3. 领导力评估

企业应根据领导力模型评估领导者的实际能力、工作作风等，以帮助其提升领导力。领导力开发计划是企业持续性计划的一部分，每年企业应对潜在领导者和所有管理人员进行领导力评估，方式包括员工自评和360度评估，为进一步进行领导力开发打下良好的基础。

4. 领导力发展中心

领导力发展中心是受程序驱动的、由受过专门训练的培训师组织的一个能力提升过程。它包括评估考察开发对象的价值观和动机，设定可观测的目标，制订行为提高计划，以及用有效的手段和技术帮助开发对象发展领导技能等。领导力发展中心就是对领导者胜任素质的各方面进行发展和提升，使领导者的工作绩效得以提高，如图 7-9 所示。

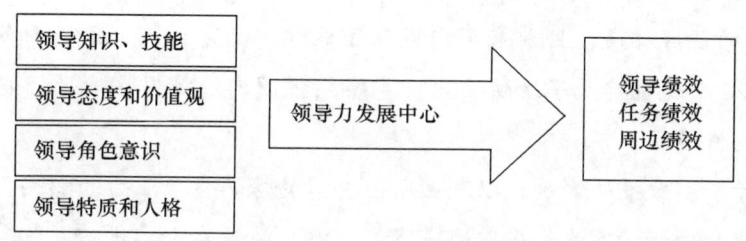

图 7-9 领导力发展中心

领导力发展中心的实施一般历时一两天，甚至更长，内容主要包括心理测评、个体感言、群体管理任务、结构化面试、案例研究（团体报告）等。开发对象虽然理论上可以包括各层级的管理人员，但出于成本等考虑，一般都是企业的高层管理人员。在开始前，培训师会给每名开发对象讲解操作指引，并告知开发对象将按某种方式对其进行胜任素质评估。培训师一般是接受过专门训练的高级经理或专业咨询顾问。给开发对象的反馈文件是书面报告。开发对象将和培训师、心理专家等一起进行反馈讨论。讨论一般在评估结束后的两三周内进行，收到书面报告的时间可能较早。

领导力发展中心通常提供以下反馈：向开发对象详细反馈其行为表现；与开发对象共同回顾胜任素质模型，确定发展方向；鼓励开发对象思考如何开发目前缺乏的能力；鼓励开发对象之间及开发对象和其上级之间共同讨论未来发展计划；根据评估结论，让高级人力资源管理人员或开发对象的上级考虑未来可以安排给开发对象的任务和训练；识别可能符合未来发展计划的合格人员。

领导力发展中心不仅从个性角度训练开发对象的领导行为，也注重对开发对象的价值观、个人心理动力进行综合考虑。这种方法既重视综合能力提升，也强调胜任素质各方面的发展，强调通过开发对象和培训师的互动，使开发对象在自我认识、实践演练、效果迁移等过程中获得提升。

区域公司高级管理人才领导力培养计划

一、项目背景

A公司是一家总部位于上海的大型现代服务企业。凭借优质的服务、稳健的经营策略,以及上海的地理优势,公司经过多年的发展,已经成为行业内首屈一指的企业。A公司经过10多年的区域拓展,目前在国内成立了北方、南方、长三角和西部4个大区,并在4个大区的20个城市建立了区域公司,牢牢把握国内经济发达地区的发展趋势,占有各大城市的市场份额。

近年,由于受到政策的影响,以及互联网公司的跨界竞争压力的影响,公司经过审慎考虑,决定改变稳健经营策略,采取网点下沉策略,快速在全国进行扩张,拟在3年内增加30家区域公司,将业务下沉到二、三线城市,争夺二、三线城市的客户,阻止竞争对手从中低端客户向高端客户的进攻。

人力资源部经过人才盘点向公司总经理汇报,由于此前公司的稳健经营策略,目前二、三线城市区域公司总经理的人才储备严重不足,主要问题在于目前的中层管理人员中懂业务的多,但是面对二、三线城市的特点,普遍存在领导力不足的问题,难以胜任区域公司总经理的职位。经过公司高层商议,A公司决定即刻启动为期一年的区域公司高级管理人才领导力培养计划。

二、项目前期准备

人力资源部对以往的区域公司高级管理人才领导力培养计划进行复盘,发现原有的培养计划可能无法满足一年后的人才需求。以往在向区域外派总经理的时候,公司也会组织2~3个月的培训,即让外派的区域公司总经理在相关业务部门、人力资源部、计划财务部等跟岗培训,向各部门负责人学习相关知识。但是以往外派的区域公司总经理年龄为40~50岁,已经具备一定的行业经验、管理经验。跟岗培训更多是为了让区域公司总经理熟悉公司总部各关键部门的人员,以便于今后的业务联络沟通。而这次拟外派的区域公司总经理主体是业务部门的业务骨干,年龄为30~40岁,大部分业务能力强,但团队管理经验不足。

在经公司总经理批准和划拨足够的资源后,人力资源部拟订了新的培养计划。新的培养计划拟在未来一年内培养20名二、三线城市区域公司总经理后备人才,培训计划分为两期,每期半年。

三、项目实施过程

1. 确定培训人员名单

人力资源部进行人才盘点,圈定了50名初步入选人员,之后采取自愿报名及分管领导推荐的方法,从50名候选人中确定了24名学员,每期培训12名学员。由于外派区域虽然有更快的职位晋升通道及经济上的补偿,但是毕竟环境艰苦、任务艰巨,因此候选人的意愿十分重要,人力资源部在挑选学员时优先选择自愿报名者。

2. 确定培训内容

人力资源部在公司高层、大区总经理间开展调研和访谈,确定二、三级城市区域公司总经理需要具备的领导力,并将其最终归纳为4种胜任素质,优先级从高到低依次是:高度认同企业文化、很强的应变能力、较强的感召力和决策力。

随后,人力资源部与学员进行一一访谈,并进行4种胜任素质测评,与学员就其能力差距达成一致,并与学员一起研究个人提升计划。

3. 制订培训计划

培训采取实战为主、学习为辅的方式,直接让学员到各个大区挂职,承担实际项目。在人力资源部的指导下,4个大区各选定了一个项目作为培训项目。培训项目要符合上述4种胜任素质要求。12名学员3人一组分别到各个大区主持项目执行。

4. 配备指导老师和资源保障

在为期半年的实战培训计划中,项目基本由学员主导完成,大区总经理作为学员的指导老师全程参与。同时,由于培训项目是各大区相对较为重要的工作,大区总经理有责任在关键节点给予把控和指导,确保项目走向。人力资源部的职责是确保学员的个人学习过程完整顺利,并在期中和期末会同大区总经理对学员进行绩效评估。

5. 培训项目实施

整个培训项目按照"721"学习效果模型安排,即70%靠学员实战成长,20%靠指导老师辅导,10%靠上课学习。

在项目开始阶段,公司安排了一周的理论学习课程,让学员系统学习财务、人力资源、商务礼仪、运营等理论知识。

在项目中期,人力资源部对学员的表现进行评估,与学员进行沟通,并组织所有学员进行头脑风暴,分享学习心得。

在项目结束后,各小组向公司高层展示项目成果,同时公司高层会同大区总经理和人力资源部对学员的表现进行最终评定。

四、项目实施效果

经过两期培训,最终有20名学员顺利获得晋升,走上二、三线城市区域公司总经理的岗位。未入选的学员也在半年的培训中获得了长足的进步，并且得益于相关培训保障制度，回到各自岗位后均有很好的发展。

讨论题

1. A公司是如何实施领导力培养计划的？
2. 企业应如何进行领导力开发？

本章思考题

1. 战略性培训与开发对培训与开发人员有什么要求？
2. 不同竞争战略下的培训与开发是怎样的？
3. 外派人员培训与开发应注重哪些内容？
4. 领导力开发应注重哪些内容？领导力开发有哪些方法？

第八章 企业组织发展与学习型组织构建

一、背景

随着市场竞争日益激烈,某企业为了保持其行业领先地位,决定构建学习型组织。这一决策旨在提升组织的整体学习能力,以更好地适应快速变化的市场环境。企业认识到,传统的组织结构和运营模式已难以满足长远发展的需求,因此必须转型为学习型组织,以持续创新和进步。

二、明确目标与愿景

在构建学习型组织的过程中,该企业首先明确了其目标与愿景。他们设定了提高市场份额、创新产品或服务、提升客户满意度等具体目标,并制订了详细的实施计划。同时,企业提出了"成为行业领军者,引领市场变革"的愿景,旨在通过持续学习和创新,实现组织的长期发展。

三、创建无边界组织

为打破部门之间的壁垒,促进信息的流通和共享,企业着手创建无边界组织。企业通过设置跨部门合作项目、定期举办交流会议等方式,加强不同部门之间的沟通和协作。这种无边界的组织结构使得员工能够更好地理解企业的整体战略和目标,形成合力推动企业的发展。

四、培养创新和学习文化

创新是学习型组织的核心特征之一。为了营造创新文化,企业采取了一系列措施。首先,企业设立了创新基金,用于支持员工的创新项目和想法。其次,企业鼓励员工提出改进意见和建议,并对优秀的创新成果给予奖励。此外,企业还定期举办创新大赛等活动,激发员工的创新热情。为了营造学习氛围,该企业采取了一系列措施。他们设立了专门的学习平台,为员工提供丰富的在线学习资源,包括行业资讯、专业书籍、案例等。此外,企业还定期举办内部培训、分享会等活动，鼓励员工分享知识和经验，促进组织内部的学习和交流。

五、建立学习支持系统

为了支持员工的学习和发展，该企业建立了完善的学习支持系统。企业根据员工的需求和发展方向，为员工提供了个性化的学习计划和资源。企业还设立了导师制度，让经验丰富的员工担任导师，指导新员工快速成长。此外，企业还注重员工的职业规划，为员工提供晋升和发展的机会。

六、褒奖与传播学习型文化

为了推广学习型文化，企业建立了一套完善的褒奖机制。对于在学习和创新方面表现突出的员工，企业会给予物质和精神上的双重奖励。这些奖励不仅是对员工个人努力的认可，也是对整个学习型文化的肯定和推动。

同时，企业还注重学习型文化的传播。企业通过内部网站、员工手册、宣传栏等渠道，向员工传递学习型组织的理念和价值观。

七、确保学习持续发展

为了确保学习的持续发展，该企业制定了长期的学习规划，并定期回顾学习成果，总结经验教训，不断优化学习方法。同时，企业还鼓励员工进行自我超越，不断提升自己的能力和水平。通过不断学习和实践，企业的整体创新能力得到了显著提升。

八、将学习融入工作

该企业注重将学习融入工作。企业鼓励员工将所学应用到实际工作中，通过实践来检验和巩固学习成果。同时，企业也注重从工作中获取学习机会，让员工在解决问题的过程中不断提升自己的能力和素质。这种将学习与工作相结合的方式，使得学习成了企业日常运营的一部分。

九、注重系统思考

在构建学习型组织的过程中，该企业注重系统思考。企业通过回顾组织的学习历程、制定学习目标、规划学习路径等方式，确保了学习活动的连贯性和有效性。同时，企业还注重各个部门之间的协调与配合，使得学习活动能够相互促进、相互支持。这种系统思考的方式，使得学习型组织的构建更加有序和高效。

十、成果与展望

经过一系列的努力，该企业在组织发展和学习型组织构建方面取得了显著成果。员工的学习意识和创新能力得到了明显提升，组织的整体学习能力也得到了显著增强。这使得企业能够更好地适应市场变化，提升了企业的市场竞争力。未来，该企业将继续深化学习型组织的建设，不断探索新的组织发展模式，为企业的持续发展注入新的动力。

案例思考

1. 该企业构建学习型组织的做法有哪些可取之处？
2. 构建学习型组织的重要步骤有哪些？

第一节　企业组织发展

组织发展（OD）理论是一门以行为学为研究方法、基于价值的跨学科理论，吸收了人类学、经济学、教育学、管理学、心理学、社会学等多种学科的相关内容。组织发展理论致力于从企业总系统和各独立部门两方面来改善组织绩效。20世纪80年代末，这个领域的研究者提出为了更好地服务于企业，组织发展需要变得更具战略性。1988年，有研究者直接将组织发展人员的职业领域明确扩展为团队建立、团体决定、工作设计及帮助组织应对压力。

一、组织发展简介

1. 组织发展的定义

组织发展是指将行为科学知识广泛应用于根据计划发展、改进和加强组织有效性的战略、结构和过程上，通过对组织进行设计、定义、对标、诊断、分析、变革、培训等有计划的干预，增强组织结构、进程、战略、人员和文化之间的一致性，提升组织竞争力，持续创造组织绩效，帮助组织提高效率和活力。

2. 组织发展的特点

组织发展领域的创始人理查德·贝克哈德在1969年对组织发展的特点做了经典归纳。

- 组织发展涉及整个组织范围，是自上而下开展的。
- 组织发展的目的是提高组织效能和组织健康度。
- 组织发展使用行为科学知识，通过计划对组织的进程进行干预。

3. 组织发展的4项职能

（1）变革管理职能。市场随时在变化，企业需要保持不断变革方可从容应对。企业为适应变化需要实施变革管理，包括组织结构调整、战略规划、组织文化建设、领导力提升等，从而增强组织的一致性，发展组织的自我更新能力。

（2）培训与开发职能。在高绩效企业中，人力资源管理模式往往将培训与组织发展结合在一起并逐步使之形成体系，支持相对高端岗位的人才管理体系，使用基于胜任素质模型的战略培训模式。

（3）人才管理职能。人才管理包括关键绩效员工管理、职业生涯规划、接班人计划等。鉴于企业资源相对有限，企业的人才管理和培养项目越来越多地集中在关键绩效员工身上。

（4）绩效管理职能。高绩效企业更关注绩效沟通和提升，切实地将绩效管理作为管理和发展的工具而不是最终目的。

二、组织发展理论基础

由于组织发展是一门跨学科理论，因此其理论基础很多。下面介绍几种被广泛认可的理论基础。

1. 系统理论

系统是一组相互作用、相互关联、相互依存的实体所构成的一个整体。一个组织系统是一个统一的整体，包含各个部分（子系统），包括个人、人际、群体和组织4个层次。

系统理论最早出现于1956年，创始人为美国的杰伊·福里斯特。系统理论是当时为分析生产管理及库存管理等企业问题而提出的系统仿真方法。系统理论通过分析组织系统内部各个变量之间的反馈结构来研究系统整体行为。系统理论认为，系统的行为是由系统的结构决定的。系统理论运用"凡系统必有结构，系统结构决定系统功能"的系统科学思想，根据系统内部组成要素互为因果的反馈特点，从系统的内部结构来寻找问题发生的根源，而不是用外部的干扰或随机事件来说明系统的行为性质。

2. 行动研究理论

行动研究理论由美国心理学家库尔特·卢因在1946年创立，是以某些行动对组织系统的影响为主要研究对象的研究活动，是实验社会心理学的一种研究方法。行动研究理论强调实践者在行动中为解决自身问题而参与进行有计划、有步骤、有反思的研究，是了解和指导组织行动的一种方法。它强调要改变人的行为，必须了解影响行为的"力场"。行动研究理论的主要应用场景如下。

- 个体——强化个人管理能力/领导力。

- 团队——高绩效团队打造。
- 企业——梳理共同愿景。
- 系统——亚文化融合。
- 跨领域——跨领域项目。

3. 变革理论

变革理论由美国心理学家库尔特·卢因创立，其从探讨组织变革中组织成员的态度出发，提出组织变革经历解冻、改变、冻结3个阶段。

库尔特·卢因认为，在组织变革中，人的变革是最重要的，组织要实施变革，必须改变组织成员的态度。组织成员态度发展的一般过程及模式反映组织变革的基本过程。解冻是指刺激个人或群体改变其原来的态度，改变人们的习惯与传统，鼓励人们接受新的观念。改变是指通过认同与内在化等方式，使组织成员形成新的态度，接受新的行为方式。冻结是指利用必要的强化方法，使最后被接受和融合的、所期望的新态度和行为方式长久地保持下去，成为个人品德中永久的组成部分。

4. 社会建构理论

社会建构理论主要揭示个体和团队如何参与创造其认知的现实。它研究社会现象是怎样被人们创造、常规化并发展为传统的。该理论认为，某种社会现实主要通过辩证互动逐步形成，并按照人们对它的解读和认识被再次加工。这不同于现实主义理论。现实主义理论认为，外部世界独立于人们对它的表述而存在，这些表述包括认知、想法、语言、信仰和欲望。

5. 混沌理论

混沌理论是一种兼具质性思考与量化分析的方法，用以探讨动态系统中无法用单一的数据关系而必须用整体、连续的数据关系才能加以解释及预测的行为。混沌理论已被越来越多地应用在各个领域，包括商业战略／企业战略、复杂决策、社会科学、组织行为和组织变革、股市行为和证券投资等领域。

6. 对话式组织发展理论

对话式组织发展理论假设通过改变系统内的对话而发生变革。对话式组织发展理论不做组织诊断，而是提问并鼓励人们探询。同时，这种探询不以观察为根据，探询的目的也不是找到"真相"。一次成功的对话需要满足以下条件。

- 有一个对社群足够重要、需要系统合力来解决的问题。

- 让合适的一群人聚在一起展开对话（鼓励多样性）。
- 将问题转换为以可能性为中心、关注未来的议题，让其对社群成员个人也是有意义的。
- 召开活动并运用生成性图景来催发新的想法，促使社群自我生成变革提案（敞开怀抱，提供灵活框架并创造安全感）。

三、组织发展角色定位

1. 组织诊断专家

在经济发展的新常态下，企业会越来越需要创新力和灵活性。组织发展人员需要为企业进行及时、定期的组织诊断，利用组织诊断工具如深度访谈、调查问卷、人才评估、业务复盘等，基于数据和事实进行组织现状评估和分析，并根据诊断结果，从组织视角为人力资源管理团队和业务单位提供专业的解决方案，为业务战略的长期经营和发展保驾护航。

2. 组织变革推动者

当企业最高领导层制定了组织变革规划时，组织发展人员要成为组织变革推动者。组织发展人员要从业务角度出发，确保组织有能力实现发展目标，最终帮助组织实现愿景，帮助员工实现自我。为了实现这一目标，组织发展人员要参与组织设计，解决如为了实现战略目标需要怎样的组织结构，需要什么样的领导者来领导团队，组织内部是否有这样的人才储备，如果没有合适的人选应该采取什么举措等问题。

3. 组织赋能推动者

组织发展人员要从组织生态的角度为员工提供能够更高效地创造价值的环境和工具，包括组织结构、企业文化、工作环境、绩效文化、人才文化、培训与开发支持等，与业务单位管理层共同制定、干预、支持、评估组织赋能方案和员工赋能方案，提升组织效率。

四、组织诊断

组织诊断是组织发展的基础和核心，决定了组织变革和组织赋能的方向。组织诊断可以从组织主体、组织客体、组织文化3个维度展开，这3个维度分别对应着管理、业务和文化。

1. 组织主体（管理）诊断

人是组织运转中最为机动、最不确定同时又是最关键的因素。组织功能的实现往往离不开人的行为，而人又是有主观能动性和创造性的，经常达不到或者超出组织的要求与期望。从管理维度看企业，切入点往往比较多，问题也显得零散。例如，可以从不同的管理功能出发去分析战略、营销、人力资源、财务、流程等方面的问题；可以从不同的结构板块出发去分析营销管理、生产管理、研发管理等方面的问题；可以从不同的层级出发去分析企业家和高层管理团队、中层和基层管理团队、普通员工的问题。从不同角度出发看到的问题都是局部的，问题之间一定是相互关联的。

组织主体诊断的内容包括组织结构、制度规范化程度、团队建设、组织氛围、组织职能等。组织主体诊断的工具包括波特价值链分析、科尔尼价值链分析、组织成熟度模型、人力资源成熟度模型、能力模型、岗位价值评估、信息价值链模型、人效分析、领导力诊断、职位/绩效/能力分析等。

2. 组织客体（业务）诊断

组织的某个单一要素并没有绝对意义上的好与坏，考量时关键看它是否符合组织发展阶段的需要，是否与其他要素相匹配。从这个意义上讲，企业应尽量避免将单一要素或局部要素与其他企业进行简单的横向比较，结论往往没有意义，甚至会产生误导。因此，诊断组织问题时，要研究组织核心要素的特征，分析这些要素之间的匹配关系，对要素之间存在的矛盾和问题保持敏感，从而迅速完成对组织要素的系统性认识，发现问题和现象背后的源头，从根本上解决问题。

在对企业进行分析时，首先要从业务维度入手，了解企业是做什么的，提供什么产品和服务，如何实现盈利，在同类企业中的竞争力如何，盈利是否可持续等。这些业务因素决定了企业需要什么样的要素组合（人、机器、资金、物料等），以及企业应该采取什么样的管理方式。

组织客体诊断的内容包括两大类：一是整体业务情况，如商业模式、业务规模、行业特征、竞争情况、资源配置、各业务单位的关系等；二是每个业务单位的情况，如在企业整体业务中的定位、与其他业务单位的关系、规模、资源配置等。

组织客体诊断的工具包括六个盒子、PEST分析框架、波特价值链分析、SWOT分析模型、资产负债分析模型、波士顿矩阵、GE矩阵（行业吸引力矩阵）、市场演变矩阵、EFE（外部因素评价）矩阵、IFE（内部因素评价）矩阵等。

3. 组织文化（文化）诊断

企业要确认组织文化特征，并厘清形成这种特征的主要原因。一般可以按组织文化特征将组织分为以下4类。

第一类组织整体比较僵化，员工暮气沉沉。形成这种组织文化特征的原因可能是组织发展遇到困难，或者是组织被"大企业病"困扰等，导致员工没有积极性，失去活力。

第二类组织有明显的内部矛盾和冲突，内部沟通损耗很大，甚至出现严重的站队现象和利益团体斗争。在这样的组织环境中，员工或选择站队，或选择离开，或选择被动参与。

第三类组织充满活力，但是管理混乱，业务增长起伏很大。形成这种组织文化特征的原因可能是组织没有长期战略规划，或者虽有规划但路径不清晰。

第四类组织秩序井然，业务发展良好，充满活力。这类组织有明确的长期战略，同时管理规范，组织结构合理，执行力强，管理团队富有经验。

组织文化诊断的内容包括组织的绩效管理、绩效文化、工作环境（软环境和硬环境）、权力分配、容错机制等。组织文化诊断的工具主要是研讨会或专题调研。

五、组织发展与人力资源管理的关系

有些企业把组织发展职能和岗位设置在人力资源部内，有些企业则把其设置在人力资源部外。从组织发展与人力资源管理的内容来看，两者有重合的地方，但也有很大的区别。人力资源管理侧重于组织中个人的成长和管理，而组织发展则侧重于整个系统和流程的设计优化，侧重于让组织不断优化和进化以适应外部环境的变化，侧重于通过组织结构、组织系统和业务流程的改变把个人和团队的潜能充分释放。人力资源管理的战略属性如今越来越被强调，而组织发展则完全属于战略层面。

人力资源管理在组织发展中大有作为，组织发展和人力资源管理在以下几个方面是重合的。

1. 帮助实现企业战略和目标

人力资源管理人员可以运用组织发展方法，帮助企业面对竞争和挑战。有效利用组织发展来帮助企业实现企业战略和目标正在成为人力资源部的重要方向，同时组织发展方法也成为人力资源管理中的核心工具。

2. 利用数据分析解决人力资源问题

组织发展可以将数据分析技巧和问题解决方法带入复杂的人力资源管理系统中。有研究者指出，组织发展的实践内容，如通过绩效管理进行目标设定、建立薪酬系统等，都跟人力资源管理直接挂钩。

3. 承担推动组织变革的职责

近年来，企业日益重视人力资源管理在推动组织变革中的作用。科技的新发展和对工作方式的灵活性和效率要求成为变革背后的驱动力,对很多大型企业的战略目标产生了影响,使其不得不重新思考自己的盈利模式,评估自己的生产力。

人力资源管理人员在组织变革中的角色是策略性伙伴,负责将合适的人放在合适的岗位上,有效实现全体组织变革。此外,在组织变革中,人力资源部可以有效利用组织发展干预措施(如评估某领域变革的优先级、开发新的绩效体系、创建与组织目标相一致的薪酬系统、更有效地对决策层开展培训等)积极推动变革。

第二节 学习型组织概述

学习型组织的学习不是传统意义上的"学知识"。彼得·圣吉认为,学习就是提升创新的能力,只有当一个人尝试去做一些真正想做的事情的时候,学习才开始。学习是全过程的,整个工作的过程也就是学习的过程,即"在工作中学习,在学习中工作"。在学习型组织中,学习不是单个人孤立地去学,而是团队学习。

一、学习型组织的概念与价值

学习型组织这一概念是杰伊·福里斯特于1965年在《企业的新设计》一文中首先提出的。彼得·圣吉本人对学习型组织从未下过一个完整的定义,但他在《第五项修炼》中已对其所理解和创造的学习型组织模型——自我超越、改善心智模式、共同愿景、团队学习、系统思考诠释详尽。

国内外许多学者都对学习型组织的定义做了阐述,本书将其表述为:在学习型组织中,个人、团队和组织是学习的3个层次,其在由组织共同愿景所统领的一系列不同层次愿景的引导和激励下,不断学习新知识和新技能,并在学习的基础上持续创新,以实现组织的可持续发展和个人的全面发展。

学习型组织是以信息为基础的组织,实行目标管理,成员能够自我学习、自我发展和自我控制。学习型组织中的信息流是自下而上的,要想使以信息为基础的系统发挥作用,必须要求每个人和每个部门都为自己的目标、任务和联系沟通承担责任。

扎波夫在《智能机器时代》一书中写道:"除了成为学习型组织,今天的组织可能确实别无选择。因为高度信息化的组织是一个学习机构,它的一个基本目的就是拓展知识——不是学术意义上的知识本身,而是使组织更有效率的核心。学习不再是在教室里或者上岗前的孤立的活动,也不再只是管理者小团队独享的特权。人们不必撇开工作专门抽出时间来学习；相反，学习就是工作的核心。学习与效率是一项活动的两个说法。简单来说，学习将是劳动的新形式。"

学习型组织的价值在于其以共识的方式建立企业的共同愿景，在于其学习文化对学习的倡导和推动，在于企业组织知识的创造。

二、学习型组织的特征

1. 组织成员拥有一个共同的愿景

共同愿景是大家共同愿望的景象，是在客观分析现实情况的基础上勾画出来的远景规划，它来源于员工个人的愿景而又高于员工个人的愿景。共同愿景使具有不同个性的人凝聚在一起，朝着共同的目标前进。

2. 组织由多个创造性团队组成

在学习型组织中，团队是最基本的学习单位，也是最具创造力的单位。组织的所有目标都是直接或间接地通过团队作战来达到的。"终身学习""全程学习"不仅是对员工个人提出的要求，也是对组织中所有团队提出的要求。因此，组织必须大力倡行"团队学习"，并借此提取出高于个人智慧的团队智慧，从而形成多个创造性团队，以不断创新、创造推动组织发展。

3. 善于不断学习

善于不断学习是学习型组织的本质特征，其主要有4个含义：一是强调"终身学习"，即组织成员均能养成终身学习的习惯；二是强调"全员学习"，即组织中的决策层、管理层、操作层都能全身心地投入学习，尤其是决策层；三是强调"全程学习"，即学习必须贯穿于组织系统运行的整个过程中；四是强调"团队学习"，即组织不但重视个人学习和个人智力的开发，而且强调组织成员的合作学习和群体智力的开发。

4. "地方为主"的扁平化结构

传统组织的组织结构通常是金字塔式的，学习型组织的组织结构则是扁平化的，从最上面的决策层到最下面的操作层，中间相隔层级极少。学习型组织往往尽可能将决策权向组织结构的下层移动，让下层拥有充分的自主权，并对产生的结果负责。只有这样，组织内部才能形成互相理解、互相学习、互动思考、协调合作的团队，才能产生巨大、持久的创造力。

5. 自主管理

按照学习型组织理论，现在的企业管理模式有两类：一类是权力型的，另一类是学习型的。权力型的基本管理模式是等级式的，即管理是逐级管下来，问题要逐级上报。这种模式的一个致命弱点是任何问题都由权力大的人做主。虽然上级决策大多是正确的，但不可否认，基层的员工对许多工作也有好的想法。企业应充分发挥员工的管理积极性，鼓励员工进行自主管理。学习型组织是人性化的组织，坚持以人为本的现代管理思想，真正把员工当作组织的主人翁，使员工能边工作边学习，把工作与学习紧密结合起来。通过自主管理，组织成员可自己发现工作中的问题，自己选择伙伴组成团队，自己进行现状调查，自己分析原因，自己制定对策，自己组织实施，自己检查结果，自己评估总结。组织成员在自主管理的过程中能形成共同愿景，并以开放求实的心态相互切磋，不断学习新知识，不断创新，从而增强组织快速应变、创造未来的能力。

6. 组织边界被重新界定

学习型组织会重新界定组织边界，推倒各式各样的"隔墙"，使部门与部门之间、员工与员工之间、组织与外界之间，能够更便捷、更顺畅地沟通与交流。学习型组织的边界界定建立在组织要素与外部环境要素互动关系的基础上，超越根据职能或部门划分的边界。杰克·韦尔奇提出了"无边界"的理念，这种"无边界"使企业将注意力集中在发现更好的方法和思想上，促使企业发展不断升级。

7. 员工家庭与事业平衡

作为人性化的组织，学习型组织努力使员工的家庭生活与工作生活相得益彰。学习型组织对员工承诺，支持每位员工充分地自我发展，而员工也以承诺对组织的发展尽心尽力作为回报。因此，个人与组织的边界逐渐消失，家庭与事业的边界也逐渐消失，两者之间的冲突大大减少，从而达到家庭与事业的平衡。

8. 领导者担任新角色

在学习型组织中，领导者是设计师、仆人和教师。领导者作为设计师，其工作是对组织要素进行整合设计，不只是设计组织结构和组织政策、策略，更重要的是设计组织发展的基本理论。领导者的仆人角色表现在其对实现愿景的使命感上，即自觉地接受愿景的召唤。领导者作为教师的首要任务是界定真实情况，协助组织成员对真实情况进行正确、深刻的把握，提高其对组织系统的理解能力，促进每个成员的学习和发展。

三、学习型组织的五项修炼

彼得·圣吉提出学习型组织的五项修炼,是指企业建设学习型组织必须具备5方面技能。这些技能主要是指领导者和员工的能力和素质,是一种思维方法,而非操作方法。五项修炼是对团队成员的内在要求。只有团队成员具备这5方面的技能,才能使企业成为学习型组织。五项修炼是建立学习型组织的内在的、软性的要求。

1. 自我超越

自我超越是指突破极限的自我实现,或技巧的精熟。它有两个前提:认知自己的愿景,认知自己当前的真实状况。追求高度自我超越的人是永不停止学习的。自我超越不是指一个人拥有的某种能力,它是一个过程、一种终身的修炼。追求高度自我超越的人会警觉自己的无知、力量的不足和成长的极限,但这绝不会动摇其高度的自信。在激烈的市场竞争中,企业必须不断否定自己,超越自己,才能立于不败之地。只有实现组织的自我超越,才能实现产品创新、管理创新、经营创新;只有组织里的每个成员都追求自我超越,才能真正建立学习型组织。要实现自我超越,就要从以下几个方面努力:建立"个人愿景"、保持创造性张力、诚实地面对真相、运用潜意识。

学习型组织将个人与组织融为一体。在一个学习型组织中,组织对于个人自我超越是一个必要的条件,原因在于它提供了一个必不可少的环境。就像其他修炼一样,自我超越必须成为一个持续不断的过程。对于致力于自我超越的人来说,没有什么比一个愿意支持这种修炼的环境更为重要。

2. 改善心智模式

心智模式是根植于人们心中并影响人们了解世界及采取行动的许多假设、成见、思维方式,甚至图像、印象。

一个人心智模式的形成受时间和空间、主观和客观等多方面因素的影响,这里介绍两个基本影响因素。一是环境因素,包括父母、老师、朋友、书本、学校及社会等的影响。二是性格因素,例如:多血质的人性格比较豪放外向,看问题比较乐观,但有时容易把问题简单化;胆汁质的人性格比较稳健内向,考虑问题比较周全,但容易过于谨慎;抑郁质的人看问题常常比较悲观,容易从事物不利的一面考虑问题。另外,一个人的智商、情商和逆商也能影响心智模式。

改善心智模式要求改变固有的思维习惯,学会活用知识,学会有效表达自己的想法,并以开放的心灵容纳他人的想法。彼得·圣吉指出,旧的心智模式如果不去除,所有新的管理理念和方法都会踢到"心智模式"这块隐藏在暗处的"顽石"。实际上，改善心智模式本身就是一种学习，是对于怎样学习的一种学习。当心智模式存在一定的缺陷时，无论是个人还是组织，其学习能力都会受到损害；相反，当心智模式得到改善时，无论是个人还是组织，其学习能力都能获得提高。

3. 共同愿景

建立共同愿景是激发组织活力、增强组织凝聚力的重要途径。在学习型组织中，共同愿景为学习提供了焦点与能量。除非人们对其真正想要实现的愿景感到振奋，否则整个创造性学习的概念——扩展自我创造的能力将显得抽象而毫无意义。

个人愿景是人们心中或脑海中所持有的意象或景象，共同愿景则是组织成员所共同持有的意象或景象，包括组织的价值观、使命感和目标，组织未来发展规划及达到目标的手段。共同愿景把个人愿景和组织愿景结为一体，激发个人为一个远远高于个人利益的目标而奋斗。

在学习型组织内，工作被看作某种神圣的事情，每个人都在忘我工作、无私奉献，实际上却能"极彻底地完成自私的目的"。这种管理学上的"无为而治""无管理的管理"只有在将个人愿景与组织愿景的实现最大限度地统一起来，打造出命运共同体的基础上才能真正实现。

共同愿景包含 3 个方面的要素：组织目标、组织价值观、组织使命感。

在一个组织中，如何将个人愿景转化为能够鼓舞组织所有成员的共同愿景，使组织成员选择更高的目标，在组织成长的同时成就自我，打造出命运共同体，是此项修炼的核心。

4. 团队学习

团队学习就是开发团队的集体智力，发挥团队成员的合作精神和相互配合能力，将个人才智导向共同愿景的过程。团队学习不仅有利于促进个人成长，也有利于提高团队核心竞争力，它是发挥组织整体作用、提升团队智慧的最佳途径。

在当今企业中，无论是管理团队、产品开发团队还是跨职能工作小组，都需要团队学习。在某种程度上，个人学习与团队学习是无关的，即使个人始终在学习，也并不表示团队在学习。但是如果团队在学习，团队是整个组织学习的一个小单位，可将所得到的共识化为行动，甚至可将某种团队学习技巧向别的团队推广，进而建立起整个组织一起学习的氛围与机制。

团队学习与团队培训有本质的不同，它包含更多的技能获取。团队学习强调自我学习、创造力和思想的自由流动。一个成功的团队学习系统能确保组织中的团队相互交流分享，不论是成功的经验还是失败的教训，因而可以促进企业智力资本不断增长。

团队学习的重点是促使团队成员协同工作，不断提高团队的集体能力，从而达成既定的学习目标和成果。一个真正的团队具有共同的方向，成员之间协调一致，没有精力与能量的浪费。这样的团队能形成共鸣或协同，产生巨大的能量。

团队学习要求具备3个要素：一是运用集体智慧处理复杂问题；二是采取创新性的协同行动；三是激发其他团队的学习能力。团队学习需要实践和反思，深层次的团队学习能促进高层次的集体思考和交流，并使团队像一个整体一样创造性地、建设性地工作。

5. 系统思考

系统是由相互联系、相互作用的若干要素结合而成的具有特定功能的有机整体，它通过不断和外界进行物质和能量交换而维持一种稳定的状态。系统思考是五项修炼的核心，是由部分看见整体的一项修炼。它跨越了众多不同的领域，如物理、社会科学、工程、管理等，是一套特定的工具与方法。系统思考的精义在于"心灵的转换"。系统思考的管理观念是指管理主体自觉地运用系统理论和系统方法，对管理要素、管理组织、管理过程进行系统分析，以优化管理的整体功能，取得较好的管理效果。

彼得·圣吉把人们的思考方式归纳为3个层次。

第一层次是事件层次的思考，也是最浅显的思考。这一思考方式采取反应式的行为，结果是专注于个别事件、局限思考、归罪于外等。这种思考方式只看今天，不看明天。

第二层次是行为变化层次的思考，与事件层次的思考相比，这种思考更为深入。这一思考方式会根据行为变化形态探索与研究事件发展趋势，做出一定的预期评判和估量，反映了对事件原因的重视。这一层次的思考虽然打破了短期反应的局限，在一段时间里能顺应变化趋势，但未能把握行为变化的本质，未能驾驭全局，容易造成学习障碍。

第三层次是系统结构层次的思考，也是最高层次的思考。这一思考方式能改造行为变化形态，打破事件层次和行为变化层次思考的局限，专注于解释是什么造成行为变化，即需要。从系统结构出发思考行为和事件背后的原因，才能进行调整和优化。

经过系统思考的修炼后，组织成员最大的收获是能深刻体会到自己的问题及改善的可能全都受思考方式的影响。真正具有创造性的学习在一个以事件层次思考为主的组织里无法持续，它需要一个结构性或系统性的思考框架，也就是找出行为背后所有结构性原因的能力。

第三节　学习型组织构建方法

一、达成共识

学习型组织是一个善于创造、取得和传播知识的组织，它善于改进自身的行为，以反映新的认知。因此，要成为学习型组织，最根本的是要达成以下两点共识：一是学习要改变行为，这是学习的目的；二是学习要反映新的认知，也就是要改变思考方法，从而提升员工与组织的学习力。

二、打造组织学习力

组织学习力是企业所有成员基于所处的内外部环境、条件和现状，通过对信息的及时认知、全面把握、迅速传递，达成共识并做出正确、快速的调整，以利于组织更好发展的能力。组织学习力反映了组织作为一个整体，对各种内外信息的认知与反应能力。提高组织学习力，需要培养4种能力。

1. 预警能力

预警能力即对环境和未来趋势做出预警的能力。

2. 认知能力

认知能力即对信息做出正确分析和判断的能力。

3. 传递能力

传递能力即使信息在组织内部快速流转的能力。

4. 调整和行动能力

调整和行动能力即对信息和变化及时采取行为的能力。

三、建设学习型组织

1. 打造基础管理平台

学习型组织有自己的"骨骼"，涉及各个企业"硬"要素，包括战略、组织、流程、制度等。没有这些"硬"要素，学习型组织建设就无法落地。学习型组织对这些企业要素提出了新要求，如：要求组织结构扁平化，强调授权与分权；要求流程面向市场和客户，组织设计要以流程为核心等。很多企业在建设学习型组织时，认为只要做了培训，学习了"五项修炼"，组建了学习小组，就是建成了学习型组织。其实不然。"五项修炼"是学习型组织建设的"软"要素，是对管理者和员工的技能要求，培训和学习小组都是学习型组织的一种表现形式，而非学习型组织的实质。建设学习型组织的第一步是打造企业的"硬"要素，搭建好基础管理平台。

2. 塑造学习型文化

学习型组织要有学习型文化。首先，确定学习的理念和价值观，要把学习与创新作为企业的核心理念进行塑造；其次，要求管理者改变过去的管理风格，多与下属进行沟通和交流；最后，要建立学习型团队（如成立读书会、分享会等），以及相应的激励和约束机制，并把学习作为一项工作任务，与考核和薪酬结合起来。

3. 构建培训和学习体系

学习型组织首先要明确学习内容。企业的学习不同于在学校里的学习，企业的学习要能够解决企业的实际问题。这就需要企业一方面构建完善的培训体系，另一方面建立各种制度来维持组织的学习，如定期读书会、工作轮换等。此外，企业还要建立相应的考核机制，以确保学习效果。管理者可协助员工制订个人发展计划，明确通过培训要实现的学习目标，使之不仅有利于员工个人事业成功，而且符合公司发展需要。

企业的学习可以从3个方面进行：第一，部门内的学习，尤其是对于出现的问题，要运用"五项修炼"的办法深入探讨；第二，各部门之间的学习，例如，某企业航空机械部门学习了医疗电器部门的远距离诊断技术，将其应用于对飞行中的发电机的远距离监视；第三，向联盟伙伴和竞争对手学习各种管理方法等。

4. 构建知识共享与交换平台

知识共享与交换平台包括硬件与软件两部分。硬件包括以IT技术为基础的知识管理平台，如ERP、KMS（知识管理系统）等，这些硬件可以大大提高企业运营效率和知识积累与共享效率；软件包括各种沟通会、研讨会、学习会等，大到企业战略发展研讨会，小到班组每日的工作总结会，都可以成为知识共享与交换平台。要使知识共享与交换平台发挥作用，就需要员工分享自己的假设，认真倾听他人的意见，领导者则要善于引导大家讨论，塑造提倡分享的文化氛围。良好的内部沟通机制可以保障学习效果，很多企业会定期向员工推荐学习资料，或直接将印制、购买的学习资料提供给员工，并就其内容进行组织研讨和交流。另外，企业还可以设立公开记事牌、电子公告牌等，及时公布企业的经营方针、重大问题、岗位需求，或建议征集、热点讨论等，以提高员工参与度，使知识增值。

5. 实施标杆管理

企业通过设定标杆，可引导和支持员工与团队学习企业内外先进的生产、管理实践知识，并在企业内合理分配、使用这些知识，在不同部门之间达成知识、技术、数据的共享。企业需要成立专门的机构来进行标杆管理，其实质是企业的一种变革管理。该机构最好采取矩阵式组织结构，从研发、市场、营销、生产、人力资源等部门抽调人员，建立详细的标杆管理制度，定期收集和分析市场上先进的管理方法、技术、策略等，并及时协调相关部门人员在企业内部进行试运行，如果效果良好，则可以推广到整个企业。

6. 提升团队学习技能

彼得·圣吉提出学习型组织的"五项修炼"，主要指领导者和员工的思维方法而非操作方法。因此，学习型组织的建立首先要求企业里的"人"在观念上和方法上进行改变，即首先要改善心智模式，转变观念；其次要塑造组织和团队的共同愿景，让大家有共同的目标；再次要进行团队学习，群策群力，集思广益，从而实现个人的自我超越，带动团队和组织的飞跃；最后要系统思考，不局限于局部，用整体和长远的眼光来看待问题。

第四节　学习型员工与团队

一、学习型员工

1. 学习型员工的概念

传统的企业管理观念所培育出来的员工一旦离开了自己的工作岗位，就基本上丧失了生存能力。在知识经济时代，员工不仅应是能熟练操作机器的人，而且应是能从工作中不断学习新知识并把新知识有效应用到工作中去的学习型员工。

学习型员工就是具备学习能力的员工。这种学习能力不是简单的读书能力，而是学习行为全过程和学习与工作相联系过程中的全面学习能力。

学习能力不是强加给学习者的，学习者本身应有学习愿望。彼得·圣吉所说的学习涉及整个思维方式的转变，它不限于学会或学懂某一领域的某一具体知识，而是深入到哲学的方法论层次。这种学习要求改变多年来养成的思维习惯，强迫和约束自己形成新的思维方式，破旧立新，摒弃陋习，以实现心灵感悟。

从广义上讲，学习型员工符合"自我实现者"假设。学习型员工将自我实现作为人生的最大需求，有明确的学习目的，能主动地寻找学习机会，能把学习和工作系统地、持续地结合起来，并把学习看作一个终身的过程。与其他员工相比，学习型员工更追求自主性、个性化、多样化和创新性；更重视能够促进其不断发展的有挑战性的工作；对知识、对个体和事业的成长有持续不断的追求；要求企业给予其自主权，使其能够用其认为有效的方式进行工作并完成任务；要求获得一份与自己贡献相对应的报酬，分享到自己创造的财富。由于学习型员工具有很强的自我学习能力，因此即使离开了目前的工作岗位，也能很快获取新知识，适应新环境，找到新谋生手段，具有终身就业的能力。

2. 学习型员工的特质

（1）自我学习。自我学习是指学习者对自己的学习活动负责并进行自我管理。学习者根据自己的需要设定学习目标，确定学习资源，选择学习方法并自我评价学习结果。自我学习以学习者为中心，而传统学习则以培训专家、教师为中心。学习型员工的学习是积极主动的学习，这种学习使学习型员工建立信心。

（2）自我管理。学习型组织理论认为，自我管理是指组织成员边工作边学习，并使工作和学习紧密结合的能力。通过自我管理，组织成员可以自己发现工作中的问题，自主选择伙伴组成团队，选定改革、进取的目标，进行现状调查，分析原因，制定对策，组织实施，检查效果，评估总结。自我管理要求员工具有很强的主体意识、自我意识和责任感。自我管理充分体现了人的自主性。学习型员工通过自我管理，能对自己的思想和行为表现有客观、清醒的认识，并能与社会规范、企业要求相对照，在自我评价、自我反省的基础上调整或修正自己的行为方式，主动积极地参与企业的管理工作，并在工作中发挥其聪明才智和创造性，从而找到一个既合乎企业发展要求又有利于自身全面发展的途径。

（3）自我超越。自我超越是指员工能够不断为自己设立新的愿景，并为之奋斗，最终突破极限，实现自我，从而取得不断的发展。自我超越以磨炼个人才能为基础，以精神成长为发展方向。自我超越是个人对自己的愿景不断聚焦、不断自我增强的过程。高度自我超越者具有以下特征：永不停止学习，有非常清晰的个人愿景，正视现实，学会自我安慰。企业应当引导学习型员工建立与企业目标相一致的愿景。只有在这个基础上，员工对个人愿景的追求才不会增加组织的困扰，反而会强化组织的能力。

（4）自我启发。自我启发是指员工自己加强学习，提高修养，不断开发和提高自身能力。自我启发有3种类型。

一是无意识的自我启发，这是以个体的个性为基础的自我启发，是在职业训练以前就存在的,这种无意识的启发具有强烈的影响力,能在不知不觉中产生影响。

二是有意识的自我启发,即个体在了解自身的优点和缺点后,为取长补短而有意识地进行的自我启发,但由于人自身有强烈的自我意识,这种有意识的自我启发必须基于他人对自己优、缺点的评价,否则效果会大打折扣。

三是依据目标的自我启发,这种自我启发是个体为完成较高层次的具体目标,自行选定必要的启发课题,计划到什么时候、完成多少东西、用什么方法完成的一种自我启发。

学习型员工的自我启发属于较高层次的依据目标的自我启发。学习型员工不断学习有关工作的知识和技术,同时结合自身的工作不断提出疑问,并寻求解决疑问的各种方法。这是一种以研究态度进行的自我启发。

(5)自我经营。从短期来看,自我经营要求员工不仅有扎实的理论知识、熟练的操作技能,而且更重要的是要对工作保持高度的热忱。学习型员工能够很好地理解并全面接受企业的经营理念,从而对自己的工作具有较强的使命感。学习型员工将工作看作真正的事业来经营,将工作的成功视为自己人生的成功。

从长期来看,自我经营是指员工能够根据自己的特点及社会发展的趋势对自己的职业生涯做出很好的规划。学习型员工可以对自己做出客观、公正的评价,明白自己的优、缺点所在。此外,学习型员工还能敏锐地察觉环境的变化、新知识的产生,且能够根据自身的需求迅速对其做出反应,以最快的速度学习并掌握最新的知识和技能。正是这种长期的自我经营能力使学习型员工在这个急速变化的时代中获得了终身就业的能力,这也是学习型员工区别于普通型员工的关键所在。

3. 学习型员工的培育

对于学习型员工个人来说,学习力使其具备了终身就业能力;对于企业来说,学习型员工学习新知识、运用新知识、创造新知识的能力会为企业带来巨大的财富。因为学习力是他人所模仿不了的,所以高素质的学习型员工是企业取得竞争优势的关键。从这个意义上讲,培育学习型员工应从员工个人和企业两方面着手。

(1)员工个人角度

1)在工作中学习,在学习中工作。对于学习型员工来说,学习和工作是紧密结合在一起的。学习型员工善于从工作中发现新知识、新技能,并能根据工作的实际需要,学习和掌握新知识、新技能。学习知识的目的是应用知识,学习型员工具有很强的学以致用能力,可以将所学知识正确运用于工作实践中,在工作中将所学的知识转化为价值。学习型员工在工作中具有很大的主动性和独立性,其期望自己的工作能够获得发展,所以从不停止学习。

2)创造性学习。创造性学习是指超越现有的认知框架,创立新的认知体系。它是一种能动的学习，也称双环学习。它调整原来的设想，以适应外界环境的变化。学习型员工具有不断学习、更新知识，不断探索、追求新技术，并促进自我完善的自觉性。在学习兴趣上，学习型员工有强烈的好奇心，有旺盛的求知欲，对智力活动有广泛的兴趣，能排除外界干扰而长期专注于某个感兴趣的问题。在学习动机上，学习型员工对事物的变化机制有深究的欲望，渴求找到疑难问题的答案，喜欢寻找缺点并加以批判；在学习态度上，学习型员工愿意把大量的时间花费在感兴趣的事物上；在学习方法上，学习型员工会创设创造性学习的环境，懂得运用一定的学习策略。学习型员工的学习是为了重新创造自我。

3）终身学习。学习是一个积累的过程。人必须不断学习，才能持续成长。通过学习，人可以不断进行知识重组，并不断创造新知识。学习型员工作为知识经济时代财富的创造者，善于不断学习。其能够有效利用认知策略，通过适当学习"如何学习"来指引自我学习，并培养自我学习的能力，建立终身学习的习惯和态度；能够系统地结合日常工作学习，不断补充新知识和掌握新信息，并不断寻求解决问题、进行变革和创新的新途径。

（2）企业角度。环境造就人才。企业要使普通型员工向学习型员工转化，就要创造良好的企业文化、高效便捷的信息流通渠道、注重创新的工作环境，使员工在这样的环境中获得学习的动力、毅力和能力。

企业文化为员工树立了共同的价值观和利益追求，可以把员工的思想和行动引导到企业目标上来，使员工同心协力为实现企业目标而奋斗。同时，共同的价值观和利益追求把全体员工凝聚到一起，激发员工的群体意识，使员工产生对工作的自豪感、使命感和责任心，增强对本企业的集体认同感和归属感，有助于形成协调有机的整体。另外，良好的企业文化能激励员工不断发挥自己的特长和潜能，与企业同呼吸、共命运。

学习型员工的最大特点就是能不断学习知识并将知识有效运用到工作中去，进而取得创造性成果。学习知识的前提是获得知识。企业要想培育学习型员工，充分发挥学习型员工的作用，就必须建立高效便捷的信息流通渠道，实现知识共享，以便员工可以及时获取自己所需要的知识。在这样的环境下，员工之间不仅可以进行沟通学习，避免工作中的重复作业，还可以在工作中相互协作。要建立高效便捷的信息流通渠道，就应打造扁平化组织，加强企业的内部沟通，让信息和人员可以自由流动。

企业要想发挥学习型员工的创新能力，就必须为员工提供注重创新的工作环境。促进创新的最好方法就是宣传创新，激发创新，营造"人人谈创新，时时想创新"的氛围，使每个人都去探索新的工作方式，找出新的程序。只有在这种注重创新的工作环境中，学习型员工才能最大限度地发挥自己的潜力和优势，为企业发展带来勃勃生机。

二、学习型团队

1. 学习型团队的概念

在学习型组织的团队运作模式中,团队是学习型组织结构中的关键。根据曼彻斯特商学院研究人员对两千多个团队的调查研究,团队分为3种类型:创造型团队、常规型团队和糟糕型团队。这3种类型的团队数量呈枣核形分布状态。创造型团队数量不多,在前端,被称为梦之队;糟糕型团队数量更少,在后端,被称为地狱之队;居于中间的是数量巨大的常规型团队。学习型团队实际上就是曼彻斯特团队模型中的创造型团队,因为学习使团队进步,而进步就体现在做过去所不能,创造过去所未有。

学习型团队是将终身学习、在工作中学习、团队学习等有关学习的价值观和方法融入团队成员的脑海中,融入团队的日常工作中,融入团队的运行机制中,真正用学习来武装每一个团队成员,提高整个团队工作和变革综合能力的一种新型团队。构建学习型团队就是在团队中营造协作学习的文化机制和环境氛围,构造协作学习的交流平台,鼓励成员在这个平台上共享知识、经验。

2. 学习型团队的建设

(1)培育团队合作文化。团队学习是发展团队成员与实现共同目标的过程。团队必须建立共同的目标,而这个共同的目标必须吸纳成员个人的目标,如此才能使每个成员都为实现团队目标全力以赴。

研究人员在对创造型团队的研究中发现,学习型团队都创造出了一种开放动力的学习系统,这种系统能使每一个员工不断地学习、更新自己。在这些团队的文化中,占有核心地位的是源于合作的创新精神。在一个没有合作精神的团队里,团队成员运用各种手段来达到个人目的,没有一种价值和目标可以统一成员的行为方向,而没有共同的价值和目标,就不可能形成健康的团队行为规范。共同价值和目标的建立需要企业领导者与员工之间、员工与员工之间的理解和沟通。

在一个团队中,理解和沟通是共享知识的必要条件,也是团队成员协作的必要条件。因此,企业需要培育能够增进理解和沟通的团队文化。而团队文化不是在一朝一夕间塑造的事情,它是在团队成员的互动过程中逐渐形成的。

(2)建立培训制度。建立培训制度是构建学习型团队行之有效的手段之一。技术的发展和市场的变化要求企业员工不断学习新的知识和技能,否则就不能适应市场,甚至不能胜任工作。一些大企业纷纷把培训看作提高企业竞争力的重要手段,甚至专门建立了企业大学来培训自己的员工。而有没有培训制度也已经成为员工选择就业岗位的一项重要条件，企业也把培训机会作为薪酬之外的一种回报手段。对于一个学习型团队来说，培训并不是由于技术和经营上落后才进行，而是保持竞争力的手段和工具。培训可以融入业务运营和企业活动之中，形式可以多种多样。员工培训必须是有计划的、普遍的，否则会挫伤员工学习的积极性，并且损害团队的沟通交流氛围，最终破坏企业的合作文化。

需要强调的是，团队学习绝不是传统学习。传统学习易产生知识垄断；团队学习更强调知识共享。在传统学习中，如果培养了100名水手，其中有1~2名水手能做船长；在团队学习中，如果培养了100名水手，那么人人都能做船长。这就是两者的本质区别。

（3）进行有效深度会谈。在深度会谈中，团队成员可以多样化的观点探讨复杂问题，每个人都说出自己心中的假设，并且自由地交换想法。这种开放的环境可以发掘员工深藏的经验和想法，让员工发现自己与其他员工想法不一致的地方，从而使员工获得独立思考时无法获得的见解。定期举行深度会谈，可以在同一时刻激发每个人的灵感，增强集体思维的敏感度，使团队智商高于个人智商。在团队学习中，将讨论与深度会谈交叉运用能取得良好的学习效果。深度会谈主要用来探究复杂问题，以发现新思想，而讨论主要用来得出结论或找到行动的途径。

一、F公司案例

F公司是一家小型软件开发企业。该公司倡导学习型组织管理模式。

1. 举办各类培训为员工创造不断学习和交流的机会

公司每年定期举行两次全体员工内训，内容包括对公司状况、项目知识、行业知识、专业知识的分析和共享。内训结束后，员工要做总结。新员工进入公司时，都会接受关于企业文化、经营理念、规章制度及专业知识的培训。每次内训的材料均会成为最新版本的公司入职培训教材。

2. 促进探讨和对话

公司对专题项目组织专题研讨，研讨中没有上下级界限，所有与会人员都可以畅所欲言。这种"头脑风暴"往往会产生一个切实可行的"行动计划"。诸如此类的探讨和对话在各部门随处可见。

3. 鼓励合作和团队学习，建立学习共享系统

管理团队成员除了定期参加各项会议外，还随时随地进行沟通与交流，团队中任何人在任何地点的任何感悟都能在第一时间得到共享。

公司鼓励部门内部和部门之间在餐桌上、电话中、各类公司会议上、聚会上进行交

流。当然,最主要的交流媒介是电子邮件,公司员工每天工作的第一件事一定是接收电子邮件。公司定期举行各部门的"新知、问题、方案"会议。只要没有重要任务,所有人均自觉出席,这是公司员工定期获取、传播、分析行业知识的途径。而外地和出差的员工可以在第二天的"知识邮件"中获取会议信息。公司为鼓励大家系统地进行学习,专门在公司的局域网上设立了"知识银行"站点,每个人随时随地均可以向"知识银行"存入或从"知识银行"支出所需的各类知识。

4. 促使成员迈向共同愿景

公司强调员工的发展愿景应与企业的发展愿景相一致。员工为适应公司的发展,应自觉加强各方面的学习来不断增强自身的核心竞争力。因此,自费进修蔚然成风。

5. 提倡一专多能,考核学习能力

每位员工都是多项任务的执行者,公司自上而下均强调员工在掌握核心技能之外,应尽量主动掌握"生存"的其他技能。

自1998年以来,该公司每年业务增长率超过12%,利润增长率超过18%。

二、N公司案例

N公司是一家高新技术企业,其目标是建立一个集生产、研发和销售于一体的具有行业领导地位的优秀企业。

1. 自主工作

公司建立初期的骨干员工有全国著名院校毕业的大学生、研究生,也有技术经验丰富的工程技术人员和研发人员。公司管理层认为,这些人完全可以自主地完成工作任务。通常情况下,公司很少组织内部的技术和管理培训。

2. 新员工进入程序

新员工进入N公司的程序大致是社会招聘、考核、面试(公司招聘负责人简单介绍情况)、进入工作。

3. 简单直线式决策

公司生产线出现技术问题,由负责生产的副总经理组织生产部人员进行讨论分析。由于副总经理爱面子,大家讨论时不敢太直接或太尖锐。通常情况下,技术问题由副总经理一人说了算。

4. 团队学习和信息共享

N公司相信员工的素质较高,未建立程式化的共享途径。员工一般采取单兵作战的方式,彼此之间较少进行交流学习。另外,公司内部普遍存在一种双向恐惧心理:担心向他人请教会降低自己的身份和威信;担心将自己知道的告诉他人会使自己失去优势。

5. 员工日常业务工作与在职学习的关系

N公司管理层认为,公司应该是一个工作场所,而不是一所进修学校,员工们应该在

进入公司之前完成学习。公司还发出《加强本职工作，避免分散精力》的规定，明确提出"员工在公司的唯一任务是完成本职业务，不应分散精力"。自N公司成立以来，共有7名技术人员因缺乏学习机会而离职。

6. 高层决策与员工沟通

对于公司的运转状况和发展方向，N公司管理者认为，只能由高层管理人员参与决策，员工只是完成具体任务的人，没必要知道这些，知道了也没有什么用。对于经营过程中的一些重大事件，公司高层总是通过与个别相关人员探讨做出决定，对员工则是保密的。公司高层认为，让员工了解过多，会引起思想混乱或商业机密泄露，导致麻烦。

去年，N公司宣布停止经营活动，进入破产申请程序。

讨论题

1. 比较F公司和N公司的具体做法，总结两者的不同点。
2. 结合案例分析应如何构建学习型组织。

本章思考题

1. 学习型组织具有哪些特征？
2. 何谓学习型组织的五项修炼？
3. 如何构建学习型组织？
4. 学习型员工有哪些特质？如何培育学习型员工？

第四篇 绩效管理

- 第九章　绩效管理体系的战略性推进
- 第十章　战略绩效管理运作系统

第九章 绩效管理体系的战略性推进

引导案例

S公司地处大连，是以煤炭贸易为主，以工程开发、文化传播及国际贸易为辅的大型企业集团。该公司注册资金5 600万元，年煤炭销售量近300万吨。

作为一家正在实施多元化发展战略的企业，S公司的绩效考核体系却不尽如人意。长期以来，S公司的绩效考核完全依靠公司总经理的主观感觉与客观目标完成情况，也就是说，在完成目标率的基础上，公司总经理自行对下属的工作努力程度做出评价，并依据该评价发放保密薪酬。随着业务的不断扩大和员工的不断增多，这种方法已经越来越难适应公司发展的需要。为此，S公司调整了绩效考核方法，开始实施战略性绩效考核。

一、针对部门的绩效考核指标设计

S公司部门绩效考核指标设计从横向和纵向两个方面考虑。横向即部门绩效考核指标设计全面反映公司所关注的方面，平衡公司短期业绩增长和长期可持续发展的关系，采用平衡计分卡的方法；纵向即部门绩效考核设计关注公司的工作重点，从上至下对公司目标进行分解，采用关键绩效指标的方法。

二、针对管理人员及一般员工的目标管理体系

针对管理人员及一般员工，采用目标管理法，即对被评估者在考核期内的工作行为、工作结果预先设立要达到的标准或指标，到考核期末，依考核结果达到标准的程度或达到的指标值，得出评估结果。

1. 目标管理法的实施要点

（1）在目标设定前，上、下级员工必须对所设定的目标进行充分沟通，取得共识后，双方签字确认目标设定的有效性。

（2）设定符合SMART原则的目标。

（3）在目标管理的实施过程中，员工与其主管经理必须对实现目标的过程进行管理。

（4）目标实现程度与激励机制挂钩。

2. 绩效考核结果运用

在绩效考核结果运用方面，S公司也采取了积极有效的方法。

（1）绩效改进和培训发展。绩效考核结束后，考核者将考核结果及时反馈给被考核者，指出其不良绩效所在，并共同分析原因，制定绩效改进方案。考核者为被考核者实施绩效改进计划提供帮助、指导及必要的培训，并予以跟踪检查。绩效考核结果用以帮助S公司有针对性地进行员工培训与开发。

（2）职务晋升。S公司实行双重职业生涯发展通道，也就是说，既可以获得职位的升迁，也可以在职位不变的情况下进行薪酬调整，从而保证每个员工都有发展路径。绩效考核结果为被考核者在职位上的变动提供依据。

（3）标准薪酬调整。当员工的职位无法进行变动时，为激励其做出更大的努力，在同职位内设置差别薪酬等级。

（4）绩效薪酬和奖金。在S公司，标准薪酬由基本薪酬和绩效薪酬两部分组成。根据绩效考核结果，可直接确定标准薪酬中的每季度绩效薪酬和年终奖金。

案例思考

1. S公司如何将绩效管理与企业战略结合在一起？
2. 企业从S公司案例中可以借鉴些什么？

第一节　绩效管理与企业战略

战略管理和绩效管理是现代企业管理的重要组成部分，将绩效管理与企业战略相联系是近年来企业管理的显著特点。企业战略是对未来结果的一种期望，这种期望要按照一定逻辑相关性和绩效要求，通过员工的创造力和努力来实现。战略管理和绩效管理是密切相关的。只有在绩效管理的支持下，战略才能转化成企业的经营目标，战略管理才能真正落到实处。而绩效管理也不能脱离企业战略，只有在企业战略的指导下，绩效管理才能有效地监督、评价、激励员工的行为，真正起到导向作用。

基于企业战略的绩效管理是以企业战略为出发点，对企业绩效实现过程中各要素的管理，是通过建立或明晰企业战略、分解目标、沟通与宣传、业绩评价，将绩效考核结果应用于企业日常管理活动中，以激励员工持续提升业绩，并最终实现企业战略目标的一种管理活动。绩效管理是企业战略制定和执行的有效工具和手段，是具有战略性高度的管理制度体系。

在实际应用中，仍有相当一部分企业的绩效考核指标选取缺乏同企业战略的联系，企业绩效考核资源未能得到充分挖掘，对企业发展的促进作用不明显。

一、绩效管理与企业战略的关系

企业战略是对企业整体性、长期性和基本性问题的谋划，它包括对象、资源、目标、方法四大要素。绩效管理是使企业和员工在双向沟通的基础上达到共赢的一种管理过程和方法，它包括绩效计划、绩效实施、绩效考核和绩效反馈四大部分。

企业战略与绩效管理有密不可分的关系。

首先，企业战略目标对绩效管理起指导和规范作用。企业战略目标是经过深思熟虑和精心策划后对企业未来较长时期发展的一种共同期望，这种期望反映了企业决策者和员工的愿景和价值观。要实现这种愿景和价值观，需要具有主观能动性和创造性的企业员工不断努力。这就必须不断使员工加深对企业目标的理解，同时还要有一种制度约束，促使员工目标与企业战略目标保持一致，这种制度约束就表现为对员工的绩效管理。因此，绩效管理应该围绕企业战略的目标、定位和相应的行为特征，通过构建完整有效的体系来实现预期的效果，激励和引导员工产生有利于企业战略目标实现的有效行为。

其次，绩效管理服务于企业战略，是企业战略实施的重要组成部分。绩效管理是企业战略目标得以实现的重要工具和手段。绩效管理使企业每一个岗位都具有一定的战略意义和任务，当这个岗位上的员工受到激励将这一任务完成时，企业目标和员工个人目标就得以实现。因为绩效目标是经过双向沟通后层层分解和传递下去的，也就是将企业战略目标按照企业、部门、个人层层分解，从而能很好地将企业目标转化为个人目标，达到企业、部门和个人目标合而为一，所以个人、部门完成目标，企业战略目标就得以实现了。

最后，建立科学、有效的绩效评价系统也是企业战略管理的要求。在战略制定阶段，管理层往往要根据绩效评价信息对战略进行重新审视和修改，并将绩效评价标准作为战略方案比较和选择的依据。同时，绩效评价是战略实施的重要保障，可以弥补战略制定和战略实施间的差距。在战略评价和控制阶段，绩效评价系统起核心作用，绩效评价将战略实施信息反馈给战略评价和控制过程，形成战略控制的主要组成部分。

1. 绩效管理与企业愿景

对一个企业来说，只有愿景清晰，员工、投资者、合作伙伴、社会才能对企业有更清晰的认识。它是一种战略指引，更是一种文化导航。

每个企业都有相对独特的企业愿景，反映在绩效管理上，就是每个企业都有一个绩管理的价值导向。企业追求什么，就会考核什么；企业有什么样的价值理念，就有什么样的考核理念。这就是企业绩效管理的价值观。这种价值观是企业绩效管理的方向和理念，引领绩效管理的实施。

2. 绩效管理与企业战略目标

企业战略目标是企业在实现其使命过程中所追求的长期结果，是在一些重要领域对企业使命的具体化。它反映企业在一定时期内经营活动的方向和所要达到的水平，既可以是定性的，也可以是定量的，包括竞争地位、业绩水平、发展速度等方面。与企业使命不同的是，企业战略目标要有具体的时间界限，一般为3～5年或更长。

绩效管理的长期目标就是企业战略目标。企业在经营过程中是否按计划实现了战略目标本身就是绩效管理的内容。这种绩效管理可以被称为战略性绩效管理。它不是以一年或更短的时间为周期来展开考核，而是以企业战略目标所规定的期限来展开考核。它考核的对象主要是企业的高层管理人员。

当然，企业战略目标会不断分解成许多小目标，这些小目标构成了日常考核目标。

3. 绩效管理与企业战略重点

企业战略重点是指具有决定性意义的战略任务，它往往与关系全局性战略目标能否达到的重要部门或项目有关。为了达到战略目标，必须明确战略重点。没有战略重点，就没有政策。当然，随着战略行动的逐步推进，战略重点呈现阶段性特征，必须及时调整。

战略性绩效管理也会设定一些考核重点。这些考核重点的设立依据就是企业战略重点。有什么样的企业战略重点，就有什么样的考核重点。战略重点也像战略目标一样要分步实施，在绩效管理中也会通过分步考核反映出来。

4. 绩效管理与企业战略步骤

企业战略步骤就是企业战略实施规划，是一个较长期的实施过程。在每一个实施阶段，都有相应的绩效考核来检验实施效果。所有实施效果累积，就达到了企业战略目标。可以这样说，绩效管理就是在不断检验企业战略步骤实施效果。

5. 绩效管理与企业战略对策

企业战略对策就是企业战略实施方案。绩效管理一方面反映了企业战略实施方案的内容，另一方面也反过来促进企业战略实施方案的完善。通过绩效考核结果反馈，企业可以发现企业战略对策中的优点和缺点，不断完善企业战略对策。

二、绩效管理与企业竞争战略

通过前文可知,企业竞争战略分为3种类型:成本领先战略、差异化战略、集中战略。

成本领先战略是指以低成本取得竞争中的领先地位,它强调以最低的单位成本为敏感客户提供标准产品。实行成本领先战略的企业应当本着节约人力、物力、财力的原则进行绩效管理。

差异化战略是指通过提供与众不同的产品和服务满足客户的特殊需求,以形成竞争优势。实行差异化战略的企业在绩效管理中要强调员工和团队的创新行为。

集中战略是指主攻某个特殊的细分市场或某种特殊的产品,为特定地区或特定购买者提供特殊的产品及服务,实行集中战略的企业在绩效管理中要注重员工参与。成本领先战略与差异化战略背景下的绩效管理见表9-1。集中战略背景下的绩效管理综合了成本领先战略与差异化战略下绩效管理的特点。

表9-1　成本领先战略与差异化战略背景下的绩效管理

绩效管理	竞争战略	
	成本领先战略	差异化战略
绩效评价方法	以结果为导向,实施成本较低的评价	以行为和结果为导向
绩效评价指标和评价标准	客观的财务指标	定量指标与定性指标相结合
考核者	直接上级	多元化
绩效考核周期	短	长
绩效改进	采用标杆超越法	采用平衡计分卡法等
绩效考核结果应用	应用于成本改进与控制	应用于员工培训与开发

三、绩效管理与企业发展战略

按照弗雷德·菲德勒的权变理论,企业在不同的发展时期要实行不同的人力资源管理策略。根据企业生命周期的不同,企业发展战略分为成长战略、维持战略、收缩战略、重组战略。不同发展战略下的绩效管理特点如下。

1. 成长战略下的绩效管理

成长战略可分为创业期的成长战略和高速发展期的成长战略。创业型企业一般承担高风险项目，无太多管理制度和程序，只能有重点地满足客户需求，关注短期效应和业务运作，因此绩效管理比较松散，比较注重评价结果。高速发展型企业多承担有适度风险的项目，需要权衡眼前利益和长远利益，已经有正规的管理制度和程序，其管理行为具有高任务导向，在绩效管理方面强调员工参与，同时考察个体指标和团体指标、短期标准和长期标准。

2. 维持战略下的绩效管理

维持战略是指企业主要维持现有的利润状态，适度削减投资及裁员，在管理制度和程序方面趋于完善。在维持战略下的绩效管理注重结果和维持，强调对个体行为和绩效的评价。

3. 收缩战略下的绩效管理

收缩战略适用于整顿型或衰退型企业，基本特点是利润下降。企业可能会变卖资产，基本上不再投资，并进行较大规模裁员，管理行为特点是灵活地应对变革，具有高任务导向，注重长期结果。在收缩战略下的绩效管理注重行为评价指标。

4. 重组战略下的绩效管理

重组战略是指企业通过资产重组方式寻求发展的战略。资产重组方式包括兼并、联合、收购。在重组战略下的绩效管理注重结果和团队协作，鼓励员工参与评价。

四、绩效管理与企业职能战略

企业职能战略描述了在执行企业战略的过程中每一个职能部门所采用的方法和手段，是各职能部门制定的指导职能活动的战略，一般可分为市场营销战略、人力资源战略、财务战略、生产战略、研究与开发战略、公关战略等。企业职能战略是为企业战略服务的，必须与企业战略相匹配，但企业职能战略的时间跨度比较短、内容较为具体。企业战略给出企业发展的一般方向，而企业职能战略指明具体的方向。

绩效管理必须匹配企业战略，应在企业战略指引下制定绩效考核目标，同时运用绩效考核方法，建立战略导向的绩效管理体系。例如，企业确立了差异化发展战略，要求各部门培养创新能力，则人力资源战略就必须体现对创新的鼓励，如重视培训，鼓励学习，把创新贡献纳入绩效管理体系，在薪酬方面加强对各种创新的奖励。落实到各部门，则需要形成与职能战略相匹配的各部门的关键绩效指标体系，进而分解为员工个人绩效指标，根据绩效考评结果决定员工的奖励、薪酬和相应人事变动。

第二节 绩效管理实施

绩效管理是一系列以员工为中心的干预活动。绩效管理的最终目标是充分开发和利用每位员工的潜力来提高企业绩效,即通过提高员工绩效达到提高企业绩效的目的。近几年的实证研究一再证明,成功实施绩效管理的企业往往能取得较好的经济效益和社会效益。

有效的绩效管理流程应该包括绩效计划、绩效实施、绩效考核和绩效反馈4个环节。绩效管理是一系列活动连续不断的循环过程,通常一个绩效管理过程的结束是另一个绩效管理过程的开始。

一、绩效计划

1. 绩效计划的概念

绩效计划是确定企业对员工的绩效期望并得到员工认可的过程。绩效计划通常包含两层意思:一是强调计划本身,即绩效计划是关于工作目标和标准的契约;二是强调计划过程,即绩效计划是双方/多方通过共同沟通,就工作目标和标准达成一致的契约形成过程。

2. 绩效计划的特征

(1)绩效计划是关于工作目标和标准的契约。许多管理者都认为绩效考核是绩效管理系统中最重要的一环,因此在绩效管理过程中往往忽略了绩效计划。其实,绩效计划是顺利进行绩效管理的前提,没有好的绩效计划,绩效考核很容易引起争议和矛盾。因此,在开始阶段,管理者和员工必须对工作目标和标准达成一致。在绩效计划中,至少应该包括以下内容。

1)工作目标及其衡量标准。工作目标设计是一个自上而下和自下而上的目标确定过程,通过这一过程可将个人目标、部门或团队目标与企业目标结合起来。工作目标设计也是一个让员工全面参与管理、明确自己的职责和任务的过程,是绩效管理中至关重要的环节。员工只有明确企业或部门对自己的期望是什么,才有可能通过自身努力达到期望。

在工作目标设计过程中,应注意以下几个方面。

①个人目标应与部门或团队目标保持一致。个人目标设计是一个从企业目标到部门或团队目标到个人目标的逐步分解过程。个人目标是部门或团队目标、企业目标的细化,个人目标的实现应能促进部门或团队目标、企业目标的实现。个人目标设计应考虑企业的战略目标、自己所在岗位的主要职责,以及内部客户和外部客户的需求。

②工作目标设计是员工与部门主管共同的任务,员工应自主设计自己的目标,并与部

门主管达成一致。在过去的绩效考核中，员工目标设计往往是一个自上而下的过程，目标是强加给员工的，管理者不关心员工愿不愿意做，也不关心员工能否实现目标。一般做法是，年初部门主管为员工设计目标，年终进行目标完成情况评估，没有任何中间过程。正是这种"刚性"和缺乏员工参与的绩效计划模式使得绩效考核受到越来越多的批评。

③所确定的目标表述应简洁明了，符合 SMART 原则。

④应确定主要目标，一般为 5~7 个，而且对每个目标都应赋予权重，并按重要程度进行排列，最重要的排在最前面。

2）胜任素质模型及发展目标。工作目标的实现离不开员工的实际工作行为表现，员工的行为表现应该保证主要工作目标的实现。因此，在确定工作目标的同时，还应该确定相应的工作行为要求，即胜任素质。设计目标时要考虑发展目标，这是与目前绩效管理系统主张发展导向相一致的。强调发展目标既可满足企业发展需要，也可为员工个人赢得利益。

①建立胜任素质模型。确定工作行为要求的方式就是建立该岗位的胜任素质模型，具体包括以下几个步骤。

a. 确定绩效标准。理想的绩效标准是"硬"指标，如销售额或利润、获得的专利或发表的文章、客户满意度等。如果没有合适的"硬"指标，可以采取让同事和客户提出的方法。

b. 选择效标样本。根据已确定的绩效标准，选择优秀组和普通组，也就是达到绩效标准的组和没有达到绩效标准的组。

c. 获取与效标样本有关的胜任素质数据资料。收集数据的主要方法有 BEI、专家小组、360 度评估、问卷调查、胜任素质模型数据库专家系统和直接观察。目前，采用最多的方法是 BEI。

d. 分析数据资料并建立胜任素质模型。对从各种途径和方法中得到的数据进行分析，鉴别出能区分优秀组和普通组的胜任素质。这一过程具体包括假设产生、主题分析、概念形成等环节。

e. 验证胜任素质模型。一般可采用 3 种方法来验证胜任素质模型。

方法一：选取第二个效标样本，再次用 BEI 来收集数据，分析建立的胜任素质模型是否能够区分第二个效标样本（分析员事先不知道优秀组或普通组名单）。

方法二：针对胜任素质编制评价工具来评价第二个效标样本在上述胜任素质模型中的关键胜任素质，分析其评价结果是否与效标一致。

方法三：使用 BEI 或其他测验方式进行选拔，或运用胜任素质模型进行培训，然后跟踪这些人，考察其在之后的工作中是否表现得更出色。

根据 SMART 原则，个体所设计的工作目标应该是可实现且有挑战性的，即工作目标应略高于自己的实际能力。为保证顺利实现所确定的工作目标,员工必须提高自己的胜任素质,而通过提高自己的胜任素质,员工还可以完成更高的工作目标。

②制定发展目标。制定发展目标时应注意以下事项。

a. 管理者与员工应就员工个人发展目标达成一致。

b. 员工有权利和责任决定自己的发展目标。

c. 培训和开发活动应支持所确定的发展目标的实现。

d. 培训和开发活动应符合员工学习的风格,因此应采用多种方式,如在职培训、进修、研讨会等。

(2) 绩效计划是一个双向沟通的过程。绩效计划不仅仅是一纸契约,更是达成契约的整个过程。建立绩效契约的过程是一个双向沟通的过程,这就意味着管理者与员工在这一过程中都负有责任。在绩效计划制订过程中,沟通双方需要就某些问题达成共识。

1)管理者需要向员工阐述的事项有:企业的整体战略目标、本部门或团队的发展目标、对员工的期望、具体的工作标准和完成时间。

2)员工需要向管理者阐述的事项有:对工作目标的认识、具体的工作计划、完成任务可能遇到的问题和所需要的资源。

(3) 参与和承诺是制订绩效计划的前提。社会心理学家通过大量有关个人态度形成与改变的研究发现,在人亲身参与某项决策制定后,其一般都倾向于坚持这一决策,而且在外部力量作用下也不容易改变。大量的实证研究证实,人坚持某种态度的程度和改变某种态度的可能性主要取决于两个因素:一是其在形成这种态度时卷入的程度,即是否参与态度形成的过程;二是其是否对此进行了公开表态,即做出正式承诺。在绩效计划阶段,让员工参与计划制订,并且签订正式的绩效契约,实际上就是让员工对绩效计划做出一个公开承诺。这可以使员工更加倾向于坚守这些承诺,认真履行绩效计划。同时,管理者对其应承担的责任也做出了承诺,从而增强了员工实施这一计划的信心。

3. 绩效计划的制订程序

(1) 准备必要的信息。绩效计划通常是在管理者与员工双向沟通后制订的,因此,为使绩效计划顺利制订,事先必须准备好必要的信息。一般而言,必要的信息包括企业战略目标和计划、企业年度经营计划、部门经营或工作计划、团队目标和计划、员工个人的职责描述及上一个绩效周期的考核结果。

这些必要的信息主要分为3类:企业信息、部门或团队信息和个人信息。管理者必须认识到,将员工个人发展纳入企业发展轨道的重要性。因此,为使员工绩效计划能够与企业目标结合在一起,在制订绩效计划前,双方都需要重新回顾企业目标。对企业信息了解得越多,员工就越能在自己的工作中保持正确的方向。而部门或团队目标是将企业目标细化到本部门或团队，其直接与员工在绩效周期内的工作目标有关，因此管理者与员工必须清楚地知道部门或团队的目标与任务。例如，企业的整体经营目标是市场占有率提高5%，产品成本降低15%，作为业务支持性部门，人力资源部根据整体经营目标就可以制定出本部门的工作目标：进一步完善激励机制，鼓励开发新客户，鼓励创新，注重提高产品质量和降低成本，强化开发客户、提高创造性、成本管理等方面的培训。

另外，管理者必须对员工的个人情况了然于胸。员工的个人信息主要包括工作描述和上一个绩效周期的考核结果。工作描述是绩效管理的基础，它规定了员工的主要工作职责。从工作职责出发设定工作目标可以保证个人工作目标与职位要求相一致。在制订绩效计划时，双方一定要重新回顾员工的工作描述，并随时根据环境的变化进行必要的调整。由于绩效管理的连续性和个人发展的延续性特点，制订绩效计划时有必要对员工上一个绩效周期的工作目标和考核结果进行全面回顾，使上一个绩效周期存在的问题和有待改进的方面在本次绩效计划中得到反映，以便提升员工能力和部门绩效。

（2）确定绩效计划沟通方式。决定采取何种方式进行绩效计划沟通是非常重要的。一般来说，绩效计划的沟通方式有员工大会、小组会、面谈等。在选取沟通方式时，除了要考虑沟通方式应利于了解绩效计划内容与易于达成共识，还要考虑环境因素，如企业文化与企业氛围、员工个性与特点、工作目标的难易程度等。

通常情况下，如果希望通过沟通绩效计划向员工做一次动员，那么可以召开员工大会。如果工作目标只与某个小组有关，那么可以召开小组会，就有关工作目标的问题进行讨论。这种方法可以使讨论更深入，使小组成员对围绕目标的协调与配合工作有更深的认识，有利于今后工作的开展，也有利于发现问题并及时解决。面谈是管理者与员工面对面沟通，相较而言，其针对性更强，也更容易就工作目标达成一致。

（3）进行绩效计划沟通。沟通是整个绩效计划制订过程的核心。在这个阶段，管理者与员工经过充分交流，对本绩效周期内的工作目标和计划达成共识。

1）沟通要点

①必须在绩效计划沟通时使员工了解绩效管理的目的，了解绩效管理对企业和个人有什么好处，了解绩效管理的宗旨和方法，了解绩效管理的具体流程，营造一种合作的氛围，避免员工将绩效管理理解为绩效考核，从而产生担忧情绪。

②员工需要被告知绩效计划沟通会议的相关信息，包括绩效计划沟通会议上要完成的工作，管理者要向员工提供的信息，员工自己要提供的信息，要做出的决策和达成的结果，需要员工做的准备。

2）营造沟通氛围。良好的沟通氛围对沟通效果至关重要。沟通前，通常应规定时间与地点。沟通中，应尽量避免有其他人或事打扰，保持沟通的连续性，同时应确保管理者与员工之间平等对话，这对保证沟通效果极其重要。

3）明确沟通原则。绩效计划沟通应遵循以下4项原则。

①平等原则。管理者和员工在沟通中是一种相对平等的关系。

②信任原则。要相信员工是真正了解自己所从事工作的人，相信员工是自己所从事工作领域的专家，因此在制定工作标准时应该更多地发挥员工的主动性，更多地听取员工的意见。

③协调原则。制订绩效计划的过程中，管理者负责引导员工将个人工作目标纳入部门或团队目标、企业目标中去，充分发挥协调作用，调动及合理配置相应的资源。

④共同决策原则。绩效计划制订应是一个共同决策的过程，而且员工自己做决定的成分越多，绩效管理就越容易成功。

4）规范沟通过程。通常情况下，沟通过程应该包括以下内容。

①回顾有关信息。进行绩效计划沟通时，首先要回顾一下已经准备好的各种信息。

②确定关键绩效指标。在企业目标的基础上，每个员工都需要设定自己的工作目标，要针对自己的工作目标确定关键绩效指标。确定关键绩效指标前先要确定关键工作产出，再针对关键工作产出确定关键绩效指标，并决定通过何种方式来跟踪和监控这些指标。在设定关键绩效指标时，一定要注意关键绩效指标的具体性、可衡量性及时间性。

③讨论管理者应提供的帮助。在制订绩效计划过程中，管理者要了解员工完成计划可能遇到的困难和障碍。管理者应对员工遇到的困难提供及时与切实的帮助。

④结束沟通。一般情况下，管理者与员工要经过几次沟通方可达成共识。达成共识通常就意味着沟通结束。

（4）确认绩效计划。在经过周密准备且与员工进行沟通后，绩效计划就初步形成了。之后，还需要对绩效计划不断进行审定，以确保其能够顺利执行。

二、绩效实施

1. 绩效实施的定义与形式

（1）定义。绩效实施是指绩效计划的实施，具体而言，包括绩效沟通和绩效信息收集两方面内容。绩效实施是绩效管理中一个非常重要的阶段，但却常常被忽视。在绩效管理实践中，绩效实施的主要功能是保证员工能够按照设定的目标在规定时间内顺利地完成工作任务。

（2）形式

1）辅导。辅导是一个改善员工胜任素质的过程，其目的和特征见表9-2。

进行辅导时，一定要注意切入点，尽可能调动员工的学习热情，鼓励员工完成自我学习计划。管理者只起辅导员的作用。

表 9-2　辅导的目的和特征

辅导的目的	及时帮助员工了解自己的工作进展情况，确定哪些工作需要改善，需要学习哪些知识和掌握哪些技能 必要时，辅导员工完成特定的工作任务 使工作过程变成学习过程
辅导的特征	辅导是一个学习过程，而不是一个教育过程 员工个人负责制订工作计划并努力实现预期目标，在学习过程中能得到管理者的支持和监督 反馈具体、及时，并集中在好的工作表现上

2）咨询。咨询是绩效实施的一个重要组成部分。在绩效实施过程中，咨询的主要目的是在员工没能达到预期的绩效标准时帮助员工克服工作过程中遇到的障碍。咨询的阶段和要求见表 9-3。

表 9-3　咨询的阶段和要求

咨询的阶段	确定和理解，即确定和理解所存在的问题 授权，即帮助员工确定自己的问题，鼓励其表达这些问题，思考解决问题的方法并采取行动 提供资源，即帮助解决问题，包括确定员工可能需要的其他帮助
咨询的要求	咨询应是及时的，也就是说，问题出现后立即进行咨询 咨询前应做好准备 咨询应在安静、舒适的环境中进行 咨询是双向的交流，管理者应扮演"积极的倾听者"角色，这样能使员工感到咨询是开放的，并应鼓励员工多发表自己的看法 交流时要多谈好的绩效，并说出事实依据，对不好的绩效应提出具体的改进建议 要共同制订改进绩效的具体行动计划

3）进展回顾。进展回顾应是一个直线管理过程，而不是一年一度的绩效回顾面谈。工作目标和发展目标的实现对企业的成功是至关重要的，应该定期对其进行监测。对于某些长期工作来说，每季度进行一次进展回顾是合情合理的，但对于某些短期工作或新员工来说，应该每周或每天进行进展回顾。在进行进展回顾时，应注意以下几点。

①进展回顾应符合业务流程和员工的工作实际。

②应将进展回顾纳入工作计划。

③不要因为其他工作繁忙而取消约定的进展回顾会议。

④进展回顾不是正式或最后的绩效回顾，进展回顾的目的是收集信息、分享信息并就实现绩效目标的进一步计划达成共识。

⑤如果有必要，可以调整所设定的工作目标和发展目标。

4）自我监控。在扁平化和分散化的组织中，必须鼓励员工进行自我管理，因此自我监控也是绩效实施的一种形式。在绩效管理系统中，员工应该能够管理自己的绩效，而不应该过多地依赖于管理者。员工应从了解日常工作的同事那里获得具体的指导和反馈，随时回顾自己的绩效，对自己的绩效进行判断，并根据结果调整自己的计划。

2. 绩效实施中的误区

绩效管理是一个系统，从制订绩效计划到绩效实施，再到绩效考核，最后到绩效反馈，环环相扣。在整个过程中，制订绩效计划、绩效考核和绩效反馈往往在几天之内就能完成，而绩效实施是耗时最长的一环，它贯穿于整个绩效周期，同时也影响其他环节的正常运转。绩效计划能否落实依赖于绩效实施，绩效考核的依据也来自绩效实施。绩效实施是绩效管理系统中一个非常重要的中间过程，它直接影响整个绩效管理的成败。

绩效实施中的误区主要有以下几个。

（1）认为绩效管理重要的是计划和考核，实施是员工自己的事。管理者一定要改变这种看法。员工能否达到绩效计划的要求，关键在于绩效计划如何实施。这一过程不应由员工独自面对，管理者必须肩负起辅导者的责任。在实施过程中，员工可能遇到这样或那样的问题，需要管理者给予辅导与帮助。除此之外，员工在紧张繁忙的工作中也特别需要他人的关注与认可。

（2）认为绩效实施就是监督、检查员工的工作，时刻关注员工的工作过程。这实际上是对员工不信任的表现。由于怀疑员工的工作能力，因此有些管理者过多地关注员工的工作细节，从而影响员工的工作绩效。其实，绩效管理是一种目标管理，管理者应该将主要精力放在员工的工作结果上，而不是员工的工作细节。在绩效实施中，管理者不是监督者，而是教练，其主要任务是引导、帮助员工解决工作中出现的问题。

（3）认为花费时间做记录是不必要的。在绩效实施的过程中，有些管理者认为工作分配下去后，自己就没事情做了，实则不然。绩效考核需要以事实说话。如果管理者只凭感觉或记忆考核，可能会出现主观臆断的现象，容易引发争议。因此，做好绩效实施过程中的记录是非常关键的。在制订绩效计划之后，管理者需要着手的事情是持续的绩效沟通和绩效信息收集。

3. 绩效沟通

（1）绩效沟通的目的。管理者和员工通过沟通共同制订了绩效计划，达成了绩效契约，但这并不是说后面的绩效计划执行过程就会完全顺利。要想绩效计划顺利执行，就必须进行持续的绩效沟通。进行持续的绩效沟通的目的如下。

1）对绩效计划进行调整。俗话说，计划赶不上变化。如今的工作环境不再像以前那样稳定，竞争日益激烈，变化因素也逐渐增多。在绩效实施的过程中进行持续的绩效沟通的首要目的就是适应环境变化，随时做出调整。在绩效周期开始时制订的绩效计划很可能随着环境变化而变得不切实际或无法实现，因此在绩效实施过程中需要管理者与员工进行进一步沟通。

2）使员工在执行绩效计划的过程中了解有关信息。在执行绩效计划的过程中，员工需要了解的信息主要包括以下两个方面。

①关于如何解决工作困难的信息。由于工作环境变化增多，员工的工作变得越来越复杂，在制订绩效计划时很难清楚地预测所有在绩效实施过程中可能遇到的困难和障碍，因此在执行绩效计划时，一旦出现意料之外的问题，员工会希望及时得到相应的资源及精神支持。

②关于自己工作做得怎么样的信息。员工希望在工作过程中能不断地得到关于自己绩效的反馈信息，以便不断地改进自己的绩效和提高自己的能力。如果无法获得这些信息，那么一方面不利于员工能力的提高，另一方面容易造成绩效管理流于形式，不能真正实现绩效管理的目标。

3）使管理者掌握有关信息。管理者需要及时掌握员工的工作进展情况，了解其在工作中的具体表现，一旦员工在工作中遇到问题，管理者应给予必要的帮助。这样一来，管理者就可以做到"心中有数"，在确保绩效考核真实可信的同时，也避免因考核结果而产生矛盾与争议。

综上所述，在绩效实施过程中进行持续的绩效沟通是确保绩效管理系统正常运行的必要条件。

（2）绩效沟通的内容。因为绩效沟通是管理者与员工共同的需要，所以绩效沟通的内容应根据两者的需要来确定。通常情况下，绩效沟通主要包括以下内容。

1）工作进展情况如何。

2）是否在以绩效目标为方向的正确轨道上进行工作。

3）如果偏离方向，应该采取什么样的行动。

4）哪些方面的工作进行得好。

5）哪些方面的工作遇到了困难或障碍。

6）面对目前的情况，要对工作目标和达成目标的行动做出哪些调整。

7）管理者可以采取哪些行动来支持员工。

（3）绩效沟通的方式。沟通有各种各样的方式，尤其在互联网技术发达的今天。每种沟通方式都有其优、缺点及适用情景。绩效沟通应根据不同的情景选取不同的方式。

绩效沟通的方式主要分为正式沟通方式和非正式沟通方式两类。

1）正式沟通方式。正式沟通是指事先经过计划和安排，在正式的情景下按照一定规则进行的沟通。在绩效管理中常用的正式沟通方式有以下几种。

①书面报告。书面报告是绩效管理中常用的一种正式沟通方式，包括工作日志、周报、季报、年报等。

②会议。会议是一种点对面的直接沟通方式，其好处是管理者可以借开会向员工传递有关企业战略目标和企业文化的信息。

③正式会谈。正式会谈是一种一对一的面谈式沟通方式，其好处是可以进行深度沟通。这种方式更多地用于管理者与知识型员工的绩效沟通。在绩效实施过程中进行正式会谈，管理者应该注意以下事项。

a. 力图使员工了解企业的目标和方向。在会谈时，不应仅仅停留在员工个人所做的工作上，还应让员工知道其个人工作与企业目标的关系。这样有助于使员工做出与企业目标相一致的行为。

b. 多让员工谈自己的想法和做法。管理者应借助会谈的机会多倾听员工的声音，多了解员工的真实想法，鼓励员工产生新的创意。

c. 及时纠正无效的行为和想法。管理者倾听员工的想法并不等于对员工听之任之。当在会谈过程中发现员工有一些无效行为或想法时，管理者应及时加以纠正。

d. 让员工认识到管理者的角色。员工有时对管理者在绩效管理中的角色认识存在偏差，如认为管理者应该替自己做决策，认为管理者不能干预其工作等。因此，管理者应该通过沟通让员工认识到管理者在绩效管理过程中的角色定位是辅导者、教练、咨询顾问。

2）非正式沟通方式。在绩效实施过程中，除了可采用正式沟通方式外，还可以采用大量非正式沟通方式。对于员工而言，无论采用何种形式的正式沟通方式，都会由于沟通方式的正式性而让其产生紧张感，使其无法准确表达自己真实的想法，从而影响沟通效果。而采用非正式沟通方式则更容易让员工敞开心扉，使其更好地表达自己的想法，沟通效果也相对好一些。

在绩效管理中常用的非正式沟通方式有以下几种。

①走动式管理。走动式管理是指管理者在员工工作期间不时地到员工座位附近走动，与员工进行交流，解决员工提出的问题。走动式管理要注意不要过多干预员工的工作行为，否则会适得其反，给员工一种突袭检查的感觉，使其产生心理压力与逆反情绪。这种方式通常更多地被运用于工业企业。

②开放式办公。开放式办公是指管理者的办公室随时向员工开放，只要没有其他人在办公室里，员工随时可以进入办公室与管理者讨论问题。开放式办公最大的优点就是将员工置于比较主动的位置上，员工可以自主选择与管理者沟通的时间，而且可以较多地主导

沟通内容。绩效管理是管理者和员工双方的责任，员工主动与管理者进行沟通是其认识到自己在绩效管理中的责任的表现。这也有利于增强整个团队的凝聚力。

③工作间歇时的沟通。管理者可以利用工作间歇（如与员工共进午餐时、喝咖啡时等）与员工进行沟通。在工作间歇与员工进行沟通时，管理者要注意不要过多谈论较严肃的工作问题，可以谈论一些比较轻松的话题，其目的在于建立良好的关系，以便更好地沟通。

④非正式会议。非正式会议也是一种比较好的非正式沟通方式，管理者可以在比较轻松的气氛中了解员工的工作情况和遇到的问题。非正式会议往往以团队的形式举行，管理者也可以借此发现团队中的一些问题。

4. 绩效信息收集

在绩效实施的过程中对员工的绩效信息进行记录和收集，其目的是为绩效考核提供充足的客观依据。这些信息除了可以作为员工绩效考核依据外，也可以作为晋升、加薪等人事决策依据。

另外，进行绩效管理的目的是改进员工的绩效，提高员工的工作能力，因此，当管理者对员工说"你在这方面做得不够好"或"你在这方面还可以做得更好一些"时，同样也需要用事实来说话。这样可以使员工清楚地看到自己存在的问题，有利于其改进和提高。通过对绩效信息的分析，管理者还可以发现问题的根源所在。同时，保留翔实的员工绩效表现记录也是为了在发生争议时有事实依据。一旦员工对绩效考核或人事决策产生异议，就可以利用这些记录作为仲裁的事实依据。这些记录不仅可以保护企业的利益，也可以保护员工的利益。因此，管理者认真记录和收集绩效信息是非常必要的。

（1）绩效信息收集的方法。绩效信息收集的方法主要有以下几种。

1）观察法。观察法是指管理者直接观察员工在工作中的表现，并对员工的表现进行记录。例如，一名管理者看到员工粗鲁地与客户讲话，或者看到一名员工在完成了自己的工作后热情地帮助其他同事等。

2）工作记录法。员工的某些工作目标完成情况是通过工作记录体现出来的。例如，财务数据中体现出来的销售额，客户记录表格中记录下来的业务员与客户接触情况，整装车间记录下来的废品个数等。

3）他人反馈法。员工的某些工作绩效不是管理者可以直接观察到的，同时又缺乏日常的工作记录，在这种情况下就可以采用他人反馈法。一般来说，当员工的工作是为他人提供服务或者与他人产生关系时，就可以从员工提供服务的对象或产生关系的对象那里得到有关信息。例如，对于从事客户服务工作的员工，管理者可以通过发放客户满意度调查表或与客户进行电话访谈的方式了解信息；对于行政、后勤等服务性部门的员工，管理者可以从其提供服务的其他部门人员那里了解信息。

（2）绩效信息收集的内容。虽然收集绩效信息是一项非常重要的工作，但是管理者不可能对所有的员工绩效表现都做出记录，因此必须有选择地收集。首先，要确保所收集的信息与关键绩效指标密切相关。因此，在确定收集哪些信息前需要回顾关键绩效指标。

通常来说，绩效信息收集的内容主要包括工作目标或任务完成情况，来自客户的积极和消极反馈，工作绩效突出的行为表现，工作绩效有问题的行为表现等。

在收集的绩效信息中，有相当一部分属于关键事件信息。关键事件是指员工的一些典型行为，既有证明绩效非常好的事件，也有证明绩效存在问题的事件。

（3）绩效信息收集过程中的注意事项

1）让员工参与收集信息的过程。管理者不可能用所有的工作时间不停地盯着一名员工，因此其通过观察得到的信息是不完全的、具有偶然性的。这时就需要让员工自己做工作记录。绩效管理是管理者与员工共同的责任，员工参与绩效信息收集也是体现员工责任的一个方面。而且，员工自己记录的绩效信息比较全面，管理者拿着员工自己收集的绩效信息与其进行沟通也更容易让员工接受。

但值得注意的是，员工在做工作记录或收集绩效信息时往往存在选择性记录或收集的情况。有的员工倾向于"报喜不报忧"，其提供的绩效信息中体现成就的比较多，而对于自己没有做好的事情则持回避态度；有的员工倾向于强调工作中的困难，甚至会夸大工作中的困难。因此，当管理者要求员工自己收集绩效信息时，一定要非常明确地告知员工收集哪些信息，最好采用结构化的方式将员工选择性收集信息的程度降到最低。

2）要有目的地收集信息。收集绩效信息之前，一定要弄清楚为什么要收集这些信息。有些工作没有必要收集过多的过程信息，只需要关注结果就可以了。如果收集来的信息最后发现没有用，那么就是对人力、物力和时间的一大浪费。

3）采用抽样的方法收集信息。抽样就是从一名员工全部的工作行为中抽取一部分工作行为做记录。这些抽取出来的工作行为称为一个样本。抽样的关键是注意样本的代表性。常用的抽样方法有固定间隔抽样法、随机抽样法、分层抽样法等。固定间隔抽样法是每隔一定的数量抽取一个样本。随机抽样法是不固定间隔地抽取样本，通常不易发现规律。分层抽样法是按照样本的各种特性进行匹配抽样，可以较好地保证样本的覆盖率。

4）要把事实与推测区分开来。管理者一定要注意收集事实信息，而不应收集对事实的推测信息。管理者通过观察可以看到某些行为，而行为背后的动机或情感则是通过推测得出的。"他的情绪容易激动"是对事实的推测，"他与客户打电话时声音越来越高，而且用了一些激烈的言辞"才是事实。管理者与员工进行绩效沟通时，一定要基于事实信息，而不能基于推测得出的信息。

三、绩效考核

绩效考核的相关内容见本书第十章，考核所用的评估工具介绍见本套书其他等级教材。

四、绩效反馈

绩效反馈是绩效管理过程中的一个重要环节。它主要是以考核者与被考核者就被考核者在绩效周期内的绩效情况进行面谈的形式进行，考核者在肯定被考核者成绩的同时，找出被考核者工作中的不足，提出改进建议。绩效反馈的目的是让员工了解自己在本绩效周期内的业绩是否达到目标，行为态度是否合格，让管理者和员工双方达成对评估结果的一致看法，双方共同探讨绩效不合格的原因并制订绩效改进计划。

1. 绩效反馈的重要意义

绩效反馈是绩效管理的最后一步，是激励、奖惩和培训的依据。有效的绩效反馈对绩效管理起着至关重要的作用。

（1）绩效反馈是提高绩效的保证。考核者需要对被考核者的绩效情况进行详细介绍，指出被考核者的优、缺点，并提出改进建议，这有利于被考核者在将来提高绩效。

（2）绩效反馈是增强竞争力的手段。个体目标与团队目标一致，能够促进团队不断进步；反之，则会产生负面影响。在这两者之间，团队目标占主导地位，个体目标占从属地位。绩效反馈可以促使个体目标向团队目标看齐，增强团队竞争力。

2. 绩效反馈的基本原则

（1）经常性原则。绩效反馈应当是经常性的。一方面，管理者一旦意识到员工在绩效中存在缺陷，就有责任立即去纠正它；另一方面，确保绩效反馈有效性的一个重要因素是员工对评价结果基本认同，经常反馈有利于管理者和员工就评价结果达成一致。

（2）对事不对人原则。在绩效反馈面谈中，双方应该讨论和评估的是工作行为和工作绩效，也就是工作中的一些事实表现。

（3）多问少讲原则。管理者在与员工进行绩效沟通时应将80%的时间留给员工，20%的时间留给自己。而自己在这20%的时间里，可以将其中80%的时间用来发问，

20%的时间用来辅导和提出建议。

（4）着眼未来原则。绩效反馈面谈的很大一部分内容是对过去的工作绩效进行回顾和评估，但这并不等于说绩效反馈面谈聚焦于过去。谈论过去的目的并不是停留在过去，而是从中总结出一些对未来发展有用的东西。

（5）正面引导原则。不管员工的绩效考核结果是好是坏，管理者都应多给员工一些鼓励。要让绩效不好的员工感觉到虽然自己的绩效考核成绩不理想，但得到了一个客观认识自己的机会，找到了应该努力的方向，并且在自己前进过程中会得到管理者的帮助，使员工以积极向上的态度去工作。

（6）制度化原则。绩效反馈必须建立一套制度，只有如此，才能保证其持久地发挥作用。

3. 绩效反馈的主要内容

绩效反馈主要谈4方面的内容。

（1）工作业绩。工作业绩的综合完成情况是管理者进行绩效反馈面谈时最重要的谈话内容。在面谈时，管理者应将评估结果及时反馈给员工。如果员工对绩效评估结果有异议，管理者则需要和员工一起回顾本绩效周期的绩效计划和绩效标准，并向员工详细介绍绩效评估的依据。

（2）行为表现。除了工作业绩外，管理者还应关注员工的行为表现，如工作态度、工作能力等，这可以帮助员工更好地完善自己，也有助于员工进行职业生涯规划。

（3）改进措施。绩效考核的最终目的是绩效改进。在绩效反馈面谈过程中，管理者应该和员工一起分析绩效不佳的原因，并设法帮助员工制定具体的绩效改进措施。

（4）新的绩效目标。绩效反馈是绩效管理的最后一个环节，管理者应在这个环节中结合本绩效周期的绩效计划完成情况和新的工作任务，和员工一起提出下一绩效周期新的绩效目标，帮助员工制订新的绩效计划。

4. 绩效反馈的主要目标

绩效反馈要达到两个主要目标：一是把绩效考核情况反馈给员工；二是与员工一起建立关于未来的计划，即确定员工下一步要达到的绩效目标。

第三节　企业绩效激励机制运用

一、绩效管理与激励机制

绩效管理是企业管理的核心环节，因其深深影响企业业绩而受到企业的广泛关注。

绩效管理考核的是员工过去的表现，关注的是员工当前的价值。激励机制是企业各种激励措施的总和。激励机制的建立具有很多重要的作用，企业要清楚员工在什么前提下更愿意按时工作，更情愿留下来而不是跳槽，更有效率。

实践证明，企业实现目标靠卓有成效的绩效管理系统与科学合理的激励机制。两者相辅相成，确保企业向正确的方向前进。

哈佛大学教授威廉·詹姆斯在一次员工激励调查研究中发现，按时计酬的员工只要发挥 20%～30% 的能力就可以完成工作，如果给予充分激励，那么其能力可发挥到 80%～90%。

绩效的公式为：绩效 = 能力 × 积极性。如果能力相同，积极性不同，绩效肯定不同。如果企业的激励措施到位，能持续稳定地调动职工的积极性，就一定能提高员工的绩效。

一个系统、科学、合理的绩效考核系统可以提高激励机制的正效应，有效激励员工努力完成工作目标，实现企业的最终愿景和使命。

二、员工参与制订绩效计划的激励效应

管理者和员工共同参与制订绩效计划更能够激励员工完成任务。管理者对员工做出公开承诺，具有很强的激励性。

员工参与绩效计划制订便于其发现自身的优、劣势。制订绩效计划时需对所处环境及自身情况做通盘考虑，员工借此机会能充分认识自己，明确企业要求，与管理者更好地交流并取得认同和帮助，从而按照目标要求去完成任务。这种让员工充分参与、自主管理的绩效计划制订方式能达到物尽其用、人尽其才的效果。

因此，在计划阶段，企业要营造一个良好的沟通氛围。管理者与员工要重视沟通，确定一个专门的时间进行绩效计划沟通。管理者不但要多听取员工的意见和建议，还要对员工的思想进行总结和分析，指导员工在相互协调配合中实现个人目标，最后要鼓励员工做出决定，和员工一起实施企业绩效管理。

三、确保激励机制良好运行的绩效考核方法

建立一套适合本企业的、以绩效为基础的激励机制，激发每个员工的工作热情和创新精神，是一门科学，也是一门艺术。激励机制的良好运行离不开科学合理的绩效考核。而科学合理的绩效考核的重点是选择合适的考核方法。将定性评估和定量评估结合，运用有效的激励体制，体现公平与公正原则，通过各种奖励来激励员工的积极性和创造性，成为企业的根本任务，也是一个极具挑战性的任务。

1. 360度评估法、马斯洛需求层次理论与激励机制相结合

360度评估法是指从员工个人、上级、直接下属、同事、客户等多个角度来评估了解员工个人的绩效、沟通技巧、人际关系、领导能力、行政能力等。通过这种评估，员工可以获得多角度的反馈，从中清楚地知道自己的短处、长处与发展需求，使以后的职业发展更顺畅。

运用360度评估法，企业能够综合各方面的意见，从不同的角度来认识员工。这种考核方法是比较公正的。当上级和下级对考核结果有异议时，上级应该及时与下级进行沟通，就存在异议的地方取得一致的意见。上级帮助下级提高，能使下级员工心情舒畅，有归属感，更具激励效应。360度评估法能推动激励机制的改进，起到提高激励效果的作用。

根据马斯洛需求层次理论，人的需求分为5个层次：生理的需求、安全的需求、归属与爱的需求、尊重的需求和自我实现的需求。5种需求像阶梯一样从低到高依次实现。有时，不同人的同一层次需求也不一样。而同一个人也受多种需求的支配。

管理者可以结合马斯洛需求层次理论，设计合理的薪酬制度保障员工的生活，增强员工对团队的归属感，尊重员工的人格和劳动，创造能让员工实现自我的机会，以激励员工完成既定目标。

把360度评估法和马斯洛需求层次理论结合起来，有利于激活企业的激励机制，形成良好、健康的企业文化。当然，不同的人有不同的需求，企业若能有针对性地采取不同的考核方式，就能取得更好的效果。

2. 目标管理考核与激励机制相结合

目标管理是以目标为导向，以人为中心，以成果为标准，使企业和个人取得佳绩的现代管理方法。目标管理考核对以数量为生产目标的员工尤为适用，对激发员工的积极性起很大的作用。企业可以从以下几个方面将目标管理考核与激励机制进行有机结合。

首先，让员工亲自参与目标制定。美国心理学家维克托·弗鲁姆认为，人总是渴望达到一定的目标，此目标又对激发人的动机有影响，激发力量的大小取决于目标效价和期望值。员工对目标的重视程度会直接影响其实现目标的行为，而只有员工认可的目标才具有诱惑力，才能激励员工，产生强大的动力，使其做到自我控制。

其次，增强员工的责任感。目标管理考核之所以能发挥作用在于它能增强员工的责任感，而责任感是一个巨大的激励因素。许多优秀员工都被强烈的责任感驱使。要充分发挥员工实现目标的积极性、主动性、创造性，增强其责任感是一条重要的途径。员工在目标实现的过程中实行自我控制是增强责任感的有效手段。依赖强制性的管理手段来实现目标有时会适得其反，不能取得员工的认可，不能激发员工的积极性和主动性。

最后，发挥目标本身对员工的激励引导作用。目标就是期望的成果。目标不仅为管理决策层指明了方向，还为员工提供衡量绩效的标准。目标管理考核能对员工产生巨大的激励作用。目标确定后，能使员工明确看到前景，起到鼓舞人心、振奋精神和激发斗志的作用；目标执行过程中，由于目标具有先进性和挑战性，必须通过一定的努力才能达到，因而能激发员工的积极性和创造性；目标实现以后，由于愿望和追求得到满足，员工看到自己的工作成绩，会从心理上产生满足感和自豪感，这样就会激励员工以更大的热情去承担新的任务，以达到新的目标，形成良性循环。

四、正确利用绩效考核结果激励员工

不同绩效考核方式的考核结果具有不同的激励效果。

360度评估的结果在激励员工方面主要表现为提供反馈指导和避免考核结果出现偏差。360度评估强调的是多角度的有效沟通，有利于员工自我认知和自我反省，直接指导了员工个人的职业发展。它不仅可以帮助员工认识自己与职位的匹配度（必要时可以进行职位变动，让员工去从事更加擅长的工作），还可以帮助员工认清自己的弱项，为确定培训和发展方向提供指导。360度评估也是一种全方位的考核，可以避免考核结果出现偏差，每个员工都希望自己的考核结果是真实可靠的。公平、公正的考核才能使员工信服，让员工认可，避免因考核结果出现偏差而影响员工的心情。

目标管理考核的结果对员工的激励性更强。为增强薪酬的激励作用，在很多企业中，目标的完成与否及完成的程度跟薪酬奖励直接挂钩。销售人员和生产工人的考核一般都采用这种方式。员工往往为了达到考核目标努力工作。合理的目标计划能使员工充满动力，而正确的评价和认可能提高员工对企业的信任度和忠诚度，激发员工的积极性和创造性。

总之，绩效管理不等同于绩效考核，绩效考核只是一种管理手段而不是管理目的。

如果企业的绩效考核体系不能激励员工，不能将员工发展与企业发展相整合，那么这个企业的绩效考核体系是没有意义的。绩效考核的顺利进行离不开企业整体人力资源开发体系与管理框架的建立和完善，企业应以整体战略的眼光来搭建整个人力资源管理大厦，让绩效考核与人力资源管理的其他环节，特别是激励机制相互联结、相互促进，如考核后及时给予相应的奖惩或监督改进，将考核结果运用到培训中去等。如果这些措施不完备，绩效考核效果就无法保证，激励员工也就成为一纸空谈。当然，绩效考核要以尊重员工的价值创造为宗旨，它虽然是按照行政职能结构形成的一种纵向延伸的考核体系，但它也应是一种双向的交互过程，管理者与员工通过沟通达成共识与承诺。在充分利用绩效考核调动员工的工作积极性方面，企业不仅要注意物质方面的奖励，还要注意精神方面的鼓励，给员工成长、发展、晋升的机会，要把考核机制与员工需求结合，真正达到激励员工的目的。

学习案例

如何对管理人员的工作进行有效考核一直是 CQ 钢铁股份有限公司绩效管理工作的一个难点。管理人员的工作性质决定了其决策性工作多，事务性工作少；不可量化的工作多，可量化的工作少。这大大增加了对管理人员考核的难度。CQ 钢铁股份有限公司的管理人员考核体系主要由指标体系、项目工程师责任状、自我小结 3 部分构成。

一、指标体系

公司对管理人员业绩实行按月量化指标考核。这些量化的指标包括"年度经营指标""月重点指标""专业指标""通用指标"等。

年度经营指标是依据目标管理原理将企业年度目标层层分解，最终以量化的指标形式落实到每个管理岗位上。指标中成本、利润、产量、质量、资金占用等项目所占比重较大。

月重点指标是为保证企业年度整体目标的实现，对年初难以预见的或根据市场的突发性变化确定的当月重点、难点（包括生产、技术、经营、管理等方面）工作以分值形式量化得到的岗位指标。月重点指标具有动态性，它与静态性指标相结合，大大强化了考核的激励制约作用，对公司生产经营实现战略性突破具有重要的促进作用。

专业指标是根据每个工作岗位的管理职责和权限确定其专业管理的内容及要求，并以分值形式量化得到的指标。这类指标体现了岗位的个性要求，专业性较强。

通用指标是对每位员工都必须遵守的基本行为规范（包括文明礼貌、遵纪守法等）、职业道德要求以分值形式量化得到的指标。这类指标是企业对员工的共同要求。

二、项目工程师责任状

公司为适应市场竞争和生存发展的需要，对急需完成的技术革新、技术改造、技术攻关、新产品开发等项目采取指定工程技术人员立责任状的形式（也可由工程技术人员自选项目，经公司审定后立责任状）。工程技术人员成为公司某个项目的负责人，再由其提名组织相关人员成立项目组，按规定期限及要求完成项目任务，最后公司根据责任状规定给予业绩评定和奖励。

项目工程师责任状包括项目内容、责任指标、实施进度、完成期限、奖惩等内容。其中，奖惩部分规定了根据月项目实施进度评定业绩分值的标准，规定了项目完成后，项目组按新增效益的比例（一般为 5% ~ 20%）提成，也规定了项目组成员完成项目后利益分配的比例，以及未完成时应接受的处罚。

公司还规定，工程技术人员半年未承担项目，做试岗处理，基本薪酬按 75% 发放；一年未承担项目，则自动下岗。

三、自我小结

管理人员（包括工程技术人员）每月须对当月的工作业绩进行自我小结。这种自我小结既做到了业绩自我评价，又培养了员工在工作实践中不断总结提高的能力。同时，通过上级主管领导阅批小结，实现了项目信息双向交流，有利于有效开展工作，培养团队精神。

讨论题

1. CQ 钢铁股份有限公司管理人员考核指标体系是否合理？
2. 推行 CQ 钢铁股份有限公司管理人员考核体系需要具备什么条件？

本章思考题

1. 企业战略与绩效管理有何关系，具体是怎么体现的？
2. 企业发展战略有哪些？
3. 绩效管理与企业职能战略的关系是什么？
4. 绩效沟通的目的和内容是什么？

第十章 战略绩效管理运作系统

引导案例

平衡计分卡作为战略绩效管理工具非常受企业欢迎。它把企业战略转变为具体的目标和测评指标,确保战略得以有力贯彻执行。目前,企业对平衡计分卡的应用都是针对一个完整业务单元的,如一个事业部、一个子公司或整个公司等。这样设计的平衡计分卡称为组织平衡计分卡。但战略目标只分解到组织层面是不够的。因为战略目标的执行与落实最终依靠的是每位员工,所以组织平衡计分卡对实现战略目标的保障力度仍不够,需要将平衡计分卡应用于员工个人层面。A燃气有限公司在个人平衡计分卡的开发与应用方面进行了开创性的尝试与探索,并取得了初步成果。

一、个人平衡计分卡的设计思路

A燃气有限公司是A燃气集团的成员之一,经营范围涉及管道燃气的建设、运营及燃气具的销售等。公司的战略目标是成为具有高品牌价值的清洁能源分销商。为确保战略执行力度,去年,公司引入平衡计分卡进行战略绩效管理。

罗伯特·卡普兰、戴维·诺顿所提出的个人平衡计分卡不符合该公司的需求,其存在以下问题。

1. 不能体现员工个人价值与企业价值之间的共享关系。
2. 不能衡量岗位要求的能力与员工实际具备的能力之间的差距。
3. 不能使员工了解未来的职业发展路径。
4. 不能与组织平衡计分卡相区分,无法反映相同岗位不同责任人的创造性贡献。

为解决以上问题,A燃气有限公司个人平衡计分卡的设计必须将个人目标与公司目标相结合,将目标实现与个人激励相对应,将目标要求与具备的能力相匹配,从而实现4个平衡:个人成长与企业发展的平衡、长期目标与当前工作的平衡、价值贡献与价值共享的平衡、行为与结果的平衡。

二、个人平衡计分卡的细化

1. 价值层面的细化

价值层面包含两项内容：价值贡献与价值共享。价值贡献是指员工为实现企业战略和部门目标所做出的直接或间接贡献。价值共享是指员工在做出价值贡献的同时，个人能够获得的报酬或能力。通过分享企业战略目标实现所带来的价值，企业能激励员工，并能更好地满足员工的个人需求。价值共享主要通过薪酬和个人职业发展来实现。

2. 客户层面的细化

客户包含两部分：内部客户和外部客户。内部客户需要根据业务流程界定，流程下游的承接者（或结果的接收方）即为客户。内部客户既可以是组织（如公司、部门、上级组织、下属公司等），也可以是个人或群体（如同事、下属、员工群体等）。对于内部客户，主要强调团队协作，通过团队协作，为外部客户创造价值，提高外部客户的满意度。

3. 价值创造过程层面的细化

价值创造过程层面是指个人在岗位上所做的与企业战略相关的重要工作，主要内容如下。

（1）在组织战略地图中承接的战略目标、指标、行动方案。

（2）职位说明书中的职责。

（3）所负责的重要日常工作。

（4）所负责的重要协同工作。

（5）团队建设内容（居于领导岗位的人员）。

4. 学习与成长层面的细化

学习与成长层面包含个人职业发展目标，这与价值层面的价值共享相呼应。首先要确定岗位所要求的能力，然后通过对个人能力现状的评估找出能力差距，最后制订提升计划。对于普通员工，应强调协作、沟通等能力。

按照以上4个层面的具体要求，A燃气有限公司开发出个人平衡计分卡。

三、个人平衡计分卡的应用成果

通过应用个人平衡计分卡，公司初步取得以下成果。

1. 有机承接了企业战略与部门绩效，突出企业战略要求和部门重点，确保个人努力紧紧围绕企业战略及部门绩效展开，有效提升了劳动生产率，扎实地推动了战略落实。

2. 充分整合了员工的职责、能力要求、绩效标准、职业发展计划，绩效管理工具更加简单而便于操作，有利于员工更全面、清晰地理解自己该做什么，如何做，达成什么样的结果，同时也有利于提高员工工作能力，加速其成长与发展，并激发员工的工作热情和动力。

3. 科学规范了管理者绩效评估维度，明确了沟通重点，引导管理者不但要关注绩效结果，更要跟进过程，督促和指导员工学习与成长，优化了绩效管理、改进了绩效沟通。

4. 由平衡计分卡进一步衍生出个人年度考核表，至此，个人战略地图、个人平衡计分卡与个人年度考核表共同构成了一套完整的员工绩效责任书。

员工绩效责任书是连接企业战略目标与个人工作目标、进行绩效管理与激励的有效工具，有助于企业衡量员工价值贡献并实现价值共享，也是进行绩效沟通与辅导的工具。员工绩效责任书使每一位员工都能清楚自身的职责，为实现企业战略目标而付出努力，也起到调动员工工作积极性、提高工作效率的作用。

四、个人平衡计分卡的应用情况

按照传统，公司每到月末、季末、年末都会召开经营分析会。以前公司规定大家按模版制作演示文稿进行述职，而在引入个人平衡计分卡后，公司将经营分析会改成战略回顾会，始终围绕战略谈发展，并用个人平衡计分卡的完成状况报告替代述职报告，使各部门、员工关注的焦点更加集中。

在个人平衡计分卡中，完成较好的目标被标示为绿色，完成较差的目标被标示为红色，距指标差距不大但需要引起注意的目标被标示为黄色。这样在汇报过程中，个人绩效一目了然，也避免了各部门、员工玩弄数字游戏，迷惑与会者，蒙混过关。

经过一段时间的推行应用，公司各部门、管理者逐渐熟悉、适应并接受了个人平衡计分卡这一绩效管理工具，该工具对改善公司业绩的作用也开始显现，公司各项工作紧紧围绕战略开展，目标明确，重点突出。

案例思考
1. A燃气有限公司绩效管理取得成功的原因是什么？
2. A燃气有限公司个人平衡计分卡的应用成果有哪些？

第一节 战略绩效管理指标系统

企业战略绩效管理指标体系主要包括财务、客户、内部流程、学习与成长、利益相关者、社会责任、价值创新等指标内容。由于行业的多样性，企业在选取考核指标时会存在差异，对指标的权重分配与数据处理也有所不同。

一、战略绩效管理指标体系

1. 财务指标

毋庸置疑，财务指标在一定程度上能够反映企业的综合绩效，而且与企业长期目标有关。因此，现代企业都非常重视财务指标的完成情况，尤其是中小企业，判断企业效益的好坏首先看的就是企业财务指标。最能反映财务绩效的指标主要有净资产周转率、资产负债率、存货周转率及营业利润率。

2. 客户指标

任何企业绩效目标的完成都离不开客户的支持。没有客户对企业所提供产品或服务的青睐，企业就不能实现可持续发展，企业制定的目标也不能完成，企业的价值也无法实现，企业的绩效也无从考核。因此，企业要想可持续经营，就必须创造出客户接受的产品或服务。

客户指标主要包括以下几项。

（1）客户忠诚度。大多数企业认为，只要客户对自己生产的产品满意，就会购买其产品，产生品牌忠诚度，市场占有率就会提高，企业就会获利。然而，事实并不是这样。客户满意度与客户重复购买率之间并无必然的联系，客户满意并不意味着客户对产品忠诚。企业应采取询问、调查问卷的方式调查客户的忠诚度，并设法提高客户的忠诚度。

（2）市场占有率。客户对企业产品或服务的满意度高，就可能购买较多的产品或服务，企业产品或服务在市场上的占有率相应也会较高。市场占有率的高低决定了企业竞争力的强弱。

（3）客户盈利率。客户盈利率即从某个客户那里获取的净利润与为该客户服务所花费的成本之比。这里的净利润是指扣除支持某一客户所需服务成本后的利润。客户服务成本是指运用作业成本法分配给客户承担的研发、营销、分销、售后服务等成本费用。

3. 内部流程指标

内部流程实施成功与否对企业绩效的高低具有至关重要的作用。这里主要从生产效率、产品质量及售后服务3个方面来考虑。

（1）生产效率。对于生产效率，主要采用准时制生产方式（JIT）管理。JIT是指企业根据客户订单进行生产，此生产方式的特点是高效率、低库存或零库存，进而生产成本会很低。企业采用JIT时的生产效率用产品的生产周期效率来衡量，它等于产品加工时间除以生产周期。这一指标体现了企业对客户订单的反应时间，对评价企业绩效有很重要的作用。其极限值等于1，此时是最理想的状态。生产周期包括产品加工时间、产品检查时间、搬运时间及等候或储存时间。

（2）产品质量。产品质量对企业的生存发展具有重要的作用，影响客户的忠诚度。

（3）售后服务。售后服务对企业的声誉具有重要的影响。售后服务做得好，可以赢得客户的好感，抓住客户的心，提高企业绩效。

4. 学习与成长指标

学习与成长是平衡计分卡理论的重要内容，是平衡计分卡理论衡量非财务指标的重要方面。一个人、一个企业只有通过不断学习新理论、新知识，才能获得长期的发展和持久的优势。企业可以建立学习型组织，通过其管理企业的人力资源，增强员工培训力度，增加员工学习时间，提高员工综合素质。企业要贯彻以人为本的宗旨，通过提高员工满意度、增强员工归属感、提高员工文化水平及工作积极性来保障企业的发展。

企业可以通过员工生产效率、员工知识水平、员工流动率、员工培训时间来对学习与成长维度的绩效进行评价。

（1）员工生产效率。员工生产效率综合考察员工的知识水平、技能水平及工作努力程度，是一个综合性指标。它等于当期企业创造的总价值除以员工总人数。

（2）员工知识水平。员工知识水平主要考察企业员工的学历层次，看哪一个学历层次的员工人数较多，通过将某一学历层次员工人数除以员工总人数衡量。

（3）员工流动率。员工流动率也称员工保持率，是指在一定时期内企业的人事变动情况。它等于企业普通员工的辞职人数（不含重要人才的辞职人数）除以员工总人数。

（4）员工培训时间。员工培训时间是指在一定时期内员工参加培训的时间、实习的时间及学习一些工艺流程、技巧的时间的平均值。它能很好地反映企业人力资源部对员工的培训力度。

5. 利益相关者指标

利益相关者对企业的生存发展起着重要作用。如果企业只关心自己的利益而忽视利益相关者（关联企业、政府、股东、员工及客户）的利益，那么就不会得到长期持续的发展。利益相关者指标包括股东回报率、客户满意度、员工满意度等。

6. 社会责任指标

企业发展必须重视社会责任。如今，全球对环境问题和可持续发展日益重视，因此企业在生产与经营中必须注重环保。企业在发展过程中承担相应的社会责任，可以减少政府投入，使政府用多余的资金去做一些其他对国民有利的事情。企业在发展过程中也应及时缴纳税金。企业的社会责任指标主要指对员工的责任、对生态环境资源的责任、纳税及对债权人的责任、对消费者的责任、对社会公益的责任等方面的指标。

7. 价值创新指标

创新是企业进步的源泉和发展动力，对企业的生存发展至关重要。

企业可以用新产品研发能力和新产品投资回报率两个指标对创新维度的绩效进行评价。新产品研发能力是指企业进行产品创新的能力，可以用本年度企业推出的新产品数除以本年度企业计划开发的新产品数计算。这个数值越大，说明企业的新产品研发能力越强。新产品开发之后需要上市，看客户是否对新产品感兴趣，是否接受新产品，新产品的市场效应如何。对此，可以通过新产品投资回报率进行衡量。用新产品的利润除以新产品的成本费用得到新产品投资回报率。新产品投资回报率越高，说明企业推出的新产品越受欢迎，企业的收益就越高。

二、指标的权重分配与数据处理

1. 指标的权重分配

在指标体系确定后，需要给各指标分配相应的权重。这就涉及指标权重分配方法，分配方法是否合理直接决定了评价结果是否有效。

指标权重分配在进行绩效考核时是十分重要的。指标权重主要由其反映内容的重要性及指标本身的可靠度确定。在分配指标权重时，要根据不同时期的特定状况和具体情况确定。权重越大，说明这个指标的影响越大，作用越大。在实际分配指标权重时，影响指标权重的因素多种多样。企业进行绩效考核时，要根据自身情况，具体问题具体分析，采取实事求是的态度。

指标权重的确定方法有两种：一种是主观赋权法，另一种是客观赋权法。其中，主观赋权法是用专家的测评方法来测评企业经营业绩，确定哪些指标对经营绩效更重要；客观赋权法是根据实际观测值来确定哪些指标对经营业绩更重要。主观赋权法常采用的方法有德尔菲法（即专家意见法），客观赋权法常采用的方法是相关性权重法。在实际工作中，可以单独运用其中一种方法来确定指标权重，也可以将两种方法结合起来确定指标权重。

2. 指标的数据处理

（1）定性指标的数据处理。根据以往企业绩效考核的经验，定性指标的数据处理主要采用调查问卷法，但通常由于人的主观判断不同，数据会产生误差。采用隶属度赋值的

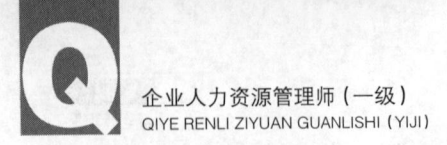

方法可以增加定性指标的准确性,即对定性指标进行 1~5 的标度,对应的状态分别是差、较差、一般、较好、好。由于在赋值判断过程中已有预先确定的标准,因此可直接计算评价值(主要用加权平均法对所有指标值进行计算)。

(2)定量指标的数据处理。定量指标的数据主要是根据企业的具体情况和指标的意义进行收集,在收集过程中需要各部门的配合。不同指标的经济意义是不同的。有些采用的是绝对值,有些采用的是相对值;有些是正指标,有些是逆指标,还有些是适度指标。这就导致数据之间没有可比性。为使数据之间可比,就需要对指标进行无量纲化处理,将定量指标的原值转化为可比较的评价值。无量纲化处理是指对所要评价的数据值进行标准、正规化的处理,将不同性质、不同内容的指标值转化为可以进行综合比较的相对值,即量化值。

对指标值进行无量纲化处理时,通常将指标分为:效益型指标,即正指标(此指标值越大越好);成本型指标,即逆指标(此指标值越小越好);适度指标(此指标值适度就好)。

(3)综合处理。在各项指标的权重及定性、定量数据确定后,要对这些数据进行综合处理。单个层次的指标得分可通过线性加权和法求得。

第二节　制定战略绩效管理制度

战略绩效管理制度是对企业日常运作中的战略绩效的规范性文字描述,主要是对战略绩效管理的流程与方法进行描述。

战略绩效管理制度一般包括制度的制定目的、制度的制定原则、制度的适用范围、战略绩效相关定义、战略绩效管理系统机制设置与职责界定、对战略绩效管理相关流程的规定、制度附则等内容。以下对部分主要内容进行介绍。

一、制定战略绩效管理制度的目的与原则

1. 制定战略绩效管理制度的目的

(1)建立以战略为导向的绩效管理系统,使实际经营管理行为与企业战略目标统一,员工绩效与组织绩效统一,保证企业战略的执行,推动企业赢得竞争。

(2)通过管理者与员工之间就工作职责和工作绩效问题所做的持续双向沟通,帮助管理者和员工不断提高工作质量,促进员工发展,确保个人、部门和企业实现绩效目标。

(3)激励员工持续、主动、高效、创造性地达成目标,指导和规范企业绩效管理系统的运作,实现人力资源管理目标。

2. 制定战略绩效管理制度的原则

制定战略绩效管理制度的原则包括价值创造与分配平衡原则、战略导向原则、"三公"（公开、公平、公正）原则、服务与支持原则、组织绩效原则、动态与发展原则等。其中，动态与发展原则是指绩效考核要保持动态性和灵活性，绩效标准、实施标准要随企业和管理对象的成长变化及战略的变化而变化，评价应立足当前和未来，用动态发展的眼光评价考核对象。

二、战略绩效管理系统机制设置与职责界定

战略绩效管理系统是在企业整体战略指导下，系统化地管理企业绩效，以创造组织高绩效、加速企业发展及战略实现为目标的绩效管理系统，包括战略规划、经营管理目标与计划、绩效监控、绩效考核、绩效考核结果应用等内容。

战略规划是企业管理中的关键环节，它明确了企业的发展方向和资源配置。企业发展部门或战略管理部门负责进行战略规划，并指导部门战略规划的制订，经审批后负责督导战略规划的落实及宣传。

绩效项目小组根据战略确定企业的绩效计划方向和绩效考核指标，从而确定企业经营管理目标与计划。

绩效项目小组依靠绩效报告、绩效指标进行企业整体绩效监控，关注绩效变动状况，动态协调工作关系，及时提供关键资源和重点支持。

绩效考核是企业人力资源管理和战略管理的纽带，是现代人力资源管理的关键环节。当企业战略目标通过层层分解落实到员工身上，转化为员工绩效目标时，绩效考核通过调控保证企业战略目标的实现。

绩效考核结果是晋升、调配、培训等的依据。企业应根据绩效考核结果准确地把握员工的工作适应性和潜力，科学配置，适才适用，做好人力开发计划，公平合理地确定员工绩效薪酬和奖金分配。企业通过绩效考核结果还可以及时发现战略执行问题并给予解决；实现人力资源科学化配置的同时，也实现财物等关键资源的优化配置；考察目标设置的科学合理程度，并适时进行修正；对战略实施情况进行监督控制，并及时反馈。

三、战略绩效管理制度对战略绩效管理相关流程的规定

战略绩效管理制度对绩效计划、绩效实施、绩效考核、绩效反馈的相关流程、内容、要求等做了规定。其中，绩效计划、绩效实施、绩效反馈的相关要求前文已有论述，这里

重点介绍绩效考核的相关规定。

1. 绩效考核要素

根据考核对象工作性质的不同,员工绩效考核采用不同的考核方式,考核的内容和标准由职位类别决定。绩效考核涉及考核的组织者、考核的执行者、考核内容、考核对象、考核周期、考核频率等要素。

2. 绩效考核周期与频率

各类职位的绩效考核周期和绩效考核频率按下列情况执行:中高层管理人员实行季度考核和年度考核,每月定期跟踪绩效计划的达成情况和改进情况;其他人员实行月度考核和年终总评,每月定期跟踪绩效计划的达成情况和改进情况。

3. 管理人员和试用人员绩效考核

(1)管理人员绩效考核

1)管理人员述职考核

①述职的意义。管理人员述职的意义包括:分享经验与知识,促进建设学习型组织;加强部门与部门之间的了解,促进横向支持和帮助;激励管理人员带领部门不断提高绩效;及时发现工作中的不足,采取改进措施;公平合理地评价一级部门经理以上级别管理人员的工作绩效。

②述职的内容。述职报告应包含部门绩效、个人绩效、下属绩效3个方面的内容,以部门绩效为主,具体包括:目标达成情况,主要业绩行为分析,主要问题分析,绩效改进要点与措施,能力提升要点及方法,要求得到的支持与帮助,目标的调整及新目标的确定等。

③述职的程序。例如,每季度初,管理人员根据本部门的绩效指标制订本季度绩效计划,填写季度绩效计划表,提交分管领导或总经理审阅,审阅后分发至各位管理人员;每季度末,各部门提交考核数据至人力资源总监处汇总,管理人员对工作进行总结,填写绩效计划考核表,提交上级审阅,审阅后分发至各位管理人员。每季度初,管理人员按时书写上季度的述职报告。人力资源部经理在每季度初的固定时间(例如每季度的第6个工作日)组织述职会议,并准备绩效计划考核表。管理人员进行述职,与会人员提问,管理人员进行答辩,最后由评委进行评价,填写绩效计划考核表,人力资源总监对绩效计划考核表进行汇总统计,计算整理成册,填写述职考核结果汇总表,提交总经理审核。

④考核结果应用。考核结果将作为管理人员下一季度绩效薪酬评定的依据。

2)管理人员年终评定。管理人员年终评定采取绩效考核结合能力、态度考核的方式进行。主要考核者为总经理、直接上级和直接下属,评价权重根据具体情况设定。管理人员绩效考核成绩以本年度述职考核成绩平均值为准。考核结果作为管理人员本年度奖金发放及职位晋升的依据。

（2）试用人员绩效考核。试用人员的绩效计划由各部门制订。试用人员的考核分月度考核和期终评价两种形式。月度考核每月进行一次，期终评价原则上在试用期结束时通过笔试、答辩等方法进行。考核内容主要是工作态度、作业能力、工作绩效等。

4. 绩效考核结果核算

（1）综合考核结果。考核结果包括综合评语和考核等级。考核等级设定根据企业文化背景及价值取向的不同而不同，如优、良、合格、需改进等。

（2）结果等级比例控制。不同企业、不同部门、不同岗位的结果等级比例不同。应根据实际情况采取适当方式进行结果等级比例控制。人力资源部会根据企业绩效，在同类职位内进行比例平衡。

（3）对不符合比例标准结果的处理。对考核结果不符合比例标准的，在总经理领导下的评估组将对结果实施对应的强制正态分布，保证企业整体考核结果符合科学规律。

（4）综合考核结果的换算。对于半年度调资及年度晋升评选，需要将单次考核结果统计后进行加权平均。

5. 绩效考核结果应用

企业应将考核结果及时准确地兑现为相应的激励与约束措施，保证考核目标达成。

（1）绩效薪酬。企业每年利用综合绩效考核结果进行一次薪酬等级内调整，定期根据职位评估确定职位等级，在保持稳定性的同时，实现员工薪酬和贡献之间的动态平衡。

（2）职能薪酬。日常绩效考核结果是年度综合评定中进行年度绩效评估的主要依据。年度绩效评估结果直接与年度奖金、薪酬调整挂钩。日常绩效考核结果直接与绩效薪酬挂钩。

（3）奖金。奖金包括年终奖金和专项奖金。年终奖金根据企业效益、全年日常绩效考核结果和本职位特点决定，专项奖金是针对特定项目或任务的奖金。

（4）调配晋升。绩效考核结果是进行员工内部调配晋升的依据之一。对于年度综合考核优良的人员，企业人力资源部可根据部门拟订的晋升培训计划进行专项培训和晋升考核，这类人员享有培训及晋升优先权。对于年度综合考核不合格的人员，应进行降职处理（降至可胜任职位），或进行留职察看或辞退处理。对留职察看人员，企业人力资源部应安排针对性培训，经培训后考核仍未合格者，应按规定办理离职手续。

（5）职位置换。通过分析考核结果，若发现员工业绩不好的原因是对职位不适应，人力资源部应组织职位置换，真正做到"人适其事，事适其人"。职位置换还包括企业计划内对优秀人才的职位轮换和交流，以培养全面的人才。

（6）个人发展。将考核结果反馈给员工。员工将考核结果作为改进的依据和目标，在组织指导下，通过培训和在职学习提高工作能力，开发自身潜能。企业不容纳业绩不合格者或平庸者，同样不容纳长期停滞不前者和不能胜任两个以上新职位者。

（7）其他奖励。企业根据发展情况还提供带薪休假、商务旅游等奖励，目的是提高企业员工的凝聚力，使做出贡献者得到优厚的待遇。

6. 绩效考核例外情况处理

（1）工作变动。考核者在考核期间发生工作变动，则必须担任考核工作直到调离日，在经过一周考核工作交接后，由新任职者担任考核工作。

考核者在规定的考核期间因种种原因不能履行全部手续时，由二级考核者（考核者的上级主管）代其实施考核，但是仍对考核结果负责。

被考核者在考核期间调入新的工作部门，如果在原部门工作满一半考核时间，仍按原部门要求考核，否则按新部门要求考核。

被考核者确实因合理理由不能履行全部手续而影响对其的考核时，将其该阶段工作纳入下一阶段一并考核，但必须报总经理批准，否则按拒绝考核处理，直接评定为不合格。任何员工不能连续两次不参加考核。

（2）不可抗因素。企业或部门因不可抗拒的外在力量不能实施考核时，暂停考核。

员工在考核期间发生不可抗拒的意外事故，造成人身伤亡的，企业应按绩效合格予以考核。

被考核者目标和责任受不可抗力的影响而未能完成的，经总经理批准，调整目标，按新的目标以较高要求考核。

第三节　高层管理人员绩效考核

一、高层管理人员绩效考核的意义

企业运作成功与否的主要影响因素是高层管理人员。高层管理人员不仅肩负企业的战略规划，也肩负企业的战略实施。高层管理人员的绩效表现很大程度上影响了企业的运作。因此，对高层管理人员开展绩效考核十分重要。

另外，高层管理人员也是企业的一员，理应参与到绩效考核中来。更重要的是，高层管理人员扮演了强有力的示范者，在企业绩效考核中起示范带头的作用，包括以身作则、严格执行绩效考核制度等。只有在高层管理人员的示范带头下,企业绩效考核才能顺利进行。如果高层管理人员游离在企业绩效考核之外,就会给企业绩效考核带来负面影响。

二、高层管理人员在绩效管理系统中的责任

在绩效管理系统的建立和实施过程中,高层管理人员往往从宏观的角度决定绩效管理政策,引导绩效管理方向,承担绩效考核责任,具体包括:确立并传播企业的愿景和战略;倡导并营建企业文化及价值观;让员工知道绩效管理对个人和企业的意义;在执行绩效考核制度时做出表率;协调绩效管理过程中的各个方面。

三、高层管理人员绩效考核的目的

绩效管理应是全员参与、全员考核,高层管理人员也不例外。对高层管理人员进行绩效考核有以下目的:一是帮助高层管理人员更好地实现企业战略目标,二是对高层管理人员进行管理和监督,三是帮助高层管理人员成长,促进其职业发展。

四、高层管理人员绩效考核的原则

高层管理人员是企业运营的关键人物,对其进行绩效考核要做到公平、公正,形成正向激励,从而推动企业发展。因此,对高层管理人员的绩效考核要遵循以下原则。

1. 以企业战略为导向

有时,企业内有不同的利益主体,其利益诉求是不同的。高层管理人员也有自己的利益诉求。但对于企业来说,重要的是实现企业的战略意图。因此,对高层管理人员的绩效考核首先要强调是否忠实执行企业战略,是否对推进企业战略有利。

2. 兼顾短期、中期和长期指标

对于企业来说,关注中长期发展更符合企业利益,而短期发展状况决定了中长期发展的可能性。因此,对高层管理人员的绩效考核要兼顾短期、中期和长期指标。

3. 兼顾财务和非财务指标

财务指标是反映企业发展情况的重要可衡量指标,而一些非财务指标对企业发展也同样重要。因此,对高层管理人员的绩效考核要兼顾财务指标和非财务指标。

4. 体现公平

企业发展受多种因素的影响。其中，既有内部因素，也有外部因素；既有高层管理人员能够控制的因素，也有高层管理人员不能控制的因素。因此，对高层管理人员的绩效考核要客观，实事求是，体现公平。

五、高层管理人员绩效考核的内容

对高层管理人员的绩效考核要从高层管理人员的业绩目标、个人品质和工作态度等角度开展。

1. 从业绩目标角度进行考核

高层管理人员的业绩反映其凭借自身知识、能力、经验、关系等，合理调配企业内、外部资源，对企业生存发展产生的影响。根据平衡计分卡原理，企业可以在企业价值层面进行高层管理人员业绩指标的设计探索。对高层管理人员的业绩评价要考虑以下指标。

（1）财务指标，主要包括实现营业额、净资产收益率、成本费用率、应收账款周转率、资产负债率等。

（2）客户指标，主要包括客户满意度、客户投诉次数、产品市场占有率、老客户维持度、新客户开发率等。

（3）内部流程指标，主要包括企业战略实施能力、相关制度建立能力、业务流程再造能力等。

（4）学习和成长指标，主要包括员工满意度、员工保持率、研发投入比重、新产品数量、新技术转化率等。

2. 从个人品质和工作态度角度进行考核

高层管理人员的经营理念和管理哲学是建立企业文化的基础。高层管理人员靠其威望将这种理念和哲学潜移默化地灌输到全体员工心目中去，使整个企业上下士气高昂、意气风发，焕发出旺盛的生命力。可以说，高层管理人员的精神是整个企业的灵魂。

因此，高层管理人员的个人品质和工作态度也是绩效考核中不可缺少的内容，主要包括正直性、责任心、决策才能、组织能力、敢于创新性、承担风险能力、尊重他人的品质等。

对高层管理人员的绩效考核应从任期出发，建立契约化的考核机制，在考虑企业业绩发展要求与整体战略目标的基础上，根据高层管理人员的职责与定位，采取年度考核及任期考核。年度考核侧重于短期目标的完成情况，任期考核侧重于中长期目标的完成情况。年度考核指标包括当年的收入、利润、销量等，任期考核指标包括任期内的竞争力、品牌建设情况等。

董事会关键绩效考核指标示例见表 10-1。

表 10-1　　　　　　　　　　董事会关键绩效考核指标示例

序号	KPI	考核周期	指标定义 / 公式	资料来源
1	年度利润总额	年度	经核定后的企业合并报表中的利润总额	财务部
2	主营业务收入	年度	经核定后的企业合并报表中的主营业务收入	财务部
3	主营业务收入增长率	年度	$\dfrac{\text{考核期末当年主营业务收入}}{\text{考核期前一年主营业务收入}} \times 100\%$	财务部
4	净资产收益率	年度	$\dfrac{\text{净利润}}{\text{净资产}} \times 100\%$	财务部
5	企业战略目标实现率	年度	$\dfrac{\text{考核期内已实现的战略目标数量}}{\text{考核期内应实现的战略目标数量}} \times 100\%$	董事会
6	董事会报告通过率	年度	$\dfrac{\text{股东大会审议通过的董事会报告数量}}{\text{董事会提交股东大会审议的报告数量}} \times 100\%$	董事会

六、高层管理人员绩效考核结果应用

高层管理人员绩效考核结果可以全面应用于奖金分配、股权激励、续聘 / 解聘等。

1. 应用于奖金分配

年度考核结果与年度奖金挂钩，实现"绩效付薪，能增能减"。任期考核结果与任期奖金挂钩，绑定企业中长期业绩，激励高层管理人员的中长期行为。另外，在奖金发放时，也可以通过递延奖金的做法来绑定高层管理人员的中长期绩效。

2. 应用于股权激励

在实行股权激励的企业，可以将绩效考核结果和高层管理人员股权的授予、生效、兑现等环节进行绑定。

3. 应用于续聘 / 解聘

根据绩效考核结果建立高层管理人员退出机制，实现高层管理人员在企业中"能上能下，能进能出"。

第四节 团队绩效考核

团队绩效是指团队实现预定目标的实际结果，主要包括3个方面：团队的生产情况（包括数量、质量、速度、客户满意度等），团队对其成员的影响，团队工作能力的提高。

一、团队绩效考核流程

1. 确定团队绩效目标

应根据企业使命，确定团队绩效目标。团队绩效目标的确定也要遵循SMART原则：一是用具体的语言清楚地说明要达成的行为目标；二是目标应可衡量；三是目标必须在现有资源条件下可行，过高的目标往往会给团队信心带来打击；四是赋予团队的目标必须是与团队成员充分沟通的结果；五是时间要求必须非常明确，且必须严格遵循，应设置阶段性时间要求，以一个个小关键点的跨越来不断提高团队士气。

2. 选择团队成员

应通过选择团队成员实现技能互补。目标是通过人实现的，选择成员是组建团队非常重要的部分。团队成员的选择要遵循以下原则：一是要选适合的人，而不是选学历最高或工作经验最丰富的人；二是要选有团队精神的人，而不是选喜欢单打独斗的"明星"；三是要选诚信务实的人，而不是选夸夸其谈的人；四是要选价值趋同、性格和能力互补的成员。

3. 界定职责

应界定成员职责，实行主、副分工。目标与策略明确后，细分每项职责，并确定一名主要负责人，全权负责相应工作的计划与组织实施，对团队集体负责。同时，团队中应确定一名代理人，当主要负责人因故暂不能履行职责时，代理人代其履行职责。界定职责应遵循两个原则：一是成员必须了解其真正的工作职责，二是应帮助每位成员明确界定其在实现目标过程中的增值角色。界定职责时，应关注两个关键词——灵活、界定。灵活是因为随着环境的变化，每位成员的职责也必须进行相应调整以适应变化；界定是因为每位成员都必须清楚地知道自己的职责、目标和工作权限。

4. 重视沟通

应重视过程沟通，强调阶段管理。团队可建立定期和不定期的沟通机制。团队中的每位成员不仅有责任将自己的工作进展随时反馈给团队其他成员，还有义务尽可能地去了解其他成员的工作进展。过程沟通是实施阶段管理的重要手段，也为绩效考核提供重要信息。

在沟通中，要实现人际协调。团队冲突一般体现在3个方面：与工作内容和目标有关的目标冲突，与如何完成工作有关的过程冲突，集中在成员之间的关系冲突。研究表明，比较少的过程冲突和比较适度的目标冲突对团队绩效有积极的作用，因为这些冲突会刺激团队内的一些讨论，从而使团队做得更好。而关系冲突几乎对团队工作没有任何好处。因此，培养和谐的人际关系是团队通往成功的桥梁。

5. 团队考核

应实施团队考核，坚持赏罚分明。团队绩效考核必须有严格的赏罚制度，考核必须兼顾团队和个人。设立考核个人的指标，让团队成员之间形成竞争；设立考核团队的指标，让团队成员之间形成协作。通常情况下，竞争与协作是"三七开"，因为团队绝不宜过多鼓励内部竞争。

团队考核可采用"过程控制点，结果控制面"的方式进行。所谓"过程控制点"是指平时以直接奖励或扣罚钱款的形式奖励团队或成员在过程中的优秀表现或处罚其犯下的错误。过程控制具有高度的不确定性，能产生强有力的警示效果。所谓"结果控制面"是指根据目标的完成率、完成时效性、完成质量、难易程度和对企业的影响程度来进行系统考核。团队考核结果直接影响团队总体的奖金。结合团队业绩和个人业绩考核结果，最终将奖金分配到个人。

二、团队绩效考核维度的确定方法

团队绩效考核维度的确定通常可以采用以下4种方法。

1. 利用客户关系图确定

要描述团队的客户并说明团队能为客户做什么的最好方法就是画一张客户关系图。这张图能够显示团队提供服务的内、外客户类型，以及客户需要从团队获得的产品和服务。

当团队的存在主要是为了满足客户的需求时，适合采用客户关系图确定团队绩效考核维度。此时，团队必须考虑客户的需求，客户的需求是团队绩效的主要来源。

2. 利用企业绩效目标确定

利用企业绩效目标确定团队绩效考核维度适用于那些为帮助企业改进绩效目标而组建

的团队。企业绩效目标体现在压缩运转周期、降低生产成本、增加销售额、提高客户忠诚度等方面。

3. 利用业绩金字塔确定

业绩金字塔明确了业绩的层次。企业必须创建业绩维度并重点关注那些能够把团队和企业目标紧密联系起来的业绩维度，由此将团队绩效和企业绩效紧密联系起来，保证团队的成功有利于整个企业。

4. 利用工作流程图确定

工作流程图是描述工作流程的示意图。工作流程贯穿于各部门之间，包含向客户提供产品或服务的一系列步骤（这里的客户既包括内部客户，也包括外部客户）。用工作流程图来设计工作顺序并把它作为确定团队绩效考核维度的工具有3个好处：一是把质量与流程改良计划和绩效管理联系起来；二是能够对工作流程方面的有效性进行评估；三是可以明确简化或重新设计流程的机会，从而形成更好的工作流程。

总之，当客户满意度是团队的主要驱动力时，常采用客户关系图方法；当重要的企业绩效目标必须得到团队的支持时，常采用企业绩效目标方法；当团队和企业之间的联系很重要，但团队和企业之间的关系却不甚明了时，常采用业绩金字塔方法；当团队工作具有清楚明确的工作流程时，常采用工作流程图方法。

三、团队绩效考核指标设计

团队绩效考核指标设计步骤如下。

1. 流程沟通

参与大工作流程的相关团队应共同讨论设计各个团队的KPI，因为只有在流程上、下游的团队才知道应该考核某个团队的哪些关键环节，由其来进行KPI设计、评价与平衡，能保证KPI的有效性和相对公平性。

2. 专家组征求团队意见

专家组成员分别与各个团队负责人（或者团队全体成员）就初步提出的KPI进行沟通，征求团队的意见，并将沟通结果整理汇总。

3. 选取标杆团队

专家组先整理出不同职系团队的 KPI，再选取相对合理、比较完善的一两个团队作为标杆。

4. 协商一致

参照标杆团队 KPI，各团队主管领导与团队负责人共同协商确定本团队的 KPI。

5. 高层审核

在各个团队与主管领导协商确定了 KPI 的基础上，召集高层领导班子成员对各个团队的 KPI 进行讨论，从企业层面对各个团队 KPI 的全面性和平衡性进行审核，从整体利益角度出发来确认企业所有的战略发展目标是否已经全部分解下去，各个团队之间 KPI 是否平衡，考核宽严程度是否适中，各个团队的绩效考核是否遵循共同的价值导向等。

G 是某企业生产部门的主管，某天他终于费尽心思地完成了对下属的绩效考核，并准备把考核表格交给人力资源部。

绩效考核结果分为 5 等：优秀、良好、一般、及格和不及格。

所有的员工都完成了本职工作。

除了 S 和 L，大部分下属还顺利完成了 G 交代的额外工作。考虑到 S 和 L 是新员工，且两人的额外工作量又偏多，最终 G 给所有员工的工作量都打了"优秀"。

X 曾经对 G 做出的一个决定表达过不同意见，在"合作态度"一栏中，X 被记为"一般"。因为意见分歧只是工作方式方面的问题，所以 G 没有在表格的评价栏中记录。

D 家庭比较困难，G 有意识提高了对 D 的评价，他想通过这种方式让 D 多拿绩效薪酬，把帮助落到实处。

C 的工作质量不好，刚及格，为避免难堪，G 把 C 的评价提高到"一般"。

这样，员工的评价全部分布于"优秀""良好""一般"，没有"及格"和"不及格"。

G 觉得这样做可以使员工不会因发现绩效考核结果差而产生不满，同时上级看自己的下属工作做得好，对自己进行绩效考核时，评价也差不了。

讨论题
1. 你觉得 G 的绩效考核方式有问题吗？
2. 如何保证企业绩效考核结果的有效性？

本章思考题

1. 绩效考核与绩效管理的联系和区别是什么？
2. 如何设计绩效考核指标？

第五篇 薪酬管理

- ✓ 第十一章 薪酬战略与战略性薪酬
- ✓ 第十二章 薪酬体系设计

第十一章 薪酬战略与战略性薪酬

A公司是一家建筑装饰设计企业，主要业务面向商场、酒店及房地产开发商，以大项目为主，定位较高，目标是在10年内做到全国行业前5名。去年，公司的业务量非常饱和，但到年底却发现全年利润率只有11%，而且还尚未扣除年初公司承诺员工的提成及奖金。

总经理非常震惊，认为目前的薪酬制度没有起到很好的激励作用，于是提出今年要改革薪酬制度，对设计人员一律实行低底薪、高提成的薪酬管理办法，同时薪酬与回款率挂钩，要求每个设计人员每个月至少要完成25万元的项目，底薪一律为3 500元/月（目前为5 000~8 000元/月），不能完成者降职为设计助理，底薪为1 800元/月，同时实行淘汰机制。

案例思考
1. A公司的战略目标是争取在行业中名列前茅，如何制定与之相适应的薪酬战略？
2. 对设计师采取这种薪酬制度合理吗？

第一节 薪酬战略概述

面对竞争日益激烈的全球环境和竞争的异质性，将劳动力因素从竞争中剔除的传统战略对很多企业而言已经不再可行。为了将业务拓展到一定的领域，企业需要一个更灵活的、与企业运作的特定市场相适应的薪酬管理体系。

在当今这种变革激烈的经营环境中，薪酬管理早已不再只是人力资源管理的一个末端环节，它直接关系到企业经营战略本身。如今，越来越多的注意力被放在如何加强薪酬战略与企业战略目标之间的联系上。例如，某个在计算机领域占据优势的高科技企业的经营战略和企业文化都强调员工的创新能力、绩效和对企业的忠诚。为了能持续吸纳具有创造性和激情的人才，该企业设置高于竞争对手的薪酬，实行优效加薪和利润分享计划。这吸引了大量符合企业要求的人才，基于个人绩效的变动薪酬制度也大大激励员工朝着企业战略目标努力。

一、薪酬战略的定位

薪酬战略是企业根据外部环境中存在的机会与威胁及自身的条件所做出的具有总体性、长期性的薪酬决策与管理。战略性薪酬决策是指在事后期望与强制约束下，集中确保薪酬计划的设计、实施和调控直接与企业绩效目标相关的决策。战略性薪酬决策都属于薪酬战略内容，但不能简单地认为薪酬战略等于战略性薪酬决策，因为薪酬战略不仅指薪酬决策，还包含薪酬管理。

二、薪酬战略的特征

1. 薪酬战略是与企业总体发展战略相匹配的薪酬决策

薪酬战略作为企业总体战略系统的一个子战略，必须与企业总体发展战略有着一致的方向和目标。它是企业发展模式与趋势的体现，贯穿并凝聚企业文化和经营理念，反映企业不同发展阶段的特征。薪酬战略应依据企业总体发展战略来制定。这样才能使薪酬战略与企业总体发展战略形成整体协调、相互促进的互动关系。例如，若企业奉行关注客户的经营战略，则应相应选择以客户满意度为基础的薪酬激励制度，以与客户的交往为依据评价员工工作和技能，并建立相应的绩效薪酬体系。

2. 薪酬战略是一种总体性、长期性的薪酬决策与管理

总体性是指薪酬战略是从总体上对整个企业的薪酬构建一个系统性的决策管理模式，而不是对某个部门、某些人员的薪酬决策与管理。长期性是指薪酬决策与管理模式的构建不能仅考虑企业目前的状况，还要考虑企业发展的趋势，适应企业长期发展的需要。因此，企业的薪酬战略制定要特别重视两个原则：一是系统性原则，即把企业的薪酬基础、薪酬水平、薪酬结构、薪酬文化、薪酬管理，以及企业内各部门、各人员的薪酬关系作为一个系统综合考虑；二是动态发展原则，即企业的薪酬战略不是静态的，而是一个不断改革、不断完善的过程。

3. 薪酬战略对企业绩效与组织变革具有关键作用

并非所有的薪酬决策都属于薪酬战略，只有对企业绩效与组织变革具有重大影响的薪酬决策才属于薪酬战略的内容。技术层面的薪酬具体计量和执行层面的薪酬日常管理对企业绩效与组织变革虽有影响，但并非重大影响，因此并不属于薪酬战略的范围。而薪酬基础是年资、技能还是绩效，薪酬设计是倾向内部公平性还是外部竞争性，薪酬管理是集权式还是分权式，对高层管理人员是实行年薪制、延期支付还是股权激励等决策对企业绩效与组织变革具有重大影响，起关键作用，因此属于薪酬战略的范围。薪酬战略对企业绩效与组织变革的关键作用体现为：强化对员工的激励，激发员工的积极性与创造力，增强企业的外部竞争力，强化企业的团队精神与凝聚力，提高薪酬成本的有效性。

三、薪酬战略的内容

薪酬战略的内容包括两个方面：薪酬战略要素和薪酬政策。最核心的薪酬战略要素包括5个方面：薪酬基础、薪酬水平、薪酬结构、薪酬文化及薪酬管理。薪酬政策是企业在进行薪酬决策时所要遵循的基本规则和原则。薪酬政策具有多样性。对于同一薪酬战略要素，由于企业特点不一，管理模式不同，领导者风格各异，薪酬政策的内容虽有共性，但也会有较大的差异。

薪酬战略要素与薪酬政策的相互匹配可以从下列角度来思考。

1. 薪酬基础与政策

薪酬基础指确定薪酬的依据与条件，即员工的薪酬由什么确定。这主要考虑两个方面的问题。其一，确定薪酬主要依据哪些要素，是员工的年资还是技能，职务（岗位）还是绩效？与其相对应，薪酬政策是选择年资薪酬模式还是技能薪酬模式，是职务（岗位）薪酬模式还是绩效薪酬模式？其二，年资、技能、职务（岗位）、绩效等要素在整个薪酬构成中的地位与作用程度如何？这决定薪酬构成中各要素的报酬率。

2. 薪酬水平与政策

薪酬水平指企业对自身总体薪酬量的定位。这主要考虑3个方面的问题。其一，市场的薪酬水平与竞争对手的薪酬水平如何？有3种类型的薪酬政策与之匹配：领先型（即高于市场和竞争对手的薪酬水平）、跟随型（与市场和竞争对手的薪酬水平大致相当）和滞后型（低于市场和竞争对手的薪酬水平）。其二，企业自身的绩效与财务状况如何？

其三，企业自身处在怎样的发展阶段？发展阶段不同，薪酬水平定位不同。

3. 薪酬结构与政策

薪酬结构指企业各岗位之间薪酬水平的关系，包括不同岗位之间薪酬的相对比值和薪酬差异的绝对水平，也指薪酬的具体形式及构成。就后一种定义来说，制定薪酬结构相关政策最重要的是分析各种薪酬形式的特征与功能，选择能充分体现各类员工的贡献并有利于激励员工和企业发展的薪酬形式。不同的薪酬结构带给员工的感受不同，这可以从各种薪酬形式的作用来体现。

（1）基本薪酬与可变薪酬。基本薪酬能保障员工的基本需要，但基本薪酬过高会削弱薪酬的激励功能。可变薪酬具有较强的激励作用，但过高的可变薪酬一般伴随着过低的基本薪酬，会使员工缺乏安全感。

（2）经济性薪酬与非经济性薪酬。经济性薪酬属于外在性薪酬，主要用来满足员工物质生活与安全方面的需要。非经济性薪酬属于内在性薪酬，主要用来满足员工心理与精神方面的需要。

（3）短期薪酬与长期薪酬。短期薪酬主要满足员工的现实需要，长期薪酬主要起长期激励的作用。

（4）薪酬与福利。薪酬主要体现员工的劳动贡献与绩效。福利有利于增强企业的团队精神与凝聚力，但过高的福利可能因平均主义色彩而不利于提高企业效率。

4. 薪酬文化与政策

薪酬文化指贯穿企业薪酬战略的思想理念。薪酬文化与企业文化相辅相成，前者受后者的指导，并促进后者的发展，同时前者也是后者在薪酬战略中的体现。从薪酬文化角度出发，制定薪酬政策时考虑的主要问题包括：把薪酬看成人力成本还是人力资本？薪酬模式的设计是以人为基础还是以岗位为基础？薪酬理念是"物质报酬"还是"全面报酬"？薪酬的目标倾向是成本控制还是重在激励？薪酬决策是侧重公平还是效率，强调外部竞争性还是内部公平性？

5. 薪酬管理与政策

薪酬管理可分为战略性薪酬管理与技术性业务管理。战略性薪酬管理研究的是整个企业薪酬管理的总体模式、核心制度与主体方式。从薪酬管理角度出发，制定薪酬政策时主要考虑3个方面的问题：其一，薪酬信息的公开透明程度，即是实行保密薪酬制度还是公开薪酬制度？其二，薪酬管理权限的划分，即薪酬管理是集权式还是分权式？其三，员工参与薪酬决策的状况，即薪酬决策模式是集权型还是民主型？

第二节　薪酬战略与企业战略

薪酬战略作为人力资源管理中的关键一环，不仅是企业吸引、激励和留住人才的重要手段，更是企业战略实施的重要支撑。合理的薪酬战略能够激发员工的积极性和创造力，推动企业目标的实现。薪酬体系是薪酬战略的具体化、操作化，是落实薪酬战略的重要工具。薪酬体系在引导员工行为、实现企业战略目标方面起着非常重要的作用。如果设计得当，薪酬体系将对企业绩效的提升做出重大的贡献。管理者要调整薪酬体系以适应企业战略和外部环境。企业战略和薪酬战略之间联系得越紧密，企业效率就越高。

一、薪酬战略与企业战略的匹配

企业中的战略主要分为发展战略、业务战略和功能战略3个层次。发展战略主要包括产业选择及在产业内的扩张方案的选择，业务战略主要包括产品选择及在产品领域内的竞争方式的选择，功能战略主要包括部门职能的战略方向选择和战略设计。

按照这样的划分标准，薪酬战略可以归为企业功能战略。

1. 企业战略决定薪酬战略

（1）企业战略决定员工的类型、规模和结构，从而决定薪酬支付对象和支付规模。企业整体战略部署将对人员安排做出明确的规划，其中包括员工的类型、规模和结构。例如，如果企业在某个发展阶段以研发为战略重点，那么研发人员所占的比重将相对较大，研发人员也将成为主要的薪酬支付对象。再如，如果企业实行多元化业务经营战略，那么新业务的拓展必然要求配备一定数量的具有相应专业背景的员工，从而影响薪酬支付对象和支付规模。

（2）企业战略决定薪酬水平。企业要根据战略对薪酬水平进行定位。薪酬水平的定位策略分为领先型、跟随型、滞后型。

一般来说，企业的支付能力、企业所处的发展阶段和企业所属的行业性质在一定程度上决定了企业的薪酬水平。如果一个企业的支付能力比较高，那么它通常会倾向于支付较高水平的薪酬。企业处于不同的发展阶段（初创期、成长期、成熟期和衰退期），会制定不同的薪酬水平。此外，所属的行业性质不同，企业采取的薪酬水平定位策略也不同。例如，高科技行业中的企业通常会采取领先型或跟随型策略，否则无法吸引优秀的研发人员。

需要特别强调的是，企业战略的性质通常也会影响企业的薪酬水平定位。企业战略的性质可分为保守型、平稳型、激进型。如果企业采取保守型战略，那么其薪酬水平通常会低于市场平均薪酬水平；如果企业采取平稳型战略，那么其薪酬水平通常会接近市场平均薪酬水平；如果企业采取激进型战略，如要在3~5年内从一个国内中等水平的企业发展成为世界级企业，那么其薪酬水平通常会高于市场平均薪酬水平，以此吸引更多优秀人才，不断扩大企业规模，增强企业核心竞争优势。

（3）企业战略决定不同层级员工承担的战略责任差异，从而决定薪酬差异。战略责任是一个重要的可付酬要素。一般来说，层级越高的人员承担的战略责任就越大，其薪酬与战略责任相挂钩部分的比重就越高。领导者的薪酬中，与战略责任相挂钩部分的比重相对较高，可能70%~80%的收入都与企业战略目标实现挂钩。而基层员工的薪酬中，与战略责任相挂钩部分的比重往往很低，有的几乎为零。

（4）企业战略决定薪酬结构的设计。企业战略决定薪酬结构的设计，从而确保薪酬结构与企业战略相一致，实现薪酬结构的内在公平性，推动战略的有效实施。

薪酬结构的基本设计思想有两类：偏向平等或偏向等级化。偏向平等的薪酬结构往往等级较少，相邻等级之间、最高薪酬与最低薪酬之间的差距较大；偏向等级化的薪酬结构往往等级较多，级差较小。

设计薪酬等级时通常要求对每个等级所对应的工作给出细致的描述，明确每个岗位的职责。等级化薪酬结构的理论基础是：频繁的岗位晋升能够起到很好的激励作用。这种薪酬结构承认员工之间技能、责任和贡献的差别。一些重视低成本、以客户为中心、强调标准化和资历的传统企业多采用等级化薪酬结构。而在偏向平等的薪酬结构中，每个薪酬等级所对应的任务职责范围更广，员工拥有更大的决策自主权。

在强调创新和快速响应市场的今天，宽带薪酬作为一种与组织结构扁平化、流程再造、团队导向、能力导向等企业管理战略相匹配的新型薪酬结构应运而生。宽带薪酬最大的特点就是压缩等级，强调在企业中用较少的薪酬等级、较大的薪酬级差来代替以往较多的薪酬等级、较小的薪酬级差，将原来十几甚至二十几、三十几个等级压缩成几个等级，并将每个等级中的薪酬范围拉大，从而形成一个新的宽带化的薪酬结构，以适应当前的市场竞争和业务发展需要。这类薪酬结构多用于重视创新和采取差异化战略的高新技术企业。

（5）企业战略决定核心能力和核心人力资源，从而决定薪酬战略激励的重点人群。根据战略和发展需要，企业可以对内部各层各类的人才进行价值排序，从而确定企业的核心人力资源。管理学的"二八法则"指出，20%的人创造80%的价值。因此，关注这20%的核心人才并通过激励最大限度地发挥其工作积极性和创造性是企业薪酬战略关注的重点。

（6）企业战略目标决定薪酬激励的方向。不同的企业战略目标会导致不同的薪酬激励方向。例如，某个企业在某个特定时期的战略目标是做到市场份额第一，并在某个产品领域占据30%的市场份额，那么在这个阶段，企业的薪酬激励方向就是鼓励销售人员去积极拓展市场。再如，某个企业在某个特定时期的战略目标是产品质量领先，那么在这个阶段企业的薪酬激励方向就是鼓励员工提高产品质量。

2. 薪酬战略服从并服务于企业战略

传统的薪酬管理普遍关注的是薪酬的基本制度设计和相关技术方法。随着信息技术的广泛应用和市场竞争的进一步加剧，企业员工的工作性质日益复杂，具有重要激励和约束功能的薪酬管理已不能再停留在简单的操作、技术层面，它作为一种能有效辅助企业战略实施的重要人力资源管理手段，已逐步被纳入企业战略框架中，成为确保企业业务战略实施的重要工具。企业战略和薪酬战略的一致性受到越来越多的关注。很多企业开始用战略驱动整体薪酬制度方案，即把薪酬体系与企业战略和业务战略有机地结合起来，使薪酬战略能够有效地辅助人力资源战略，从而有效地推动企业战略和业务战略的实施。

一个好的薪酬战略至少能在3个方面影响和推动企业战略的实施。

（1）设计高效的薪酬管理体系，帮助企业有效地控制劳动力成本，保持成本竞争优势。

（2）设计有市场竞争力的薪酬方案，帮助企业吸纳和保留核心人才，从而使企业保持核心竞争优势。

（3）设计确保内部公平性的分层分类的薪酬方案，帮助企业有效激励员工，改变员工的态度和行为，使员工的行为与企业目标一致，从而推动企业战略有效实施，赢得竞争优势。

二、薪酬战略与企业发展阶段的匹配

企业生命周期大致可分为初创期、成长期、成熟期和衰退期4个阶段。在不同的发展阶段，企业应采取不同的薪酬战略。

1. 初创期的薪酬战略

初创期企业通常需要投入大量的资金进行产品和服务的生产和销售。在此阶段，产品和服务的质量一般不稳定，生产成本较高，产品知名度较低，市场占有率较低。由于企业初创，资金往往呈现净流出状态，任何不确定的风险因素都会直接或间接地转化为对投资的需求。为解决初创期的困难，薪酬战略设计应满足以下要求。

（1）要有很强的外部竞争性。处在初创期的企业往往急需大批优秀的生产技术人员和销售人员，而要获取所需的优秀人才，通常只能从劳动力市场上招聘，且只能靠较高的薪酬水平来吸引优秀人才。

（2）淡化内部公平性。初创期企业的主要业务流程及组织架构尚不稳定，职位职责尚不明确，常常存在一人多职或职责交叉的现象，主导员工的往往是创业热情而不是名誉和地位。因此，薪酬设计的重点应放在薪酬的外部竞争性上，淡化薪酬的内部公平性。

（3）总体薪酬刚性要小。初创期企业流动资金较紧张，为减轻企业的财务负担，本阶段的总体薪酬刚性应当小一些，即基本薪酬和福利所占的比重要小，绩效奖金所占的比重要大。此外，企业可向员工做出承诺或与之达成协议，用股权、未来收益、未来职务等长期激励形式代替当前的高薪。

2. 成长期的薪酬战略（快速成长战略）

企业经过初创期的艰难发展后进入成长期。这一时期的特点是产品和服务的销量猛增，市场占有率大幅度提高，企业及其产品和服务具有一定的知名度。为适应这一阶段的特点，薪酬战略设计要注意以下3点。

（1）重视内部公平性。由于企业规模扩大，企业开始重视规章制度的建设，主要业务流程及组织架构也日趋稳定，企业逐渐进入规范化管理阶段。因此，建立以职位为基础的薪酬体系在客观上成为可能。

（2）强调薪酬的外部竞争性。在此阶段，一方面新的职位不断出现，另一方面企业对高素质人才的依赖性更加明显。企业对优秀人才，特别是对科研、高级管理、市场营销、财务及金融人才的需求量大大增加，外部人力资源条件对企业的制约进一步凸显。为获取优秀人才，特别是高级优秀人才，薪酬的外部竞争性显得格外重要。

（3）提高基本薪酬和福利、绩效奖金，强调长期激励。由于市场销售形势良好，资金流速加快，企业可能出现净资金流入的现象，现金存量一般较为宽裕。这时，企业一方面应适当提高基本薪酬和福利，另一方面由于处于积极扩张状态，鼓励个人贡献，按个人绩效计发的绩效奖金应占很大的比重。同时，由于在这一时期企业投资进一步加大，因此现金存量也可能不多，为吸引高级人才的加盟，企业应采取长期激励措施。

3. 成熟期的薪酬战略

企业成熟期的特点是企业的规模、产品的销量和利润、市场占有率都达到最佳状态，企业的营销能力、生产能力及研发能力也处于鼎盛时期，企业及其产品的社会知名度很高。这一阶段的薪酬战略设计要注意以下3个方面的问题。

（1）要更加重视薪酬的内部公平性。由于本阶段企业内部管理更加规范，建立以职位为基础的薪酬体系更为容易，并且员工对薪酬的内部公平性也更为关注，因此企业必须特别重视薪酬的内部公平性。

（2）不再特别强调外部竞争性。在成熟期不再特别强调外部竞争性并不是因为该阶段薪酬的外部竞争性变得不重要，而是因为该阶段的薪酬本身已经具有较强的外部竞争性，并且企业的品牌和影响力也有助于巩固企业对人力资源的竞争能力。更为重要的是，本阶段企业对优秀人才的获取开始从外部劳动力市场转向内部劳动力市场。因为企业发展到成熟期时，内部已拥有大量的人力资源，企业要做的是发现和培养内部人才。

（3）保持高基本薪酬和福利、低绩效奖金，强调团队薪酬。处在成熟期的企业的产品市场占有率和资本收益率较稳定，现金存量较多，这时企业支付给员工的基本薪酬很高，福利也很多，绩效奖金则相对较少。另外，因为市场的进一步扩大难以依靠员工个人的力量达成，而是需要依靠团队作战，所以这时候企业必须强调组织效率和团队协作，要特别重视体现团队贡献的团队薪酬。

4. 衰退期的薪酬战略

衰退期并不意味着企业走向灭亡，更多时候是企业发展阶段中的一个低谷。在衰退期，企业通常表现为市场销售额急剧下跌，市场占有率和利润大幅度下降，财务状况开始恶化，负债增加等。与此同时，企业会出现员工离职率增加，士气低落，组织承诺度下降，员工不公平感提高等现象。此时，企业有两种选择：要么坐以待毙；要么采取收缩战略，控制成本，剥离亏损业务，有计划地培育新的增长点，使企业有效蜕变。

企业的蜕变需要一个过程，在这个过程中，薪酬战略设计需满足以下两个要求。

（1）强调薪酬的外部竞争性。在本阶段，企业往往会裁员，同时也可能为了开拓新的业务而招聘人才，此时薪酬必须具有较强的外部竞争性。同时，企业内部原有的优秀员工的离职意向在本阶段可能特别强烈，如果整体薪酬不具有较强的外部竞争性，那么将很难留住优秀员工。

（2）强调较高的基本薪酬和福利。在本阶段，企业通常采取收缩战略，因此强调个人的绩效奖金和长期薪酬意义不大，设计较高的基本薪酬和福利将是明智的选择。

第三节　全面薪酬战略与薪酬福利制度新趋势

薪酬制度是随着企业内部条件和外部环境的变化而发展的。传统薪酬制度主要以工作为导向，注重企业的短期利益和内部资源的开发利用。现代薪酬制度主要以战略为导向，注重企业的可持续发展和内、外部资源的开发利用。薪酬制度的发展表明，现代薪酬制度必须特别关注企业战略与薪酬战略的关系、企业文化对薪酬制度的影响及国际化背景下薪酬制度与薪酬管理的变革。

一、传统薪酬制度的特点与问题

1. 传统薪酬制度的特点

传统薪酬制度是指缺乏战略背景或与企业战略脱节的薪酬制度，它具有以下特点。

（1）传统薪酬制度以工作为导向。在传统薪酬制度下，企业的基本薪酬往往被划分为很多的等级，员工薪酬水平的高低取决于其职位的高低，职位晋升是员工提薪的主要途径。而与工作完成质量密切相关的员工能力特征并不是企业薪酬制度设计时的考虑因素。这样的薪酬制度鼓励员工对本职工作负责，而不是对变化的组织环境负责。

（2）传统薪酬制度主要激励员工实现企业的短期利益目标。薪酬是激励员工实现企业利益目标的工具。传统薪酬制度重视对员工生产率的激励，以促进企业效率目标的实现。随着企业环境不确定性的增强，决定企业竞争力的关键因素由企业的内部资源转向其外部适应性，传统薪酬制度缺乏对组织学习与员工适应性等影响企业长远竞争力的因素的激励。

（3）传统薪酬制度的确定主要基于企业内部因素。传统薪酬制度的确定主要基于企业内部的职权体系、工作性质、组织资源、成本目标等因素。传统薪酬制度考虑基于人工费用的成本竞争力，但较少考虑基于战略优势的企业核心竞争力。

（4）传统薪酬制度的设计基础是企业利益。传统薪酬制度将员工视为获得报酬的经济性工具，将员工与企业之间的关系视为简单的交易关系，将薪酬当作单一的成本因素，而不是一种战略性资产投资。

2. 传统薪酬制度的问题

传统薪酬制度适应环境稳定、任务明确、员工技能单一、以效率为导向的企业。随着企业环境不确定性的加强和员工自主性的提高，传统薪酬制度的弊端越来越明显。

（1）传统薪酬制度不利于提高企业的学习能力。20世纪90年代以来，企业管理的重点已从内部控制性管理转向外部适应性管理，要素效率不再是企业追求的唯一目标。过剩经济的出现迫使企业更多地关注消费者的"求异"心理，并为之提供契合消费者价值观念的定制化服务，提高企业的学习能力成为企业管理的重要目标。以工作为导向的传统薪酬制度是基于成本-效益分析的核算制度，鼓励员工对本职工作负责，但忽视了对客户需求、客户满意度、环境变化、技术进步、流程再造等因素的关注。

（2）传统薪酬制度不利于增加企业的知识资本。当前，企业竞争优势的核心已从物转向人，再转向知识。知识管理成为企业管理的重要领域。由于其收益递增的特性，知识资本比实物资本具有更强的收益性和灵活性。设计合理的知识治理机制，形成基于创新和共享的知识型企业文化，是提高企业知识资本存量和创新能力的重要途径。传统薪酬制度提倡按劳付酬、按等级付酬，虽然也重视员工学历和技能等知识因素，但其设计不建立在知识管理所要求的知识创新和知识共享的基础上，忽视了对团队学习和创造性行为的激励。

（3）传统薪酬制度不利于企业的可持续发展。企业的可持续发展能力取决于其在竞争环境中的竞争实力及适应能力。当前，企业之间的竞争已由全面能力的竞争转向核心能力的竞争。通过业务外包，全能型企业蜕变为只保留较少职能部门的核心型企业。传统薪酬制度忽视了每一个薪酬单元对企业价值增值的贡献，也忽视了基于价值分工的企业之间的合作和协调，不利于形成基于"多赢"理念的企业群落和新型商业生态。

（4）传统薪酬制度不利于员工的全面发展。传统薪酬制度将企业与员工之间的关系视为传统的契约关系，而不是盟约关系。薪酬契约不建立在企业与员工对价值、目标、重大议题及管理过程的共同契约之上，不利于员工之间的沟通和知识共享，不利于形成宽松的、适于员工学习的氛围。传统薪酬制度将注意力高度集中在物质薪酬和货币薪酬上，忽视对员工心理收入和心理成本的管理，不重视在企业与员工之间建立和谐、稳定、可承兑的心理契约，不重视包含情感因素等在内的内在报酬制度的设计，因而不利于员工的全面发展和全面成长。

二、全面薪酬战略

1. 全面薪酬战略的产生

全面薪酬战略是目前发达国家普遍推行的一种薪酬战略，它源自20世纪80年代中期的美国。当时，美国企业处在结构大调整时期，许多企业将相对稳定的、基于岗位的薪酬战略，转向相对浮动的、基于绩效的薪酬战略，使薪酬福利与绩效紧密挂钩。全面薪酬战略的概念在此基础上产生。

企业给员工支付的薪酬分成"外在"和"内在"两大类，两者的组合被称为全面薪酬。外在薪酬主要是指企业为员工提供的可量化的货币性价值，如基本薪酬、奖金等短期激励薪酬，股票期权等长期激励薪酬，失业保险、医疗保险等货币性福利，以及企业支付的其他各种货币性开支，如住房津贴、俱乐部成员卡、企业配车等。内在薪酬是指企业为员工提供的不能以量化的货币形式表现的各种奖励价值，如对工作的满意度、为完成工作而提供的各种工具（如高级计算机）、培训的机会、提高个人名望的机会（如为著名企业工作）、吸引人才的企业文化、融洽的工作环境及企业对个人的表彰、谢意等。外在薪酬与内在薪酬各自具有不同的功能，它们相互补充，缺一不可。

2. 全面薪酬战略的基本内涵

全面薪酬战略是企业为达到战略目标而奖励做出贡献的个人或团队的管理方法。它关注的对象主要是那些帮助企业达成经营目标的行动、态度和成就。它不仅包括传统的薪酬项目，也包括对员工有激励作用的能力培养方案、非物质奖励方案等。全面薪酬战略的关键在于设计正确的奖酬计划组合，将传统的薪酬项目和新型的奖酬项目结合起来，最大限度地发挥薪酬对企业战略的支持作用。

3. 全面薪酬战略的主要特征

（1）战略性。全面薪酬战略的关键在于根据企业战略和企业文化制定全方位薪酬战略，它着眼于可能影响企业绩效的薪酬的方方面面，要求运用所有可能的"弹药"——基本薪酬、可变薪酬、间接薪酬等来达到适当的绩效目标，从而最大限度地发挥薪酬对企业战略的支持作用。

（2）激励性。全面薪酬战略关注企业经营，是企业价值观、绩效期望及绩效标准的良好传播者，它会对与企业目标保持一致的结果和行为给予奖励，从而具有激励性。关注绩效而不是等级秩序是全面薪酬战略的一个至关重要的特征。

（3）灵活性。全面薪酬战略理念认为并不存在适用于所有企业的最佳薪酬方案，甚至也不存在对于一家企业来说总是有效的薪酬方案，企业应当能够根据不同的要求设计出不同的薪酬方案。薪酬方案应充分满足企业对灵活性的要求，从而帮助企业适应不断变化的环境和客户需求。

（4）创新性。与传统薪酬制度类似，全面薪酬战略也沿袭了如收益分享等传统管理举措，但在具体使用时，会采取不同于以往的方式，以适应不同的环境，并因时因地加以改进，从而更好地支持企业战略和各项管理措施。全面薪酬战略非常强调的一点是，薪酬制度的设计必须取决于企业战略及其目标，必须充分发挥良好的导向作用，而不能机械地照搬原有的一些做法，或者简单地复制其他企业的薪酬制度。

（5）沟通性。全面薪酬战略强调通过薪酬体系将企业的价值观、使命、战略、规划及未来前景传递给员工，界定员工在上述每一个方面要扮演的角色，从而实现企业与员工的价值观共享和目标认同。此外，全面薪酬战略非常重视制订薪酬计划和实施全面薪酬战略管理的过程，它把制订薪酬计划的过程看成一种沟通的过程，认为企业必须通过这样一个过程使员工理解为什么要在薪酬领域采取某些特定的行动。

4. 全面薪酬战略的构成

（1）奖酬激励

1）谈判薪酬制度。谈判薪酬制度是指在市场经济条件下，以企业、雇主为一方，以员工为另一方，双方就薪酬分配问题通过谈判签订合同。它是兼顾双方利益的体现，既能充分反映员工的自身价值，调动其工作积极性并提高其对企业的忠诚度，又有利于维护企业的利益。薪酬既是劳动力的价格，又是员工价值的重要组成部分，谈判薪酬制度承认了人力资本的价值，并从制度上确立了对人力资本的补偿。在此制度下，企业和员工双方结成利益共同体，形成稳定和谐的劳动关系，共同努力，促进企业目标的实现。

2）项目奖金激励。项目奖金是指为了激励员工及时超额完成工作任务或取得优秀工作成绩而支付的额外薪酬。这项激励有两个好处：一是可以促使员工抓紧项目进度；二是可以提高项目的质量和水平，因为项目奖金的金额要根据部门效益和企业效益、团队业绩和个人业绩综合评定。但运用这项激励必须注意以下几点：信守诺言，否则会给激励增加许多困难；不搞平均主义，奖金金额要使员工感到满意；把奖金的增长与企业的发展挂钩，使员工清楚意识到只有企业利润不断增长才能使自己获得更多的奖金。

3）股票期权激励。股票期权也称认股权证，它是企业给予员工（主要是高层管理人员和技术骨干）的一种权利。期权持有者可以凭此权利在一定时期内以一定价格购买公司股票，这是企业长期盈利能力的反映，也是股票期权的价值所在。因为股票期权至少要在一年以后才能兑现，所以企业经营者要努力改善经营管理，以保持企业价值长期稳定增长，这样股票期权持有者才能获得利益。股票期权的这些特点使其具有长期激励的效果，能较好地解决企业所有者与经营者之间的利益矛盾。

（2）福利激励

1）强制性福利。强制性福利是指为保障劳动者的合法权利，由政府规定必须提供的福利措施。它主要包括养老保险、失业保险、医疗保险等基本保险。强制性福利是员工的基本工作福利，也是员工权益的重要组成部分，其激励作用不大，但却是员工必不可少的保障。

2）弹性福利。弹性福利是指由企业列出一系列合适的福利项目，并平衡好所需费用，再由员工根据自己的需要进行选择。这样会增大员工选择的余地而增加其满意度，福利项目的激励作用也会更强。弹性福利主要包括非工作时间报酬（带薪休假、探亲假等）、津贴（交通津贴、服装津贴、住房津贴等）、服务（体育娱乐设施、集体旅游、节日慰问等）。

3）特殊性福利。特殊性福利是指企业少数特殊群体单独享有的福利。这些特殊群体往往是对企业做出特殊贡献的知识型员工。特殊性福利主要包括提供住房、提供专车接送、发放特殊津贴、提供全家度假等。特殊性福利通过差异化的方式使特定员工获得额外利益,为其带来心理上的满足。

（3）成就激励

1）职位消费激励。职位消费是指担任一定职位的员工在任期内为行使经营管理职能所消耗的费用,主要包括办公费、交通费、招待费、培训费、信息费、出差费等。职位消费标准往往是员工身份和地位的一种象征,也是对员工成就的承认和补偿,因此也是一种重要的激励手段。

2）荣誉感激励。对知识型员工的荣誉感激励主要包括正面表扬、嘉奖、鼓励、授予荣誉称号等。知识型员工由于受教育程度较高,有很强的社会责任心和荣誉感。企业在运用荣誉感激励时,要有明确的奖励标准,奖项的设计要合理,等级要分明；要适当对知识型员工给予表扬,特别要表扬其通过额外的努力取得的绩效；要对知识型员工的职业道德和素质修养进行表扬。荣誉感激励会随着知识型员工岗位的升迁和个人薪酬水平的提高而发挥越来越重要的作用。

3）参与激励。创造和提供一切机会让员工参与管理,可以让员工形成对企业的归属感、认同感和成就感,可以进一步满足其自尊和自我实现的需要。同时,员工的参与也可以使企业的决策、经营方略更加正确。

（4）组织激励

1）个体成长和职业生涯激励。个体成长和职业生涯激励一方面可以带动员工提高职业技能,从而提升人力资源的整体水平；另一方面可以使发展方向同组织目标方向一致的员工脱颖而出,为培养企业高层经营、管理、技术人员提供人才储备。只有当员工个人需要与组织需要有机统一起来时,员工才能够清楚地看到自己在企业中的发展前途,才有动力为企业尽心尽力地贡献自己的力量,才能与企业结成长期合作、荣辱与共的伙伴关系。

2）创新授权激励。以SMT（自我管理式团队）为代表的创新授权激励机制是指独立战略单位通过自由组合,自己挑选成员、领导,确定操作系统和工具,并利用信息技术制定其认为最好的工作方法。这种组织结构日益成为企业中的基本组织方式,许多国际知名大公司都采用这种组织方式。

SMT的基本特征包括：团队做大部分决策；选拔团队领导人；团队领导人是"负责人"而非"老板"；沟通是通过人与人之间的交流直接进行的；团队将自主确定并承担相应的责任,确定并贯彻其工作计划的大部分内容。SMT使组织内部的相互依赖程度降到最低,员工既要充分发挥自身的潜能和创造力,又要与团队成员相互合作,发挥知识的协同效应。由于该组织结构对员工的知识能力与协作能力提出极大的挑战性,迎合了员工的高层次需求,因此能起到很好的激励作用。

三、薪酬福利制度新趋势

1. 实行弹性福利制度

（1）弹性福利制度的含义。弹性福利制度也称"自助餐式的福利"，即员工可以从企业所提供的一份列有各种福利项目的清单中自由选择所需要的福利。

弹性福利制度是一种有别于传统固定式福利的新福利制度。弹性福利制度强调让员工依照自己的需求从企业所提供的福利项目中选择组合属于自己的福利"套餐"。每个员工都有自己专属的福利"套餐"。弹性福利制度非常强调员工参与。

实施弹性福利制度的企业并不会让员工毫无限制地挑选福利。企业通常会根据员工的薪酬、工龄、家属情况等因素设定每个员工所拥有的福利限额，而福利清单上所列出的福利项目都会附一个金额，员工只能在自己的限额内选择自己喜欢的福利。

（2）弹性福利制度的类型。弹性福利制度从20世纪70年代初期开始兴起，历经几十年的发展已经演变出多种类型。

1）附加型。附加型弹性福利制度是最普遍的弹性福利制度。附加，顾名思义就是在现有的福利制度之外再提供其他不同的福利项目或提高原有福利项目的水准，供员工选择。例如，某家公司原先的福利制度包括租房津贴、交通补助、意外险、带薪休假等。如果该公司实施弹性福利制度，那么它可以将现有的福利项目及其给付水准全部保留当作核心福利，再根据员工的需求额外提供不同的福利项目，如国外休假补助、人寿保险等，通常这些项目都会标有一个金额作为"售价"。

根据每个员工的薪资水准、服务年限、职务高低、家属数等情况，企业给员工设定数目不等的福利限额。有些企业还规定，若员工未用完自己的限额，"余额"可兑发现金，但现金部分必须合并其他所得纳税；若员工选择的额外福利超过了限额，也可以用自己的税前薪资"支持"。

2）"核心+选择"型。"核心+选择"型弹性福利制度是有一个核心福利的弹性选择福利制度。核心福利是每个员工都享有的基本福利，不能自由选择。可以随意选择的福利项目全部放在选择福利中，这部分福利项目都附有价格，可以供员工"选购"。

3）套餐型。套餐型弹性福利制度推出不同的福利组合，每一个组合所包含的福利项目和给付水准都不一样，员工只能选择其中一种套餐，且不能要求更换套餐里的内容。

企业可依据员工的背景（如婚姻状况、年龄、住宅需求等）设计套餐型弹性福利制度。

4）弹性支用账户。弹性支用账户是一种比较特殊的弹性福利制度，员工每年可从其税前总收入中拨取一定数额的款项作为自己的支用账户，并以此账户选购企业所提供的各种福利项目。若账户中的金额未能于年度内用完,余额将归企业所有,既不可在下一年度中使用,也不能以现金方式发放。同时,各种福利项目的认购款项如经确定就不能挪用。例如,用于认购家属抚养补助项目的款项不能挪用于法律咨询服务项目。

弹性支用账户的优点是能够享受企业提供的相关服务,因此对员工极有吸引力;缺点是行政手续过于烦琐。

5)选高择低型。选高择低型弹性福利制度提供几种福利项目不等、价值不一的福利组合供员工选择。企业以现有的固定福利为基础,规划数种不同的福利组合,这些组合的价值和原有的固定福利相比,有的高,有的低。如果员工选择一个价值较原有福利高的福利组合,那么就需要从薪水中扣除一定的金额以支付其间的差额。如果员工选择一个价值较原有福利低的福利组合,那么就可以要求雇主以现金的形式补偿其间的差额,但该项现金必须纳税。

(3)弹性福利制度的设计原则

1)物质奖励与非物质奖励并重。

2)清晰地界定各种奖励之间的关系。例如,一笔500元的奖金等价于一天额外休假,或两次双人晚餐,或为期两天的培训。这里重要的是将估算价格当作管理成本。

3)设定一定的绩点。绩效薪酬要调整为一个整体,它的基础是绩点,绩点累积到一定数目可以获得相应的某项福利。绩点不可以转让,但可由员工自己决定何时兑现,员工可用自己的绩点"购买"弹性福利计划中的福利项目。

4)做好绩点预算。绩效薪酬依据年度考核结果或某位员工年内的特殊贡献来实施,每位上级都掌握一定的绩点预算,这样就可以依据预先设定的标准进行绩点分配了。

5)拒绝不当绩点累积。弹性福利计划中的福利项目也可能被员工"买"完,人力资源部必须拒绝一些不当的绩点累积,同时也应最大限度地尊重其灵活性。

6)及时与员工沟通。激励内容可根据员工需求进行调整,这需要及时与员工沟通。员工也可以随时对新的福利项目提出建议,建议只要是合理的都应得到重视。

(4)弹性福利制度的设计步骤

1)有计划地清点企业目前所提供的法定福利项目和自行设立的福利项目。

2)查明自行设立福利项目的设立原因。

3)对向员工个人和员工整体提供的福利项目进行精确年度预算,包括绝对数值和所占的百分比(如占薪酬总额、销售额、利润和行业平均数的百分比)。

4)定期开展员工调查和问询,了解其对所设立福利项目的建议和意见。

5)定期将企业的福利政策与工会和其他行业协会政策及人力资源市场上存在竞争关系的其他企业福利政策进行比较。

6)为随时给员工提供有吸引力的福利,应不断调整企业的福利政策以适应环境条件的变化。当然，这样做必须符合经济性原则，要注意福利导向与直接薪酬不能相抵触。

7）为保证福利政策和实践的统一，必须将其全面计划编写到员工手册中。

（5）弹性福利制度的优、缺点

1）弹性福利制度的优点。对员工而言，这种由企业提供的自我控制型弹性福利制度具有很强的激励作用，员工可根据自己的情况选择对自己有利的福利，这有利于改善员工与企业的关系。

对企业而言，弹性福利制度通常会给每个福利项目标示金额，这样可以使员工了解每项福利的成本，也方便企业管理和控制成本；可减轻福利规划人员的负担，福利项目由员工自选，员工不易抱怨；由于应聘者大多喜欢实施弹性福利制度的企业，因此该制度可以帮助企业网罗人才。

2）弹性福利制度的缺点。部分员工在选择福利项目时未仔细考虑或只看眼前利益，以致选择了不实用的福利项目。另外，实施弹性福利制度通常伴随着繁杂的行政工作，尤其在记录员工的福利资料或重新选择福利项目时，会造成承办人员极大的负担。

2. 激励长期化，薪酬股权化

全面薪酬战略和弹性福利制度使薪酬福利更全面和更具有弹性，呈现激励长期化和薪酬股权化的特点。以股票期权为主要内容的股权激励计划纷纷在大企业流行起来，同时在企业并购浪潮中产生一股管理层收购潮流，从而出现管理层持股控制企业所有权、两权逐渐合一的新趋势。这些都对员工产生长期的激励作用，并使其收益从劳动所得发展到资本所得。

股权激励计划的实质意义在于将企业内部成员所拥有的人力资本存量直接资本化入股，使企业内部成员不仅从企业经营中得到补偿性回报，而且能得到增值性或剩余性收益。股权激励计划的基本实现方式有员工持股计划、管理层收购、经理股票期权等。员工持股计划包括干股、绩效股、优惠售股、延期股、虚拟股票、股票期权等股权形式，它们在中国特定制度背景下往往具有一系列特殊的内在逻辑、创新方向和演化趋势。

（1）干股。干股是一种无偿赠予的限制性股权。这种股权通常在一个指定期限内免费授予特定员工，但该员工不实际拥有或支配股权，只享有分红权，没有表决权。限制期满，若持股人员没有离开企业，则可自由处理这些股票；若在限制期内，持股人员由于自动离职、被辞退等离开企业，则其股权由企业无偿收回。企业在一些特殊情况下（如创建时或要改变业务时）往往采用这种形式进行员工激励。另外，企业对某些进入组织一定时间并有突出贡献的管理人员也常采用这种激励方式。

（2）绩效股。绩效股是干股的一种改进形式。为获得一定数额的免费股票，员工不仅要在企业工作满一段时间，而且期满后要在企业某个或数个业绩指标增长达到一定数额时才能获得免费股票,或将股票赠送给特定人员,且只有当每股净资产等指标上升到某一目标价位时才可以转让股票以获利。

(3) 优惠售股。优惠售股是指企业根据业绩考核将股票以低于市场价的价格售给特定人员,持股人员享有分红权和配股权,但没有表决权,等到规定时限以后才能转让或出售变现。具体时限规定不一,有些企业规定离退休时才能变现,有些企业规定持股后5~10年内可分期变现。企业股价上升时,持股人员可以获得收益;反之,则利益受损。

(4) 延期股。延期股是一种账面支付股票,是将特定人员的部分奖金折算为股票数存于专门账户,由企业托管,员工任期内不能出售,等到其任期结束或退休时,才可以依据股份价值兑现现金。

(5) 虚拟股票。虚拟股票是指企业根据考核给予经营者或技术人员一种"虚拟的"股票,其发放不会影响企业的总资本和所有权结构,持股人员没有所有权,但是可以享有分红权和股票价格上升带来的收益,一般在上市公司中运用。

(6) 股票期权。股票期权是企业在产权比较清晰、企业治理结构健全和资本市场机制较完善的情况下,通过设计适当的股票期权计划或方案,为那些掌握企业运营控制权的人力资本所有者,包括经营管理人员、技术开发人员、市场营销人员等,提供分享企业剩余收益的机会,使其与企业结成命运共同体,以期达到对专业人力资本的长期激励目标。

第四节 战略性薪酬管理体系

战略性薪酬管理是以企业战略为依据,根据企业某一阶段的内、外部总体情况,正确选择薪酬策略、系统设计薪酬体系并实施动态管理,以促进企业战略目标实现的活动。

一、战略性薪酬管理体系的构建

当前,我国企业正经历千载难逢的发展机遇,不同产业、不同所有制的企业都不断尝试进行变革,薪酬管理则是变革的重点和难点。从战略视角看,薪酬管理不仅可以被看作一个向个体或群体支付薪酬的方式,而且可以被看作战略管理的重要组成部分。针对企业管理现状,结合前述薪酬战略思路,构建战略性薪酬管理体系应注意以下几个方面。

1. 明确思路,理顺关系

应从企业科学管理体系着眼,找出薪酬管理系统与执行力系统、竞争力系统相交环节，理顺关系，完善薪酬管理制度，着力解决突出问题，增强执行力。构建战略性薪酬管理体系的关键在于确定战略性的薪酬管理策略，使企业的薪酬政策、薪酬水平、薪酬结构等能更好地为企业战略服务，强化和激励员工绩效行为并引导员工培养企业所需的核心专长与技能。构建战略性薪酬管理体系的核心任务是依据企业战略需要和员工绩效表现对员工进行激励，通过制定科学的薪酬福利和长期激励措施来使员工充分发挥潜能，在为企业创造价值的基础上实现自己的价值。

2. 重视企业内、外部环境的权变因素

战略性薪酬管理体系的一般构建程序是进行薪酬调研，分析企业薪酬的外部竞争性和内部公平性，明确企业薪酬在市场中的定位，制定富有竞争力的薪酬体系。在薪酬战略的指引下，企业应采用有针对性的薪酬策略，进行有方向性的薪酬创新，尤其需要重视薪酬战略与企业战略及其实施要素之间的有效匹配，并将薪酬管理作为战略管理的一个子系统来发展。具体而言，企业应通过岗位评估确定岗位薪酬标准，通过人员胜任素质评估确定技能薪酬，通过绩效考核确定浮动薪酬。

3. 全员参与，充分发挥企业员工的积极性

从薪酬战略的制定到薪酬战略的实施都需要员工的参与。积极发挥员工及中层以下管理人员在薪酬战略设计与实施中的作用，可以使其在今后的工作中有意识地维护薪酬战略，从而维持企业的核心竞争力。

4. 加强动态管理

因为竞争环境和企业战略是动态的，所以构建战略性薪酬管理体系是一个动态的过程。薪酬战略需要与企业战略相匹配，不断调整以保持短期的"匹配性"和长期的"弹性"。

5. 明确企业战略目标和要求

企业薪酬管理的目的是实现企业战略。薪酬管理应以企业战略为中心。在做企业战略性薪酬管理体系规划时，应该掌握企业战略目标、战略实施计划和措施，并明确实现企业战略所需要的核心竞争力。

6. 以人为本

薪酬管理体系构建的目的是吸引、保留、激励高素质人才，实施科学合理的价值分配。对员工的价值分配应该多样化，不仅包括薪酬、奖金、红利、股权，还包括职权、信

息、学习等。企业应通过构建战略性薪酬管理体系实现"企业战略目标—人力资源战略目标—薪酬战略目标"的有效传递，提升企业竞争力。

7. 明确企业的价值观和经营理念

企业的价值观和经营理念统领企业全局，指导企业经营管理的诸多方面，对企业薪酬管理及其策略的确定具有重大的影响。薪酬管理及其策略反映企业对薪酬作用、意义的认知，企业通过薪酬形式向广大员工传递某种信息和指引，同时薪酬也反映企业对员工特征、本性和价值的认知程度。例如，某企业的价值观是提倡学习力和创造力，如果薪酬管理的原则是拉大同等级薪酬差距，就与企业价值观背道而驰。再如，某企业的经营理念是迅速扩张，引进人才，如果薪酬管理的原则是采取位于市场中等以下水平的薪酬水平，就是不正确的。

总之，构建战略性薪酬管理体系必须以企业战略为导向，强调薪酬的激励作用，以市场和业绩为依据，平衡外部竞争性和内部公平性。战略性薪酬管理体系的构建和持续有效运行是实现企业战略目标的重要保证，为企业的可持续发展创造人力资源竞争优势。

二、战略性薪酬体系调整的基本框架

随着企业战略及人力资源战略的变化，现行的薪酬体系可能不适应企业发展的需要，这时应对企业薪酬管理做系统诊断，确定新的薪酬策略，同时对薪酬体系做出调整。薪酬体系调整是保持薪酬动态平衡、实现企业薪酬目标的重要手段，也是薪酬管理的日常工作。薪酬体系调整主要包括薪酬水平调整、薪酬结构调整和薪酬构成调整3个方面。

1. 薪酬水平调整

薪酬水平调整是指在薪酬结构、薪酬构成等不变的情况下调整薪酬水平的过程。薪酬水平调整包括薪酬整体调整、薪酬部分调整及薪酬个人调整3个方面。

（1）薪酬整体调整。薪酬整体调整是指企业根据国家政策和物价水平等宏观因素的变化、行业及地区竞争状况、企业战略变化、企业整体效益情况及员工工龄和司龄变化，对企业所有岗位员工进行的薪酬调整。

薪酬整体调整就是整体调高或调低所有岗位员工的薪酬水平，调整方式一般有以下几种。

1）等比例调整。等比例调整是指所有员工薪酬都在原薪酬基础上增长或降低同一百分比。等比例调整使薪酬高的员工的调整量大于薪酬低的员工的调整量，这种调整方法能对所有人产生相同的激励效果。

2）等额式调整。等额式调整是指不管员工原有薪酬的高低，一律给予额度相等的调整。

3）综合调整。综合调整综合了等比例调整和等额式调整的优点，同一职等岗位调整幅度相同，不同职等岗位调整幅度不同。一般情况下，高职等岗位调整幅度大，低职等岗位调整幅度小。

在薪酬管理实践中，薪酬整体调整是通过调整薪酬或津贴、补贴项目来实现的。如果是因为物价上涨等因素增加薪酬，应该采用等额式调整，一般采取增加津贴、补贴项目数额的方法；如果是因为外部竞争及企业效益进行调整，应该采用等比例调整或综合调整，一般采取调整岗位薪酬的方法；如果是因为工龄（司龄）因素进行调整，应该采用等额式调整，一般采取调整工龄（司龄）薪酬或津贴的方法。

对于岗位薪酬的调整，一般是将每个员工的岗位薪酬调整固定的等级，调整形式是由薪酬等级表决定的。一般情况下，不同等级员工岗位薪酬调整大致符合等比例原则，同等级员工岗位薪酬调整大致符合等比例原则或等额原则。

（2）薪酬部分调整。薪酬部分调整是指定期或不定期根据企业战略、企业效益、部门业绩及个人业绩、人力资源市场价格变化、年终绩效考核情况对某一类员工（可以是某一部门员工，可以是某一岗位序列员工，也可以是符合一定条件的员工）进行薪酬调整。

例如，年末，人力资源部根据企业效益、物价指数、部门和个人绩效考核情况，提出岗位薪酬调整方案，经讨论后实施。一般情况下，个人绩效考核结果是员工岗位薪酬调整的主要影响因素。对年终绩效考核结果优秀的员工，企业可以进行岗位薪酬晋级激励；对年终绩效考核结果不合格的员工，企业可以进行岗位薪酬降级处理。

根据人力资源市场价格变化，可以调整某岗位序列员工的薪酬水平。薪酬调整可以通过调整岗位薪酬来实现，也可以通过调整奖金与津贴、补贴项目等来实现。

根据企业战略及企业效益情况，可以调整某部门员工的薪酬水平。这类薪酬调整一般不通过调整岗位薪酬实现，因为那样容易引起其他部门员工的内部不公平感，而是通过增加奖金与津贴、补贴项目等来实现。

（3）薪酬个人调整。薪酬个人调整是指由于员工岗位变动、绩效考核优秀（不合格）或为企业做出突出贡献而对其进行个人岗位薪酬等级的调整。

员工岗位变动后，要根据新岗位进行薪酬等级确定。根据绩效管理制度，对绩效考核优秀者可以晋升其薪酬等级，对绩效考核不合格者可以降低其薪酬等级。为企业做出突出贡献者，可以给予晋级奖励。

2. 薪酬结构调整

在薪酬体系运行过程中，一方面随着企业战略的变化，组织结构要调整，尤其是在组织结构扁平化趋势下，企业的职务等级数量会大大减少；另一方面，由于受到劳动力市场供求变化的影响，企业不同层级、不同岗位薪酬差距可能会发生变化。这些都对薪酬结构调整提出要求。

一般情况下，通过调整各岗位薪酬基准等级就能实现不同层级、不同岗位薪酬差距调整，但当变化较大、现有薪酬结构不能适应变化后的发展要求时，企业就需要对薪酬结构进行重新调整设计。薪酬结构调整设计包括薪酬职等职级数量设计、职等职级薪酬增长率设计、薪级数量设计、薪级级差设计等方面。

需要指出的是，在进行薪酬体系设计时，要充分考虑薪酬结构的变化趋势和要求，尽量保证通过调整各岗位薪酬基准等级就能实现薪酬结构调整，这样操作简单、方便。不到万不得已，不要轻易进行薪酬结构的重新调整设计。

3. 薪酬构成调整

薪酬构成调整就是调整固定薪酬、绩效薪酬、奖金，以及津贴、补贴的比例关系。

一般情况下，固定薪酬和绩效薪酬调整是通过调整其占岗位薪酬的比例来实现的。在企业刚开始进行绩效考核时，往往绩效薪酬占较小的比例，随着绩效考核工作落到实处，绩效薪酬可以逐步加大占比。

奖金应根据企业效益情况及人力资源市场价格进行调整。

津贴、补贴项目也应根据企业的实际情况进行调整。在某些津贴、补贴的设置理由已经不存在的情况下，应该取消相应的津贴、补贴项目。

三、战略性薪酬实施的保障体系

企业的战略性薪酬管理模式能否正常运行并发挥正常的功能在很大程度上取决于其战略性薪酬管理内容是否能实施到位。为此，企业要在整体战略性薪酬管理模式的框架下，围绕以下方面来保障企业战略性薪酬的具体实施。

1. 合理地设计薪酬政策

企业的薪酬政策体现了管理者对企业薪酬管理运行的目标、任务和手段的选择与组合，是企业对员工薪酬所采取的方针策略。企业薪酬政策的主要内容包括两个方面：一是企业薪酬成本投入政策，二是薪酬制度。薪酬制度包括薪酬管理实践策略、薪酬构成管理制度、薪酬支付形式管理制度。薪酬管理实践策略决定薪酬系统的设计与实施是领先还是落后于企业系统其他方面的设计与实施；薪酬构成管理制度确定不同员工的薪酬项目构成，各薪酬项目所占的比例，以及薪酬整合的层次，即企业必须决定是以员工个体绩效为基础，还是以部门（小组）绩效为基础计算薪酬；薪酬支付形式管理制度确定薪酬计算的基础是劳动时间还是生产额、营运产值等。总之，企业要选择与企业战略、实际情况相适应的薪酬政策。

2. 科学地制订薪酬计划

薪酬计划就是企业预计要实施的员工薪酬支付水平、支付结构及薪酬管理重点等。企业在制订薪酬计划时要通盘考虑，同时要把握两个原则：一是与企业目标管理相协调的原则，二是增强企业竞争力的原则。薪酬计划应该与企业经营计划相结合，综合考虑3个方面，即是否能留住优秀人才，是否符合企业支付能力，是否有助于实现企业发展目标。企业既要根据外部环境变化也要从内部管理角度制订适合企业发展的薪酬计划。

3. 系统地控制薪酬总额

薪酬总额是企业掌握和控制人工成本的主要信息来源。对薪酬总额的核算和控制十分重要，需要考虑的因素包括市场薪酬水平、企业支付能力、员工生活费用、员工现有薪酬状况等。确定合理的薪酬总额首先要考虑外部竞争性。企业往往通过市场薪酬调查，参照同行或同地区其他企业的薪酬状况来调整企业相应岗位的薪酬。确定薪酬总额还要考虑企业本身的支付能力。如果企业的销售额较大，销售业绩较好，那么企业支付能力就较强，人工费用就可以适当增加；反之，则不应盲目增加支出。此外，员工生活费用也是确定合理的薪酬总额时需要考虑的重要因素。一般来说，薪酬水平应该高于员工的基本生活费用。薪酬总额控制应该注意以下几个方面。

（1）不同类型的企业应当采取不同的薪酬总额控制办法。处于成熟期的企业应当根据经济效益增长情况确定薪酬总额的增幅，同时需要横向考虑行业的薪酬增长情况。处于初创期的企业较难将薪酬总额直接与经济效益挂钩，需要更多地参考市场水平来确定薪酬总额。

（2）应动态分析各类指标。反映人员效率的指标包括人均营业收入、人均利润等。反映人员成本的指标包括人均薪酬、人均人工成本等。反映人力投入/产出的指标包括薪酬总额/总营业收入、薪酬总额/利润总额、人工成本总额/总营业收入、人工成本总额/利润总额等。

（3）应综合考虑居民消费价格指数、政府公布的企业工资指导线等。

4. 灵活地设计与调整薪酬结构

薪酬结构的设计与调整主要包括企业薪酬成本在不同员工之间的分配，职务和职位薪酬率的确定，基本薪酬、辅助薪酬、津贴、福利的调整等。工作完成难度越高，对企业的贡献越大，对企业的重要性也越高，就意味着其相对价值越大。对企业内所有工作都统一按贡献律原则定薪，保证了薪酬制度的内部公平性。企业必须据此将工作价值转换成薪资值，这就需要进行薪资结构设计。

5. 确保日常薪酬管理工作顺利进行

日常薪酬管理工作是对企业薪酬战略的具体落实，直接关系到企业薪酬管理的成败。日常薪酬管理工作具体包括开展薪酬调查，统计分析调查结果，制订薪酬计划，适时计算、统计员工薪酬及进行薪酬调整。这些日常薪酬管理工作需要企业制定科学合理的薪酬管理制度体系来推进，从而确保企业人力资源管理活动顺利进行。

一、背景

M公司是信息技术行业的巨子。30多年前，M公司在全球的雇佣员工数量超过37万人，由此可见其当时的强大与辉煌。然而自20世纪90年代初以来，行业内竞争对手公司的兴起对M公司造成了前所未有的冲击，公司不仅在产品上受到竞争对手多方面的挑战，更在人才竞争上受到巨大的冲击。到1994年，M公司全球员工数量减少到22万人左右，大量人才流失对于一家以信息技术为核心竞争力的企业来说是致命的。用什么样的方式才能改变颓势成为当时M公司掌舵者L最头痛的问题。当时，M公司采用的是一体化无区别薪酬，没有针对不同的员工进行相应的激励设计，更没有形成有效的薪酬体系做支撑。

M公司对全面薪酬体系策略的采纳促进了这家公司的企业文化变革，为其在21世纪争夺信息技术人才提供了强大的竞争力。

M公司的转型始于20世纪90年代中期，当时L开始掌舵，使M公司止住了在信息技术市场自由落体般的滑落。L尝试在企业文化中重新注入活力，进行重新定位。这意味着要设计出不同的职业和薪酬模式。

二、全面薪酬体系策略

公司薪酬主管A说，M公司的全面薪酬体系导致3个目标的实现。

- 改变了企业文化并引导产生了公司希望看到的行为。
- 吸引并留住了人才。
- 有效控制了成本。

A说，全面薪酬体系的主要挑战是这3个目标有时可能会陷入相互冲突的状况。为了生存，M公司在经营方式上承担了很大的风险，但企业必须认识到，多数员工可以在任何时候离开企业，这就是企业所面临的市场现状。

三、改变企业文化

M公司面临的最大挑战之一是改变企业文化。A指出，改变任何文化都是困难的，因为"价值观、态度和行为在一个组织里是如此根深蒂固，以至于人们很少注意和讨论这些东西"。而M公司的整体规模使得文化改变尤为困难。在如此众多的国家和地区经营如此众多的业务，雇佣这么多人，要想让所有人都感到愉快是很困难的。"我们的规模是我们的优势，同时也是我们的劣势。"如果可以分发的薪酬一直是个固定的数字，那么显而易见，任何规则和分配程序的变化只会让一些人愉快，而让另一些人不那么愉快。但不管怎么样，M公司保持了正确的方向，对薪酬体系进行了巨大的改革。

四、薪酬区别对待

文化变革颇为明显的一个方面是薪酬的区别对待。职位不同，个人表现不同，薪酬就不同。A说，过去加薪在M公司被视为一种授权，但随着人才竞争的加剧，这种老旧过时的薪酬结构限制了公司的竞争力。为此，M公司提高了可变动薪酬的数量，自此，表现最好员工的薪酬可以达到表现较差员工的薪酬的2.5倍左右。

五、股票期权分发

M公司的另一个巨大变革是股票期权分发。以前股票期权分发仅限于高层管理者，但在实施变革5年后，获得股票期权的员工比例上升了10倍。"我们的股票期权政策是吸引和留住人才策略的关键"，A说。同时他还指出，股票期权分发是为了留住拥有关键技术的人才，而不是出于服务员工或增加公司薪酬等级的目的，同时"期权分发是基于未来可能的贡献，而不是过去的成就"。

六、积极的工作体验

A指出，在M公司，工作体验是全面薪酬体系策略中的一个关键因素（还有薪酬和福利），"我们发现，那些能吸引并留住人才的因素并不一定能激励员工，反之亦然。工作体验是薪酬体系中的一个主导因素，如果我们忽视了这一点，就会给我们带来损失"。

为创造积极的工作体验，M公司重点关注以下方面。

- 认可。M公司提供了各种各样的认可奖励，包括对等的沟通和由管理层提供的奖励。
- 工作和生活平衡。M公司的"工作－生活项目"是其工作/生活计划的核心，公司也提供多种方式来保障员工工作和生活的平衡。

- 文化。在文化方面，变化是显著且微妙的。M公司着眼于通过L亲手挑选的"高级管理小组"来建设领导能力并提供能获得奖励的多元化项目。
- 发展。M公司在电子商务领域处于领先地位，用网络基础设施来实行知识管理，在传播知识和职业规划方面将公司的技术发挥到极致。
- 环境。环境因素涉及很多方面，包括富有挑战性的工作、良好的工作环境，以及取得成功所需要的工具和资源等。

七、劳动力成本管理

M公司为重生付出了"代价"。与薪酬和福利有关的成本从210亿美元增加到500亿美元，薪酬和福利占总收入的比例也提高了，而且可能继续上升。"我们的人力成本在迅速上升，但数字还是合适的，"A说，"我们的服务和软件业务在快速增长，这两项都是劳动密集型业务，而且靠知识推动。劳动力成本管理的复杂程度不断加深。"但A指出，劳动力成本管理不仅仅由公司的薪酬福利小组负责，其他部门如流程管理部门、团队管理部门、员工招聘部门、财务部门等都参与了进来。

八、薪酬管理的复杂性

M公司的全面薪酬体系策略为公司描绘新的路线图发挥了作用。A说："我们处在一个快速增长的行业中，这个行业的人才市场是卖方市场。我们经历过这样的特殊局面，即公司不得不在创建特殊的、高度灵活的薪酬体系和剥离业务以使我们得以生存之间进行选择。我们曾经面临困境，不得不坐下来好好沟通，解决真正的商业难题。"但这并不是说，任何企业只要采取全面薪酬体系策略就能轻松解决问题。

"全面薪酬体系难以用一句话说清楚，它确实是各种棘手而又相互纠缠的问题的汇总，而这些问题又与管理企业和创造价值的人力资源的基本方法有关，"A说，"全面薪酬体系还涉及成本和投资管理，大多数企业经常忽视这一点，一直将薪酬福利小组和人力资源部视为公司的后援部门。"很显然，随着国际竞争的加剧，每个企业的人才竞争战略都需要为适应新时期的企业战略而进行必要的调整。

讨论题

1. M公司的全面薪酬体系由哪些部分组成？
2. 如何处理全面薪酬体系和劳动力成本上升的矛盾？
3. 全面薪酬体系中非财务性薪酬的作用如何体现？
4. 如何构建战略性薪酬管理体系？

本章思考题

1. 薪酬战略如何与企业发展阶段相匹配?
2. 薪酬战略的特征是什么?
3. 全面薪酬战略涵盖哪些内容?
4. 弹性福利制度的优缺点有哪些?

第十二章

薪酬体系设计

引导案例

不合理的管理层薪酬制度在一定程度上可能诱发品牌危机。

G集团上市时即设立管理层激励基金，专门用于公司管理层激励。后G集团使用管理层激励基金，统一从二级市场购买流通股，作为对高层管理人员完成关键经营指标的激励。以年报公布前一天收盘价6.28元计算，以总经理为核心的4位最高层管理人员的股票市值超过563万元。在股权激励方案的刺激下，G集团的销售额和利润均持续增长，同时也带来一些其他的效应。企业不断扩张，不断并购一系列控股子公司。正是在前途似乎一片光明之时，一系列问题事件曝光了，G集团陷入了前所未有的危机。这一切是怎么产生的呢？

G集团的品牌危机同其股权激励方案先天性不足密切相关。研究者指出：股权激励方案漏洞太多，激励成本太高，且只有一个高层管理人员激励方案，没有对整个管理层的持股激励，享受到股权激励好处的仅限于最高层少数元老级人物，企业中层管理人员等其他管理人员被排斥在外。过去几年，集团以高价引进一批职业经理人出任重要职位，但这些职业经理人在进入集团一两年内相继出局，最高管理层人员几乎清一色是50岁以上的老人。

研究者指出，G集团的激励机制对其整体发展极其有害。子公司众多的经理人员要么没有任何股权，要么仅持有自己子公司的股权。子公司自己的激励方案与母公司的总体目标背道而驰。G集团的良好品牌恰如一块公共用地，对子公司来说是免费的。子公司拼命扩大销售和产出，因为无须负担任何品牌损失成本，所以都并不在乎"砸牌子"，都有一种"赚了归自己，砸了归集团"的心态，最终酿成大祸。

协调股东与管理层的利益，使之密切联系并趋于一致，是一项根本性挑战。高层管理人员薪酬结构是否合理是至关重要的影响因素。股权激励是一把双刃剑，恰当使用可令管理层利益同股东利益一致并最大化，若被滥用则会令企业遭受重大损失。

案例思考

1. 管理层薪酬设计仅仅是指高层管理人员薪酬设计吗？
2. 如何使股权激励真正发挥长期效应？

企业生产经营的影响因素是复杂的，其中一个极为重要的影响因素是管理者的素质、能力。

若企业对管理者的作用不重视，甚至把管理者作为一般员工来看待，则管理者难以较好地发挥自己的聪明才智，难以积极搞好企业经营管理。建立现代企业制度必须培养高素质、职业化的企业家队伍，从各方面创造条件使管理者能够发挥更大的作用。因此，必须在明确管理者利益的基础上，把管理者的收入与员工的收入区别开来。传统的月薪制不能对管理者产生激励。对管理者实行年薪制和股权激励，使管理者的收入与企业的效益和资产的保值、增值相联系，管理者才有内在动力更好地经营企业资产。

确定管理者薪酬是资本所有者的权利与责任。资本所有者必须制定合理的管理者收入分配政策，使管理者的利益与资本所有者的利益趋于一致，有效激发管理者的积极性，同时加强监督与约束，最大限度地满足资本增值要求。

企业的成功不仅依赖于管理者，也依赖于团队。针对以团队为基础的组织结构形态，出现了强调团队合作的群体薪酬体系。此外，合伙制这一较新的企业组织机制和管理机制，也有其特有的薪酬模式。

本章主要介绍管理者薪酬体系中的年薪制和股权激励、群体薪酬体系，以及基于合伙制的薪酬模式。

第一节　年　薪　制

薪酬制度从支付的时间角度可划分为周薪制、月薪制和年薪制。针对企业普通员工的薪酬制度主要是周薪制和月薪制，而针对企业管理者的薪酬制度大多是年薪制或其他长期激励方式。年薪制最早在西方实施，后来逐渐被引入国内，并为很多企业所采用。

年薪制不是简单的支付时间和支付方式的转变，其作为一种薪酬分配制度和激励机制，是企业人才战略与经营战略的重要组成部分。它通过将管理者的收入与企业的年度目标等挂钩，避免管理者只关注短期效益，保障管理者的收益，更好地激励管理者，从而对完善现代企业制度、提高企业竞争力、实现企业效益最大化、推动管理者市场化和职业化产生积极的作用。

一、年薪制的概念

年薪制又称年薪酬收入制度，是以企业会计年度为时间单位，根据管理者的业绩计发薪酬的一种薪酬制度。年薪制主要用于企业管理者的薪酬发放，也称管理层年薪制。年薪制有以下重要特点。

- 以企业的一个生产经营周期为计发薪酬的时间单位，一般为一年。
- 是一种高风险的薪酬制度，依靠的是约束和激励相互制衡的机制。
- 将企业管理者的业绩与其薪酬直接联系起来。
- 薪酬一般由基本薪酬、风险薪酬、股票期权，以及津贴、补贴、福利等项目构成。
- 基本薪酬满足管理者基本生活需要，一般按月发放。
- 风险薪酬根据阶段考核及年终考核结果发放。
- 股票期权目前应用越来越广泛（应慎重，尤其是方案设计要充分考虑各方面因素）。
- 津贴、补贴除了常规项目外，还包括职务消费货币化的一些项目，如车辆津贴等。
- 福利除包含普通员工享受的福利外，一般还有一些特殊福利，如无偿使用交通工具、高额离职补偿等。

年薪制在我国推行较晚，但目前已有相当多的企业实行年薪制。推行年薪制不仅是对分配机制的改革，而且是对责任机制的改革。实行年薪制能更有效地激励管理者，也能通过较长时间周期获得对经营业绩客观、公正的评价。

二、采用年薪制的原因

1. 年薪制是财产所有权与企业法人财产权分离的要求

投资者财产所有权与企业法人财产权的分离是现代企业制度的精髓。由管理者对投资者的资本进行代理经营是现代企业制度的重要特点。

现代企业制度要求实施管理者对企业法人财产的资产经营责任制，以促使资产保值、增值，取得收益。由代表投资者的董事会明确管理者对企业全部法人财产承担保值、增值和取得收益的责任，并对管理者进行相应的授权。

企业法人财产取得的收益属于企业。管理者运用企业法人财产进行经营，根据管理者的业绩，投资者给予管理者相应的报酬，使其责任、权力与利益直接挂钩。要实现这个责任制，必须通过契约关系明确投资者与管理者各自的责、权、利关系，其中，利益方面就体现在对管理者实行年薪制上。

2. 年薪制是进一步强化激励机制的要求

从理论上说，管理者收入应与企业经营业绩直接挂钩，而员工收入应与员工工作绩效直接挂钩。它们属于两个不同的序列，其考核办法、挂钩指标也不一样。实行年薪制是一种有效激励管理者的手段。

3. 年薪制是进一步强化约束机制的要求

现代企业制度是兼容投资者、管理者和员工三方面关系的制度，它把这三者融合为整个社会经济活动中的利益共同体，从而使企业具有旺盛的生命力。为此，现代企业制度最根本的出发点是在整个社会经济活动中保护这三者的权利，正确处理这三者的经济利益。年薪制是激励和约束相结合的机制，起到制衡的作用。

4. 年薪制是保护投资者利益的要求

在现代企业制度中，投资者本身是多种多样的。国有独资企业的投资者是国家，有限责任公司和股份有限公司的投资者包括了企业法人或个人。不论是国家还是企业法人或个人，作为投资者，其利益都应当受到保护。年薪制通过约束管理者短期行为，使其与企业目标相一致的方式保护了投资者利益。

5. 年薪制是造就优秀企业家队伍的要求

建立现代企业制度就要建立一支高素质、懂经营、善管理的企业家队伍。有些企业的管理者难以真正发挥作用有多方面的原因，其中之一就是企业重奉献、轻利益。因此，企业必须重视管理者的利益，以真正培育起企业家队伍。

三、年薪制的 5 种模式

现代企业管理者的薪酬结构是多元化的，各国年薪制的具体实践方式有较大的差别，具体可划分为以下 5 种模式。

1. 准公务员型模式

（1）薪酬结构。准公务员型模式的薪酬结构是：基本薪酬（以下简称基薪）+ 津贴 + 养老金计划。

（2）薪酬数量。准公务员型模式的薪酬数量取决于企业的性质、规模及管理者的行政级别，基薪一般是员工平均薪酬的 2~4 倍，正常退休后的养老金水平一般为员工平均养老金水平的 4 倍以上。

（3）考核指标。准公务员型模式的考核主要看政策目标是否实现，当年任务是否完成。

（4）适用企业。准公务员型模式的适用企业是承担政策目标的大型、特大型国有企业，尤其是对国民经济具有特殊战略意义的大型集团公司、控股公司。

（5）激励作用。准公务员型模式的激励作用机理类似于公务员薪酬的激励作用机理，职位升迁的机会、较高的社会地位和稳定的生活保障是其主要的激励来源，而退休后更高生活水准保障则起到约束短期行为的作用。

2. 一揽子型模式

（1）薪酬结构。一揽子型模式的薪酬结构为单一固定数量年薪。

（2）薪酬数量。一揽子型模式的薪酬数量相对较高，和年度经营目标挂钩。实现经营目标后，管理者可得到事先约定好的固定数量的年薪。

（3）考核指标。一揽子型模式的考核指标十分明确、具体，如减亏额、实现利润、资产利润率、上缴利税、销售收入等。

（4）适用企业。一揽子型模式的适用企业是面临特殊问题且亟待解决问题的企业，如亏损的企业。亏损的企业为了扭亏为盈，可采取这种模式激励管理者。

（5）激励作用。一揽子型模式的激励作用很大，但易引发短期行为。其激励作用能否有效发挥在很大程度上取决于考核指标是否科学、准确、真实。

3. 非持股多元化型模式

（1）薪酬结构。非持股多元化型模式的薪酬结构是：基薪＋津贴＋风险收入（效益收入和奖金）＋养老金计划。

（2）考核指标。确定基薪时，要考核企业资产规模、销售收入、员工人数等指标；确定风险收入时，要考核净资产增长率、实现利润增长率、销售收入增长率、上缴利税增长率、员工薪酬增长率等指标，同时还要参考行业平均效益水平来考核管理者的业绩。

（3）适用企业。非持股多元化型模式的适用企业是追求企业效益最大化的非股份制企业。一般集团公司对下属子公司的管理者也采用这种模式，只是各个企业具体方案中的考核指标、计算方法有差异。

（4）激励作用。如果不存在风险收入封顶的限制，考核指标选择科学、准确，则这种薪酬模式具有较强的激励作用，但该模式缺少激励管理者长期行为的项目，有可能影响企业的长期发展。

4. 持股多元化型模式

（1）薪酬结构。持股多元化型模式的薪酬结构是：基薪+津贴+含股权、股票期权等形式的风险收入+养老金计划。

（2）薪酬数量。基薪取决于企业经营难度和责任，含股权、股票期权等形式的风险收入取决于经营业绩、企业市场价值。基薪一般是员工平均薪酬的2~4倍；风险收入无法以员工平均薪酬为参照，只有在确定风险收入的考核指标时，才有必要列入员工薪酬增长率，而企业市场价值的大幅度提升会使管理者得到巨额财富。

（3）考核指标。确定基薪时，要考核企业资产规模、销售收入、员工人数等指标；确定风险收入时，要考核净资产增长率、实现利润增长率、销售收入增长率、上缴利税增长率、员工薪酬增长率等指标，同时还要参考行业平均效益水平来考核管理者的业绩。如果资本市场是有效的，那么有关企业市场价值的信息指标往往更能反映企业管理者的业绩。

（4）适用企业。持股多元化型模式的适用企业是股份制企业，尤其是上市公司。这种薪酬模式适应现代企业制度要求。

（5）激励作用。从理论上说，持股多元化型模式是一种有效的薪酬激励方案，多种形式的、具有不同激励约束作用的薪酬项目组合保证了经营者行为的规范化、长期化。但该模式的具体操作相对复杂，对企业的条件要求相对苛刻。

5. 分配权型模式

（1）薪酬结构。分配权型模式的薪酬结构是：基薪+津贴+以"分配权"期权形式体现的风险收入+养老金计划。

（2）薪酬数量。基薪取决于企业经营难度和责任，以"分配权"期权形式体现的风险收入取决于企业利润率等经营业绩。基薪一般是员工平均薪酬的2~4倍；风险收入无法以员工平均薪酬为参照，没必要进行封顶，只有在确定风险收入的考核指标时，才有必要列入员工薪酬增长率。

（3）考核指标。确定基薪时，要考核企业资产规模、销售收入、员工人数等指标；确定风险收入时，要考核净资产利润率、员工薪酬增长率等指标。

（4）适用企业。分配权型模式的适用企业不局限于上市公司和股份制企业，可在各类企业中实行。

（5）激励作用。把股权、股票期权的激励机理引入非上市公司或非股份制企业中，扩大其适用范围，是一种理论创新，其效果还有待实践检验。

四、年薪的兑付方式

实行年薪制的主要目的是加强对管理者的薪酬激励，以便充分调动管理者的积极性。但是实行年薪制如果不讲究年薪的兑付方式，也难以充分发挥其作用。纵观国内外的年薪制实践，将长期激励与短期激励相结合是兑付年薪的主要原则，这可以将管理者的行为与管理者的未来收入捆绑在一起。为此，各国企业都探索出了各种各样的年薪兑付方式。我国企业目前主要有以下几种兑付方式。

1. 即时现金

即时现金兑付是最基本的年薪兑付方式，主要满足企业管理者基本的生活需要，保障管理者劳动力的再生产。对基薪一般采取即时现金兑付方式，并逐月发放。

2. 延时现金

延时现金兑付是指将管理者的年薪挂在账上或由企业存入银行，经过一定的经营期，如果业绩不下滑，可以连本带利支付给管理者，或按一定比例逐年支付；如果业绩下滑，则这部分年薪将按一定幅度"缩水"，"缩水"比例由薪酬管理部门确定；如果业绩上升，可以赋予一定的升值权或追加奖励。这种兑付方式比较适合非上市公司特别是国有独资企业。

3. 折成股权

折成股权是指将管理者的效益年薪和特别奖励折合成管理者持有的股权，管理者享有分红的权利，离任可以转让或由企业按照离任时的股票价格回购。这种兑付方式只适合上市公司，对国有独资非上市公司并不适用，除非管理者想长期持有股票或企业同意按一定价格回购。

4. 股票期权

股票期权是指赋予管理者购进企业一定股票的权利，即赋予管理者用事先约定的某一时期的股票价格购买未来某一时期的该种股票的权利。如果未来经营状况良好，股票升值，则管理者能获得更多的利益；反之，管理者利益就要受到较大损失。这是将管理者利益与企业利益相结合的重要手段。这种兑付方式只能用于上市公司，而且要求资本市场有效，即经营业绩与股票价格关系密切。

5. 虚拟股票

对管理者的激励可以采取虚拟股票的形式，赋予企业管理者一定的股票分红权。虚拟股票并不是管理者实际拥有的，其目的在于激励管理者，给予"剩余索取权"，以充分体现管理者的人力资本价值。虚拟股票比较适合大型企业，因为这类企业管理者持股比例很小，不能有效调动其积极性，采取这种非股份分红的形式则可以优化激励效果。

五、年薪制实施的基本条件

1. 建立现代企业制度

现代企业制度的特点是企业所有权和经营权分离，保证管理者具有高效、独立的经营决策权。

2. 建立科学的用人机制

实施年薪制的企业应建立公开招聘、优胜劣汰的用人机制。

3. 实行契约制

实施年薪制的企业应以契约形式规范管理者的责、权、利，使管理监督机制科学、严谨。

4. 建立企业外在评估机制

实施年薪制的企业应有一套全面反映企业状况的指标体系，还应建立企业外在评估机制，以保证管理者的业绩与收入公正、客观、有效地联系在一起。

5. 具有完善的管理者人才市场

如果没有完善的管理者人才市场，企业就难以获得充足的、合适的管理者，再好的企业制度和评估体系都不能发挥作用。

6. 具有健全的股票市场和股权制度

由于年薪制的结构一般为"基薪＋奖励薪酬＋风险收入"，而风险收入一般由期权或期权股构成，与股票市场和股权制度有紧密的关系，因此实施年薪制往往依赖于健全的股票市场和股权制度。

六、年薪制的作用和问题

1. 年薪制的作用

（1）有利于明确企业中不同利益主体的关系，建立健全对管理者的约束机制，有效规范企业管理者的收入，在一定程度上有助于避免管理者的短期投机行为。如果企业经济效益下降，资产流失，管理者在收入减少的同时还要承担相应的风险和责任，这就促使管理者投入更多的精力和心血来管理企业。

（2）有利于调动企业管理者的积极性和主动性，改善和提高企业经营业绩，健全管理者人才市场，完善竞争机制。在竞争日益激烈的市场经济条件下，要提升企业竞争力，使企业立于不败之地，确保自身利益的实现，管理者就必须为企业利益努力。

（3）有利于促进管理者的职业化、市场化进程，推动我国企业家的培育和发展。企业经营活动有其职业标准和行为规范，特别是在市场经济条件下，企业管理者应具有相应的职业资格并被社会广泛认同。年薪制的实施极大地释放了管理者的潜能，扩大了适应市场经济要求的职业化管理者队伍。

2. 年薪制的问题

（1）企业内部的收入差距进一步扩大，影响工作积极性和主动性。管理者的工作是高级的复杂劳动，其劳动耗费是员工劳动耗费的数倍，因此管理者的年薪高于员工的年平均薪酬是大家普遍接受的。然而，管理者的年薪水平过高，或在经营业绩没有显著提高的情况下获得大幅加薪，或管理者不是通过竞聘获得职位，会使员工心理不平衡，造成管理者与员工关系紧张。而管理者的年薪水平过低，则无人愿意受聘，即使受聘，管理者与员工的收入差距不拉开，管理者的收入无法体现其经营业绩和对企业的贡献，管理者的工作积极性和主动性就会受到影响。

（2）年薪结构不合理，总体水平偏低。从国内企业现行的年薪制构成来看，虽然企业管理者的年薪由基本薪酬和风险收入两部分组成，但风险收入通常只包括效益收入和奖金。年薪制还是以短期激励为主，没有考虑长期激励。从行业的情况来看，企业管理者之间年薪差距过小，以及普遍存在的平均主义现象难以有效地提高管理者的工作积极性。

（3）管理者业绩考核体系存在缺陷。考核标准不统一，反映业绩好坏的指标不规范、不明确，业绩评价体系不健全，使得年薪制的作用无法有效发挥，具体主要表现为：过分强调企业利润，而忽视企业内部管理机制的健全、管理水平和企业核心竞争力的提高；由于考核指标和考核标准是为管理者设定的，因此在考核指标和考核标准的制定与执行上，有关方面投入的精力相对较少，使得考核体系缺乏科学性；考核体系的缺陷使得管理者容易为追求自身利益而做出各种以牺牲企业长期发展为代价的短期行为。

（4）年薪制的实施对象不明确。在规范的企业中，年薪制建立在董事会对管理者的直接监督与评价之上，管理者的年薪由董事会决定。为保持公正，董事会成员的年薪由外聘董事组成的薪酬委员会决定并经股东大会批准实行。但在我国，很多企业的管理队伍庞大，权责不清，经营决策及经营风险由董事长、副董事长、总经理、副总经理、总工程师等集体承担，导致年薪制的实施对象不明确。

（5）激励机制和约束机制不完善，作用不明显。一方面，年薪制的薪酬水平主要取决于企业的经济效益和员工的平均薪酬水平，在弹性上存在很多限制，不能有效地激励管理者的积极性。另一方面，年薪制主要考虑企业的年度收益，在信息不对称的情况下，会导致管理者出现短期行为，不利于企业的长期发展。

第二节　股权激励

随着企业股权的日益分散和管理技术的日益复杂，世界各国的大企业为合理激励企业管理人员，创新激励方式，纷纷推行股权激励机制。

股权激励是一种通过使经营者获得公司股权，给予其一定的经济权利，使其能够以股东的身份参与企业决策、分享利润、承担风险，从而勤勉尽责地为企业长期发展服务的激励方式。

一、股权激励的影响因素

股权激励的方法不是唯一的，针对不同的群体需求，可以采取不同的方法。物质激励满足人们最初级的需求，随着需求的不断提高，就需要更为高级的激励方式。在过去，一些管理者会为了企业的短期利益，而牺牲企业的长期利益，其主要原因是管理者的薪酬与企业短期利益密切相关。但企业股东，尤其是那些成长期企业的股东，更关心企业的长久发展，而不是短期利益。股权激励可以有效调节这种矛盾，方法是：让管理者参与到企业的生存发展中来，掌握一定的企业股权，可以享受到企业发展带来的各种利益。这种激励方式可以使管理者在进行企业决策时更关注企业的长期利益。

企业股权激励不是孤立存在的，它能够发挥好作用还依赖于很多其他因素，如市场评价机制、控制约束机制、人才市场选择机制、综合激励机制、政策环境等。

1. 市场评价机制

在审计不公正、市场扭曲发展和政府过度干预的情况下，很难通过股价来对企业发展前景进行预测。此时市场调节作用极其有限，对管理者实施股权激励也不能让管理者做出正确的决策，达到预期目标，股权激励失去了应有的激励作用。因此，股权激励的正常实施需要一个公正、有效、合理的市场评价机制。如果没有一个公正、有效、合理的市场评价机制，就不能对企业发展前景进行有效预测，也不能对管理者的业绩进行有效考核。

2. 控制约束机制

为使股权激励机制充分发挥作用，让企业获得更好的发展，需要对激励机制与控制约束机制进行合理搭配，以限制管理者的行为。这些控制约束机制可以防止管理者做出出格的决策。

3. 人才市场选择机制

调动人积极性的重要手段就是让其拥有自主选择权，在人才市场上同样如此。管理者的价值可以通过合理的人才市场选择机制进行保障。如果通过其他非市场手段或行政命令来确定管理者，就会导致股权激励不能发挥应有的效果，管理者行为很难与企业的长期利益保持一致，股权激励意义将不复存在。通过人才市场选择机制，企业可以淘汰不符合条件的管理者，挑选符合企业长期利益的管理者。同时，这种选择机制可以提高管理者的工作积极性。

4. 综合激励机制

一种有效激励方式的实施需要搭配一些相应的配套激励措施，如提供个人晋升进修机会、解决子女上学难问题、改善工作或生活环境等。由于企业所处的环境、背景不同，每个企业需要根据自身的实际情况合理配套激励措施，这样才能使股权激励发挥其应有的激励作用。

5. 政策环境

企业的健康发展需要一个良好的政策环境。作为企业的服务者、市场的参与者，政府的主要职责是为企业提供各项服务工作，如提供相应的管理制度和相应的法律、法规，为企业发展创造良好的外部环境等。

二、股权激励的方式

1. 股票期权

企业竞争归根结底是人才的竞争。要把企业员工的能量转化为企业的核心竞争力,就必须建立有效的激励约束机制,股票期权就是其中非常有效的一种机制。对于人才来说,股票期权有双重效应,即"黄金"的激励效应和"手铐"的约束效应。股票期权源于20世纪70年代的美国,是从员工持股计划中分离出来的。自股票期权诞生以来,越来越多的企业采用股票期权制度,且股票期权总额占企业总股本的比例也在逐年上升。

(1)股票期权的概念。在发达国家,企业管理者的薪酬一般是其与企业谈判,用契约的形式予以规定的。近年来,一些企业为鼓励管理者兼顾企业长远发展,往往会给予管理者长期激励,长期激励一般占薪酬的35%左右。长期激励的采用反映了股东越来越重视企业的长期利益,最常见的长期激励方式就是给予股票期权。

股票期权是企业给予员工的一种权利,员工可以凭此权利在一定时间内以一个固定的价格购买该企业一定数量的股票。期权被授予时的价格被称为行权价格,这个价格通常是授予时的股票市场价格,也可以是另行约定的价格。股票期权计划授予员工潜在的收益权,使员工能够参与到企业的成长中。它使员工拥有了公司股票,真正成为企业的主人,并且通过明确企业所追求的目标,强调了员工为此可以发挥的作用。

股票期权主要涉及以下三方的利益。

1)员工。员工希望获得合理的劳务报酬,分享企业的发展成果。

2)企业。企业希望利润最大化,股东财富最大化。要实现以上目标,优秀人才的加盟和贡献是必不可少的。

3)股东。作为经济人,股东追求自身利益的最大化。

要平衡协调以上三方的关系,授予员工股票期权是一个比较好的选择。

(2)股票期权的作用

1)吸引人才,留住人才。股票期权是一种长期激励方式,有助于在优秀人才与企业之间建立资本纽带,构建休戚与共的战略协作关系。它创造性地以股票升值所产生的差价作为企业对人力资本的补偿,使优秀人才的利益与企业的利益在相当长的时间里保持紧密联系,不仅能够避免人才流失,而且能够吸引更多人才流入。

2)减少现金支出,改善财务状况。企业为保证日常生产经营,必须保持足够的现金流量。在现金流量一定的约束下,如果员工薪酬总额不断增加,那么企业用于原材料、仓储等方面的营运资金就必然减少。引入股票期权,优秀人才的高收入要求和企业必需的现金流量要求都能够得到满足。

（3）股票期权的种类。股票期权按照授予对象的不同一般分为以下两类。

1）全员股票期权。全员股票期权类似于员工持股计划，在企业有一定工作年限的员工均有权购买本公司股票，购买股票价格、数量，行使期权的条件、时间，以及整个期权的有效期都已确定，并按照员工的资历、岗位、绩效评分分档，用于激励员工积极工作，分享企业发展所带来的成果。

2）管理层股票期权。管理层股票期权主要授予企业中高层管理人员、技术骨干等中坚力量，用以调动管理层的积极性。一般职位越高，对企业贡献或影响越大，期权越多。管理层股票期权的数量、价格、行权条件等设计要求与全员股票期权截然不同。

（4）股票期权的实施程序

1）股票期权的授予。股票期权的授予是实施股票期权的第一步。在授予日，企业承诺允许指定的员工在指定时间内按指定价格以指定的行权形式购买指定数量的公司股票。受权人根据股票期权计划的目标，由人力资源部或员工所在部门或薪酬委员会推荐，经董事会审核后批准通过。计划书的其他条款会在征求企业各部门、专业人士的意见后确定。在一般情况下，企业董事会或董事会指定的薪酬委员会会草拟一份股票期权计划，其主要条款包括受权人的资格、期权授予的规模（相对应的股票数目）、授予期权的类型、授予的频率、待权期及其他特殊条款。计划书须经董事会和股东大会审核批准后方可生效。因此，有的企业选择在召开股东大会时制订股票期权计划，以方便股东及时投票表决，简化程序。企业一般会给员工寄送授予协议书。授予协议书是由律师撰写的法律文件，主要内容包括员工姓名、股票期权类型、计划授予日、待权时间表、授予规模、行权价格、计划有效期限等。为便于计划管理，授予协议书中通常还包括员工联系方式、住址、身份证明等。

另外，为宣传这种股票期权计划，企业往往会在寄出授予协议书的同时附上本企业的股票期权计划书、相关说明文件及常见问题解答等资料，以供员工参考。

2）股票期权的待权与获权。待权是指企业在授予日授予员工股票期权后，员工并不能立即行权（即以指定价格购买公司股票）。从员工被授予期权到员工获得行权权利的这段时间称为待权期。获权就是员工获得行权权利。有的企业规定的待权期并不是以授予日为起始日的，而是以员工被聘用之日或其他日期来确定的，对此，股票期权计划书中有明确的规定。

3）股票期权的执行。股票期权的执行是指员工按行权价格购买公司股票的行为。员工选择执行期权的前提就是行权日公司股票公平市场价值大于行权价格，即所说的期权在价内。股票期权计划中一般都明确规定行权日、行权方式及相关税金缴纳要求。

（5）股票期权的售出与处置。在售出股票或处置期权时，员工要按法律规定缴纳税金。在激励性股票期权计划下，如果员工处置不当，即未满足法定持有期规定，那么员工要确认相关收入和资本利得。相关收入等于行权日与授予日公司股票公平市场价值之间的差值，资本利得等于处置日与行权日公司股票公平市场价值之间的差值。

（6）股票期权的取消或终止

1）股票期权取消或终止的原因。股票期权取消或终止的原因包括：股票期权计划失效，受权人与企业之间的聘用关系终止，受权人残疾，受权人休假，受权人死亡等。

2）股票期权取消或终止的处理方式

①如果在计划有效期内，公司股票始终未能超过行权价格，即期权内在价值为负，那么股票期权将随计划有效期终止而终止。

②如果员工退休或离职，那么大多数企业通常会要求员工在30天（最长不超过3个月）内执行其激励性股票期权计划，逾期将失效。如果员工残疾，则要求其在1年内行权。

③如果员工自动辞职或因故被解聘，企业往往会取消员工所有的股票期权。

④关于聘用关系终止而导致的股票期权计划的处理，各企业可自行裁夺。

股票期权计划在经过设立、授予、获权、行权、处置的各个过程后，完成了它的一次生命周期，能起到以下两个作用。

第一，吸引和留住员工，提高运营效率，创造丰厚利润，同时也营造和谐团结的企业文化。

第二，使员工获取分享企业成果的机会，参与到企业的运营决策中，真正成为企业的主人。

2. 限制性股票

限制性股票是指上市公司按照预先确定条件授予激励对象一定数量的公司股票，激励对象只有在服务年限或企业业绩符合股权激励计划规定的市场和非市场条件时才可以出售限制性股票。限制性股票属于股权激励中的一种核心方式。

限制性股票与股票期权都是将公司股票价格和企业业绩作为激励管理者的重要手段，两者均属于长期激励机制的范畴，但两者又存在差异。

（1）激励方式不同。限制性股票是当激励对象达到预先设定的条件即可获得股票；股票期权是企业授予激励对象在满足一定条件后以行权价格购买一定数量的公司股票的权利，激励对象可以选择执行或者放弃权利。

（2）权利与义务的对称性不同。限制性股票的权利、义务是对称的；股票期权只有行权的权利，没有行权的义务。

（3）风险不同。限制性股票激励对象获得的股票是有价值的，风险较小；而股票期权在股票市场价低于行权价格时，激励对象面临损失，风险较大。

（4）激励与惩罚的对称性不同。限制性股票通过设定解锁条件及未能解锁后的处置规定，可以对激励对象进行直接的经济制裁；股票期权不具有惩罚性，若不能实现预先设定的条件，激励对象只是放弃行权，并不会造成实际的经济损失。

3. 业绩股票

业绩股票是股权激励的一种典型方式，是在年初确定一个较为合理的业绩目标，如果激励对象到年末时达到预定的目标，则企业授予其一定数量的股票或提取一定的奖励基金购买公司股票。业绩股票的流通变现通常有时间限制和数量限制。激励对象在若干年内经业绩考核通过后可以获准兑现规定比例的业绩股票，如果未能通过业绩考核或出现有损企业的行为、非正常离任等，则其未兑现部分的业绩股票将被取消。

对管理者的业绩股票激励具有以下特点。

（1）管理者的年度激励奖金建立在企业当年的经营业绩基础上，直接与当年利润挂钩，一般与当年企业的净资产收益率相联系。企业每年根据管理者的表现提取一定的奖励基金。

（2）企业奖励基金的使用通过按当时的市场价从二级市场上购买公司股票的方式完成。

（3）管理者持有的公司股票在行权时间上均有一定的限制。

（4）管理者的激励奖金在一开始就全部或部分转化为公司股票，实际上有一定的强制性。

4. 管理层收购

管理层收购（MBO）最初产生于20世纪70年代西方国家泡沫经济破裂下的杠杆收购浪潮。它其实是一种特殊形式的杠杆收购，即不是由战略投资人和金融（风险）投资人，而是由管理层借助金融杠杆购买公司股份，实行资产重组，改变所有权结构，从而达到管理层持股控制企业的目的。在我国国有企业、集体企业的转型过程中，MBO 具有特殊的制度创新意义。它不是一般性的融资收购解决代理成本，而是人力资源产权变革，是通过制度创新推进企业改革、实现经营者长期激励。

中国企业 MBO 实践有自己特殊的背景和问题。一方面，其收购主体不像西方企业那样是纯粹的管理层，大多是与职工持股制度相结合，由全体员工参与、由管理层主导的收购；另一方面，从融资系统、收购方式及操作过程和程序来看，中国企业 MBO 实际运作尚缺乏必要的金融支持系统，其借贷融资手段和渠道受法律和政策约束较大，采用杠杆收购的情况还不多，管理层多以自筹资金或私募投资为主进行企业改造，如以承包利润反购或通过定向扩股迂回逐期以资产融资收购股权来实现。

三、股权激励计划的关键点

设计股权激励计划时,需要重点关注激励路径、激励授予、归属与退出、成本分析与实施支持4个方面。

1. 激励路径

选择激励工具时,企业要比较激励工具的优、劣势,结合企业实际情况论证其适用性,基于不同的上市情况分析激励工具监管限制及可行性。同时,企业要综合考虑激励感知度、激励人数、管理灵活度、监管要求等多个维度,进行持股方式的选择。

2. 激励授予

在定价机制上,企业要借鉴市场实践,讨论各种定价方式的适用性,同时设定动态调整机制,确保不同授予时点的价格合理性。在激励范围上,企业要综合考虑岗位层级、业绩、历史贡献等相关因素,选择恰当的激励范围。在激励水平上,企业要在可接受的总量上限下,根据企业经营规划、资源与成本、市场实践确定授予总量,同时确定员工个人的激励水平,确保内部公平性。

3. 归属与退出

企业要通过锁定期与归属机制的设计,使股权激励计划与核心业务指标或个人绩效要求紧密联系,推动企业整体及阶段性战略目标的实现。在退出机制上,企业要明确股权激励的退出方式、退出价格,并明确离职等特殊情况发生时的处理方式。

4. 成本分析与实施支持

企业要科学评估激励可能带来的会计成本,并按照会计准备要求进行摊销。企业要关注股权激励计划实施的各个环节,包括沟通与信息披露等,确保达到预期的激励效果,并符合监管要求。

四、我国企业股权激励的现状

1. 目前的主要做法

股权激励有多种方式,在我国上市公司中较常见的是股票期权、限制性股票和管理层收购。

我国是从20世纪90年代初才开始引入股票期权的。在借鉴国外成功经验并有效结合本土实际情况的基础上，我国正在逐渐向国际市场靠拢。目前，股票期权激励在我国上市公司和非上市公司中都存在，但是因为缺乏完善的法律、法规作为指导，各企业在实施方式等方面存在差异。与国外企业成熟的激励机制不同，我国企业在股票期权实践中经验不足，还存在较多问题。

虽然股权激励方式呈现多元化，但是从我国沪、深两市上市公司的情况来看，在我国股票市场还不是很成熟的状况下，采用股票期权作为激励方式的企业占大多数。

2. 存在的主要问题

由于我国股权激励起步较晚，企业对股权激励的实施仍处于探索阶段，因此在实施股权激励的过程中不可避免地会遇到一些问题，有待进一步改善。

（1）绩效考核体系不完善。我国上市公司大部分是以业绩为导向来确定考核指标的，又多采用净利润率和加权平均净资产收益率这两个财务指标作为考核指标，非财务指标基本没有，考核指标比较传统和单一，不能全局反映管理者对企业现有业绩的贡献。企业应该根据自身特点、发展阶段、所处行业、未来发展目标等情况进行个性化的股权激励方案设计，而目前这样做的企业少之又少。

（2）企业潜在经营风险增加。我国大部分上市公司选择的股权激励方式为股票期权，股票期权分享的是企业市场价值的一部分，优点是对企业的现金流影响不大，缺点是股票期权的价值会受股价波动的影响。在目前我国股票市场不完善的情况下，上市公司采用这种方式对管理者进行激励，很可能会刺激管理者为达到股价目标值而采取不法手段，从某种程度上来讲，上市公司高层管理者可能会操纵股权激励，从而增加企业经营风险。

（3）企业治理结构存在问题，内部人员控制问题严重。我国在企业治理结构上实施的是决策权、经营管理权和监督权相分离，三权分别由股东会、董事会和监事会掌控，可以说在制度设置上是比较合理的，但在实际操作中会出现企业由内部人员控制的现象，并且此现象在国有控股上市公司中尤为明显。企业管理者的薪酬名义上是由董事会决定的，但是实际控制权往往仍然掌握在管理者自己手中。现实与理论的偏差造成了法人治理结构失衡。

（4）证券市场不完善。我国资本市场起步较晚，现在仍处于发展的初级阶段，内幕交易、市场投机等现象还十分突出。在这种情况下，公司股价并不是企业财务状况的真实反映，企业的经营业绩和未来发展能力变现也很可能被人为因素干扰。在这样的证券市场环境下，企业的价值无法得到正确的评价，股价大幅度变动现象时有发生。股权激励计划在相当大的程度上是由股价确定管理者薪酬的，股价不正常的大幅度波动无疑会使股权激励效果大打折扣。

（5）股权激励方案质量不高。要想股权激励充分发挥其激励作用，必须努力寻求评估股票期权真实价值及正确确定行权价格的方法。我国上市公司的股权激励方案整体质量仍然有待改善。有的行权成本高，出现行权时股票价格跌破行权价的现象，此时股权激励形同虚设；有的将股权激励的考核指标设置得很低，此时股权激励效果不明显。真正高质量的股权激励方案在我国上市公司中比较少见。

3. 改进措施

针对目前我国股权激励实践中存在的问题，提出以下改进意见和建议。

（1）完善绩效考核指标，建立综合的绩效考核体系。企业在传统的考核指标基础上，再引入新的考核指标，如现在正在大规模推广的经济增加值（EVA）指标。EVA指标充分考虑机会成本，能更准确地反映管理者为股东创造价值的能力。此外，除了以财务指标作为绩效考核指标外，企业可以根据自身的特点设计一些非财务指标作为对管理者的考核指标。考核指标设置的原则是尽量使管理者减少短期行为，在奖励内容上实施物质奖励和非物质奖励相结合，使绩效考核指标体系能更充分地评价企业潜在的竞争优势，使股权的激励作用得到最大限度的发挥。

（2）激励与约束两手都要抓，两手都要硬。股权激励是一种激励手段，但为保证激励作用有效发挥，降低实施过程中的风险，企业应该奖励和惩罚政策并举，对管理者行为进行充分的约束和监督，尽可能降低潜在经营风险。

（3）完善企业治理结构。产权界定模糊是我国企业制度建设的难点，产权界定不清会降低对管理者行为的约束，导致管理者发生"道德风险"的概率增大，因此完善的企业治理结构是股权激励机制发挥作用的重要前提。为减少大股东对小股东利益的侵害，一方面应该建立多元投资主体，避免大股东控制股东会的情况出现；另一方面应该完善董事会治理机制，增加外部独立董事在董事会中的比例，增强监事会的独立性，充分发挥其监督职能。

（4）健全法律、法规建设。采取股权激励机制涉及较多的法律、法规问题。法律、法规对参与主体、有效性、行权价等予以规范指导，使得股权激励计划变得有章可循。我国已陆续出台关于股权激励的管理办法，应进一步完善法律法规体系，在制度上保障股权激励有效实施。

（5）完善证券市场。股票的市场价值直接决定股权激励的行权收益，而证券市场的有效性对股票的市场价值起重要作用，因此证券市场的有效性就直接影响管理者的薪酬待遇。证券市场的有效运行对股权激励机制有效发挥作用有重要影响。只有当企业的经营成果、未来发展能力等通过证券市场得到及时正确的反映，股权激励方案才能对管理者起到最大限度的激励作用。证券监管部门应该加强市场规范，倡导理性投资，促进证券市场稳定、有序、健康发展。

（6）设计个性化的股权激励方案。股权激励方案应该根据企业的具体经营状况、行业背景、发展战略等进行个性化设计，制定合理的考核指标，提高激励方案的质量，使企业管理层得到最大限度的激励，从而设身处地地为企业的持续发展而努力。

第三节　群体薪酬

企业的成功不仅依赖于成功的个体（如管理者），也依赖于团队。20世纪90年代以来，为提高企业的灵活性，适应快速变化的环境，企业逐步转向以团队为基础的组织结构形态。与之相对应，强调团队合作的群体薪酬体系获得新生。与基于个体绩效的薪酬体系相比，群体薪酬体系会对团队成员的态度和行为产生不同的影响，进而会对企业的效率和竞争力产生不同的影响。

一、群体薪酬的含义

群体薪酬是以员工所处的团队、部门甚至整个组织的绩效为依据而支付的薪酬。这种薪酬支付方式隐含的前提是员工绩效主要取决于个人不可控但团队可控的因素，或者组织很难将团队绩效合理地分解为个人绩效并将其与员工个人努力联系起来。群体薪酬主要有员工持股计划、利润分享计划、收益分享计划等类型。

二、群体薪酬的基本类型

1. 员工持股计划

员工持股计划（ESOP）最初由美国企业金融投资律师路易斯·凯尔索于20世纪中叶提出。1958年，路易斯·凯尔索通过自己创办的投资银行，以股票红利作为抵押，给濒临破产的西海岸报社职工贷款，将该报社72%的股权转让给职工。这就是ESOP的最初实践。

ESOP开始主要适用于管理人员，美国国会在1975年实施的税收激励政策使得这类计划的适用范围扩大到更大范围的员工群体。企业使用员工股票期权计划为员工的退休计划筹资，并为工厂现代化改造、产品开发及商业扩张积累资金。近年来，企业逐渐使用员工股票期权计划为兼并筹集资金，并以此降低劳动力成本，提高员工士气，加强员工合作并增强企业凝聚力。

小企业在一开始就采用了ESOP。现在，大多数采用ESOP的企业规模仍然相当小，但已有越来越多的大企业对ESOP产生兴趣。

ESOP是指企业以员工名义购买股票，并以员工名义将这些股票存入员工股票期权计划信托基金中。如果用来购买股票的钱是借贷的，那么借款人将持有股票作为担保物直到贷款得到清偿。以员工名义购进股票的数量根据员工的薪酬或资历而定。存入员工账户的股份直到员工退休或离职时才能支取。如果员工股票期权计划用作退休计划，那么固定出资计划的规定和相应权利就应得到加强。

实施ESOP的企业认为，有了股票所有权，员工将会更有动力，生产力和利润都将上升，股票价格也将上升。员工被告知其通过员工股票期权计划成为企业的所有者，从而更多地参与决策。但也有研究表明，员工参与的程度与实施员工股票期权计划之前的程度相似，没有达到多数员工的预期。此外，一项对48家宣布实施ESOP企业的研究发现，股票价格在宣布实施员工股票期权计划之后很快上升了，但从长期来看，企业用资产利润率来衡量的营利性改善并不比同行业中的其他企业好。咨询公司对382家实施ESOP的企业及没有实施这一计划的企业进行了长达6年的研究。通过将相似、相同行业和规模的企业做对比，研究发现实施ESOP的企业股东收益率高出没有实施此计划的企业股东收益率约7个百分点，分别是26.1%和19.2%。在总结长期以来的各种研究后，美国员工所有权国家中心（NCEO）断定，员工持股计划及员工积极参与管理会使企业业绩获得巨大改善。

2. 利润分享计划

利润分享计划将员工的薪酬与企业的利润联系起来。建立利润分享计划一般需要解决以下几个问题。

（1）确定可用于分享的利润总额。一般来说，企业在实施利润分享计划前需要征得股东的同意，而且必须在年度总利润中扣除税金、股东红利、资本公积金等项目后才能在员工中进行分配。

（2）确定每名员工的利润分享份额。员工的利润分享份额可以根据员工的岗位等级、技能等级和绩效考核结果来综合确定，也可以完全根据绩效考核结果来确定。

（3）确定分享利润的支付方式。利润分享计划一般有3种支付方式：一是现金现付制，就是以现金方式即时兑付员工应得的利润份额；二是递延滚存制，就是将员工应得的利润份额存入员工账户，留待将来支付，这种形式通常与企业养老金计划结合在一起，而有的企业为达到降低员工流失率的目的，会规定员工在企业服务一定年限后才能获得这部分薪酬；三是混合制，这种方式是前两种方式的结合。

利润分享计划实施起来比较灵活，而且这种薪酬制度将员工个人利益与企业利益密切结合在一起,因而一度受到许多企业的青睐。但是这种薪酬制度的一个弊端是,多数员工并不感到其工作会对利润有直接影响,即使员工能够提高效率,也不能保证利润会增加,市场力量、全球竞争甚至是资产负债表上的会计处理方式都可能会影响利润。

3. 收益分享计划

收益分享计划是将成本节约带来的收益(或利润)在员工和企业间分摊的一项计划。由于多数员工不认为其工作会对利润产生直接的影响,因此以成本节约作为激励因素相对来说更能取得其配合。从这个意义上来说,收益分享计划尽管在某些时候也以利润形式出现,但其与利润分享计划相比还是有很大的不同。收益分享计划包括斯坎伦计划和拉克计划两种形式。

(1)斯坎伦计划

1)斯坎伦计划的操作步骤

①确定收益增加的来源。收益增加的来源包括生产率提高、成本节约、次品率下降、客户投诉率下降等。

②确定收益增加净额和可分配收益总额。计算出收益增加总额之后,企业还必须进行提留,得到收益增加净额,并在此基础上确定可用于分配的收益比例和收益总额。

③确定员工收益额。用可分配收益总额除以薪酬总额,得出分配的单价,然后用员工个人薪酬额乘以单价,就可以得到该员工分享的收益额。

2)斯坎伦计划的示例及其分析。按照斯坎伦计划,员工对所有成本节约的分享额由一种公式确定。表12-1为斯坎伦计划成本节约群体奖金的一个示例,其设计分为以下几步。

表12-1 斯坎伦计划成本节约群体奖金示例

变量	值
产品销售额	2 000 000 美元
标准薪酬成本	500 000 美元
薪酬成本和产品销售额的比率	500 000 美元/2 000 000 美元 ×100%=25%
当前薪酬成本	400 000 美元
实际节约金额	500 000 美元 −400 000 美元 =100 000 美元
储备金	25% × 100 000 美元 =25 000 美元
管理者份额	25% × 75 000 美元 =18 750 美元
员工份额	75% × 75 000 美元 =56 250 美元

①雇主确定薪酬成本和产值的比率。例如，假设支付500 000美元的薪酬生产的产品销售额达2 000 000美元，则薪酬成本和产值的比率是25%。

②雇主确定因效率的提高而产生的收益。例如，如果雇主将薪酬从500 000美元降到400 000美元，销售额仍是2 000 000美元，那么收益就是100 000美元。

③雇主对由员工分享的收益进行分配。例如，如果管理者和员工实现75%的成本节约，那么就有75 000美元将被作为奖金支付。在正常情况下，奖金在年底支付，那时企业已经为低劳动率时期预留了储备金，奖金是按员工薪酬与薪酬总额的比例支付的。

斯坎伦计划能促使员工对提高效率提出建议。

斯坎伦计划要求企业目标与员工个人目标一致。由于员工之间存在文化多样性，在不断变化的工作环境中，企业面临一项重大的任务，就是保持两者目标一致。同时，员工对平等有强烈的追求。收益分享计划必须公正地分配所创造的增值。跟所有的激励制度一样，斯坎伦计划的完整性植根于一种精确的基本标准的确定。除非有精确的基本标准，否则成本节约建议的真正价值就无法计算。在此计划实施中，员工要信任资方，否则其可能会把计划看成资方操纵员工的阴谋。

采用斯坎伦计划的企业并不多，其中的一个原因可能是其要求管理者对设立标准并保持这一制度承担相当大的责任，同时其也要求员工和管理者之间存在相当程度的信任。如果这些条件不具备，那么不实施斯坎伦计划可能是明智之举。

（2）拉克计划。拉克计划与斯坎伦计划的原理相同，但其分配计算公式要更复杂一些。具体操作步骤如下。

1）确定员工对价值增值的贡献率。价值增值等于产值减去物资消耗。员工对价值增值的贡献率等于薪酬总额与价值总额的比率，员工价值增值贡献率的倒数称为经济生产力指数。

2）确定预期生产价值。预期生产价值等于劳动成本与经济生产力指数的乘积。

3）确定生产成本节约总额。生产成本节约总额等于实际生产价值减去预期生产价值。

4）确定可分享的生产成本节约额。可分享的生产成本节约额为员工对价值增值的贡献率与生产成本节约总额的乘积。在实际分配时，需要在可分享的生产成本节约额的基础上按一定比例进行提留，扣除提留以后才是实际可用于分配的净值。

5）根据员工实际薪酬占薪酬总额的比例分享上述净值。

三、群体薪酬的问题

1. 群体激励计划的制订比个人激励计划的制订更复杂

对于群体激励计划尤其是小群体激励计划而言，企业必须分析现存的工作结构，以保证单位间或单位内的员工间有很强的相互依赖性。这种分析有利于鉴别那些阻碍实现计划、提高效率的因素。如果工作群体间存在依赖性，激励计划将不会分别计算各工作群体的激励。它应该确保所有对产出有贡献的人都能根据其对产出的贡献得到适当的报酬。这些问题如果没有在计划设计阶段得以解决，那么将严重影响计划的实施。

2. 员工对薪酬分配的偏好影响对群体激励的接受度

一些员工宁可接受因个人表现而获得的激励。如果企业雇佣了那些对群体激励反应不积极的个人主义者，那么可以选择通过培训修正其对群体激励的态度，或者将这些员工重新分配到那些奖励个人表现的单位。如果这类调整不成功，企业可以终止雇佣关系。

3. 企业文化和管理方式影响群体激励

群体激励计划的有效性依赖于高度信任和公开交流。如果管理方式充满强烈的独裁色彩，那么这种计划就不可能有效。

4. 员工参与度影响群体激励

员工对成本节约提建议的行为应受到企业的鼓励，企业应鼓励员工全身心地投入计划实施中，员工甚至有权对是否接受此计划进行投票。如果员工能够在加入计划之前就参与讨论，参与计划的制订，并且在实施阶段能够被明确地容纳进来，计划取得成功的可能性会大很多。

5. 来自同事的压力可能对群体激励产生反作用

来自同事的压力可能会对群体激励产生反作用。这种群体为保证群体一致性，不可能公开分析群体成员的建议，由此可能导致整体表现较差。

6. 基本资料获取困难

为发展一项激励制度，建立基本业绩的衡量标准以便将员工真正的表现与标准进行比较是相当重要的。而某些行业由于变化速度较快或由于产品市场竞争加剧，利润可能以一个相当快的速度下降，导致获取基本资料极其困难。

第四节　基于合伙制的薪酬模式

在移动互联网时代,合伙制正在逐步取代传统雇佣制。通过采用合伙制这种组织模式,管理者可以与优秀员工共同谋划,共享利润,共担风险。这使企业持续成功的概率最大化。

合伙制是一种新的企业组织机制和管理机制,它把资本雇佣人才变为资本与人才实现"共享、共创、共担",共同推动企业的创新与发展。合伙制可以使人资关系更加紧密,人才开发更加充分,内部管理更有效率,充分地激活核心团队。

一、合伙制的"三大关系"和"一个原则"

1."三大关系"

合伙制的"三大关系"内容如下。

(1)基于未来战略的重要性,通过长期捆绑机制(授予股权或分红权),重构人才与资本的关系。

(2)通过组织变革实现企业的"平台化"和"生态系统"模式,重构人才与组织的关系。

(3)通过管理去中心化,重构人才与上级的关系,实现扁平化管理。

2."一个原则"

合伙制的"一个原则"是:通过合伙人选拔机制和退出机制,确保"谁创造谁分享"原则,充分尊重人才。

二、合伙制的常见薪酬模式

1. 增量分红模式

传统雇佣模式的薪酬体系是:薪酬+提成+奖金+福利。增量分红模式是在传统薪酬体系下增加利润分红。企业可以先约定目标业绩与利润,当达到目标业绩与利润后,可以把超额或增量的利润分配给团队核心人员。存量可以按照企业90%、员工10%分配;增量部分可以按照企业50%、员工50%分配,体现激励性。

某超市面向一线店长、员工实行增量分红模式的合伙制,效果明显。实行合伙制后,员工人均薪酬从2 309元增加到2 623元,增加了14%;日均人效从1 610元提高到1 918元,升高了19%;离职率从6.83%降低到4.37%。

该超市合伙制的核心指标如下。
- 门店销售达成率≥100%,利润总额达成率≥100%。
- 门店奖金包总额=门店利润总额超额(减亏)部分×30%。
- 门店利润总额超额(减亏)部分=实际值-目标值。
- 奖金包设计:人员奖金=该职级奖金包÷该职级人数×分配系数×出勤系数。
- 约束指标:门店奖金上限为30万元,各职级的奖金是不一样的。

该超市合伙制中各职级的奖金包分配见表12-2。

表12-2　　某超市合伙制中各职级的奖金包分配

职级	奖金包分配
店长、店长助理	门店奖金包×8%
经理级	门店奖金包×9%
课长级	门店奖金包×13%
员工级	门店奖金包×70%

2. 虚拟股票模式

虚拟股票并不是真正的公司股票,本质上是一种分享制。这种模式将企业或事业部资产换算成若干股份,然后授予员工一定数量的股份。虚拟股票有分红权和资产增值收益权。这种模式对财务核算要求比较高,要特别设置好进入、调整、退出机制,特别是退出时的资产增值收益。

3. 实股注册模式

实股注册模式是指企业与核心高层管理人员合资成立公司,共同运营业务,根据出资额的多少确定股份比例,还可成立董事会,共同决策。在这种模式下,企业有控制权,员工有经营权和分配权。通过设置一定的期权池和激励机制,企业可以一步步过渡股份,激发员工的创业热情。这种模式需要员工具备一定的资金实力(或通过借贷解决)。

4. 风险投资模式

风险投资模式是指让员工成立子公司,总公司作为投资人只出钱不出力,员工出力也可出钱。例如,项目估值500万元,总公司投资100万元,占股20%,年底分红,总公司可要求确保资产回报率不低于某个比例。

5. 内部交易模式

内部交易模式是指由员工成立普通合伙企业，内部约定分红比例和经营机制。公司将产品以"成本价+合理利润"供给员工合伙企业，员工合伙企业利用公司的门店资源进行经营。公司不再给员工发薪酬，从雇佣员工变成与员工合作。

6. 项目跟投合伙模式

项目跟投合伙模式将公司的业绩、股市的表现、投资的风险与员工切实联系在一起。项目开发的过程中，项目所在区域公司的相关人员必须跟投，共享利益，共担风险，管理者必须将年终收入用来购买公司股票，使得所有人员的收入不再仅仅靠个人绩效考核确定，而是与公司收益、项目收益紧紧捆绑在一起。

三、建立合伙制的建议

1. 匹配好基础管理体系和企业文化

企业建立合伙制需要匹配好基础管理体系（薪酬与考核制度等）和企业文化，需要根据企业实际情况而定，不可盲目跟风。

2. 组合使用合伙制模式

每一种模式都有优缺点，可以单独使用也可以组合使用。企业应尽量规避合伙制模式的劣势，组合使用各模式，以发挥其优势。

3. 实行组织变革，寻找优秀合伙人

合伙制是企业未来发展的标配，把企业发展成平台和内部创业生态系统，进行组织变革刻不容缓。企业应让优秀的人才成为合伙人，实现人与人、人与平台、人与资本的"合伙"。

古人云："事有其长必有其短，扬长而避短，方能制胜。"

作为企业管理结构中的长期激励机制，股权激励一直以来被称作管理者的"金手铐"。如若恰当应用，股权激励将使管理者的薪酬与企业长期利益联系起来，激励管理者努力

工作以达到企业绩效与价值的预期目标；如若设计不当、约束不足，股权激励就会成为管理者"名正言顺"掠夺股东利益、谋取私利的工具，"金手铐"则可能变成白送的"金手表"。

在我国，股权激励不仅是一项重大的制度创新，而且是一场内涵深刻的"静悄悄的革命"。从20世纪80年代国有企业股份制改造，90年代经营层激励试点与MBO盛行，再到2005年底《上市公司股权激励管理办法（试行）》出台，2016年《上市公司股权激励管理办法》正式公布，2018年对该办法进行修订，股权激励制度逐步扎根于现实经济运行。数据显示，自2005年以来，股权激励呈现加速推广态势，可见，上市公司股权激励在我国已进入快速发展期。

然而，由于我国资本市场和现代企业制度建立的时间较短，股权激励制度实施的时间还不长，上市公司在实施股权激励的过程中，在外部环境、内在因素、操作技术等方面还面临许多疑难问题。这些问题严重制约股权激励制度的有效推行和健康发展，必须引起股权激励制度的决策者、参与者和执行者的高度重视。

例如，一些企业的股票期权在很大程度上已变成福利性制度；一些企业的股票期权购买价格大大低于当时的二级市场价格，行权条件太过宽松，有员工用辞职套现来规避行权期；一些企业的激励制度缺乏长期安排，或人为调整薪酬收入和利润，以获得较低的定价和未来较高的行权价；一些企业的人员操纵信息披露，配合市场违法投资者进行内幕交易和市场操纵等。

那么，如何才能防止本身应起到激励与约束作用的"金手铐"变成白送的"金手表"呢？

监管部门应敦促上市公司就股权激励进行必要的信息披露，要求中介机构对上市公司股权激励计划发表专业意见，为中小股东进一步提供维权机制，并通过各种途径对上市公司进行监督检查，加强对股权激励违规行为的责任追究。例如，若发现管理者在股权激励中营私舞弊、弄虚作假，可追缴其出售股权激励标的股票收益，并给予其他重罚。

上市公司则要加强独立董事和监事会对股权激励制度的评估审核监督，定期了解财务和经营状况，严控财务报表舞弊。例如，从股权激励的考核指标来看，目前广泛采取净利润和净资产收益率作为考核指标，这加大了人为操纵的可能性。指标体系的设计应结合采用财务指标（如净利润、投入产出率、成本利润率、EVA等）和非财务指标（如市场占有率、产品开发能力、客户满意度等），避免采用单一的即期财务指标。另外，应将企业的指标体系与同行业、同地区其他企业的指标体系相比较，消除外生变量对业绩的影响。

讨论题
1. 股权激励的本质是什么?
2. 应如何防止"金手铐"变成"金手表"?

本章思考题
1. 如何设计管理层的年薪?
2. 年薪制相比月薪制有哪些优、缺点?
3. 股权激励的原理是什么?
4. 股权激励的方式有哪些?

第六篇 劳动关系管理

- ✓ 第十三章 跨国企业人力资源管理
- ✓ 第十四章 重大事件管理
- ✓ 第十五章 构建和谐劳动关系

第十三章

跨国企业人力资源管理

引导案例

X公司是一家在高科技制造行业颇具影响力的中国企业。经过数十年的发展，公司从一家本土小型企业逐渐成长为国内行业领军者，并成功进军国际市场。随着全球经济的深度融合和"一带一路"倡议的推进，X公司积极响应国家号召，加速海外扩张步伐，寻求更广阔的发展空间。

在发展过程中，X公司始终坚持以市场为导向，以创新为驱动，不断优化产品结构，提升技术水平。通过持续的研发投入和市场拓展，公司逐渐在全球市场树立起了良好的品牌形象，产品远销多个国家和地区。

然而，随着海外市场的不断拓展，X公司也面临诸多挑战，其中最为突出的问题便是人才短缺。为了克服这一难题，公司决定加强人力资源管理，通过一系列措施吸引和留住国内外优秀人才，为企业海外投资提供有力的人才保障。

一、人力资源管理在推动企业海外投资中的角色

X公司深知人才是企业成功的关键，通过多渠道、多方式选拔和培养了一批具备国际化视野和跨文化沟通能力的人才。这些人才不仅具备丰富的行业经验，还具备出色的语言能力和跨文化交际能力，为公司在海外市场的顺利运营提供了有力的人才保障。

此外，X公司还注重与当地文化的融合。人力资源部通过深入了解当地文化习俗和商业环境，制定了符合当地特色的管理策略和薪酬福利体系，有效降低了文化冲突风险，提升了公司在当地的品牌形象和影响力。

二、人力资源管理在吸引国外人才方面的实践

随着全球化进程的加速，X公司意识到吸引和留住优秀的国外人才对于企业的长远发展至关重要。因此，公司人力资源部采取了一系列措施，积极吸引国外人才的加入。

首先，X公司建立了具有竞争力的薪酬福利体系。公司根据国外人才的需求和期望，

制定了高于当地市场水平的薪资和福利待遇，同时提供了丰富的职业发展机会和培训资源，让国外人才能够在公司获得更好的成长和发展空间。

其次，X公司注重打造国际化的工作环境和企业文化。公司积极引进国际化的管理理念和方法，鼓励员工之间的跨文化交流和合作，营造出开放、包容、创新的工作氛围。此外，公司还定期举办各类文化活动，增强团队凝聚力和员工的归属感。

最后，X公司积极与国外知名高校和研究机构建立合作关系。通过与这些机构的深度合作，公司不仅能够获取最新的人才资源信息，还能够参与到人才培养和引进项目中，从而更加精准地吸引和留住优秀的国外人才。

三、总结

X公司通过精准的人力资源管理策略，成功在海外市场实现了快速扩张，并吸引了一批优秀的国外人才加入。这一案例充分展示了人力资源管理在促进企业海外投资和吸引国外人才方面的重要作用。未来，随着全球化进程的不断推进和企业国际化战略的深入实施，人力资源管理将发挥更加重要的作用，推动企业实现更加稳健和可持续的发展。

案例思考

1. 人力资源管理如何促进国内企业的海外投资？
2. 人力资源管理如何帮助国内企业吸引国外人才？

第一节　全球化与人力资源管理

一、全球化的含义

全球化是指人类在全球规模基础上的发展及全球意识的崛起，国与国之间在政治、经济、贸易上相互依存。

从经济角度看，全球化具有以下4个特征：

第一，世界各国资源和生产要素在全球范围内持续流动。

第二，国家间经济联系不断加强，相互依赖程度日益提高。

第三，各国国内经济规则不断趋于一致。

第四，国际经济协调机制显著增多，各种多边或区域组织对世界经济的协调和约束作用越来越明显。

全球化有利于各国资本、产品和服务的全球性流动，有利于科技的全球性扩散，有利于促进不发达地区的经济发展。全球化给世界贸易带来了巨大的推动力。

全球化也是一把双刃剑。从劳工层面上来说，在发达国家，随着低技术岗位向发展中国家转移，失业率上升，劳动者的工作权利得不到保障；在发展中国家，跨国企业以低劳工标准雇佣员工，使劳动者处于相对贫困的境地，而当这些国家经济有所发展，出口产品增多时，又受到来自发达国家的压力，在没有充分准备的情况下，劳动薪酬不断提高，导致出口成本总体上升，国际市场竞争力开始下降。全球化加剧了国际市场竞争，导致企业面临更大的经营风险，经济实力薄弱和科学技术落后的发展中国家可能遭遇更大的发展阻力，贫富差距加大。

二、全球化对人力资源管理的影响

1. 全球化催生国际人力资源管理战略

全球化使人力资源管理所要面对的环境更加复杂，这就促使企业从全球化视角确立人力资源管理战略。人力资源管理由国内转向国际，不仅要保证企业在国内保持竞争优势，还要促进企业在国际上获得竞争优势。人才的招聘、培养、使用与激励均要从国际角度出发，以配合企业的全球化战略。

2. 全球化促进多元化员工管理与跨文化管理

跨国企业面临员工来源多样性的挑战。国际人力资源管理者需要管理不同国籍、民族、宗教的员工，这些员工的信仰、价值观、工作方式等受其国家经济、社会和文化的影响，表现出较大的差异性。一个国际化企业需要形成全体员工认可和接受的多元文化。如何进行多元化员工管理与跨文化管理是全球化时代人力资源管理需要解决的新课题。

3. 全球化造成跨国并购中的人力资源整合问题

跨国并购是全球化资源配置的重要方式之一。企业并购涉及产品、市场、技术、资本及人力资源的整合，其中，人力资源的整合具有统领效应。不同文化背景的员工在同一企业能否相互合作，取长补短，以及人力资源存量、企业文化、管理制度是否能够优化整合，是决定企业并购成败及能否保持和增强竞争力的关键。

4. 全球化导致人力资源管理事务更加复杂

人力资源的跨国流动，以及国内企业引进国外人才，或向国外派遣国内员工，或在东道国招聘与管理当地员工，都增加了人力资源管理的复杂性。通常，国内企业的管理理念、制度和方法与国外有较大的差别，安排不同国籍员工进行劳动组合与合作是一种极大的挑战。此外，国际人力资源管理还需要解决涉及员工个人生活事务的问题，如安全保障、住宿、健康医疗、子女教育等。

5. 全球化促使企业深入了解各国劳动法律制度

国际人力资源管理受国际环境的影响大，其中，受各国劳动法律制度的影响尤为大。各国都有与劳动力市场、劳动标准、劳动关系管理相关的法律、法规。从事国际贸易的企业需要了解贸易国对贸易伙伴的劳动政策与规定。从事国际投资的企业要了解投资企业所在国家的劳动法律制度，严格遵守当地法律规定，避免发生法律风险。

6. 全球化促进人力资源信息化发展

全球化扩大了企业人力资源的地域范围与工作内容，而基于互联网、智能化的人力资源管理信息系统为国际人力资源管理提供了便利。人力资源信息化带来了人力资源管理领域的全新变革，大大提高了事务性工作效率，使人力资源管理人员从繁杂重复的事务性工作中解脱出来，专注于咨询与参谋，以及执行企业战略决策。

第二节　国际人力资源管理

一、国际人力资源管理简介

国际人力资源管理主要是指跨国企业中的管理者对企业人力资源进行规划、组织、领导和控制，以实现企业战略目标的活动过程。企业可以通过很多方式参与国际化，如出口产品、授权经营、直接投资等。国际化参与方式不同，人力资源管理需要解决的重点问题也不同。

我国企业的传统国际化方式以出口贸易为主，人力资源管理主要涉及国内员工，管理的重点是招聘和管理国际贸易人才。随着企业对先进技术需求的增加，人力资源管理的重点开始转向国外人才的引进与管理。近十几年来，我国有许多企业逐步开始实施海外直接投资，因此招聘和派遣国内管理者和员工到海外任职，并招聘和管理东道国和第三国的员工成为国际人力资源管理的核心内容。

国际人力资源管理受到许多因素的影响，如东道国的政治、法律、发展水平、技术、文化等。跨国企业所面临的主要人力资源管理课题包括：招聘与培训当地管理者，雇佣当地的生产与销售人员，设计当地管理者的薪酬，增强海外子公司员工的忠诚度与积极性，用当地语言交流并了解当地文化，雇佣并培训国外技术人员，选拔与培训外派人员，外派管理者的晋升与调任，驻外人员的薪酬与福利，与国外工会谈判和处理劳动法律问题，评估管理者的驻外工作绩效，对国际人力资源系统化与连续化的管理等。

二、国外人才引进

我国企业引进国外人才应依据2017年人力资源社会保障部修订的《外国人在中国就业管理规定》执行。外国人在中国就业必须符合5项条件：年满18周岁，身体健康；具有从事其工作所必需的专业技能和相应的工作经历；无犯罪记录；有确定的聘用单位；持有有效护照或能代替护照的其他国际旅行证件。用人单位聘用外国人从事的岗位应是有特殊需要，国内暂缺适当人选，且不违反国家有关规定的岗位。

在中国就业的外国人应持Z字签证入境（有互免签证协议的，按协议办理），入境后取得"外国人就业证"（以下简称就业证）和外国人居留证件，方可在中国境内就业。未取得居留证件的外国人，在中国留学、实习的外国人及持Z字签证外国人的随行家属不得在中国就业。特殊情况应由用人单位按相关规定的审批程序申领许可证书，被聘用的外国人凭许可证书到公安机关改变身份，办理就业证、居留证件后方可就业。

对于一些特殊的国际人才，可免办就业许可和就业证。这些特殊的国际人才包括：由我国政府直接出资聘请的外籍专业技术和管理人员，或由国家机关和事业单位出资聘请，具有本国或国际权威技术管理部门或行业协会确认的高级技术职称或特殊技能资格证书的外籍专业技术人员和管理人员，并持有外国专家局签发的《外国专家证》的外国人；持有《外国人在中华人民共和国从事海上石油作业工作准证》从事海上石油作业、不需登陆、有特殊技能的外籍劳务人员；经文化和旅游部批准持《临时营业演出许可证》进行营业性文艺演出的外国人。

按照我国与外国政府间、国际组织间的协议、协定，执行中外合作交流项目受聘来中国工作的外国人和外国企业常驻中国代表机构中的首席代表、代表，入境后可凭Z字签证及有关证明直接办理就业证。

用人单位与被聘用的外国人应依法订立劳动合同。用人单位支付所聘用外国人的薪酬不得低于当地最低薪酬标准。劳动合同的期限最长不得超过5年。劳动合同期限届满即行终止，但依规定履行审批手续后可以续订。被聘用的外国人与用人单位签订的劳动合同期满时，其就业证即行失效。如需续订，用人单位应在原合同期满前30日内向劳动行政部门提出延长聘用时间的申请，经批准并办理就业证延期手续。被聘用的外国人与用人单位的劳动合同解除后，该用人单位应及时报告劳动、公安部门，交还该外国人的就业证和居留证件，并到公安机关办理出境手续。用人单位与被聘用的外国人发生劳动争议，应按照《中华人民共和国劳动法》和《中华人民共和国劳动争议调解仲裁法》处理。

三、国内人才外派

国内人才外派是指将国内员工派往海外工作。影响国内人才外派的主要因素有跨国企业的战略导向、各国的文化因素、国外分支机构所处的阶段、东道国的相关政策、外派的成本、合格的东道国员工来源是否充足等。

跨国企业应根据不同的发展阶段采取不同的人员配置方式。通常，在企业国际化经营的早期阶段，由总公司派遣中高层管理人员负责子公司运营，而在东道国招聘基层管理人员和一般员工。随着对东道国的不断了解和适应，跨国企业开始从东道国招聘中高层管理人员，并以当地利益为前提，开发当地人才资源，实现人员招聘本土化。当企业向全球企业过渡时，企业将从全球利益出发，不仅招聘母国和东道国人员，而且招聘第三国人员，在全球布局人力资源，全面招聘具有管理能力、创新精神和创新能力的人才。

然而国外一些研究发现，10%～20%的外派人员由于无法胜任工作、工作不满意或无法适应跨文化环境而提前归国；在完成任期的人员中，近30%无法达到预期目标；那些能够胜任海外工作的人员有25%在外派结束后一年内离职或跳槽。因此，外派人员管理的主要问题是招聘、培训和职业生涯规划。

外派人员招聘是国际人力资源管理的核心环节。与国内人员招聘相同，外派人员招聘也需要制定与职位要求相匹配的招聘标准。不同外派职位的要求具有一定的共性，均要求员工掌握专业或技术方面的技能，具备国际沟通交流能力，符合国际化发展需求，掌握必要的语言技能，得到家庭的支持。以上5个要素缺一不可。

不同的外派环境对外派人员的要求有所不同，外派人员招聘应结合各种环境因素进行。外派应考虑以下几个主要因素：任职时间长短、文化差异、与东道国员工沟通的能力、工作的复杂性和责任等。

充分的培训是外派工作成功的保障。员工的专业知识和技能固然重要，但由于海外工作需要面临全新的环境，外派人员的沟通能力和跨文化适应能力显得更重要。为帮助外派人员顺利克服跨文化所带来的种种困难，尽早进入最佳工作状态，充分的培训是必不可少的。

妥善的归国安置是留住外派人员的有效方式。一些研究表明，外派人员回国后离职的主要原因是期望的职业提升没有实现，回国后无法适应原公司的文化和工作内容，回国后因发现原来处于同一层级的同事已经升职而感到沮丧。通过职业生涯规划对归国人员做恰当安排，或通过培训帮助归国人员及其家属再适应国内的工作和生活环境，是保障外派人员归国后适应工作的有效方式。

第三节 跨文化人力资源管理

一、跨文化人力资源管理的含义

文化因素对人力资源管理具有全方位、全系统、全过程的影响。跨文化人力资源管理是指以提高劳动生产率及工作、生活质量，取得经济效益为目的，对来自不同文化背景的人力资源进行获取、保持、评价、发展、调整等的一系列管理过程。

跨文化人力资源管理的重要任务是解决文化冲突。文化冲突将影响跨国企业管理者与当地员工之间的和谐关系，造成员工与管理者沟通不良，甚至形成严重的对立，从而导致企业利益受损。

文化冲突在企业管理中主要表现为以下几种。

第一，管理决策冲突。文化差异会影响管理者的决策行为，以至于影响工作效率。不同的经营思想导致不同的决策机制，有的企业强调集体决策和集体管理，有的企业强调分层决策、独立决断和个人负责。

第二，经营理念冲突。对于一个企业来说，经营理念至关重要。有什么样的经营理念，就有什么样的企业。强调追求效率与强调追求公平就是两种不同的经营理念。跨国企业强调追求利益与强调和当地社会共同发展产生的结果是完全不同的。

第三，价值观冲突。共同的价值观是企业文化的核心，价值观冲突往往表现为更深层次、更大范围的矛盾。不同国家和社会的价值观有很大的差异，其表现在对待自然、人性、人与人、人与社会的态度差异上，跨国企业必须高度重视这些差异对企业运营管理的影响。

第四，劳动人事冲突。每个国家都有不同的劳工结构和劳工成本构成，这既给跨国企业提供了机会，也给跨国企业带来了挑战。例如，在招聘员工时，有些国家的企业习惯于强调个人经历、人际关系等，有些国家的企业则更多考虑员工的能力素质、贡献等，这造成较大的人力资源管理困难。

二、跨文化识别与整合

1. 文化差异识别

文化差异识别是对不同文化的感知与把握，是解决文化冲突的第一步。吉尔特·霍夫施泰德的研究提供了一个较好的识别框架。他发现各民族在与工作有关的各种价值观念方面有明显的差别，主要表现在 4 个方面：权力距离、不确定性规避、个人主义与集体主义倾向、阳刚气质与阴柔气质倾向。相关概念在本书第四章第一节已有介绍。

（1）权力距离。权力距离的大小可通过3个方面反映出来：一是对待人与人之间平等问题上不同国家的态度；二是不同国家企业管理中上级与下级之间的社会距离；三是不同国家的人际关系，以及社会成员相互之间的依赖程度。

（2）不确定性规避。不确定性规避表现为企业是否提供较大的职业安全，是否建立更正式的规则，是否容忍偏离观点和行为，是否采取绝对知识和专家评定手段等。在强不确定性规避的文化中，社会成员被鼓励去开辟未来，战胜困难；在弱不确定性规避的文化中，社会成员被教育要学会接受风险，接受不同的行为，并且要忍耐。

（3）个人主义与集体主义倾向。个人主义倾向社会组织结构松散，人们只关心自己及最亲密的家人；集体主义倾向社会组织结构紧密，个人对集体的忠诚。

（4）阳刚气质与阴柔气质倾向。阳刚气质倾向的社会中，人们自信，追求金钱和物质，不关心他人，重视个人生活质量；阴柔气质倾向的社会则情况相反。

2. 文化整合

解决文化冲突有凌越、妥协、协同3个方案。

（1）凌越。凌越是指在企业中，某种文化凌驾于其他文化之上。这种文化支配企业的决策和管理行为，其他文化则受到这种文化的压制。这种方案能够促使企业文化在短期内形成，但是不利于博采众长。其他文化长期受到压制，其成员很容易产生反感情绪，这样容易加剧冲突。

（2）妥协。妥协是指用忽略、回避文化差异的方式做到求同存异。这种方案通过对企业中的文化差异采取折中与退让来实现内部和谐与稳定。妥协所带来的和谐与稳定往往危机四伏。因此，只有在企业内部文化差异很小时才会采用这种方案。

（3）协同。协同是指正视和重视文化差异，通过相互尊重、补充、协调形成新的企业文化。这种方案体现了文化间的相互包容与相互融合，稳定性较强。

文化整合是较佳的企业文化冲突解决方案。

文化整合就是在跨国企业中建立共同管理文化。合资双方在共同利益的基础上，通过共同管理，相互了解、协调形成新的管理文化或模式，在观念达成共识的基础上，再决定生产经营行为、组织结构和相应的企业法规制度。

三、跨文化人力资源管理的促进

文化冲突通常是由于总公司对东道国文化不了解而产生的。具体而言，产生文化冲突的原因有：管理层以自己的文化为中心，管理习惯在当地不适用，对文化认识不够全面，

态度不够端正,沟通不良,具有文化优越感等。

要促进跨文化人力资源管理,应该注意以下几方面。

1. 进行跨文化培训

跨文化培训是跨文化管理的重心所在。由于工作习惯、企业体制、管理方法的差异,有必要对跨国企业员工进行相关培训。例如,日本某公司为开拓国际市场,在美国檀香山设立培训中心,开设跨文化沟通课程,培养国际人才。现在,该公司的跨文化管理课程除用于培训本公司人员外,还用于其他公司和国家跨文化管理人才培训。

2. 建立有针对性的绩效考核机制

对于不同东道国外派人员的绩效考核,除了应区别于总公司的绩效考核方式外,还应视经营情况、市场环境的复杂性,采用有针对性的绩效考核方式。其中,定性考核与定量考核相结合的考核方式比较适用于外派人员的绩效考核。在实际考核中,外派人员考核可与相关的上下级考核、自我考核、客户评价等相结合,也可由总公司派出专业的考核审计小组对所有外派人员进行系统评估。

3. 制定有效的员工激励策略

跨国企业在制定考核和激励制度时,要正确理解和认识文化差异,把总公司的企业文化与东道国文化有机融合,在形成独特文化内核的同时,将企业成员的个人发展与企业发展有机结合起来,制定有效的激励策略,让来自不同文化背景的员工能尽心尽力地为本企业工作。

4. 建立合理的薪酬与福利制度

国家之间存在劳动力成本差异,跨国企业应根据当地劳动力成本情况制定企业薪酬战略,根据企业自身实力来选择薪酬方案,根据员工绩效制定员工的可变薪酬。尤其是外派人员的薪酬,要与当事人的绩效能力及东道国的生活水平相适应。基于员工不同的文化、信仰、生活方式,企业可以提供除基础性福利以外的选择性福利。

A公司是一家中国纺织出口加工企业,与客户一直保持着良好的关系。一位南美洲客户向A公司询问是否可到其国家设立一家企业,因为在中国采购的成本开始逐渐增加,

而且这位客户也想扩大产品销量，目前出口的产品数量已经无法满足市场需求。

A公司其实也想将生产基地转移，由于企业所在地土地资源稀缺及招工难，人工成本上升，公司曾一度想向西部地区转移。由于公司的主要市场是国外，将生产基地迁到西部地区会导致运输成本大为增加，而且当地其他经营成本并不低。因此，公司一直没有转移生产基地。

南美洲客户的询问引起了公司股东的兴趣。股东觉得公司与这位客户已经有近20年的生意往来，双方之间已经建立了良好的信任关系，与客户合作建立合资企业应该不会有太大的风险。但是由于在国外建厂，人生地不熟，而且客户只是一家当地贸易公司，根本没有办厂的经验，整个工厂的生产经营管理还要由A公司负责。要管理海外工厂，首先面临的是语言沟通问题，公司里除了外贸部十几个大学生懂英语外，没有人会说东道国的语言。另外，公司对东道国的政治、经济、社会、文化也不是太了解。A公司领导发现，由于这几年没有招聘和培养能够到国外办企业的员工，当全球化来临的时候，公司派不出合适的人才。

讨论题

1. 全球化对企业人力资源管理提出了什么要求？
2. A公司要如何做才能满足海外投资时的人才需求？

本章思考题

1. 全球化的含义是什么？
2. 简述全球化对人力资源管理的影响。
3. 简述跨文化人力资源管理中的文化冲突。

第十四章 重大事件管理

某公司发生液氨泄漏事故,造成了人员伤亡。

经调查,本起事故的原因是公司违规设计、违规施工和违规生产,公司管理人员及特种作业人员未取证上岗,公司未对员工进行有针对性的安全教育和培训,未对临时招用的工人进行安全三级教育,未告知作业场所存在的危险因素。根据调查事实和有关法律规定,事故直接责任人被移送司法机关处理。

案例思考
1. 在重大突发事件的预防工作中,企业人力资源部的职责是什么?
2. 企业人力资源部应如何做好善后工作?

第一节 员工问题管理

一、员工问题的特征

员工问题是在市场经济条件下,员工为尽力争取合理的薪酬、工时、劳动安全及其他与自身利益密切相关的事项而引发的与雇主之间利益冲突的问题,是劳资双方围绕生产控制权和收入分配权发生的冲突。员工问题是会对劳动者和社会整体造成负面影响,不为占社会主导地位的利益群体和组织所接受,因而需要采取集体行动进行干预的社会现象。

1. 员工问题是劳资关系冲突的一种表现

在市场经济条件下，掌握生产资料的企业（资方）以追求利润最大化为目标，尽可能地增加产出与降低成本，因此往往会延长员工（劳动者）工作时间，给予较低的劳动报酬与较差的劳动条件。而员工为争取自己的最大利益，会通过积极的方式（如集体谈判等）或消极的方式（如怠工等）争取自己的权益。

2. 员工问题是一种客观存在的社会现象

由于劳资双方本身的矛盾，以及现有条件不可能使双方均获得满足，因此员工问题不可能完全彻底地被消灭，只能减少其造成的损害。一项员工问题解决后，还会产生新的员工问题。在不同的发展阶段，员工问题的内容不同。员工问题是一个不断发现和解决的过程。

3. 员工问题是占社会主导地位的利益群体不可接受的劳资矛盾

员工问题是在特定条件下由劳资矛盾转化而成的。只有特定的利益群体或权力阶层不可接受的矛盾事实出现时，才会成为员工问题。人们对什么样的劳资矛盾不可接受的认识和界定受社会主流价值观和思维模式影响，对于员工问题的认识和判断在不同的阶段是不同的。

4. 员工问题是社会性问题

员工问题的产生原因、内容、形式及后果均具有社会性。员工问题并不是个别劳动者产生的，它不是个别劳动者、个别劳动关系的矛盾事实或利益冲突，而是群体性、社会性现象。员工问题涉及的矛盾或利益冲突处理不当会造成社会性后果。因此，员工问题具有社会性，解决员工问题需要全社会的努力。

二、员工问题的内容

员工问题涉及范围较广，几乎所有引发员工与雇主之间利益冲突的问题均可导致员工问题，通常包括3个部分：一是员工保障问题，如工作安全、薪酬等；二是员工与企业关系问题，如劳动争议等；三是员工与社会方面的问题，如社会保障等。

常见的员工问题如下。

1. 员工保障问题

（1）薪酬与福利。薪酬与福利方面的问题包括工资支付不及时、工资低于最低工资标准、薪酬结构不公平、福利待遇不佳等。

（2）工作安全与健康。工作安全与健康方面的问题包括工作环境危险、缺乏必要的安全防护措施、职业病、过度劳累、心理健康问题等。

（3）工作时间与休假。工作时间与休假方面的问题包括超时工作未获报酬、休息日和法定节假日工作未获报酬、年假安排不合理等。

（4）合同与雇佣条件。合同与雇佣条件方面的问题包括劳动合同不规范、非法解雇、变更工作条件未通知或协商、滥用试用期等。

2. 员工与企业关系问题

（1）劳动争议。劳动争议包括工资纠纷、晋升机会不公、工作职责界定不清、工作评价不公等。

（2）沟通与参与。沟通与参与方面的问题包括上下级沟通障碍、员工意见和建议被忽视、政策缺乏透明度、员工缺乏参与决策的机会等。

（3）企业文化与氛围。企业文化与氛围方面的问题包括职场欺凌、性骚扰、歧视（性别、年龄、种族等）、团队合作不佳、工作压力大等。

（4）职业发展。职业发展方面的问题包括晋升机会有限、培训与发展资源不足、职业规划指导缺失、技能不匹配等。

3. 员工与社会方面的问题

（1）社会保障。社会保障方面的问题包括社会保险缴纳不规范，养老金、医疗保险、工伤保险等方面的问题。

（2）工作与生活平衡。工作与生活平衡方面的问题包括长时间工作影响家庭生活、缺乏弹性工作制度、员工薪酬不足以支持家庭需求等。

（3）社会认同感与归属感。社会认同感与归属感方面的问题包括企业在社会责任活动中的参与度低、员工对企业价值观不认同、员工难以融入社区等。

（4）法律权益保护。法律权益保护方面的问题包括员工面临法律诉讼时获得的支持不足、对劳动法律法规认知不足导致权益受损等。

以上问题反映了员工在职场中可能遭遇的各种挑战，企业需要通过建立健全的管理制度、增强内部沟通、提供足够的培训与支持、营造积极的企业文化等方式来有效应对这些问题，以维护良好的员工关系，促进企业的长期稳定发展。

三、员工问题的产生原因

员工问题的产生原因有多种，其根本原因是员工与用人单位利益诉求不同。它是员工的保障需求与社会整体的需求得不到满足的结果。

1. 经济发展模式有缺陷

减少员工问题需要经济支持。员工问题频发的主要原因之一是经济因素。在市场竞争中，廉价劳动力成为企业最锋利的武器，为追求这一成本优势，企业往往会降低员工薪酬水平，损害员工权益。

2. 技术发展

一般来说，技术发展会提高人们的生活水平，也会提高用工标准。技术发展提高了生产效率，从而会减少企业用工，特别是低技术含量的劳动将更多地由机械完成，由此造成失业人数增加，造成操作岗位的劳动力供大于求。在这种情形下，有些岗位的劳动报酬不可能提高，由此可能引发员工问题。

3. 企业法律意识淡薄，法律法规不完善

法律法规是遏制员工问题最有力的武器。我国在这方面已经做了大量工作，颁布了许多法律法规。但是，有些法律法规的规定较原则化，在处理具体的员工问题时往往缺乏操作性。此外，有些企业缺乏法律意识，不能很好地遵守相关法律法规。

4. 员工与用人单位价值观不同

企业缺乏社会责任感与道德感，将员工视为获取利润的工具，为追求利润最大化，常常会降低薪酬。随着员工维权意识的增强，劳动争议案件增多。

5. 社会价值观变化

员工问题与社会价值观相关。随着社会文明的进步，员工问题的表现形式也有所不同。在经济不发达时期，人们可能只关心劳动报酬，而不关注其他劳动条件。但随着生活质量的改善，员工不仅关注劳动报酬，也关注劳动条件，关注自己在工作中的精神与心理情况，以及工作与生活的平衡。因此，感受到工作中的压抑和不公平对待也被视为一种员工问题。

第二节　企业裁员管理

企业所处的经营环境经常会发生变化，特别是在市场竞争趋于激烈的情况下，更有可能面临各种严峻的考验。企业必须采取相应的调整策略以保证自身的生存和发展，裁员便

是其中之一。如何从竞争的角度正视裁员，从系统性的角度实施裁员，从战略的高度超越裁员，是人力资源管理人员需要长期研究和探索的问题。

一、裁员的定义

裁员通常指企业裁减员工，表现为在员工无过失的情况下，企业单方面解除与员工的劳动关系。根据国家劳动法规和地方劳动法规，裁员必须符合相关规定并事先与工会沟通。

二、从竞争的角度正视裁员

裁员与员工、企业、客户三者之间的关系密切相关。员工为企业服务，企业为客户提供产品，满足客户需求，三者是相互关联的。当这些关系中的某些环节出现问题时，就会引起裁员。

1. 企业的生存环境

企业通过向市场（客户）提供有附加值的产品，持续满足客户不断变化的需求。客户需求呈现多样性，涉及产品的功能、质量、价格、服务、形象等。由于提供同样产品的企业不止一个，因此企业之间产生了竞争，企业生存和发展的基础就是客户满意。

市场最终决定一家企业是否要裁员。企业如何满足客户的需求呢？通过生产要素来实现。生产要素包括资本和人力资源。资本包括资金、厂房、设备、技术，还有无形资产；人力资源就是员工队伍。企业的生产能力由其生产要素决定，因此当企业的市场扩大时，需要扩大生产能力，增加生产要素，包括添置设备、引进新技术、招聘新员工等。反之，当企业的市场缩小时，需要的生产能力也自然减小，资本和人力资源的投入也必须相应减少，从而降低成本。企业从成本的角度考虑，不得不处置闲置设备，解雇多余员工，此时裁员就不可避免。

一般来说，企业会通过外部人力资源市场来调节其人力资源需求。人力资源市场像蓄水池，人力是市场的一种资源，缺了就购买，多了就重新退回池中。企业只需要对其发展有用的人，这是企业竞争的必然结果。

如今，企业的竞争加剧，成本压力日趋增大，因此企业把调整人力资源需求作为生存发展和提升竞争力的重要手段之一。

2. 人力资源的特殊性

作为生产要素之一，人力资源与资本相比有其特殊性，具体表现在以下 4 个方面。

（1）法定的契约关系。企业使用人力资源，即雇佣员工，必须根据劳动法规签订劳动合同，使双方形成契约关系，并详细规定双方的责任和义务。

（2）成本的持续性。资本的成本一般是一次性投入的，但是人力资源的成本是持续的，包括薪酬、奖金、福利、补贴等直接开支，还有办公、差旅等间接开支，这些开支对企业来说是主要开支，所以人力资源成本对企业的运营影响较大。

（3）处置难度高。法律法规对解除劳动关系有严格的规定，包括提出正当理由、支付经济补偿金等各方面，因此裁员的手续复杂，耗时长，成本很高。

（4）社会影响大。裁员涉及员工家庭生活和社会稳定，新闻媒体的报道也加大了裁员的负面影响。

3. 裁员的外部因素和内部因素

企业裁员是一个复杂决策过程，通常受到多种内外部因素共同影响。

（1）外部因素

1）经济环境变化。经济衰退、经济增长放缓、金融危机等都可能导致市场需求下降，企业收入减少，从而不得不通过裁员来降低成本。

2）行业变革。技术进步、市场趋势变化、消费者偏好转移等都可能迫使企业调整战略，例如缩减某些业务线，导致裁员。

3）政策环境变化。政府发布反垄断政策、调整税收政策、变更劳动法律法规等外部政策环境的变化，可能增加企业运营成本或限制其业务范围，导致裁员。

4）竞争加剧。行业内竞争激烈，市场份额争夺战可能导致企业利润压缩，为了保持竞争力，企业可能会选择裁员以降低开支。

5）突发事件影响。全球性公共卫生事件等突发事件可严重影响供应链、市场需求和企业运营，迫使企业采取裁员措施。

（2）内部因素

1）财务状况不佳。企业如果长期亏损、现金流紧张或负债累累，可能需要通过裁员来减轻财务压力。

2）内部管理不良。生产效率低下、成本控制不严、管理不善等内部管理问题，可能导致企业不得不通过裁员来改善经营情况。

3）战略调整。企业战略转型、业务重组或并购后整合过程中，可能需要裁减冗余职位或不符合新战略方向的部门。

4）技术创新。自动化、人工智能等技术的应用提高了生产效率，减少了对人力的需求，企业可能因此而裁员。

5）员工绩效不佳。企业需要保持人力资源的质量，员工的工作能力不符合工作岗位要求或业绩不达标时，企业可能会根据绩效考核结果解聘那些业绩不佳、不能满足企业发展需要的员工。

综合来看，企业裁员是多维度考量的结果，企业需要在确保自身生存和发展的同时，处理好裁员带来的社会影响和内部管理挑战。

4. 企业组织模型变化

裁员是企业内部的人力资源调整，是一种组织重建。

在全球经济一体化的形势下，企业的结构和管理系统正经历革命性变革，形成了一种全新的企业组织模型。企业组织新、旧模型的特征对比见表14-1。

表14-1　　　　　　　　　企业组织新、旧模型的特征对比

旧模型特征	新模型特征
个人职位/工作是组织的基本单位	团队是组织的基本单位
与外界关系由专门的"协调者"处理	与外界结成紧密的网络
信息纵向流动	信息横向和纵向流动
决策向下传递，信息向上流动	在信息所在地做出决策
结构高耸（管理层次多）	结构扁平（管理层次少）
强调结构	强调过程
强调规则和标准程序	强调结果和产出
固定工时和长工时	工作时间灵活，兼职很常见
标准化的评价和奖励系统	适当的评价和奖励系统
对行为有强烈期望的单一强势文化	观点和行为多样化
被专门化和聚焦的是个体	被专门化和聚焦的是组织
按照所在国家来定义环境	环境被看作是全球性的
地域中心性	国际性

新企业组织模型的重要特征是：组织变得精干、扁平、灵活，以团队为基础，与客户和供应商结成紧密的网络，重视质量，运作上具有全球性。

显然，在新组织模型逐步取代旧组织模型的过程中，下述3个层次受到了广泛而深刻的影响。

（1）管理者个人的能力。

（2）组织的结构和文化。

（3）组织与其环境之间的关系。

日益激烈的全球化竞争迫使企业不得不转变传统的组织模式，然而新的组织模式给每个员工带来巨大的挑战，要求个人技能做出相应的跟进，由此也导致聘用关系和工作理念的深刻变化。新、旧两种职业状态对比见表 14-2。

表 14-2　　　　　　　　　　　　　新、旧职业状态对比

旧的职业状态	新的职业状态
全日制长期合同	临时性兼职合同
保障就业	有条件的就业形式
从一而终的职业选择	职业反复变化
终身的单一工作	同时兼任几项工作
终身处于一个组织	处于几个组织
有规律的职位提升	维持聘用
多层面的等级制度	层次减少的扁平化结构
可预测的工作变动方向	不可预测的工作变动方向
内部劳动力市场	外部劳动力市场
组织管理职业	个人管理职业
组织发展个人	个人自我发展
国内职业	国际职业

在传统的企业组织模型中，员工普遍认为企业应该为其提供一个工作稳定、薪酬逐年增长并且职业方向可以预测的工作环境。现在看来这种期望将成为历史，新的聘用观念正在发展中逐渐形成。员工不但要冒更多的职业风险，而且工作也没有绝对的保障。在技术发展和职业进步方面，员工要承担更多的责任，通过不断学习来提高自己，以获得适应企业环境变化的个人技能，否则就会在新的组织模式下被淘汰。"物竞天择，适者生存"这条古老原始的自然进化法则可能成为新经济形势下组织和个人生存的基本规则。

5. 裁员的正面效应和负面效应

（1）正面效应。通过裁员分流，企业可以降低人力资源成本和运营成本。如果裁员包含重组或停工（如间断性工作，减少某一层次，部门单元合并，重新设计任务），企业还可以借此提高劳动生产率和市场反应速度，优化人员与岗位的匹配关系，提高员工素质，激发在岗人员的自我提高欲望。裁员的同时，企业更要加强核心竞争力建设，如增加资金

投入或为核心部门招聘一流人才，实行更加有效的激励措施等。

（2）负面效应。企业裁员产生的影响是多方面的，其负面效应主要表现在以下几个方面。

1）影响企业和外部组织（客户、供应商、政府）之间的业务往来关系。如果被裁员工的工作是跟外部组织打交道，那么员工的离职会使相关外部组织与本企业的联络受到影响。

2）影响企业内部的业务操作。

3）对留职员工造成心理压力。从大多数企业裁员的实施经验来看，如果留职员工感到企业的裁员过程不公平，其工作积极性就会受到影响；如果裁员过度，员工就会出现保守、恐惧、畏缩、麻木等反应。

4）威胁提倡长期服务的企业文化。企业有必要重新定义自己的企业文化，判断提倡长期服务是否仍然适应企业的战略发展目标。

三、从系统性的角度实施裁员

1. 裁员策略

裁员的决策权在企业最高管理层。企业决定裁员或者执行总部的裁员计划后，由各级经理人员有组织、有计划、有目的地根据标准程序执行裁员计划。

裁员是一个包含着一系列具体行动如暂时停工、聘用冻结、外包及部门裁并和组合的过程。裁员是有目的、有组织的一系列活动，设计这些活动是为了提高企业的效率和业绩，这些活动大大影响了企业的雇佣规模、成本和生产过程。

裁员策略包括削减策略、重新设计策略和系统性策略。

（1）削减策略。削减策略着重于直接减少员工数量，包括转移和闲置、停工补偿、持续性裁员、提供退职补偿金、解雇等活动。通常这些活动是自上而下，在一定减员比例的硬性指标下完成的，一般在整个组织机构或一个主要部门内实施。

（2）重新设计策略。重新设计策略首先对相关部门和工作岗位进行合并或重组，然后确定每个岗位的员工数量和资质要求，最后解雇不适合新组织结构的员工。重新设计策略包括终止部分功能部门、取消不必要的管理层次、部门裁并、重新设计工作流程、减少工作时间等活动。在执行这种策略的过程中，企业与客户、供应商、分销商的关系有可能受到破坏，因此必须在实施前进行细致的沟通工作，以确保业务正常运行，过渡顺畅。

（3）系统性策略。系统性策略属于企业战略层面的策略，比重新设计策略层次高，具有一定的前瞻性，而不仅仅是被动应对，其影响范围广（包括上游供应商、下游客户、咨询机构等）。它着重优化企业内部的业务流程系统（包括营销、生产、物流、财务、人力资源等），塑造开放的企业文化，引导员工的工作态度和价值观，而不仅仅是改变劳动力规模或者工作结构层次。

系统性策略表现出两方面的系统性：内部系统性和外部系统性。采取系统性策略的裁员完全为企业经营战略服务，是一种动态的、持续改进的过程，而不仅仅是一个程序或一个短期目标。

由于系统性策略秉持长期理念，因此可能并不会立即产生削减策略所能带来的种种改进效果。要使这种策略发挥作用，企业需要在员工培训、系统诊断、团队组合等方面进行提前投资。

2. 裁员程序

以上3种裁员策略的分析表明，系统性策略比其他两种策略更有效。当然，这3种裁员策略并不完全相互排斥，而是可以组合使用，达成最佳效果。裁员成功的企业往往会根据实际情况，将3种策略合而为一，这样可以避免单一地实施削减策略或重新设计策略时产生的负面影响。

裁员程序如下。

（1）做出裁员决策。在裁员决策阶段，企业应明确裁员的理由和目的，与内部的相关部门和外部的相关机构达成共识。一旦企业最高决策层决定采取裁员措施，就必须首先明确此次裁员的理由和目的，选择实现裁员的最佳手段。

企业要充分利用已公开的有利于说明裁员原因的新闻报道和官方文件信息，编制对内和对外口径一致的裁员理由报告。达到相关法律规定应报送劳动行政部门的裁员人数或比例的，应报送相应的劳动行政部门。

（2）确定裁员名单。根据企业裁员的目的，依据劳动法规和企业人事管理规章制度，各部门经理要快速、准确、合理地确定裁员对象并列出名单，同时提供相应的考核意见和实施建议。所列人员的情况经过核实，在没有违反政府和企业有关法规和规章的条件下（如法律对在医疗期、孕期、产期、哺乳期的员工有特殊规定）呈送总裁批准。对名单中涉及的特殊利益人群，企业要从长远利益和根本利益出发予以平衡。

（3）核算裁员经济补偿。根据《中华人民共和国劳动法》《中华人民共和国劳动合同法》和企业劳动合同或人事管理手册中的有关裁员规定的补偿条款，核算被裁员工的经济补偿。若企业约定高于法定标准，则按就高原则处理。在任何情况下，企业的核算结果都不能低于法定标准。

（4）准备裁员协议书。在和员工沟通前，要准备好裁员协议书范本，内容包括解雇理由、正式离开企业日期、经济补偿的金额和发放程序、社保转移手续、劳动关系终止手续、工作交接安排、企业财物返还、仲裁和诉讼条款等。一般来说，范本分为两种：一种是双方协商一致的协议书，主要表达员工愿意接受企业的安排，同意解除劳动合同，获得经核算批准的经济补偿；另一种是单方解除劳动合同通知书，是主要表达员工拒绝接受企业裁员决定，只是企业单方面解除劳动合同的通知书，若员工愿意签收，就作为协商记录，反之就作为信息送达备案记录。

（5）对实施裁员工作的人员进行培训。企业人力资源部要对所有直接面对被裁员工的直线经理或人事主管进行专题培训，内容涉及企业裁员的目的和法律依据、裁员计划及其操作步骤、裁员沟通策略和技能、裁员补偿金的核算标准、裁员过程中特殊情况的处理方法、裁员不服的仲裁及诉讼程序等。

3. 企业裁员面谈步骤

裁员面谈由员工的直线经理（必须达到规定级别）来主持，目的是保证员工理性接受裁员事实。一般来说，有效的裁员面谈包括以下步骤。

（1）精心设计。对裁员面谈需要进行精心设计，并注意以下几点。

1）将面谈时间安排在实施裁员的第一个星期的第一天。

2）确定被裁员工会如期赴约。

3）绝不要通过电话通知员工裁员的决定。

4）选一个小会议室，而不是在直线经理的办公室，保证会谈的良好环境。

5）事先准备好两份裁员协议书，一份给员工，另一份留作面谈材料。

6）谈话时必须有两个或两个以上代表企业的人员参加，一人主谈，一人记录，谈话内容由双方签字认可。

（2）抓住重点，告知裁员决定。不要通过寒暄或谈论其他无关紧要的事情来旁敲侧击，员工一进入会议室，稍事休息，就告诉其企业的裁员决定。

（3）说明情况。简短地用三四句话说明裁员的背景和原因，不要伤害员工个人的自尊。同时，要强调这个决定是最后的、不可更改的决定，企业对这种情况已做了较为全面的调查，各级管理人员都同意，也考虑过所有有关因素，如工作绩效、工作量、企业战略等。如果必要，可当场出示工作绩效材料作为裁员依据。说明情况的时间控制为 15~20 分钟。

（4）倾听。面谈重要的是认真倾听员工的想法，直到员工能放松地谈话，能比较心平气和地接受自己被解雇的事实及将得到的全部补偿。不要陷入争执，而要重视员工的想法，积极地倾听并让员工开口讲话，有效地控制沟通。

（5）讨论经济补偿。要认真说明裁员经济补偿确定标准和金额，领取经济补偿的途径，以及处理意见的方式，无论如何都不应有任何超出既定补贴范围的暗示。

（6）确定下一步。接受被裁的员工可能会迷失方向，不清楚下一步要做什么。面谈者应当准备一份离职手续指导，提示员工离开会议室后去哪里办理离职手续。

高度重视裁员面谈，做好以上 6 步工作，有利于缓解员工的心理压力，表达对员工的尊重，具有十分重要的实际意义。

4. 实施裁员阶段的注意事项

在裁员过程中会发生一些意料之外的事情，必须把握总原则，以确保裁员操作顺利、平稳、安全。总原则具体如下。

（1）采取合法性措施。企业应加强合同管理，根据员工的性质，结合对业务的预测，灵活制定合同期限；审核并规范人力资源部所有现行的具有法律效力的相关文件，包括劳动合同等；整理归纳以往案例，制定《裁员手册》，规范裁员操作流程；密切关注和研习有关法律法规，并向内部法律部门和外部有关专家及同行请教。

（2）降低负面效应。企业要健全业务操作流程和工作记录系统，降低裁员给企业带来的损失；妥善办理工作交接，确保工作顺畅过渡；使裁员程序尽量公开透明，体现公正、公开、合理的原则；与外部机构合作，缓解被裁员工的再就业压力，提前为其再就业寻找出路；及时足额支付被裁员工经济补偿；加大力度实施针对核心员工的留人策略，不能因裁员而忽略了核心员工（即对企业具有重要价值的员工），因为其对企业发展至关重要，一旦流失，会造成严重损失。

四、从战略的高度超越裁员

根据裁员实践，总结一套较为有效的裁员程序，对执行裁员工作具有指导意义。被动的裁员不管处理得如何谨慎，还是会令企业尴尬。如果能够把被动的裁员转变为主动的人力资源规划，从战略的高度超越裁员，企业就会有很大的自由度和充足的时间来开拓市场，优化内部资源。

为适应目前和今后的激烈竞争形势，每个企业都必须严肃考虑自己的生存基础。企业必须集中资源提升自己的核心竞争力，使生产要素（资本和人力资源）发挥最大的效用。企业要谨慎对待裁员，要把裁员和企业的经营战略、管理机制结合起来，通过完善的管理机制来动态地优化人力资源，降低裁员风险。

1. 适应新形势的企业经营方针

（1）强化核心竞争力。一个企业不可能在每个竞争环节上都做到第一，只要把目标客户重视的几个方面做好，就可以拥有自己的市场了。核心竞争力就是一个企业做得比其他

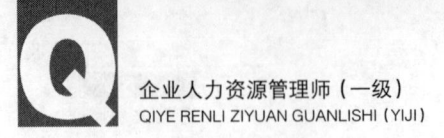

企业好的地方，就是企业独有的竞争优势。

以前的企业追求规模，什么都要自己做。现在的企业越来越专注，把非关键业务交给供应商来做。企业通常把与主营业务相关度不大的业务部门剥离，增设增强自己核心竞争力的业务。企业可将内部具有低附加值、劳动密集型、非核心技术等特点的职能部门外包给专业的服务公司，如食堂、班车、保安、清洁等。企业的生存和发展依赖于核心竞争力，因此必须投入资金和人力来不断强化核心竞争力。尤其在裁员的时候，更要注重这方面的工作。

（2）缩小组织规模。企业专注于核心竞争力，内部功能精简，组织规模自然缩小。近年来，企业都在执行机构精简，缩小组织规模。组织规模小，则易于管理，对市场的反应速度快，同时将部分经营风险转移到了合作伙伴那里，增强了应对市场低迷的能力。因为组织规模小，裁员问题相对变得容易，成本低，操作简单。

（3）谨慎裁员。裁员可以暂时缓解企业的成本压力，但不是摆脱经营困境的根本措施，企业应注重裁员的系统性策略，把裁员变成主动的手段，密切配合经营战略的调整，达成最佳效果。

企业对待裁员应有高度负责的态度，谨慎处理。企业可以通过部门重组、将员工转变成外包服务人员、协助再就业等措施，减少裁员对员工和社会造成的负面影响，并在将来企业状况好转时优先返聘被裁员工。这些举措真正体现了一个企业对员工的承诺，可以对留职员工起到很好的激励作用，提升企业形象。

坚定不移地执行强化核心竞争力的经营战略，企业组织就变得精干，每个员工都担负着重要的、不可替代的职责。精干的组织面对的裁员压力就小多了，这样就从战略的高度超越了裁员。

2. 动态地优化企业人力资源

在适应新形势的企业经营方针下，企业应该如何做好人力资源保障工作呢？动态地优化企业人力资源无疑是有效的策略，具体来说，就是吸引、保留和发展适应企业要求的员工，合法合规地与不符合企业要求的员工解除劳动合同。这个策略把员工团队建设融入日常管理中，随时进行。

要实现动态地优化企业人力资源，必须制定完善的管理机制，主要包含以下两个方面。

（1）确立以绩效管理为中心的雇佣关系。企业面临的竞争和挑战使其不得不完善内部管理机制，也就是在企业内部形成有竞争和挑战的工作环境。企业应针对每个岗位规定详细的、可以量化的工作职责和目标，具体体现为日常工作绩效和行为。对优秀表现和不良表现应有书面记录材料，以作为员工绩效考核的重要依据。

工作绩效好的员工应可以获得加薪、提升和更多培训机会；工作绩效差的员工必须认真纠正过错，使绩效达标。

（2）有步骤地处理绩效未达标的员工。针对工作绩效差的员工，通常采用下面的步骤来处理。

1）纠正面谈。当管理者发现员工的工作绩效没有达标时，可以采用纠正面谈方式对其进行指导教育。这通常是针对工作不认真，或未遵守某些重要行为规则，或对企业工作氛围造成负面影响的员工。

2）警告处分或培训调岗。当员工严重违反企业的规章制度并造成一定的后果时，应采用口头或书面警告的方式对其进行处分。企业可把这种处分当作日后解雇该员工的一个因素。警告处分会形成书面记录，管理者与违纪者签字并填写日期，存档以观后效。

当员工违反规章制度或不能胜任工作，严重影响正常工作和团队合作时，企业应对其进行培训或调整其工作岗位。

3）停职。当员工犯了错误，企业需要进行一段时间的调查。这时，企业往往会终止该员工所具有的权利，停止其原有工作，但仍支付其停职期间的薪酬，以等待调查结果，再做下一步处理。

4）解雇。当员工存在《中华人民共和国劳动合同法》第三十九条所列情形之一的，用人单位可以解除劳动合同；当员工存在《中华人民共和国劳动合同法》第四十条所列情形之一的，用人单位提前三十日以书面形式通知员工本人或者额外支付员工一个月工资后，可以解除劳动合同。

确立以绩效管理为中心的雇佣关系为有步骤地处理绩效未达标的员工提供了依据，有步骤地处理绩效未达标的员工为确立以绩效管理为中心的雇佣关系提供了解决方案。两个措施互相支持，从而在管理机制上确保了动态地优化企业人力资源。

3. 倡导与时俱进的企业文化

在新的组织模式和经营方针下，应该如何重新认识和推进企业文化呢？下面将从企业与员工的关系角度进行探讨。

（1）企业与员工应是动态的合作伙伴关系。企业不再提倡长期服务，而是注重服务期内的工作绩效。对于绩效优秀的员工，企业提供优厚的待遇、有挑战性的工作、培训发展的机会、晋升的空间。员工如果觉得企业无法满足其愿望，可以离开，到其他地方寻求更大的发展机会；如果愿意回来，企业若需要，依然欢迎。

（2）企业与员工应注重长期发展，持续提升能力。为提升竞争力，企业将提供充分的培训机会，让员工及时掌握最新的工作技能；员工为更好地完成工作，会接受企业组织的

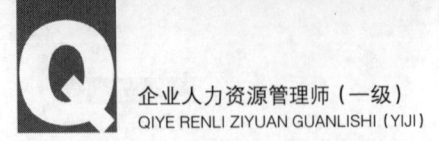

培训,并根据自己的职业目标执行业余时间的学习计划。企业对员工具有责任心表现在不断提升员工的实际工作能力及在就业市场的竞争力。

与时俱进的企业文化对推行企业的新组织模式和经营方针都有很大的积极作用,三者互相推动。

B公司去年由于经营困难,在没有通告的情况下,停发了车间30%的计件薪酬,行政部门工作人员的薪酬也减半发放。此举引起公司员工的强烈不满,两位脾气暴躁的员工冲到总经理办公室讨欠薪。随后,总经理要求人力资源部以这两位员工违反公司章程为由解除与其的劳动合同。公司还要求工会做员工的思想工作,让员工与企业共渡难关。人力资源部经理觉得与这两位员工解除劳动合同不妥,说服总经理收回指令。工会也积极与员工进行沟通。但是在之后的3个月里,公司不但没有补发所欠薪酬,而且仍然未能支付全部薪酬。最终,公司爆发了员工抗议事件。虽然经协调,公司的生产经营恢复了正常秩序,但是随后公司关键岗位的人才全部辞职。因为公司未及时支付劳动者报酬,违约在先,公司还不得不向这些辞职人员支付一大笔经济补偿和劳动仲裁费用。公司因为核心员工的流失,产品质量开始下降。因为人手减少,不能及时完成客户的订单,留下的员工承受了极大的加班压力,对公司的不满与抱怨又一次开始了。

讨论题
1. 当发生暂时性的经营困难时,企业应该如何与员工协商共渡难关?
2. 当企业与员工发生利益冲突时,企业应当如何避免冲突激化?

本章思考题

1. 简述员工问题的内容。
2. 简述员工问题的产生原因。
3. 简述企业与员工利益产生冲突时如何妥善处理。

第十五章 构建和谐劳动关系

引导案例

2023年1月,《人力资源社会保障部 中华全国总工会 中国企业联合会/中国企业家协会 中华全国工商业联合会关于推进新时代和谐劳动关系创建活动的意见》发布,其目标任务是:在全国各类企业持续推进新时代和谐劳动关系创建活动,推动企业贯彻落实劳动保障法律法规、完善劳动关系协商协调机制、健全劳动者权益保障制度、促进和谐文化建设,力争到2027年年底各类企业及企业聚集区域普遍开展创建活动,实现创建内容更加丰富、创建标准更加规范、创建评价更加科学、创建激励措施更加完善,创建企业基本达到创建标准,和谐劳动关系理念得到广泛认同,规范有序、公正合理、互利共赢、和谐稳定的劳动关系进一步形成。

案例思考

1. 新时代和谐劳动关系的主要内容有哪些?
2. 可以通过哪些方式促进和谐劳动关系?

第一节 企业社会责任

一、企业社会责任简介

1. 企业社会责任的内涵

企业社会责任的内涵十分丰富。企业社会责任是指企业在决策中综合考虑经济、社会和环境因素，对其决策和活动所造成的经济、社会和环境影响承担责任，通过构建与利益相关方的和谐互动关系，促进自身和社会的共同可持续发展。

传统的企业责任是为股东创造最大化利润，但随之而来的员工福利问题、环境污染问题、产品质量问题等越来越引起社会各方面的关注，由此带来的压力要求企业对除股东之外的更广大的利益相关方负责，以实现可持续发展。

简而言之，企业社会责任是指企业不仅要承担对股东的责任，也要承担对员工、供应商、客户、社会、环境与资源等的责任，其中，对员工的责任是企业社会责任的重要内容。

2. 企业社会责任的发展

企业社会责任最早由英国学者奥利弗·谢尔登提出。20世纪50年代，美国学者霍华德·鲍恩在《商人的社会责任》一书中提出现代企业社会责任的概念，主张经营者有义务按照社会的目标和价值观来制定政策、做出决策、采取行动。但是在20世纪70年代以前，由于诺贝尔奖获得者米尔顿·弗里德曼对社会责任的解释占主导地位，他认为追求效益是企业的唯一社会责任，因此企业社会责任并没有得到社会与企业的重视。

直到20世纪80年代，由于社会对员工权益和环境保护的关注，企业社会责任理论与实践才得以快速发展。1991年，阿奇·卡罗尔进一步提出社会责任的概念，它包含经济责任、法律责任、伦理责任和资源责任。联合国提出，企业履行社会责任需遵循"全球契约"的十项原则，包含人权、劳工、环境和反贪污4个方面。目前，企业社会责任已经在全球推进，企业是否承担社会责任已经成为评估企业是否成功的重要指标。

我国企业社会责任的产生和推行与改革开放相联系。早在20世纪80年代，部分企业就开始承担扶贫和捐赠的社会责任。随着经济社会的发展与法治建设的不断成熟，我国企业社会责任理论与实践也在不断发展。《中华人民共和国公司法》明确规定："公司从事经营活动，应当充分考虑公司职工、消费者等利益相关者的利益以及生态环境保护等社会公共利益，承担社会责任。"国资委发布的《关于中央企业履行社会责任的指导意见》等文件，对引导企业积极履行社会责任，重视利益相关方的利益，构建和谐社会，促进经济社会可持续发展都有积极的作用。

二、企业社会责任体系建设

1. 社会责任模式

建设社会责任体系首先要确定社会责任的标准。国际上主要有5种代表性的标准，即全球报告倡议组织（GRI）发布的《可持续发展报告指南》，英国社会和伦理责任研究所（ISEA）制定的AA 1000标准，美国民间组织社会责任国际（SAI）制定的社会责任SA

8000标准，国际标准化组织（ISO）公布的《社会责任指南》（ISO 26000）。

对我国较有影响力的是 SA 8000 和 ISO 26000。中国纺织企业社会责任管理体系总则及明细是基于 SA 8000 标准制定的。ISO 26000 是国际标准化组织发布的一份关于社会责任指南的国际标准，我国是参与标准制定的成员国之一。

SA 8000 是全球第一个可用于第三方论证的社会责任国际标准，此标准根据国际劳工公约及联合国的《儿童权利公约》《世界人权宣言》制定，其主要目的是改善全球工人的工作条件，使其最终达到公平体面。标准内容主要涉及童工、强迫性劳动、健康与安全、组织工会的自由与集体谈判的权利、歧视、惩戒性措施、工作时间、工资、管理体系等。

ISO 26000 的制定目的是促进全球对社会责任的共同理解，按照社会责任的最佳实践，向全球愿意应用 ISO 26000 的所有组织（不仅限于企业）提供一个有助于践行社会责任的框架性指南，为组织实现可持续发展做出贡献。

ISO 26000 提出的社会责任 7 项原则如下。

（1）组织应对社会及环境负责任。

（2）组织应将会影响社会和环境的决策及活动透明化。

（3）组织应时刻遵循道德行为规范。

（4）组织应尊重、考虑及回应利益相关方所有关注事宜。

（5）组织应遵守法规要求。

（6）组织应尊重国际行为标准。

（7）组织应尊重人权并认知其重要性与普及性。

ISO 26000 的核心指南有组织治理、人权、劳工实践、环境、公平运营实践、消费者、社区参与和发展 7 项。

2. 社会责任体系

2008 年，中国工业经济联合会联合 10 家全国性工业协会发布了《中国工业企业及工业协会社会责任指南》，并于 2010 年发布修订版。该指南内容包括中国工业企业及工业协会履行社会责任的基本原则、总体要求，以及社会责任体系、社会责任主要内容、社会责任报告编制。企业社会责任体系主要包括管理体系、制度体系、信息体系和监督体系。在完善社会责任体系的基础上，企业应制定规划，组织实施，切实履行社会责任，发布社会责任报告并接受社会监督。

在该指南中，与和谐劳动关系有关的内容如下。

第一，尊重人权。确保企业在经营中不侵犯国家法律所规定的公众的基本权益；保障员工拥有平等机会，避免员工受到任何形式的歧视。

第二，劳动合同与薪酬。遵守国家劳动法律法规，依法与员工签订劳动合同；按时足额发放薪酬；建立员工薪酬增长制度；引导员工合理规划薪酬。

第三，社会保障与福利。依法为员工缴纳社会保险费用，为员工提供符合习俗和习惯的必要福利。

第四，职业健康安全。构建符合企业实际的职业健康安全管理制度或体系，确保员工职业健康安全；有条件的企业可参与职业健康安全认证。

第五，民主管理。依法成立工会，支持工会独立开展工作；鼓励和支持员工通过职工代表大会、工会等途径参与民主管理；建立集体协商制度，与员工就其切身利益相关的重大事项开展平等协商。

第六，员工培训与发展。制订并执行员工培训计划，不断提高员工业务素质和技能水平；依法为员工提供岗位技能培训，支持员工参加职业技能培训或学历教育；建立畅通的人才成长通道，为员工事业发展提供良好平台；帮助员工规划职业生涯。

第七，员工沟通与关爱。建立双向沟通机制，及时、有效地回应员工期望和诉求；关心员工及其家人生活，为困难员工提供相应帮助；开展文娱体育活动，丰富员工业余生活。

三、企业社会责任报告

社会责任报告是企业就其决策和活动产生的经济、社会和环境影响所进行的系统性信息披露，是企业与利益相关方进行全面沟通交流的重要过程和载体，也是企业履行社会责任的理念、行动、绩效和未来计划的综合反映。简而言之，社会责任报告就是向社会表明企业对社会承担什么责任，企业就社会责任已经做了什么，未来还将做什么。

中国社会科学院研究团队编制的《中国企业社会责任报告编写指南》为企业编写社会责任报告提供了基本框架，企业可据此编写一份内容翔实的社会责任报告。该指南指出：企业社会责任报告应当对所要披露的议题按照关键性原则排序，优先披露关键性议题；所涉及的内容应能完整地反映企业对经济、社会和环境的重大影响；利益相关方可以根据社会责任报告评估企业在报告期间的社会责任绩效。

一份完整的企业社会责任报告包括六大主体部分。

第一，报告前言，包括报告规范、高管致辞、企业概况（含企业治理）、关键绩效表等内容。

第二，责任管理，包括企业的社会责任管理现状，社会责任治理、社会责任推进、社会责任沟通及守法合规等方面的管理理念、制度、行为、绩效等。

第三，市场绩效，主要包括企业的市场责任绩效，股东责任、客户责任、伙伴责任等方面的管理理念、制度、行为、绩效等。

第四，社会绩效，包括企业的社会责任绩效，政府责任、员工责任、社区参与等方面的管理理念、制度、行为、绩效等。

第五，环境绩效，包括企业的环境责任绩效，环境管理、节约资源/能源、降污减排等方面的管理理念、制度、行为、绩效等。

第六，报告后记，包括企业对未来社会责任工作的展望，内、外部利益相关方对报告的点评，参考指标索引，报告反馈等内容。

第二节　雇主品牌建设

品牌一旦根深蒂固地植入消费者的意识中，就会与消费者建立长期的关系，使消费者产生强烈的信任和怀念，从而为品牌拥有者带来无穷的利益。那么，企业作为劳动者的雇佣者，是否也可以向其传递品牌信息呢？这种信息是否能够让劳动者在找寻工作时立刻想到企业，并激发其希望加入的强烈愿望呢？

一、雇主品牌简介

1. 公司品牌、产品品牌和雇主品牌

在了解雇主品牌的概念之前，先要清楚公司品牌、产品品牌和雇主品牌之间的联系和区别。这3种品牌的概念由美国波士顿咨询公司提出并得到理论界的认可。波士顿咨询公司认为，企业品牌体系由3层构成，分别是公司品牌、产品品牌和雇主品牌。3种品牌有联系也有区别，应用在不同的场合。其中，公司品牌是所有品牌的内核，包含企业历史文化、价值观等，处在核心地位；产品品牌和雇主品牌则分别针对企业的产品和人才管理，产品品牌根据客户的需求和产品线的变化而变化，雇主品牌则根据人才的需求和人力市场的变化而变化。

2. 雇主品牌的内涵

雇主品牌是雇主和员工之间被广泛传播的一种情感关系，通过各种方式向其他利益相关者、更大范围的社会群体及潜在员工表明企业是值得期望和尊重的雇主。

雇主品牌包含了企业对员工做出的价值承诺，有助于明确和清晰企业在人力资源市场上的定位。它包含对外品牌与对内品牌。对外品牌是企业区别于竞争对手的特征，其向潜在员工传递一个独特且具有相当吸引力的工作经历。对内品牌则准确描述企业核心使命，以及获得企业员工统一认同的战略目标及策略。

雇主品牌以雇主为主体，以核心员工为载体，以为员工提供优质特色服务为基础，旨在建立良好的雇主形象，提高雇主在人才市场的知名度与美誉度。

雇主品牌是营销学中的品牌概念在人力资源领域的应用，其将员工在企业工作中的感受和经历与企业的目标、价值观整合在一起，这种共同的品牌经历使企业在内部和外部都受益。因此，建立雇主品牌是推销一种关系，表明企业为员工提供良好的工作环境、薪酬体系、学习发展等利益，它的目标市场锁定于企业发展需要的人才。

3. 人才对雇主品牌的判断依据

与产品一样，人才会根据一定的判断依据来衡量一个雇主品牌的优劣及其与自己的匹配程度，因为员工的发展空间与企业的发展空间是密切相关的。人才一般从软件和硬件两个方面来判断一个雇主品牌的优劣。从硬件上来说，主要的判断依据包括行业排名、市场占有率、创利水平等；从软件上来说，主要的判断依据包括企业价值观、人力资本、薪酬制度、企业机制与发展前景、企业领导者的领导力、企业战略思维能力和创新力等。

二、雇主品牌的价值

1. 提升企业核心竞争力

人力资源的质量、激励水平和绩效承诺对企业在市场竞争中形成优势具有重要的决定作用。雇主品牌是雇主与员工之间情感关系的体现，决定了员工在企业中工作的满意度、认同感和责任感，从而影响企业产品和服务的质量。因此，雇主品牌是企业核心竞争力的基石。

2. 提升优秀人才招聘率

管理思想家查尔斯·汉迪说过："今后，我们将不再'寻找工作'，而是要'寻找雇主'。"雇主品牌将会成为人力资源市场上的一面旗帜，吸引优秀人才前来应聘加盟。同时，清晰的雇主品牌定位将减少雇佣双方的适配性风险。企业在选择应聘者的时候，即使应聘者已经达到企业要求的胜任素质，对于双方而言，这种选择依然存在风险——双方的适配性风险。毕竟，双方接触、交流的信息都是初步的、表面的，影响雇佣双方适配性的因素还有很多。而通过雇主品牌，人才在招聘环节就能了解企业文化、雇佣关系等全方位的信息，从而减少适配性风险。

3. 促进保留核心员工

雇主品牌建设过程涉及品牌定位，以及与其他雇主品牌的对比。企业在品牌建设中应不断向市场上的最佳雇主学习、效仿，提升自己在人力资源市场上的品牌形象。这本身会推进企业激励和保留核心员工措施的更新和完善，从而加深企业内雇佣双方的情感关系。

4. 降低企业人才成本

从长期来看，雇主品牌建设会降低企业人才成本。首先，招聘成本降低；其次，由于人才队伍更加稳定，人才重置成本降低；再次，薪酬成本的压力也会减小，因为人才在选择企业时心理上会更加倾向于品牌雇主，哪怕品牌雇主的付薪水平并非很有竞争力；最后，核心人才的挽留成本也会适当降低。

很多求职者往往也是雇主产品的消费者，作为企业品牌的一部分，雇主品牌在人力资源市场乃至产品市场上都是一项宝贵的无形资产。

三、雇主品牌建设的要点

雇主品牌建设就是雇主向人力资源市场或人才的营销过程。与产品营销一样，企业需要先确定雇主品牌的内容、传播对象，再制订雇主品牌推广计划。不同的企业因为文化不同，所处发展阶段不同，行业不同，所以建设雇主品牌的方法也不同，但无论采取哪种方法，都需要关注以下要点。

- 雇主品牌必须建立在公司品牌的基础上，品牌理念从企业核心价值观和企业文化中进行萃取，这是雇主品牌定位的源头。
- 雇主品牌的传播对象是特定的目标人才群体，而不是所有的人才群体。在确定雇主品牌之前，必须先确定企业发展所需人才的定义，在此基础上分析目标人群特征及其对企业的诉求，以及与竞争对手相比，企业给予人才的承诺是否具有吸引力。
- 雇主品牌代表现有员工、离职员工、潜在员工心目中雇主的形象反映和价值承诺。雇主品牌既面向内部员工又面向外部人才，因此需要广泛听取企业内部和外部目标人群的意见。
- 雇主品牌建设不单单是人力资源部的工作，还需要其他部门的参与和协同。雇主品牌建设必须得到企业高层的认可和支持，这样能更好地协调各部门的人员及资源，从而更有效率地推进雇主品牌项目的进展。
- 雇主品牌是一个做出承诺和实现承诺的员工体验过程，因此在进行雇主品牌推广时，必须事先衡量在品牌宣传中做出的承诺能否兑现，即要关注员工在多大程度上认为企业是符合外部宣传形象的。

四、雇主品牌建设的步骤

1. 获得企业管理层认可

雇主品牌建设要获得企业高层和其他部门负责人的认可和支持，推动更多部门参与其中。企业可以让一位高层管理人员（如分管人力资源部或市场营销部的高层管理人员）来担任雇主品牌建设项目的负责人。

2. 制定明确的雇主品牌战略

雇主品牌战略是一项长期工作，短时间无法见到效果，因此需要有明确的、稳定的建设方向，并获得持续的资源投入。

3. 确定雇主价值主张

雇主价值主张是雇主品牌的核心和基础，它包括两方面内容：一是企业对员工工作所抱有的期望；二是员工达成目标后，企业承诺给予员工的利益。真实可信的雇主价值主张可以增强员工对企业的情感认同，提高员工的荣誉感和归属感，最终增强员工对企业的绩效承诺。雇主价值主张必须基于公司品牌核心，在对内部和外部目标人才的调研中萃取得到。

4. 选择适当的渠道进行雇主品牌推广

雇主品牌推广渠道包括内部渠道和外部渠道两类。内部渠道包括企业内网、会议和活动等，外部渠道包括企业官方网站、社交媒体、行业协会、校园招聘、网络论坛等。

5. 塑造员工品牌大使

企业可以让员工成为自己的品牌大使。例如，企业可以使员工广泛参与到雇主价值主张的提炼过程中，听取其意见，让员工感到企业对其意见的重视，从而让员工萌生强烈的参与感，积极向他人传达雇主品牌。

6. 评估雇主品牌

评估雇主品牌的投资回报率十分困难，但是对于长期、持续的雇主品牌建设来说仍然是一个不可或缺的环节。评估方式包括员工调查、候选人调查、核心人才保留率调查、招聘周期调查、职位申请率调查等。

第三节 员工援助计划

一、员工援助的概念

随着职场竞争日趋激烈，企业意识到员工面临较大的工作压力，焦虑、抑郁等员工心理健康问题频发，因此一些专门为企业和个人提供员工援助的服务机构开始建立并运作。员工援助的工作重点在于解决员工心理问题，促进和谐劳动关系，增加企业绩效。

二、员工援助计划的实施

实施员工援助计划可以纠正员工不良的嗜好和行为习惯，增进员工个人的身心健康，减轻员工的工作压力，提高员工的工作效率。员工援助计划实施一般包括以下4个必要的步骤。

1. 政策和程序制定

管理层必须明确目标，制定一套清晰的、书面的政策和程序，用以规定员工援助工作在企业中如何执行，说明员工援助的结构和所提供的服务。

2. 设立员工健康教育项目

员工健康教育项目教育员工对自己的健康负责，使其能够辨别健康问题的一些事前症状并及时采取措施。企业应该着重强调绝对不会惩罚或歧视有健康问题的员工。

3. 设立管理者培训项目

管理者培训项目的目的是指导教育管理者消除问题员工的抵触情绪，运用工作表现和工作记录来辨别哪些员工需要帮助，并鼓励其接受帮助。管理者有责任鼓励员工使用员工援助来解决问题，以避免问题严重化。

4. 心理咨询和诊断服务

企业应向员工提供解决问题的渠道，为员工介绍医疗机构和心理咨询专家。一些大型企业会为员工提供24小时电话求助热线，而另一些企业会推荐员工到社会心理咨询服务机构接受治疗。

上述步骤实施以后，员工援助便得以建立起来。企业人力资源部管理者必须与外界员

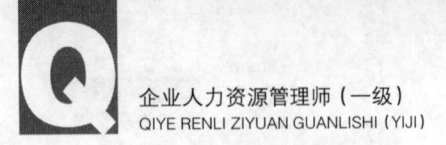

工援助计划服务资源保持联系，督促员工健康负责人的工作，向员工提供教育宣传资料，并使员工援助计划与其他人力资源福利活动保持协调一致。另外，企业管理者的全力支持也是必不可少的。

第四节　员工敬业度与劳动关系

一、建立信任关系

劳动关系之间的信任包括管理者之间、员工之间和管理者与员工之间的人际信任，也包括员工对企业的信任。信任是构建和谐劳动关系的基础。员工对管理者和企业的信任可增强员工对企业的满意度和员工的敬业度，使其产生较多的组织公民行为，提高其工作绩效和对工作的整体满意度。

信任有5个维度：一是正直，受信任的人应当是诚实、可信赖的；二是能力，受信任的人应具有技术、技能与人际知识；三是表现出一贯的行为，其行为可以预测；四是忠实，愿意维护和保全他人的尊严；五是开放，愿意与他人自由分享观点和信息。其中，正直程度和能力水平是一个人判断另一个人是否值得信任的两个关键特征。

信任关系需要通过长期努力才可建立，一旦建立起良好的信任关系，这种关系就会被强化。信任关系也很脆弱，容易受侵蚀，一旦被破坏，很难再建立。

培养劳动关系之间的信任感，应该注意以下几点。

第一，不要利用他人为自己工作。如果员工认为某一管理者在利用员工、组织为自己的个人目标和利益服务，而不是为组织、团队服务，那么就会认为这位管理者是不正直的。

第二，显示专业素养和才能。丰富的专业知识、技能和经验，良好的商业意识能够赢得他人对自己的尊重。有能力的人通常更容易取得他人的信任。

第三，忠实、公平地对待任何人。在人际交往中应尊重他人，注意保护他人的隐私，用语言和行为支持组织中的其他成员。在决策或采取行动前，应先想到他人对决策或行为的感受，考虑是否公平，是否存在歧视。

第四，做到言行一致，表现出基本价值观的一贯性。言行一致和价值观一贯性可以让一个人更容易预测另一个人的行为，从而更容易产生信任。

第五，开诚布公，说出自己的感受。应与他人分享信息，解释决策的动机与理由，让他人了解自己的真实想法与感觉。一个人对另一个人的真实面了解得越多，越容易对其产生信任。

二、倡导企业授权管理,增加员工成就感

授权是一种管理方式。授权就是将任务交给员工,让员工在授权范围内行使自主权,完成具体工作。授权也是一种激励工具。授权增强了员工对工作的参与感,以及责任感、成就感和满足感。充分有效的授权可以增进管理者与员工之间的关系,减少和避免两者之间的冲突。

授权需要注意以下 6 点。

第一,选择合适的员工,并明确告知其权限的范围,要完成的任务,要达成的目的。

第二,明确规定任务完成的时间,必要的工作程序,除非绝对必要,一般不宜对完成任务的具体方法提出要求,应由员工决定采用何种方法完成任务。

第三,允许员工参与授权决策,讨论授权范围、资源调配与决策权。

第四,发布授权方案,把授权事实告知与授权活动有关联的人。

第五,预测员工可能会犯的错误,可能会遇到的困难,并及时加以帮助;或制定应急预案,以使损害降到最低。

第六,对接受授权的员工进行监督和控制。

三、提高员工敬业度,培育职业精神

1. 敬业度与员工类别

根据敬业度可以将员工分成 5 种类别。

第一类是"敬业"员工。"敬业"员工贡献大,满足感高,个人利益与组织利益基本一致,全力以赴地为组织的成功贡献自己的力量。"敬业"员工会自觉主动地工作,责任心强,对于一些招聘电话会礼貌地回绝。对于这类员工,企业要做的是最大限度地保护其敬业精神,避免其随着时间的推移下移到其他类别。

第二类是"基本敬业"员工。"基本敬业"员工贡献度中等偏高,有满足感。作为一个关键群体,这类员工的绩效很高,基本满足于自己从事的工作,总体上感觉工作和生活比较充实。这类员工很受雇主欢迎,容易被其他企业以高薪挖走,且其距离"敬业"员工最近,容易在企业的进一步关心和支持下发展成为"敬业"员工。因此,企业应给予"基本敬业"员工更多的关注和支持。

第三类是"度蜜月者"与"仓鼠"型员工。"度蜜月者"与"仓鼠"型员工的满足感中等偏高,但贡献度低。"度蜜月者"往往是新进企业的员工或刚刚被晋升或转岗的员工,其还处于进入新企业或接手新工作的兴奋状态,还没找到工作的感觉,或者还不清楚怎样

才能对企业做出最大的贡献。对于这类员工，企业的工作重点是让其尽快走出过渡阶段，找到自己的角色，以创造价值。"仓鼠"型员工也可能工作勤勤恳恳，但完成的是可有可无的任务，对企业的贡献寥寥。有些"仓鼠"型员工把自己隐藏得很好，安于现状，进入"在职退休"状态。如果企业不解决这类员工的问题，那么其他员工就可能越来越不满，甚至还得替"仓鼠"型员工完成工作。

第四类是"精神崩溃者"。"精神崩溃者"的贡献度中等偏高，甚至很高，但满意度却非常低。这类员工往往是一流的工作者，有人将其称为"老黄牛"，但工作给这类员工带来了巨大的压力，且不能为其带来满足感。"精神崩溃者"也许会强烈批评领导者的决策失误，或者毫不留情地指责其他员工拖后腿。如果不加以关注，"精神崩溃者"很可能退化成全无敬业精神的员工，起反面作用，让周围的人跟着一起退化。这类员工很可能离职，但更可能的是从"老黄牛"变成"不敬业"员工，人在其位而心已远。

第五类是"不敬业"员工。"不敬业"员工的贡献度和满足感中等偏低。大部分缺乏敬业精神的员工并非一开始就这样。这类员工从事的不是企业的重点工作，常感到郁郁不得志。"不敬业"员工没有从工作中得到自己想要的东西，如果不对其采取行动，其很可能一边拿着薪水，一边牢骚满腹或寻找新工作。如果企业采取的行动对其无效，始终无法提高其敬业度，那么其离职于个人、于企业未必不是件好事。

2. 五大驱动力提升敬业度

在当前的人才管理中，员工敬业度已引发了越来越多的关注。调研显示，员工敬业度和创造力之间关系极大。敬业员工中有59%能够提出极具创新意义的见解，而不敬业员工只有3%。敬业度高的员工可为企业带来更高的效益，其更加关注客户，也更为可靠。

那么，如何提升员工敬业度呢？

（1）使员工获得满足感。满足感是一种情感联系，它驻留于每个员工的心里。仅仅依靠外在的绩效管理或人才发展计划无法给员工带来满足感，当下流行的"高薪留人"也不能奏效。每个人在获得一份工作和薪水的同时，也在寻求个人价值和情感体验。工作与员工的个人价值和情感体验之间的联系越紧密，员工获得的满足感就越高。一项对200多万人开展的个人成长管理调查发现，绝大部分人，尤其是刚刚踏入社会工作的年轻人都不甚了解工作与个人价值和个人目标间的关系。因此，要激励员工并使其获得工作的满足感，企业首先要关注那些在工作中可提高员工满足感的要素。

（2）企业目标与个人目标相协同。企业的目标是获取更大的成功，它的实现要求所有成员齐心协力，每个成员的行为都与企业战略保持一致。中高层管理人员要做的是建立企业文化氛围，真诚地让大家知道其工作对企业的重要性。如果每个员工都知道企业的目标，并将自己的工作与企业的目标紧密联系在一起，那么该企业的能量是无穷的，同时这种目标协同也会极大地激励员工,提升员工的敬业度。

(3)正向激励。调查显示,很多员工都热爱自己的工作,并希望做出更多的贡献。而要将员工的热情转化为行动,企业需要明确重点,给予员工明确的指示。对于"为什么我的工作对企业很重要?""我的贡献如何衡量?""成功绩效的期限和标志是什么?"等问题,企业都需要给出明确的答案,否则员工也许在一段时间内会热情高涨,但"盲目飞行"无异于"原地打转",最终员工会怀疑自己付出的意义。

另外,企业需要和员工进行有效沟通。直接谈话和讨论是提供绩效反馈的有效方式,而通过书面文件、备忘录和电子邮件进行的沟通是不充分的,甚至会导致误解。通过交谈,管理者和员工可有效说明希望达成的目的,提出更好的想法以获得更好的结果。如果管理者和员工之间能够开诚布公,那么这个团队不仅会工作热情高涨,而且会变得更加专注,进入更好的工作状态。

(4)人尽其才,加强人才管理。员工在能够发挥自己的才能时工作热情较高,因为这体现了其价值。因此,企业在进行人岗匹配时要尽量做到人尽其才。员工在无法发挥其强项和才干时,敬业就无从谈起。

成功的人都是自我激励的,其有自己明确的价值观,当工作与个人价值观吻合的时候,就能源源不断地产生能量。如何才能增强员工的自我激励,发挥员工的强项?人力资源部需要帮助企业创造一个良好的工作氛围,鼓励员工找到自己的价值观和强项,从根本上达到构建和谐劳动关系的目的。

(5)培养职业精神。职业精神是员工在职业活动中必须具备的、符合所从事职业基本特征的内在素质的总称,包括职业态度、职业理想、职业道德、职业伦理、职业责任等具有行为导向性的职业心理素质和精神品质。职业精神是员工职业化过程中的价值导向与行为导向,与敬业精神有相辅相成的关系。敬业精神是职业精神的基础,职业精神是敬业精神的升华。企业应以职业精神为引领,激发爱岗敬业的良好风尚。

甲公司是一家在当地较有声誉的民营企业。公司规模不大,产品主要出口欧洲。受国外客户的影响,公司在创立之初的5年里就引进了一套科学管理制度。公司各部门分工明确,任务安排合理,员工工作认真,特别注意产品质量。在当地企业中,公司的薪酬水平也较高,公司还每年为家里有本科生和研究生的员工发放一笔助学金。

之后,政府有关部门和当地工会组织要求甲公司组建工会。公司领导觉得完全没有必要,现在公司的员工满意度都很高,而且多一个组织也多一份开销,有这些钱还不如多发点福利给员工。当地工会组织多次找公司领导沟通，希望公司能组建工会，在当地起示范带头作用，在这种情况下，公司终于组建了工会。在当地工会组织的指导下，公司也开始引进民主管理制度，每半年向工会和员工通报公司的经营状况，听取工会对公司经营管理的建议。公司成为当地企业承担社会责任的模范。

由于欧洲市场波动，公司服务的两家大客户突然破产倒闭，产品大量积压。工会及时得到了消息，组织工人在国内收集信息，开拓市场。一些员工也联系其在北京、上海等地工作的子女，帮助公司销售产品，最后顺利地将产品卖给了国内客户，打开了国内市场。

讨论题

1. 为什么有些企业不愿意承担社会责任？
2. 和谐劳动关系可以给企业与员工带来什么样的利益？

本章思考题

1. 简述企业社会责任的内涵。
2. 简述员工援助的相关内容。
3. 如何通过提高员工敬业度来促进企业和谐劳动关系？

参 考 文 献

安鸿章，孙义敏. 劳动定额标准化导论［M］. 北京：中国劳动出版社，1995.

安鸿章，余刘军. 现代劳动定额学［M］. 北京：北京经济学院出版社，1996.

曹荣，孙宗虎. 至尊企业至尊人力资源第二分册：员工培训与开发管理［M］. 北京：世界知识出版社，2002.

常凯. 劳动法［M］. 北京：高等教育出版社，2011.

陈芳. 绩效管理［M］. 深圳：海天出版社，2002.

陈关聚. 人力资源管理信息化全攻略［M］. 北京：中国经济出版社，2008.

陈胜军. 培训与开发：提高·融合·绩效·发展［M］. 北京：中国市场出版社，2010.

陈玉洁. 企业成本核算与费用控制全书［M］. 北京：经济科学出版社，2013.

达夫特. 组织理论与设计精要［M］. 李维安，等译. 北京：机械工业出版社，2002.

德斯勒. 人力资源管理［M］. 刘昕，译. 14版. 北京：中国人民大学出版社，2017.

杜勇，杜军. 人力资源管理：理论、方法与案例［M］. 重庆：西南师范大学出版社，2011.

葛秋萍. 现代人力资源管理与发展［M］. 北京：北京大学出版社，2012.

顾英伟，杨春晖. 人力资源培训与开发［M］. 北京：电子工业出版社，2007.

郭捷. 劳动法与社会保障法［M］. 3版. 北京：法律出版社，2016.

何承金. 劳动经济学［M］. 5版. 大连：东北财经大学出版社，2016.

何娟. 人力资源管理［M］. 天津：天津大学出版社，2000.

贺小刚. 绩效管理［M］. 上海：上海财经大学出版社，2008.

侯光明. 人力资源管理［M］. 北京：高等教育出版社，2009.

胡八一. 人力成本分析与控制方法［M］. 北京：电子工业出版社，2013.

胡君辰，杨林锋. 企业人力资源管理［M］. 上海：格致出版社，2011.

康至军. HR转型突破：跳出专业深井成为业务伙伴［M］. 北京：机械工业出版社，2014.

黎建飞. 劳动与社会保障法教程［M］. 3版. 北京：中国人民大学出版社，2013.

李宝元. 人力资源管理通要［M］. 北京：人民邮电出版社，2010.

李长江. 人力资源管理：理论、实务与艺术［M］. 2版. 北京：北京大学出版社，2017.

李成彦. 人力资源管理［M］. 北京：北京大学出版社，2011.

李志勇. 人力资源管理从新手到总监：高频案例解答精选［M］. 北京：北京时代华文书

局，2017.

李作学. 培训管理工作细化执行与模板［M］. 北京：人民邮电出版社，2011.

廖泉文. 人力资源管理［M］. 2版. 北京：高等教育出版社，2011.

林泽炎. 绩效考核操作实务［M］. 广州：广东经济出版社，2003.

林泽炎，李春苗. 员工职业生涯设计与管理［M］. 广州：广东经济出版社，2003.

刘安鑫. 人力资源管理实务［M］. 北京：北京理工大学出版社，2006.

刘仲文. 人力资源会计学［M］. 北京：中国劳动社会保障出版社，2007.

罗宾逊 D，罗宾逊 J. 人力资源成为战略性业务伙伴［M］. 孙贺影，姚兰，周宇，译. 北京：机械工业出版社，2011.

罗振军. 七步打造完备的绩效管理体系［M］. 哈尔滨：哈尔滨出版社，2006.

马海刚，彭剑锋，西楠. HR+三支柱：人力资源管理转型升级与实践创新［M］. 北京：中国人民大学出版社，2017.

马军. 人力资源管理实用文案［M］. 北京：电子工业出版社，2006.

苗海荣. 七步打造完备的培训管理体系［M］. 哈尔滨：哈尔滨出版社，2006.

莫寰，张延平，王满四. 人力资源管理：原理、技巧与应用［M］. 北京：清华大学出版社，2007.

诺伊，霍伦贝克，格哈特，等. 人力资源管理：赢得竞争优势［M］. 刘昕，柴茂昌，译. 9版. 北京：中国人民大学出版社，2018.

彭剑锋. 人力资源管理概论［M］. 2版. 上海：复旦大学出版社，2011.

任康磊. 人力资源总监管理手册［M］. 北京：人民邮电出版社，2018.

施振荣. 再造宏碁：开创、成长与挑战［M］. 北京：中信出版社，2005.

石金涛. 绩效管理［M］. 北京：北京师范大学出版社，2007.

石金涛，唐宁玉，顾琴轩. 培训与开发［M］. 3版. 北京：中国人民大学出版社，2013.

宋培林. 企业员工战略性培训与开发：基于胜任力提升的视角［M］. 厦门：厦门大学出版社，2011.

孙宗虎. 职业生涯规划管理实务手册［M］. 3版. 北京：人民邮电出版社，2018.

汪雯. 工资差别的形成机制：中国不同所有制企业的实证分析［M］. 北京：中国经济出版社，2008.

王静. 劳动与社会保障统计学［M］. 2版. 北京：中国劳动社会保障出版社，2012.

王小刚. 企业薪酬管理最佳实践［M］. 北京：中国经济出版社，2010.

王逸. 薪酬预算与薪酬总额管理［M］. 北京：中国时代经济出版社，2014.

吴国存. 企业人力资本投资［M］. 北京：经济管理出版社，1999.

武欣. 绩效管理实务手册［M］. 2版. 北京：机械工业出版社，2005.

萧鸣政. 工作分析的方法与技术［M］. 4版. 北京：中国人民大学出版社，2014.

忻榕. 人才发展五星模型：全面提升企业人才竞争力［M］. 北京：机械工业出版社，2014.

许丽娟. 员工培训与发展［M］. 2版. 上海：华东理工大学出版社，2012.

颜士梅. 战略人力资源管理［M］. 北京：经济管理出版社，2003.

杨国安. 组织能力的杨三角：企业持续成功的秘诀［M］. 2版. 北京：机械工业出版社，2015.

杨瑚. 绩效考核与薪酬管理理论与应用［M］. 兰州：甘肃人民出版社，2010.

杨蓉. 人力资源管理［M］. 大连：东北财经大学出版社，2002.

杨生斌，肖平，高恺元. 培训与开发［M］. 西安：西安交通大学出版社，2006.

杨燕绥. 社会保障法［M］. 北京：人民出版社，2012.

曾湘泉. 中国劳动问题研究［M］. 北京：中国劳动社会保障出版社，2006.

张培德. 现代人力资源管理［M］. 2版. 北京：科学出版社，2010.

张文贤. 人力资源会计［M］. 北京：科学出版社，2010.

张文贤. 人力资源总监：人力资源管理创新［M］. 2版. 上海：复旦大学出版社，2012.

张雪飞，肖利哲，王亚男. 人力资源开发与管理［M］. 北京：科学出版社，2011.

张艳. 企业人力资源会计研究［M］. 北京：社会科学文献出版社，2008.

赵国军. 薪酬管理方案设计与实施［M］. 北京：化学工业出版社，2009.

赵曙明. 人力资源战略与规划［M］. 3版. 北京：中国人民大学出版社，2012.

赵永乐，李海东，张新岭，等. 人力资源规划［M］. 2版. 北京：电子工业出版社，2014.

郑尚元. 劳动法与社会保障法前沿问题［M］. 北京：清华大学出版社，2011.

朱国勇. 信息化人力资源管理［M］. 北京：中国劳动社会保障出版社，2006.

陈万思，姚圣娟，丁珏. 战略人力资源管理效能、组织学习与创新［J］. 华东经济管理，2013（2）：112-117.

韩琳，吴忠，赵媛，等. 上海市最低工资标准调整机制研究［J］. 上海工程技术大学学报，2008（4）：370-373.

何薇. 人力资源的新投资回报率：无形收益［J］. 科教导刊（中旬刊），2010（3）：87-108.

贾洪波，阳义南. 中国补充医疗保险发展：成效、问题与出路［J］. 中国软科学，2013（1）：81-92.

李圆. 大客户的人力资源服务发展趋势：基于人力资源共享服务中心的角度［J］. 现代企业文化，2010（33）：49-50.

林清快，钱进. 共享服务模式：集团性管理的有效手段［J］. 人力资源管理，2010（2）：

52-53.

凌泽华. 专业技术人员的薪酬激励设计初探［J］. 现代商业，2009（5）：116-117.

刘崇瑞. 基于组织形态变迁的战略人力资源管理发展研究［J］. 商业时代，2013（3）：100-103.

刘宁，施春燕. 宽带薪酬的应用条件与体系设计［J］. 企业改革与管理，2012（3）：48-51.

刘烜，蒋乐平. 西方人力资源审计流程设计及其对我国的启示［J］. 商业会计，2010（2）：38-40.

楼华勇. 绩效薪酬制度的缺点和难点探讨［J］. 现代商业，2009（26）：87.

吕晓彬. 薪酬管理信息系统在唐钢的应用与思考［J］. 企业管理，2011（7）：103-105.

马晓静. 论人力资源管理与企业战略的匹配［J］. 经济论坛，2005（11）：87-89.

穆胜. 云式薪酬：员工激励的新引擎［J］. 销售与管理，2012（9）：72-75.

彭剑锋. 战略性人力资源管理［J］. 企业管理，2003（10）：93-96.

陕西汽车集团有限责任公司. 实现充分激励的结构薪酬［J］. 企业管理，2012（4）：48-50.

王玉红. 企业提升人力资源管理的窍门：推行共享服务［J］. 科技资讯，2009（1）：117-118，180.

张正堂，刘宁. 战略性人力资源管理及其理论基础［J］. 财经问题研究，2005（1）：78-81.

朱立君. 企业薪酬设计模式分析［J］. 企业家天地（下半月刊），2009（1）：71-72.